Adobe Dreamweaver CS5

Adobe Dreamweaver CS5

Standardkonforme Internetseiten entwickeln

SUSANNE RUPP

Markt+Technik

Bibliografische Information der Deutschen Nationalbibliothek
Die Deutsche Nationalbibliothek verzeichnet diese Publikation in der Deutschen Nationalbibliografie; detaillierte bibliografische Daten sind im Internet über http://dnb.d-nb.de abrufbar.

10 9 8 7 6 5 4 3 2 1

13 12 11

ISBN 978-3-8272-4665-3

Lektorat: Brigitte Bauer-Schiewek, bbauer@pearson.de
Herstellung: Elisabeth Prümm, epruemm@pearson.de
Fachlektorat und Korrektorat: Frank Heppes, Grünstadt
Covergestaltung: Thomas Arlt, tarlt@adesso21.net
Satz: text&form GbR, Fürstenfeldbruck
Druck und Verarbeitung: Kösel, Krugzell (www.KoeselBuch.de)
Printed in Germany

Im Überblick

Inhaltsverzeichnis

Liebe Leserin, lieber Leser

Sie haben schon immer von einem eigenen Internetauftritt geträumt? Mit Dreamweaver und diesem Buch geht Ihr Traum in Erfüllung! Das Buch zeigt Ihnen in ganz kleinen Schritten und mit vielen Bildern, wie Sie zu Ihrer eigenen Webseite kommen und ist somit ideal für Einsteiger. Dabei lernen Sie anschaulich und praxisorientiert verschiedene Dreamweaver-Funktionen kennen.

Vorkenntnisse schaden zwar nicht, sind für dieses Buch jedoch nicht erforderlich. Das Buchkonzept wurde in zahlreichen Seminaren ermittelt und berücksichtigt auch verschiedene Anregungen meiner Leser. Mit der aktuellen Dreamweaver-Version wurde das langjährig bewährte Konzept weiter verfeinert und gezielt auf die Bedürfnisse von Anfängern hin optimiert.

Mit Dreamweaver CS5 besitzen Sie ein Programm aus der Premium-Liga der Webentwicklungstools, das für Anfänger genauso interessant ist wie für professionelle Anwender.

Wenn Sie Dreamweaver erst einmal testen möchten, installieren Sie die auf der DVD gespeicherte Trial-Version, die Sie 30 Tage lang kostenlos und unverbindlich nutzen können. Damit können Sie sofort loslegen! Möchten Sie anschließend mit diesem Editor weiterarbeiten, benötigen Sie die Seriennummer für die Freischaltung.

Von der Visitenkarte zur umfassenden Website

In der übersichtlichen Arbeitsoberfläche werden Sie sich schnell zurechtfinden. Sie lernen, wie Sie vordefinierte CSS-Layouts verwenden, Texte und Bilder integrieren und damit rasch gute Ergebnisse erzielen. Gemeinsam erstellen wir zuerst eine Webvisitenkarte, mit der Sie vorab schon einmal Ihre Kontaktinformationen online veröffentlichen. Anschließend wenden wir uns dem kompletten Internetauftritt zu. Dabei verdeutlicht das fiktive Restaurantbeispiel die grundsätzliche Vorgehensweise, die Sie auf Ihre eigenen Projekte übertragen bzw. anwenden können. Gleichzeitig bekommen Sie grundlegende Dreamweaver-Kenntnisse am praktischen Beispiel vermittelt. Legen Sie einfach los…

Standards für optimale Wiedergabe

Standardkonforme Webseiten können problemlos von Usern auf verschiedenen Endgeräten interpretiert und genutzt werden. Dazu gehören einerseits der Bildschirm und andererseits alternative Wiedergabemedien, wie etwas ein Bildschirmlesegerät. Auch Google und andere Suchmaschinen können solche Informationen gut interpretieren und in ihren Index aufnehmen. Halten Sie sich an allgemein gültige Standards, werden Sie also auch in den Ergebnislisten aufgeführt und können eine gute Position erreichen. Dieses Buch zeigt Ihnen, wie's geht!

CSS: Trennung von Inhalt und Design

Grundlage hierfür sind standardkonforme Layouts, die den Inhalt vom Layout und dem Design trennen. Solche Webseiten basieren auf Cascading Style Sheets (CSS). Dreamweaver liefert Ihnen hier bereits erste Grundlayouts, mit denen Sie Zeit und Arbeit sparen und trotzdem zu individuellen Webseiten kommen. Tabellen, Ebenen, Formulare, Bilder und andere Seitenelemente dürfen da natürlich nicht fehlen.

Apropos Bilder – wussten Sie, dass Sie Bilder direkt in Dreamweaver bearbeiten und für das Web optimieren können?

Ohne Programmierkenntnisse verknüpfen Sie einzelne Webseiten miteinander, definieren E-Mail-Verweise und erstellen standardkonforme Navigationsleisten.

Mit JavaScript wird die Site dann interaktiver. Auf diese Weise öffnen Sie weitere Browser- und Meldungsfenster mit zusätzlichen Informationen. Auch Rollover-Effekte sind in Dreamweaver realisierbar, ohne dass Sie im Code arbeiten müssen.

Sie erhalten wertvolle Hintergrundinformationen über Projektplanung, gutes Webdesign und rechtliche Rahmenbedingungen.

Schritt für Schritt wächst Ihr Webauftritt! Und wenn Sie dieses Praxisbuch durchgearbeitet haben, sind Ihre Informationen online. Hierzu veröffentlichen Sie im letzten Workshop die Site durch Kopieren auf den Webserver. Haben Sie zuvor ein Formular erstellt, dürfen Sie sich dann auf das Feedback Ihrer Besucher freuen.

Der folgende Workshop erklärt in vierzehn Kapiteln die wichtigsten Seitenelemente. Dabei sind die wichtigsten Ziele jeweils zu Beginn kurz zusammengefasst. Alle Arbeitsschritte sind anschaulich mit vielen Bildern erklärt. Anregungen und Tipps aus der Praxis runden ein Kapitel ab. Wichtige Informationen heben unterschiedliche Icons in der Randspalte hervor.

Alle Beispiele auf DVD

Mit der DVD zum Buch können Sie die einzelnen Einheiten prima nachvollziehen. Die einzelnen Beispielseiten sind nach Kapiteln sortiert und im Buch exakt beschrieben. Wenn Sie die Datei *index.htm* im Hauptverzeichnis öffnen, erhalten Sie einen guten Überblick. Dabei können Sie alle Webseiten in Dreamweaver öffnen und die Live-Ansicht wie einen normalen Webbrowser nutzen. Gleichzeitig können Sie den Code in Dreamweaver begutachten und selbstverständlich auch verändern. Da alle gezeigten Beispiele auf DVD gespeichert sind, können Sie auch einmal einen Workshop auslassen und beim nächsten weitermachen.

Machen Sie mit, probieren Sie alles aus und erstellen Sie Ihre eigenen Webseiten. Nur durch Ausprobieren werden Sie zum Profi. Dabei runden zahlreiche Tipps und Tricks die einzelnen Workshop-Einheiten ab und liefern Ideen und Anregungen für Ihre eigenen Projekte.

Am besten legen Sie gleich los!

Zum Abschluss des jeweiligen Kapitels können Sie dann Ihr Wissen und Ihren Lernerfolg testen. Die Lösungen der *kleinen Erfolgskontrolle* finden Sie im Anhang. Auch der Abschluss-Workshop zeigt Ihnen, wo Ihre Stärken und Schwächen liegen.

Die Kapitel sind möglichst einfach gehalten und erklären verwendete Fachbegriffe, die zudem im *Lexikon* nochmals zusammengefasst sind. Benötigen Sie eine genaue Begriffsbeschreibung, schlagen Sie hier einfach nach. Aufgeführt sind hier die Fachbegriffe, die Sie auf jeden Fall kennen sollten.

Im Anhang gibt es auch eine erste *Pannenhilfe*, in der ich Ihnen die häufigsten Fehler vorstelle und Problemlösungen aufzeige. Zudem habe ich für Sie interessante und weiterführende (Online-)Information auflistet.

Auf meiner Website *www.Susanne-Rupp.de* beantworte ich gerne Ihre Fragen. Hier erhalten Sie auch weitere Informationen, Tipps und Anregungen.

Ich wünsche Ihnen viel Spaß und viel Erfolg mit Dreamweaver CS5 und Ihrem M+T-Buch.

Ihre Susanne Rupp

PS: Über Ihre Meinung freuen sich Autorin und Verlag unter folgender Mailadresse: *autoren@mut.de*

1 Los geht's ...

Das lernen Sie neu:

- Dreamweaver installieren und aktivieren
- Startfenster und Arbeitsoberfläche erkunden
- Mit Bedienfeldgruppen und Bedienfeldern arbeiten

In unserem ersten Workshop installieren Sie zunächst Dreamweaver CS5 und führen die Aktivierung durch. Anschließend lernen Sie die Arbeitsoberfläche kennen. Mit diesem notwendigen Basiswissen finden Sie sich später schnell und einfach im Programm zurecht. Schritt für Schritt eignen Sie sich dabei auch die in Dreamweaver eingesetzte Terminologie an.

1.1 Dreamweaver installieren

Bevor Sie Dreamweaver CS5 auf Ihrem Rechner installieren, sollten Sie überprüfen, ob Ihr Computer die notwendigen Systemanforderungen erfüllt. Diese Mindestanforderungen sind auf der Produktverpackung aufgedruckt, auf der Adobe-Website (*http://www.adobe.de*) veröffentlicht und auszugsweise auf der beiliegenden DVD im Verzeichnis *Software* gespeichert. Hier finden Sie auch das aktuelle Dreamweaver-Programm zum Testen. Unter Windows installieren Sie es folgendermaßen:

1. Doppelklicken Sie auf die Datei mit der Endung EXE (*Dreamweaver_11_LS4.exe*).
2. Ändern Sie ggf. den Ordner, in dem die extrahierten Dateien gleich gespeichert werden, und klicken Sie auf WEITER.
3. Akzeptieren Sie die Lizenzvereinbarung. Erst danach können Sie Dreamweaver installieren.
4. Falls Sie bereits eine Seriennummer besitzen, tragen Sie diese in die dafür vorgesehenen Felder ein.

   Möchten Sie Dreamweaver erst einmal 30 Tage lang testen, aktivieren Sie die Option darunter und geben die gewünschte Sprache im Menü rechts daneben an (Abbildung 1.1). Das Programm können Sie auch später noch freischalten (vgl. Kapitel 1.2).

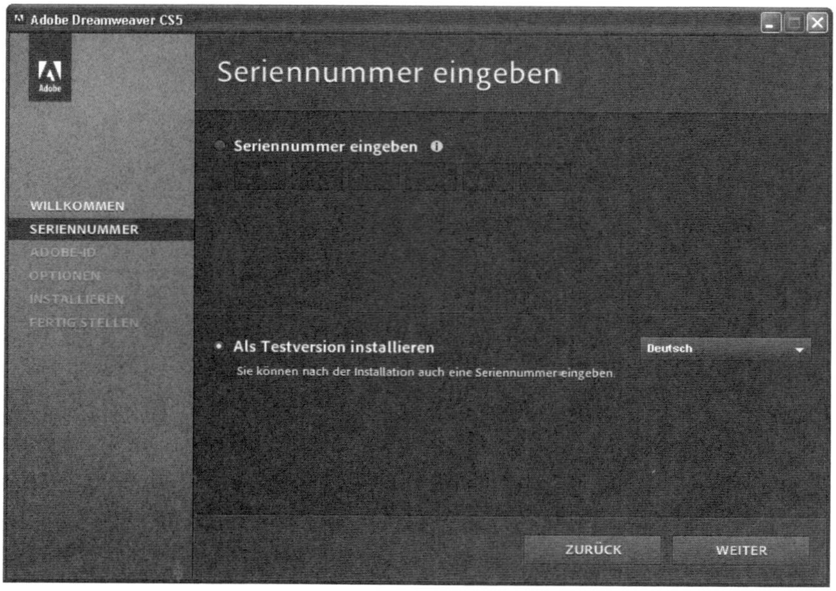

Abbildung 1.1: *Seriennummer eingeben oder Dreamweaver testen*

5. Drücken Sie auf WEITER. Dreamweaver wird gemeinsam mit weiteren Anwendungen, wie dem *Media Player*, *AIR* oder dem *Extension Manager* von Adobe installiert (Abbildung 1.2). Für die Komplettinstallation müssen alle Kontrollkästchen aktiviert sein. Ändern ggf. noch das Zielverzeichnis unter PFAD.

   Klicken Sie dann auf die Schaltfläche INSTALLIEREN.

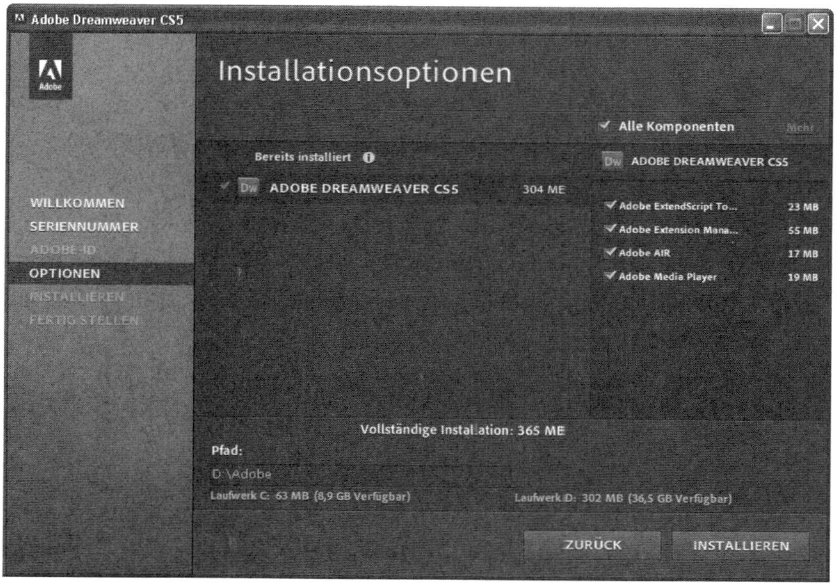

Abbildung 1.2: *Dreamweaver wird mit weiteren Anwendungen installiert.*

6. Nach der Installation schließen Sie das Meldefenster mit einem Klick auf die Schaltfläche FERTIG.

Besitzen Sie Dreamweaver auf DVD, legen Sie den ersten Datenträger ein. Die Installation startet automatisch. Auch hier führt Sie der Assistent durch die einzelnen Stationen, in denen Sie die beschriebenen Informationen eingeben.

TIPP

Haben Sie eine *Creative Suite* erworben, installieren Sie am besten gleich das komplette Paket mit allen Programmen.

Dabei können Sie Ihre ADOBE-ID für die Nutzung verschiedener CS-Live-Services von Adobe in den entsprechenden Feldern angeben. Besitzen Sie diese Zugangsdaten noch nicht, können Sie die ID kostenlos erstellen.

Sie ist jedoch nicht erforderlich, wenn Sie Dreamweaver nur testen möchten. Diesen Schritt können Sie dann überspringen.

Das war der erste Streich, die Aktivierung folgt sogleich …

1.2 Dreamweaver aktivieren und ID anlegen

Haben Sie Dreamweaver als Testversion installiert, werden Sie nach dem Programmstart aufgefordert, die Aktivierung durchzuführen und die Seriennummer einzugeben. Mit der Aktivierung möchte Adobe sichergehen, dass die Software-Lizenz entsprechend des akzeptierten Lizenzvertrages verwendet wird. Die Aktivierung eines Produktes aus der Adobe Creative Suite gilt auch für die anderen installierten Produkte.

Aber keine Angst: Sie senden keine persönlichen Daten oder Dateien von Ihrer Festplatte. Übermittelt werden vielmehr Produktinformationen (Produktname, Version, Seriennummer, Sprache) und allgemeine Angaben über Ihren Rechner (System, CPU, etc.). Dabei wird eine anonyme Hardware-ID angelegt. Ein Assistent führt Sie durch die Aktivierung.

1. Geben Sie Ihre Seriennummer in die oberen Felder ein, bestätigt ein grüner Haken die korrekte Angabe.

   Alternativ nutzen Sie Dreamweaver weiterhin als Testversion in dem vorgesehenen Zeitraum. Hierzu wird das Programm nicht aktiviert (Abbildung 1.3).

2. Da die Aktivierung über das Internet erfolgt, stellen Sie die Internet-Verbindung her, bevor Sie auf FORTFAHREN klicken. Alles Weitere läuft nun automatisch innerhalb weniger Sekunden ab.

   Alternativ drücken Sie auf die Schaltfläche TESTVERSION FORTSETZEN (Abbildung 1.3).

3. Haben Sie noch keine ADOBE-ID angegeben, können Sie dies anschließend nachholen oder diesen Schritt überspringen.

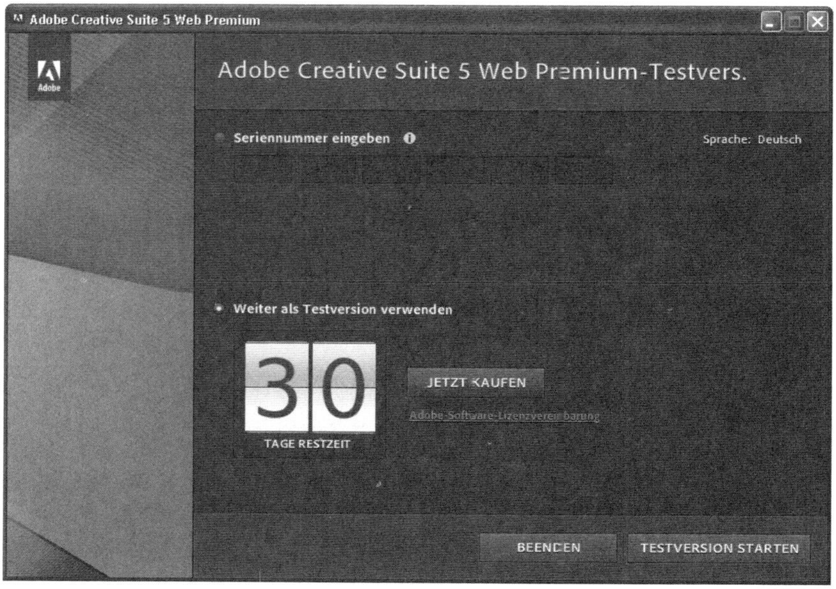

Abbildung 1.3: *Seriennummer eingeben oder weiterhin testen*

Die Adobe-ID können Sie jederzeit im Dreamweaver-Menü unter HILFE / ADOBE-ID-PROFIL VERVOLLSTÄNDIGEN und aktualisieren bzw. neu erstellen. Bei dieser Software-Registrierung werden Ihre eingegebenen persönlichen Daten an Adobe übertragen.

1.3 Den Arbeitsbereich erkunden

Beim ersten Programmstart geben Sie zunächst die Dateitypen an, für die Sie Dreamweaver als Standardeditor einsetzen möchten (Abbildung 1.4). Doppelklicken Sie später im Explorer auf eine solche Datei, startet Dreamweaver.

Bestätigen Sie Ihre Angaben mit OK.

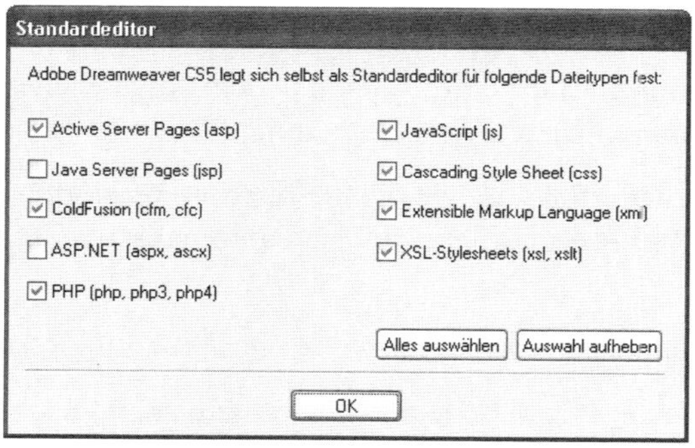

Abbildung 1.4: *Ausgewählte Dateitypen in Dreamweaver öffnen und bearbeiten*

Dreamweaver wird nun gestartet und zeigt zunächst in der Mitte das Hauptfenster und darüber die Menüleiste, in der die DESIGNER-Arbeitsumgebung bereits voreingestellt ist (Abbildung 1.5).

Am rechten Programmrand sind die Bedienfelder CSS-STILE und DATEIEN geöffnet, während die Register ADOBE BROWSERLAB, EINFÜGEN und BUSINESS CATALYST minimiert sind und Sie nicht auf deren Funktionen zugreifen können. Das Gleiche gilt für die Register AP-ELEMENTE und ELEMENTE. Am unteren Programmrand ist der noch inaktive Eigenschafteninspektor angesiedelt.

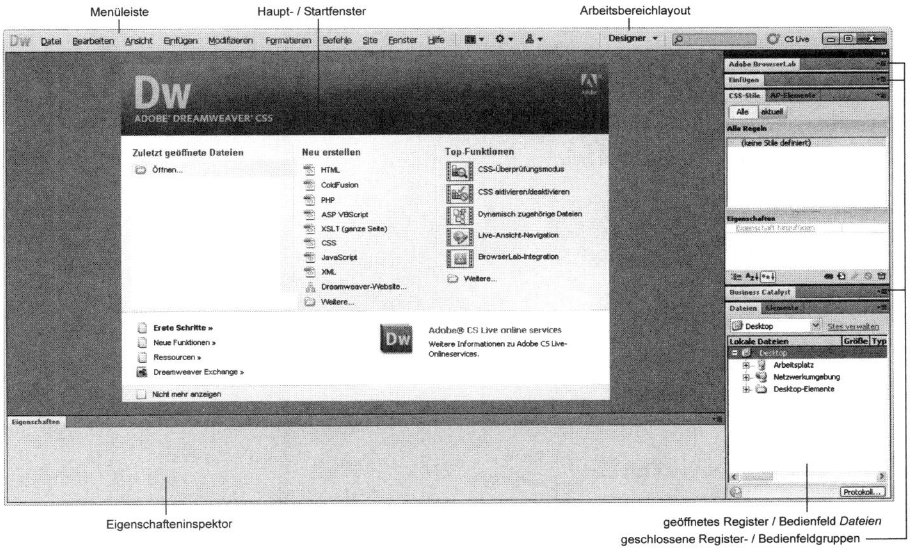

Abbildung 1.5: *Dreamweaver nach dem ersten Programmstart*

Dreamweaver verwendet standardmäßig die Ansicht DESIGNER. Bedienfeldgruppen werden am linken Programmrand angeordnet, wenn Sie in der Menüleiste FENSTER / ARBEITSBEREICHLAYOUT / CODER wählen. Dieses Programmlayout können Sie auch über das Menü ARBEITSBEREICHLAYOUT am oberen Programmrand einstellen. Mit dem Arbeitsbereichlayout DUAL SCREEN werden einzelne Programmelemente als schwebende Fenster über dem Arbeitsbereich angeordnet. Dies ist bei der Arbeit mit zwei Monitoren sehr hilfreich. Daneben gibt es weitere Programmlayouts, die Sie ebenfalls Ihren individuellen Bedürfnissen anpassen können. Wie das geht, erfahren Sie auf den nächsten Seiten.

Im Folgenden verwenden wir die Standardeinstellung DESIGNER.

1.3.1 Das Hauptfenster für einen guten Start

Das Hauptfenster wird angezeigt, wenn Sie Dreamweaver starten und noch keine Dokumente geöffnet sind.

Über das Startfenster erstellen Sie neue, leere Dokumente, wobei Ihnen in der mittleren Spalte (NEU ERSTELLEN) unterschiedliche Dateiformate zur Verfügung stehen (z. B. HTML, ColdFusion, PHP, vgl. Abbildung 1.6).

Über die rechte Spalte TOP FUNKTIONEN starten Sie Videos zu unterschiedlichen Dreamweaver-Funktionen von der Adobe-Website im Webbrowser. Auch über die Hilfen im unteren linken Bereich des Startfensters gelangen Sie zu unterschiedlichen Webseiten von Adobe.

Haben Sie in Dreamweaver bereits Dokumente bearbeitet, werden diese in der linken Spalte (ZULETZT GEÖFFNETE DATEIEN) angezeigt. Klicken Sie dann einfach auf den Eintrag, um das entsprechende Dokument zu öffnen.

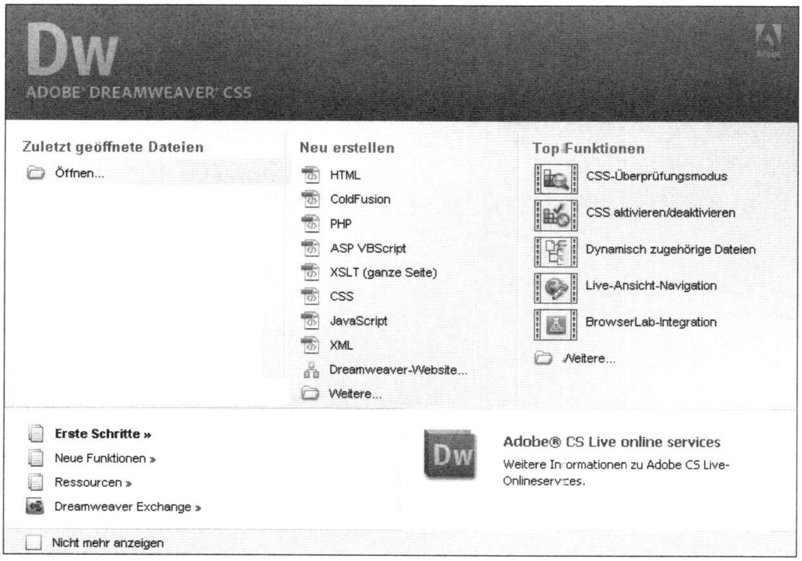

Abbildung 1.6: *Das Startfenster enthält neue und zuletzt geöffnete Dateien.*

- Klicken Sie unter NEU ERSTELLEN auf HTML, wird im Dokumentfenster eine leere HTML-Seite angelegt, wie Sie für einfache statische Webseiten benutzt wird.

Dabei erkennen Sie in der geteilten Ansicht (ANSICHT / CODE UND ENTWURF), dass bereits wesentliche Codeelemente vorhanden sind. Diese werden im oberen Bereich angezeigt. Darunter sehen Sie in der Entwurfsansicht die Webseite wie sie später im Browser angezeigt wird. Das Dokumentfenster lernen Sie in Kapitel 2.2 näher kennen.

HINWEIS

HTML ist die Abkürzung für *Hypertext Markup Language* und bezeichnet die Auszeichnungssprache zur Erstellung von Webseiten.

Auch sind nun Symbolleiste(n), der Eigenschafteninspektor und das Bedienfeld CSS-STILE aktiviert.

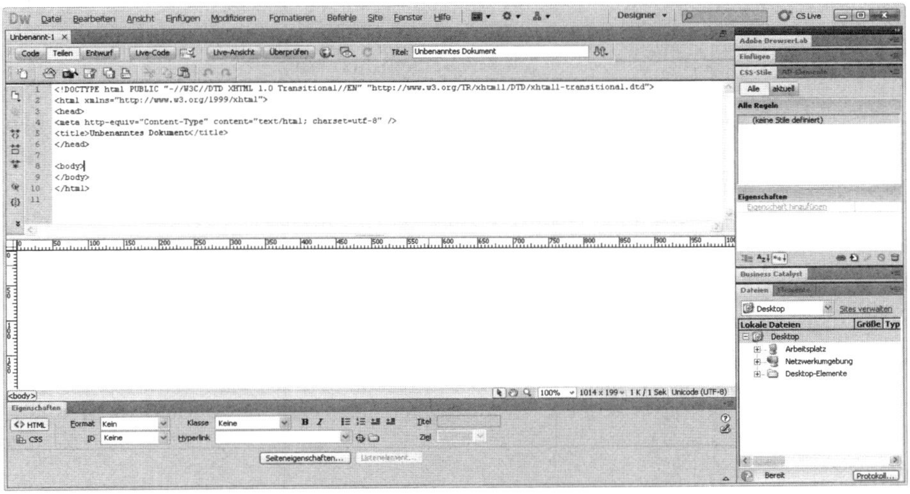

Abbildung 1.7: *In das neue HTML-Dokument können nun Inhalte eingefügt werden.*

Eine einfache Webseite enthält ein HTML-Grundraster das Listing 1.1 verdeutlicht. Solche Codeelemente bezeichnet man als Tags (sprich: *Täggs*).

AUFSTEIGER

```
<html>
  <head>
  </head>
   body>
  </body>
</html>
```

Listing 1.1: *Die Basisstruktur einer statischen HTML-Seite besteht aus festen Bereichen.*

Dabei ist das HTML-Dokument in einen Kopfbereich (`<head>`) und einen Dokumentkörper (`<body>`) unterteilt. Der `head`-Bereich enthält Angaben und Anweisungen für den Webbrowser, für den Server-Rechner und für Suchmaschinen. Texte, Bilder und andere Seitenelemente sind zwischen dem öffnendem und dem schließenden `body`-Tag eingebunden. Hierfür werden ebenfalls spezifische HTML-Tags benötigt. Das schließende Tag erkennen Sie gut an dem Schrägstrich nach der ersten eckigen Klammer. Auch die meisten anderen Tags haben sowohl ein öffnendes als auch ein schließendes Tag. Im Laufe unseres Workshops lernen Sie weitere Codeelemente kennen.

Haben Sie im Startfenster unten das Kontrollkästchen NICHT MEHR ANZEIGEN aktiviert, wird es nach einem Programmneustart, oder nachdem Sie alle Dokumente geschlossen haben, nicht mehr geöffnet.

Um diesen Schritt rückgängig zu machen, wählen Sie in der Menüleiste BEARBEITEN / VOREINSTELLUNGEN. In der Kategorie ALLGEMEIN aktivieren Sie anschließend das Kontrollkästchen BEGRÜẞUNGSBILDSCHIRM ANZEIGEN.

Voreinstellungen öffnen: Strg + U

1.3.2 Bedienfelder enthalten wichtigen Funktionen

Bedienfelder enthalten Seitenelemente, Funktionen und Einstellungen, die Sie bei der Entwicklung Ihrer Webseiten benötigen. Dabei zeigt Dreamweaver zunächst häufig benötigte Fenster an, die Sie öffnen, schließen oder an eine neue Position verschieben können, ohne dass Ihr Arbeitsbereich unübersichtlich wird.

Hinweis

Die Begriffe Bedienfelder, Bedienfeldgruppe, Register oder Fenster werden synonym für Programmbereiche mit thematisch sortierten Funktionen verwendet. Der Begriff Inspektor bezieht sich auf das Bedienfeld Eigenschaften.

Bedienfelder öffnen, schließen und minimieren

Rechts vom Start- bzw. Dokumentfenster sind die meisten Bedienfelder angeordnet. Neben den bereits standardmäßig sichtbaren gibt es noch weitere, die Sie über Fenster in der Menüleiste öffnen. Hinter dem Menü-Eintrag erscheint dann ein Häkchen.

Wählen Sie den Eintrag erneut aus, minimieren Sie das entsprechende Bedienfeld und der Haken verschwindet.

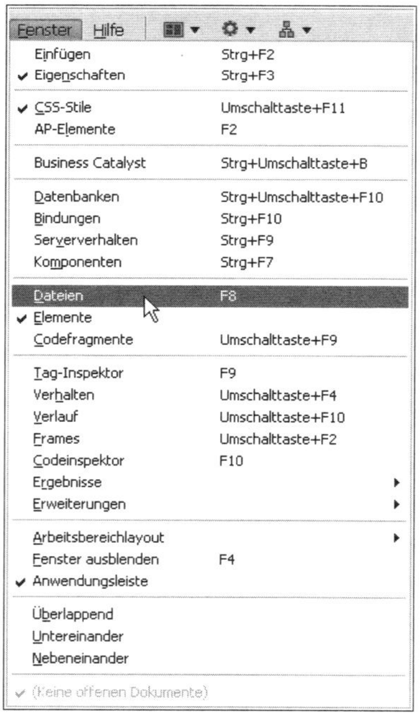

Abbildung 1.8: *Über das Fenster-Menü steuern Sie die Bedienfeld-Anzeige.*

Die meisten Bedienfelder sind in Gruppen zusammengefasst und auch im Menü durch entsprechende Linien voneinander getrennt. Beispielsweise gehören die Fenster Dateien, Elemente und Codefragmente standardmäßig in eine Bedienfeldgruppe. Dabei muss der Verbund nicht alle Fenster anzeigen. Während in Abbildung 1.8 das Bedienfeld Elemente geöffnet ist, sind die beiden anderen geschlossen. Öffnen Sie nun das Fenster Dateien, werden Elemente minimiert, denn Sie können immer nur ein Bedienfeld innerhalb einer Gruppe öffnen.

Sie müssen nicht unbedingt über das Fenster-Menü arbeiten, um ein minimiertes Bedienfeld zu öffnen. Schneller geht es, wenn Sie über die Registerkarte in ein anderes Bedienfeld wechseln (Abbildung 1.9). Ebenso öffnen Sie auf diese Weise einzelne minimierte Bedienfelder, wie etwa das Register Einfügen.

Abbildung 1.9: *In ein anderes Bedienfeld der gleichen Gruppe wechseln*

Mit einem Doppelklick in den grauen Bereich rechts neben den Registern, minimieren Sie eine vorerst nicht benötigte Bedienfeldgruppe und der Arbeitsbereich wird übersichtlicher (Abbildung 1.10). Die minimierte Bedienfeldgruppe ist weiterhin sichtbar und Sie können schnell wieder darauf zugreifen. Hierzu klicken Sie einfach erneut zweimal in den grauen Bereich hinein oder einmal in das benötigte Register.

Abbildung 1.10: *Bedienfelder mit einem Doppelklick minimieren*

Das Dokumentfenster mit einer geöffneten Webseite vergrößern Sie, indem Sie auf den Doppelpfeil über den angedockten Bedienfeldern klicken. Dadurch minimieren Sie alle geöffneten seitlichen Fenster, deren Position eine Schaltfläche anzeigt. Klicken Sie auf eine solche Schaltfläche, öffnen Sie das entsprechende Fenster und Sie können auf die darin enthaltenen Funktionen zugreifen. In Abbildung 1.11 wird das Einfügen-Fenster mit verschiedenen Seitenelementen geöffnet.

Abbildung 1.11: *Auf Symbole minimierte Register sparen Platz.*

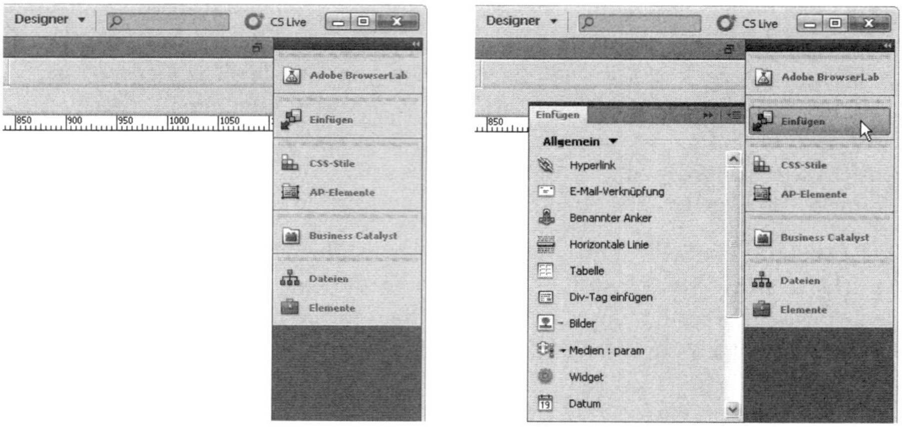

Drücken Sie F4 oder wählen Sie FENSTER / FENSTER AUSBLENDEN, wird kein Bedienfeld mehr angezeigt und Sie können sich ganz Ihrer Arbeit im Dokumentfenster widmen. Die Bedienfelder erscheinen wieder, wenn Sie anschließend erneut F4 drücken bzw. FENSTER / FENSTER EINBLENDEN wählen.

Soll ein Register oder eine komplette Bedienfeldgruppe nicht mehr im Arbeitsbereich erscheinen, finden Sie den entsprechenden Befehl im Optionsmenü in der rechten oberen Fensterecke (SCHLIEßEN bzw. REGISTERGRUPPE SCHLIEßEN).

Das Optionsmenü enthält zentrale Funktionen

Klicken Sie in einer geöffneten Bedienfeldgruppe rechts oben auf den Button, öffnet sich das entsprechende Optionsmenü. Allen Optionsmenüs gemeinsam sind die drei unteren Einträge, mit denen Sie die Online-HILFE aufrufen, das aktuell geöffnete Register oder gleich die komplette REGISTERGRUPPE SCHLIEßEN (Abbildung 1.12).

Geschlossene Bedienfelder öffnen Sie dann wieder über das FENSTER-Menü.

Die übrigen Einträge des Optionsmenüs finden Sie auch in der Menüleiste oder im Kontextmenü eines ausgewählten Elements. Das Kontextmenü öffnen Sie mit einem rechten Mausklick im Dokumentfenster.

Abbildung 1.12: *Das Optionsmenü enthält verschiedene Befehle.*

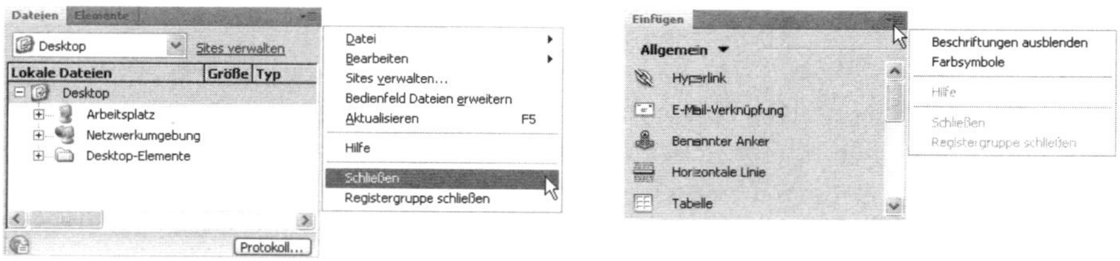

Bedienfelder neu gruppieren und schwebend anordnen

Geöffnete Bedienfelder können Sie einfach zu neuen Gruppen zusammenfassen. Dadurch erweitern Sie entweder eine vorhandene Bedienfeldgruppe oder definieren eine neue.

- Klicken Sie in das Register des Bedienfelds hinein, das Sie verschieben möchten. Halten Sie die linke Maustaste gedrückt und ziehen Sie das Fenster an die gewünschte Position. Die neue Position markiert ein blauer Rahmen bzw. Balken. Dabei können Bedienfelder auch neben dem vorhandenen Verbund andocken. Wird die richtige Stelle markiert, lassen Sie die Maustaste los.

  In Abbildung 1.13 werden die Fenster DATEIEN und EINFÜGEN zu einem neuen Verbund integriert.

Abbildung 1.13: *DATEIEN und EINFÜGEN werden neu gruppiert.*

TIPP

In einer neuen Bedienfeldgruppe fassen Sie geschickt häufig verwendete Bedienfelder für Ihre speziellen Bedürfnisse zusammen.

Ziehen Sie ein Bedienfeld aus dem Verbund in den Arbeitsbereich hinein, ordnet Dreamweaver es als schwebendes Fenster an (Abbildung 1.14). Besonders hilfreich sind schwebende Fenster bei einem großen Monitor oder wenn Sie mit mehreren Bildschirmen gleichzeitig arbeiten.

Schwebende Fenster können Sie an jede beliebige Position Ihres Arbeitsbereichs verschieben, wobei andere Elemente verdeckt werden. Ziehen Sie an dem Fensterrahmen, ändern Sie dessen Größe. Mit dem entsprechenden Button wird das minimierte Fenster als Symbol angezeigt. Klicken Sie auf den Button in der rechten oberen Ecke, schließen Sie das Fenster.

Abbildung 1.14: *Das schwebende Fenster DATEIEN ist beliebig positionierbar.*

Je mehr schwebende Fenster Sie jedoch geöffnet haben, umso unübersichtlicher wird die ganze Arbeit. Soll das Fenster wieder zurück in den Verbund der Bedienfelder, ziehen Sie es wie zuvor beschrieben an die entsprechende Stelle und lassen Sie los, sobald die blaue Markierung erscheint.

Alternativ setzen Sie das Arbeitsbereichlayout zurück. Sie kennen jetzt den groben Programmaufbau, doch damit Sie in den nächsten Workshops nicht lange suchen müssen, arbeiten wir mit den Standardeinstellungen:

- Wählen Sie im Menü am oberen Programmrand 'DESIGNER' ZURÜCKSETZEN (Abbildung 1.15). Den Befehl finden Sie auch in der eigentlichen Menüleiste unter FENSTER / ARBEITSBEREICHLAYOUT.

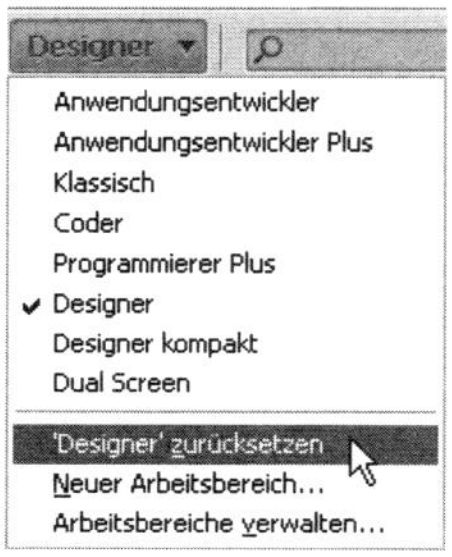

Abbildung 1.15: *Arbeitsbereichlayout zurücksetzen*

Haben Sie Fenster mit F4 oder über das Menü FENSTER aus- und erneut eingeblendet, zeigt Dreamweaver die zuvor geöffneten Fenster wieder an der gleichen Stelle. Auch wenn Sie Dreamweaver ganz schließen und später wieder neu starten, bleiben die Positionen der einzelnen Fenster erhalten.

TIPP

Speichern Sie das aktuelle Arbeitsbereichlayout, indem Sie in der Menüleiste FENSTER / ARBEITSBEREICHLAYOUT / NEUER ARBEITSBEREICH wählen und im nun offenen Dialogfenster einen Namen für Ihre individuelle Einstellung angeben. Dieser erscheint dann ebenfalls im Menü.

1.4 Kleine Erfolgskontrolle

Am Ende jedes Kapitels finden Sie ein paar Fragen zum Thema. Damit überprüfen Sie, ob Sie den Stoff der vorangegangenen Seiten verstanden haben. Die Auflösung finden Sie im Anhang. Viel Spaß und viel Erfolg!

1. Das Startfenster ist nicht mehr sichtbar. Was tun?
   a. Pech gehabt – das Fenster ist ab ins Nirwana.
   b. In den Voreinstellungen die Startseite aktivieren.
   c. Dreamweaver neu starten.
2. Über welches Menü öffnen und schließen Sie Bedienfelder?
   a. Fenster
   b. Ansicht
   c. Datei
3. Wozu wird die Aktivierung benötigt?
   a. Damit alle Dreamweaver-Funktionen zur Verfügung stehen.
   b. Dies ist die Programminstallation, damit Dreamweaver auf meinem Rechner überhaupt vorhanden ist.
   c. Damit ich Dreamweaver auch nach der Testphase noch nutzen kann.

2

Die erste Webvisitenkarte erstellen

Das lernen Sie neu:

- Neue HTML-Seite anlegen
- Text eingeben und mit HTML strukturieren
- Sonderzeichen einfügen
- Eigenschafteninspektor verwenden
- Überschriften, Absätze und Listen definieren
- Symbolleisten mit wichtigen Funktionen einsetzen
- Webvisitenkarte erstellen

Für den Anfang genügt häufig eine einfache Webvisitenkarte, auf der Name, Adresse, E-Mail und andere Kontaktdaten vorhanden sind. In einem kurzen Text können Sie sich als Betreiber der Website, Ihren Verein, bzw. Ihr Unternehmen Handwerk Ihre Dienstleistung kurz vorstellen. Dabei sollten Sie wichtige Besonderheiten der Vereinsaktivität, der Handwerkskunst oder der angebotenen Dienstleistung hervorheben.

In diesem Workshop legen Sie zunächst eine neue Webseite an. Anschließend fügen Textinformationen ein und strukturieren diese durch Überschriften, Absätze, Zeilenumbrüche und Listen. Dabei bestimmen Sie den Seitenaufbau mit HTML. Ganz nebenbei lernen Sie dabei das Dokumentfenster und diverse Symbolleisten mit zentralen Funktionen näher kennen.

In Kapitel 3 formatieren Sie dann Seite und Text. In Kapitel 4 fügen Sie geeignete Bilder ein. Abbildung 2.1 zeigt die unterschiedlichen Entwicklungsstufen dieser Webseite unseres Workshops.

Ist dann später der eigentliche Internetauftritt fertig, ersetzen Sie diese Kurzpräsentation durch detaillierte Inhalte.

Abbildung 2.1: Entwicklungsstadien einer Webvisitenkarte

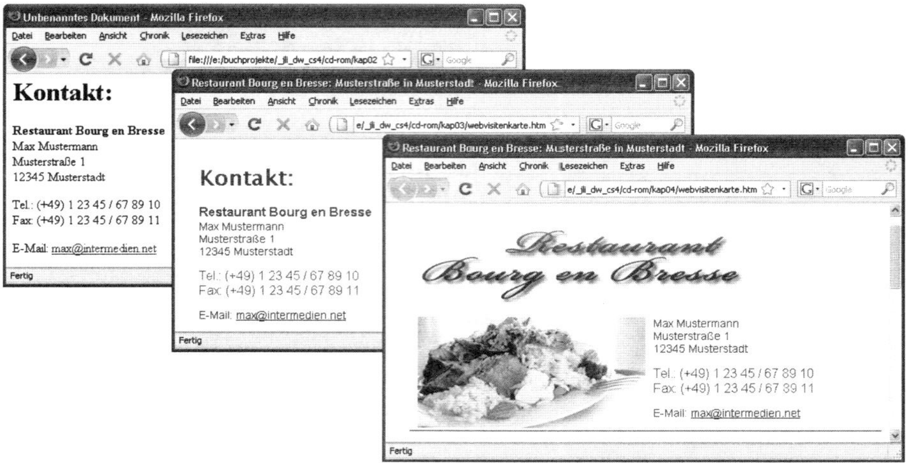

DVD

Auf der DVD sind alle Dateien im jeweiligen Kapitelverzeichnis gespeichert. Die Beispiele dieses Workshops finden Sie unter *kap02*. Öffnen Sie eine Datei in Dreamweaver (Datei / Öffnen) können Sie alle Arbeitsschritte gut nachvollziehen und überprüfen, ohne dass Sie das Dokument unbedingt selbst erstellen müssen.

Zudem finden Sie im Hauptverzeichnis der DVD die Datei *index.htm* mit einer Übersicht der gespeicherten Beispiele. Diese Datei können Sie im Browser öffnen. Da alle Einträge verlinkt sind, gelangen Sie per Mausklick zur entsprechenden Beispielseite.

Ebenso können Sie die *index.htm* in der Live-Ansicht von Dreamweaver wie in einem Browser betrachten und ebenfalls die Folgeseiten aufrufen. Die neue Symbolleiste Browser-Navigation unterstützt Sie dabei. Wie das geht, erfahren Sie in Kapitel 8.4.

2.1 Eine neue HTML-Seite anlegen

Im letzten Workshop haben Sie eine neue HTML-Seite über das Startfenster angelegt. Noch sind in dieser Webseite keine Inhalte platziert. Diese füllen wir in diesem Workshop mit Leben.

Haben Sie die Seite geschlossen, können Sie ein neues Dokument oder auch weitere Webseiten auch folgendermaßen erstellen:

1. Wählen Sie Datei / Neu oder drücken Sie die Tastenkombination [Strg] + [N].

   Haben Sie bereits ein Dokument geöffnet, können Sie auch über den Button Neu in der Symbolleiste Standard das Dialogfenster aufrufen (vgl. Abbildung 2.2).

Die Symbolleiste öffnen Sie über Ansicht / Symbolleisten / Standard. Sichtbare Symbolleisten sind hier durch einen Haken markiert. Bei verborgenen Symbolleisten erscheint dieser nicht.

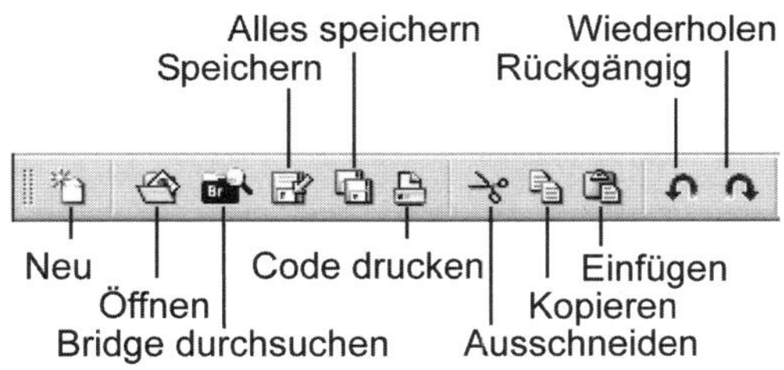

Abbildung 2.2: *Die Symbolleiste* STANDARD *enthält zentrale Funktionen.*

Die in der Symbolleiste aufrufbaren Standardaufgaben werden Sie immer wieder benötigen und an entsprechender Stelle kennen lernen. Einige Funktionen, wie Öffnen, Speichern, Kopieren und Einfügen oder das Rückgängigmachen von Arbeitsschritten (vgl. Kapitel 5.5), kennen Sie bestimmt schon aus anderen Programmen.

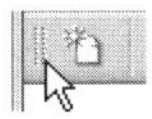

Symbolleisten können Sie aus dem festen Verbund herausholen und über dem Arbeitsbereich schwebend anordnen. Hierzu klicken Sie mit der linken Maustaste auf den gepunkteten linken Balken der Leiste und ziehen diese dann an die neue Position. Während in Abbildung 2.3 die Standardleiste schwebt, ist die Symbolleiste DOKUMENT fest verankert. Auch nach dem Zurücksetzen des Arbeitsbereichslayouts bleibt die neue Position einer Symbolleiste erhalten. Doppelklicken Sie auf den blauen Balken, dockt die Symbolleiste wieder unterhalb des Menüs oder dem Dokumentregister an. Ein Andocken an anderer Stelle ist nicht möglich.

Eine schwebende Symbolleiste können Sie über  in der rechten oberen Ecke schließen. Öffnen Sie die Leiste anschließend erneut über ANSICHT / SYMBOLLEISTEN, hat sich an ihrer Position nichts geändert.

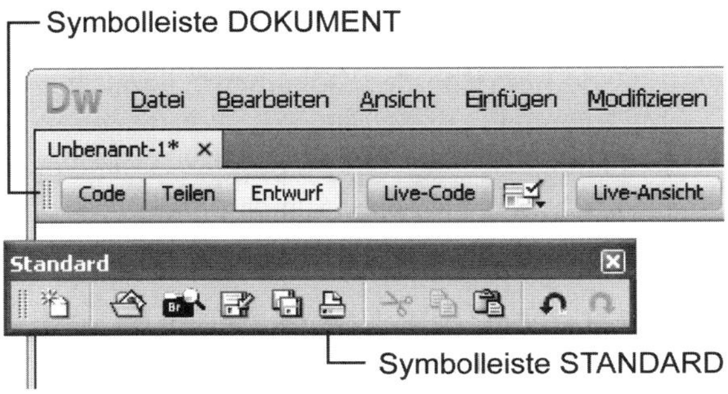

Abbildung 2.3: *Schwebende* STANDARD*-Symbolleiste*

2. Im Dialogfenster NEUES DOKUMENT wählen Sie dann in der Kategorie LEERE SEITE den SEITENTYP *HTML* (Abbildung 2.4).

   Die anderen Dateiformate benötigen Sie u. a. für XML-Daten oder für dynamische Dokumente mit Datenbankanbindung.

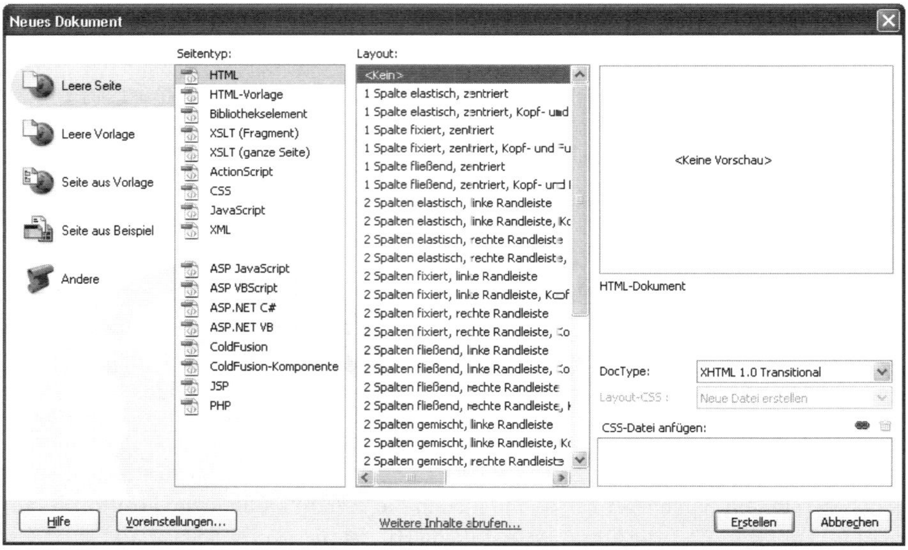

Abbildung 2.4: *Ein neues HTML-Dokument erstellen*

3. Unter Layout finden Sie zahlreiche vordefinierte CSS-Webseiten mit unterschiedlichem Seitenaufbau und verschiedenen Text-Platzhaltern. Mit einem solchen Layout werden Sie in Kapitel 5 arbeiten.

   Für diese Übung benötigen Sie eine leere Webseite und wählen darum das Layout *<Kein>*.

Hinweis CSS ist eine Formatierungssprache, die das Aussehen einzelner Seitenbereiche bestimmt. Deren logische Struktur wird mit HTML bestimmt (vgl. Kapitel 3.1).

4. DocType bestimmt den Dokumenttyp und legt damit fest, welche Codeelemente das Dokument mit welchen Eigenschaften enthalten darf. Dabei müssen Sie an der Standardeinstellung *XHTML 1.0 Transitional* nichts ändern. Diese Sprachvariante entspricht dem offiziellen Standard und wird von allen modernen Browsern unterstützt. Damit wird die Webseite korrekt wiedergegeben.

Hinweis Typ und Kodierung eines Dokuments können Sie jederzeit über die Seiteneigenschaften ändern (vgl. Kapitel 3.3.6).

5. Drücken Sie auf die Schaltfläche Erstellen, fügt Dreamweaver eine neue HTML-Seite in das Dokumentfenster ein.

2.2 Ansichten im Dokumentfenster

Das Dokumentfenster ist das Herzstück von Dreamweaver. Dabei kommt die Ansicht Entwurf im Dokumentfenster der Darstellung im Browser sehr nahe, weshalb Dreamweaver auch als WYSIWYG-Editor bezeichnet wird.

WYSIWYG: »What You See Is What You Get«

Merksatz

Dies bedeutet, dass alle Elemente, die Sie im Dokumentfenster von Dreamweaver platzieren und in der Entwurfsansicht sehen, dann auch genauso auf der Webseite im Browser erscheinen werden. Allerdings kann es Unterschiede bei den einzelnen Browsern geben.

Zu den unterschiedlichen Ansichten im Dokumentfenster wechseln Sie über die Symbolleiste DOKUMENT (Abbildung 2.5).

- Ist die Symbolleiste noch nicht eingeblendet, wählen Sie ANSICHT / SYMBOLLEISTEN / DOKUMENT.

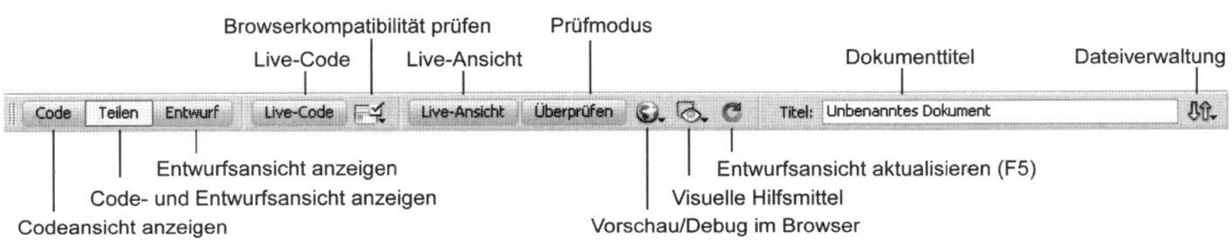

Abbildung 2.5: *Die Symbolleiste DOKUMENT bestimmt u. a. die Ansicht.*

Mit den linken Buttons in der Symbolleise DOKUMENT bestimmen Sie die Darstellung der im Dokumentfenster geöffneten Webseite (Tabelle 2.1). Entweder werden Layout oder Quelltext der Webseite angezeigt oder Sie sehen in der geteilten Ansicht (TEILEN) sowohl den ENTWURF als auch den CODE.

Während in der Entwurfsansicht visuelle Hilfsmittel die Bearbeitung der Seite erleichtern können, zeigt die LIVE-ANSICHT diese nicht. Vielmehr präsentiert Dreamweaver hier das Dokument wie es auch später im Webbrowser angezeigt wird. In dieser Darstellung können Sie die Seite nicht bearbeiten. Dies ist auch im LIVE-CODE nicht möglich. Dieser zeigt den im Browser interpretierten Quelltext an. Damit ist diese Ansicht besonders bei dynamischen Webseiten mit Datenbankanbindung sinnvoll, da hier der eigentliche Seitenquelltext vom Webserver interpretiert und verändert an den Webbrowser gesendet wird.

Im Modus ÜBERPRÜFEN stöbern Sie Fehler innerhalb des CSS-Seitenlayouts auf. Bewegen Sie nun den Mauszeiger über die Webseitendarstellung, erkennen Sie die einzelnen Container des Boxmodells. Gleichzeitig werden angewendete CSS-Regeln im Bedienfeld CSS-STILE hervorgehoben. Weitere Informationen hierzu finden Sie in Kapitel 6.

Die übrigen Funktionen lernen Sie an passender Stelle noch kennen.

- All diese Darstellungen rufen Sie auch über die Menüleiste unter ANSICHT auf.

  Zusätzlich gibt es hier die CODETEILUNG, mit der Sie zwei unterschiedliche Codebereiche im gleichen Dokument miteinander vergleichen können.

- Im Menü LAYOUT rechts neben der Menüleiste wechseln Sie ebenfalls in die verschiedenen Ansichten.

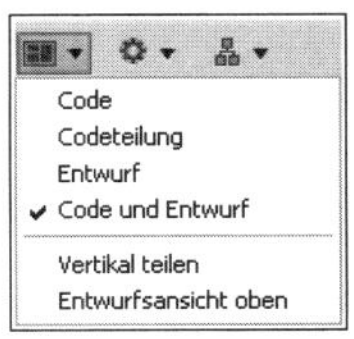

Wenn Sie im Entwurfsfenster arbeiten, setzt Dreamweaver jede Änderung automatisch in den entsprechenden Quelltext um. Umgekehrt wird auch jede Codeänderung im Entwurfsfenster angezeigt. Hierbei kann es jedoch passieren, dass Sie diese Entwurfsansicht zunächst aktualisieren müssen. Klicken Sie hierzu auf den Button in der Symbolleiste DOKUMENT oder drücken Sie die Taste F5.

Im Folgenden arbeiten wir zunächst in der Entwurfsansicht. Unsere vorerst noch leere Seite wird also in diesem Fenster entstehen.

Tabelle 2.1: *Ansicht-Buttons in der Symbolleiste* DOKUMENT

Button	Menüleiste	Beschreibung / Auswirkung
Code	ANSICHT / CODE	Zeigt nur den Quelltext der Webseite zur Bearbeitung an.
	ANSICHT / CODETEILUNG	Zeigt verschiedene Bereiche des gleichen Seitenquelltextes an
Teilen	ANSICHT / CODE UND ENTWURF	Öffnet Code- und Entwurfsfenster. Markierte Bereiche werden in beiden Fenstern synchron hervorgehoben.
Entwurf	ANSICHT / ENTWURF	Das Entwurfsfenster zeigt die grafische Oberfläche der Webseite an. Dreamweaver wird deshalb als WYSIWYG-Editor bezeichnet. Visuelle Hilfsmittel erleichtern das Platzieren einzelner Elemente sowie deren Bearbeitung.
Live-Ansicht	ANSICHT / LIVE-ANSICHT	Die Live-Ansicht zeigt die Webseite wie in einem Webbrowser.
Live-Code	ANSICHT / LIVE-CODE	Stellt den vom Webserver an den Browser gesendeten Code dar. Dieser entspricht häufig nicht dem abgespeicherten Seitenquelltext.
Überprüfen	ANSICHT / ÜBERPRÜFEN	Ermöglicht die Prüfung von CSS-Regeln für Layout und Design.

Das Dokumentfenster können Sie ebenfalls schwebend anordnen, indem Sie auf in der rechten oberen Ecke klicken (vgl. Kapitel 5.2.2). Über das FENSTER-Menü können Sie dann mehrere Dokumente neben- bzw. untereinander oder überlappend anordnen und miteinander vergleichen oder Hyperlinks definieren (vgl. Kapitel 8).

2.3 Absätze und Zeilenumbrüche erstellen

Absatz: <p>...</p>

In Dreamweaver geben Sie neuen Text direkt in das Dokumentfenster ein. Dabei erstellen Sie Absätze wie in einem Textverarbeitungsprogramm (z. B. Microsoft Word oder Open Office):

- Drücken Sie die ↵-Taste, springt der Cursor in die nächste Zeile und damit in den nächsten Absatz. Dies funktioniert jedoch nur in der Entwurfs- und nicht in der Codeansicht.

Der Text in einem Absatz steht im Quelltext zwischen dem öffnenden und schließenden p-Tag. Wie die meisten anderen HTML-Tags ist auch das p aus einem englischen Begriff abgeleitet. <p> steht für Paragraf, also für einen Absatz.

```
<p>Das ist ein Absatz, engl. paragraph.</p>
```

Zwischen zwei Absätzen stellen Browser und damit auch Dreamweaver einen Standardabstand von einer Zeilenhöhe dar, den Sie mit CSS verändern und konkret bestimmen können. Dazu kommen wir in Kapitel 6.2.6 zurück. Der übrige Text wird am Zeilenende automatisch umbrochen und in der nächsten Zeile fortgesetzt. Dabei bestimmt der Webbrowser, eine Tabellenzelle oder ein anderer Container den zur Verfügung stehenden Platz. Mit [⇧] + [↵] erzwingen Sie einen Zeilenumbruch (s. u.).

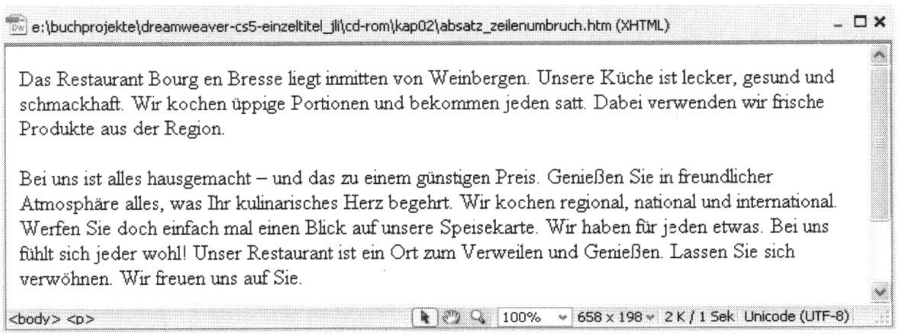

Abbildung 2.6: *Zwischen einzelnen Absätzen ist ein Abstand.*

Ist der Text bereits vorhanden, bestimmen Sie zusammengehörende Texteinheiten folgendermaßen:

1. Markieren Sie den Text, den Sie zu einem Absatz zusammenfassen wollen.
2. Öffnen Sie das Bedienfeld EIGENSCHAFTEN, indem Sie FENSTER / EIGENSCHAFTEN wählen oder [Strg] + [F3] drücken.
3. Sie sollten sich im Modus HTML befinden. Ist der Button im linken Bereich des Inspektors nicht eingedrückt, klicken Sie hierauf.

Mit HTML bestimmen Sie den logischen Aufbau einer Webseite. Hiermit definieren Sie Überschriften, Absätze, Listen und fügen einzelne Seitenelemente, wie Bilder oder Tabellen, ein.

Mit CSS verändern Sie die Standarddarstellung dieser Elemente im Browser. CSS ist also für Formatierung und Design verantwortlich. Im CSS-Modus definieren Sie Regeln für die Darstellung einzelner Seitenelemente. Beispielsweise stellen die meisten Browser Absätze standardmäßig in der Schriftart *Times* dar, ohne dass Sie diese im Quellcode ausdrücklich definiert haben. Mit CSS ändern Sie eine solche Standarddarstellung. Aus einer *Times* wird hier dann beispielsweise eine *Arial*. In Kapitel 3 erfahren Sie, wie Sie den CSS-Modus für die Zeichenformatierung einsetzen.

4. Wählen Sie im Menü FORMAT die Einstellung *Absatz* aus (Abbildung 2.7).

   Haben Sie einen bereits vorhandenen Absatz markiert oder den Cursor hierin platziert, ist diese Einstellung bereits vorhanden.

Der Eigenschafteninspektor zeigt stets die Attribute eines ausgewählten Seitenelements an. Diese können Sie hier verändern. Wenn Sie ein Eingabefeld im Inspektor verlassen, übernimmt Dreamweaver die Einstellungen in der Regel automatisch. Alternativ drücken Sie die [↵]-Taste.

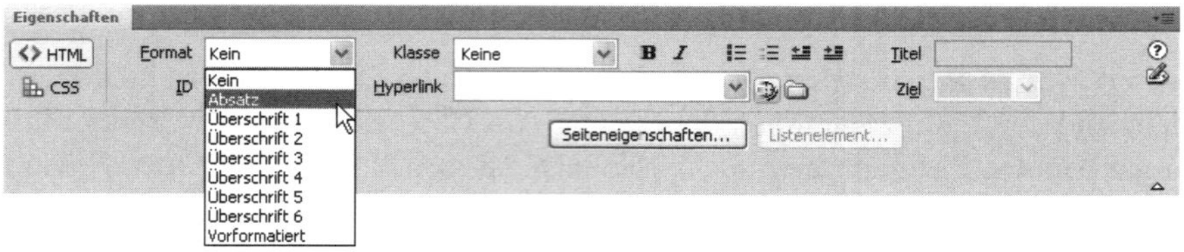

Abbildung 2.7: *Einen Absatz mit HTML strukturieren.*

Zeilenumbruch: ⇧ + ↵

Bei einem Zeilenumbruch beginnt der umbrochene Text ohne Abstand direkt in der nächsten Zeile. Diesen Umbruch (engl. *break*) definiert das Tag `<br />`, für das es keine öffnende bzw. schließende Variante gibt. Daher ist der Schrägstrich (engl. *slash*) am Ende des Tags eingefügt.

- Einen Zeilenumbruch erstellen Sie im Entwurfsfenster durch Drücken der Tastenkombination ⇧ + ↵. Dies funktioniert auch im Codefenster.

Im Dokumentfenster kann der Zeilenumbruch durch ein Icon angezeigt werden (vgl. Kapitel 2.4). Damit können Sie diese besser von automatischen Umbrüchen unterscheiden.

AUFSTEIGER

Für Ihre Webvisitenkarte geben Sie Ihre Kontaktdaten und andere Textinformationen in das Dokumentfenster ein. Erstellen Sie an geeigneter Stelle Absätze und Zeilenumbrüche. Das in Abbildung 2.8 gezeigte Beispiel eines Restaurants ist auf der DVD im Verzeichnis *kap02* gespeichert (*webvisitenkarte.htm*).

Hier sind bereits weitere HTML-Formate enthalten, die im Folgenden beschrieben sind. Wie Sie Hyperlinks definieren, lernen Sie in Kapitel 8.

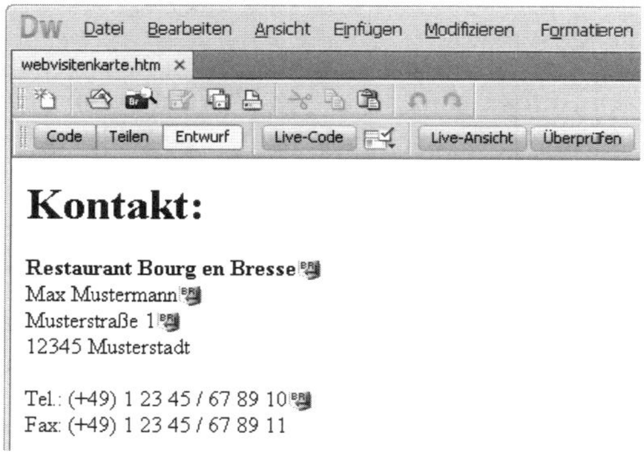

Abbildung 2.8: *Webvisitenkarte eines Restaurants*

TIPP

Ist der Text bereits in einem anderen Dokument gespeichert, ersparen Sie sich lästige Tipparbeit, wenn Sie diesen kopieren oder importieren. Wie das geht, erfahren Sie in Kapitel 5.4.

Auch über das Bedienfeld EINFÜGEN erstellen Sie Absätze und Zeilenumbrüche sowie andere HTML-Formate, die Sie noch kennen lernen werden. Wie das geht und welche Möglichkeiten dieses Fenster noch bietet, erläutert Kapitel 2.5, in dem Sie Sonderzeichen integrieren.

2.4 Unsichtbare Elemente zur Orientierung

Damit Sie Zeilenumbrüche schneller im Dokument erkennen, hebt Dreamweaver diese mit dem Icon hervor. Dieses wird im Browser natürlich nicht angezeigt und in Dreamweaver darum als unsichtbares Element bezeichnet.

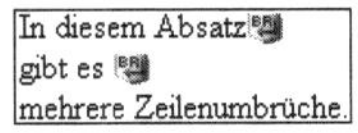

Hinweis

Ein unsichtbares Element wird im Entwurfsfenster durch ein Symbolbild, ein so genanntes Icon, gekennzeichnet.

Neben diesem Icon gibt es noch weitere visuelle Hilfsmittel für unterschiedliche Elemente, wie beispielsweise benannte Anker, Kommentare oder JavaScript-Funktionen. Diese lernen Sie im Laufe des Workshops noch kennen. Eine Übersicht erhalten Sie in den Voreinstellungen (vgl. Abbildung 2.9). So viel sei jedoch schon verraten: Erkennbare unsichtbare Elemente erleichtern zwar Ihnen die Arbeit, beeinträchtigen aber die WYSIWYG-Darstellung im Entwurfsfenster. Sie können diese Icons wie sichtbare Seitenelemente auswählen, verschieben oder im Eigenschafteninspektor bearbeiten.

Wird ein unsichtbares Element in der Entwurfsansicht nicht angezeigt, nehmen Sie folgende Einstellungen in Dreamweaver vor:

1. Öffnen Sie das Dialogfenster VOREINSTELLUNGEN, indem Sie in der Menüliste BEARBEITEN / VOREINSTELLUNGEN auswählen. Alternativ drücken Sie Strg + U.
2. Wechseln Sie dort in die Kategorie UNSICHTBARE ELEMENTE.

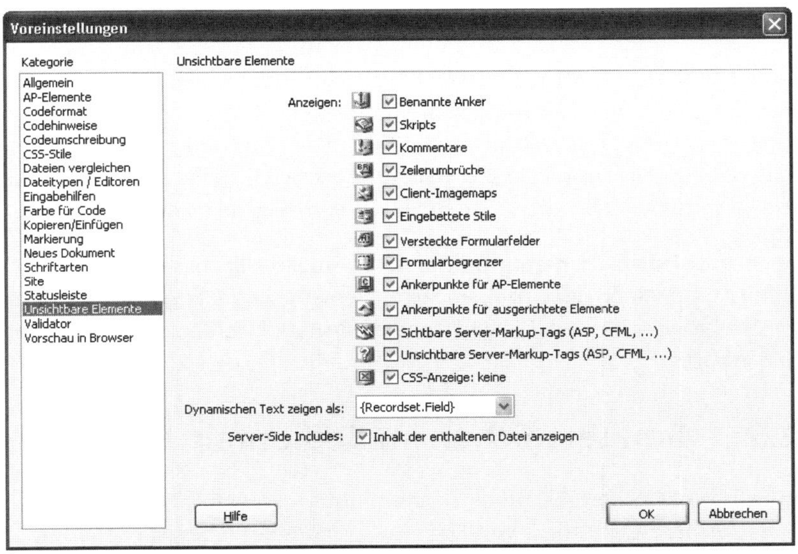

***Abbildung 2.9:** Voreinstellungen für unsichtbare Elemente festlegen*

3. Damit ein unsichtbares Element im Dokumentfenster angezeigt wird, muss es in den Voreinstellungen durch einen Mausklick mit einem Häkchen markiert werden. Deaktivieren Sie ein Kontrollkästchen, werden Elemente aus der Ansicht entfernt.

Damit ZEILENUMBRÜCHE also dargestellt werden, aktivieren Sie das Kontrollkästchen hinter dem Icon .

Für diesen Workshop aktivieren Sie ebenfalls die übrigen Symbole.

4. Klicken Sie auf OK. Sie sehen noch immer nichts? Dann müssen Sie noch den nächsten Arbeitsschritt erledigen:

5. Damit unsichtbare Elemente tatsächlich im Dokumentfenster eingeblendet werden, wählen Sie in der Menüleiste ANSICHT / VISUELLE HILFSMITTEL / UNSICHTBARE ELEMENTE (Abbildung 2.10).

   Außerdem darf vor ALLES AUSBLENDEN kein Häkchen erscheinen. Ist dieses doch sichtbar, wählen Sie ANSICHT / VISUELLE HILFSMITTEL / ALLES AUSBLENDEN oder drücken Sie [Strg] + [⇧] + [I].

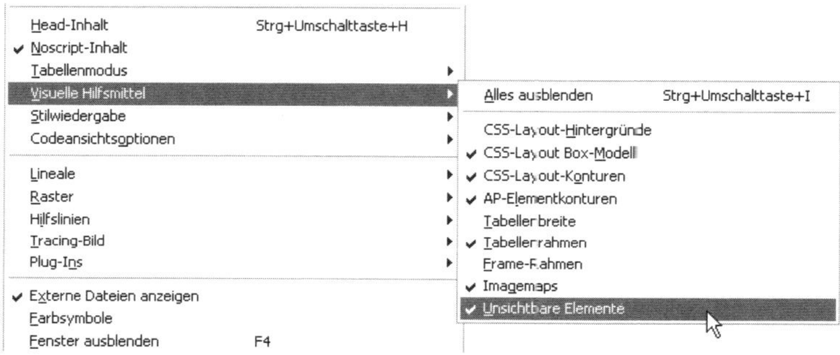

Abbildung 2.10: *Visuelle Hilfsmittel im ANSICHT-Menü einblenden*

Live-Ansicht

Damit die Webseite wie im Browser dargestellt wird, blenden Sie unsichtbare Elemente vorübergehend aus. Hierzu wählen Sie ANSICHT / ALLES AUSBLENDEN oder drücken Sie [Strg] + [⇧] + [I]. Alternativ drücken Sie auf den Button LIVE-ANSICHT in der Symbolleiste DOKUMENT. Drücken Sie erneut auf diese Schaltfläche bzw. wählen Sie nochmals ANSICHT / ALLES AUSBLENDEN, kehren Sie zur vorherigen Darstellung zurück.

ACHTUNG

Auch unsichtbare Elemente und andere visuelle Hilfsmittel benötigen Platz. Daher stimmt die Position der einzelnen Seitenelemente in der Entwurfsansicht nicht mit der im Webbrowser überein. Die wichtigsten Hilfsmittel werden in den einschlägigen Kapiteln erklärt.

2.5 Sonderzeichen im Bedienfeld EINFÜGEN

Je nach ausgewählter Dokumenttypdefinition (DOCTYPE, DTD) werden einige eingegebene Zeichen automatisch von Dreamweaver kodiert. Dies ist notwendig, damit diese korrekt im Browser wiedergegeben werden.

Haben Sie beispielsweise eine *HTML 4.01*-DTD gewählt, werden eckige Klammern (< >) oder Anführungszeichen (» «) kodiert in den Quelltext eingebunden, damit Browser diese von den HTML-Tags und Attributen unterscheiden können.

Auch für Symbole bzw. Sonderzeichen, die nicht über die Tastatur eingegeben werden, gibt es entsprechende Kodierungen. Diese Codes müssen Sie nicht kennen, wenn Sie Folgendermaßen arbeiten:

1. Platzieren Sie den Cursor an die Stelle im Dokumentfenster, an der Sie das Sonderzeichen einfügen möchten.
2. Öffnen Sie das Bedienfeld Einfügen mit Fenster / Einfügen oder indem Sie Strg + F2 drücken.

   Im Bedienfeld ist standardmäßig zunächst die Kategorie Allgemein geöffnet. Diese Objektpalette enthält alle benötigten Seitenelemente sowie HTML-Auszeichnungen für Textblöcke, die Sie noch kennen lernen werden.
3. Wechseln Sie in die Kategorie Text, indem Sie auf die Schaltfläche Allgemein unter dem Registernamen klicken und dann im geöffneten Menü Text wählen (Abbildung 2.11).

Insgesamt gibt es acht Kategorien mit thematisch sortierten Elementen. Im Laufe des Workshops werden Sie immer wieder darauf zugreifen. Häufig benötigte Objekte stellen Sie in der individuellen Favoriten-Kategorie zusammen (vgl. Kapitel 5.9).

Abbildung 2.11: *Kategorie im Bedienfeld Einfügen wechseln*

4. Klicken Sie auf den Erweiterungs-Pfeil des unteren Buttons Zeichen. In diesem Menü finden Sie häufig benötigte Sonderzeichen (Abbildung 2.12, rechts).

Achtung

Je nachdem, ob Sie schon einmal ein Zeichen aus diesem Menü eingefügt haben, kann dieser Button auch anders aussehen. Dieser zeigt immer das zuletzt ausgewählte Element. Das gilt übrigens für alle Menübuttons im Bedienfeld Einfügen. Über den Erweiterungspfeil rufen Sie also thematisch verwandte Objekte auf.

5. Wählen Sie im Menü das Symbol aus, das Sie einbauen wollen. Dreamweaver setzt das Sonderzeichen an der entsprechenden Stelle ein. Das Zeichen ist im Quelltext standardgemäß kodiert.

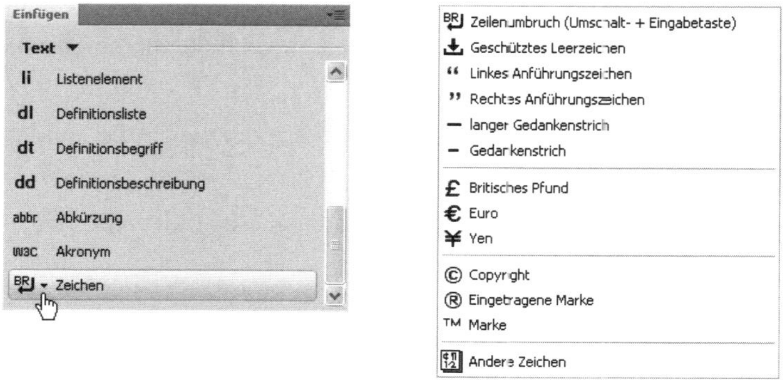

Abbildung 2.12: *Sonderzeichen enthält das Bedienfeld* EINFÜGEN *in der Kategorie* TEXT.

HINWEIS Kennen Sie bereits die einzelnen Buttons im Bedienfeld EINFÜGEN, können Sie über dessen Optionsmenü BESCHRIFTUNGEN AUSBLENDEN und damit viel Platz sparen. Dabei werden Symbole schwarzweiß oder farbig dargestellt. Dies stellen Sie über die Option FARBSYMBOLE ein.

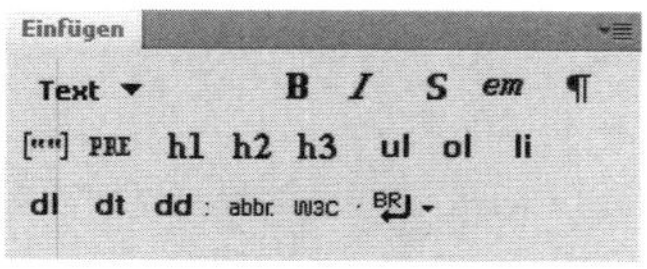

Abbildung 2.13: *Die Beschriftung ist in diesem Bedienfeld ausgeblendet.*

Sollten Sie ein Sonderzeichen benötigen, das nicht in diesem Menü eingetragen ist, …

1. … wählen Sie hier den Eintrag ANDERE ZEICHEN.
2. Klicken Sie im nun geöffneten Dialogfenster auf das entsprechende Symbol, erscheint dessen Kodierung automatisch im oberen Textfeld EINFÜGEN. In Abbildung 2.14 wird das ©-Zeichen mit `©` kodiert.
3. Fügen Sie das Symbol dann ein, indem Sie auf OK klicken.

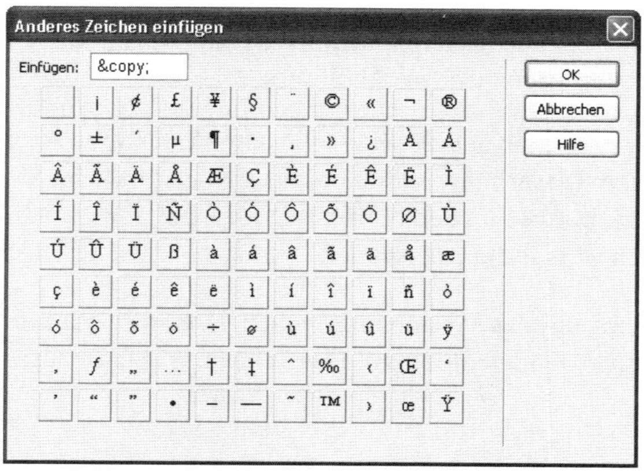

Abbildung 2.14: *Sonderzeichen mit standardkonformem Code einfügen*

Hinweis

Auch über die Menüleiste können Sie Sonderzeichen einfügen: Wählen Sie Einfügen / HTML / Sonderzeichen. Auf der DVD finden Sie weitere Codes in der Datei *sonderzeichen.htm*.

Geben Sie mehrere Leerzeichen hintereinander ein, zeigt der Webbrowser dennoch nur ein Zeichen an. Die übrigen werden ignoriert. Nur wenn Sie so genannte geschützte Leerzeichen einbinden, werden alle Zeichen dargestellt:

- Wählen Sie Einfügen / HTML / Sonderzeichen / Geschütztes Leerzeichen oder drücken Sie [Strg] + [⇧] + [Leertaste].

  Das Symbol im Bedienfeld Einfügen (Kategorie Text) sieht folgendermaßen aus: 

Im Quelltext wird ein solches geschütztes Leerzeichen mit ` ` gespeichert.

Achtung

Wenn Sie Textstellen in Spalten anordnen wollen, verwenden Sie statt Leerzeichen entweder eine Tabelle (Kapitel 9) oder definieren Sie entsprechende CSS-Regeln (Kapitel 6). Nach dem offiziellen Standard sollten Sie Tabellen nur für Daten und CSS für Layouts einsetzen.

Schauen Sie sich den HTML-Code eines Sonderzeichens an, werden Sie fast immer einen ähnlichen Aufbau feststellen. Für das Copyright-Symbol lautet der Quelltext beispielsweise `©`. Das eingetragene Warenzeichen wird mit `®` kodiert. Auch viele andere Zeichen leitet HTML mit dem kaufmännischen »&« ein. Dahinter steht der Name des Zeichens, gefolgt vom abschließenden Semikolon.

Vervollständigen Sie den Text auf Ihrer Webvisitenkarte. Fügen Sie eine Copyright-Zeile ein. Diese ist im Dokument *webvisitenkarte.htm* in Verzeichnis *kap02* gespeichert.

© 2010 Max Mustermann

2.6 Weitere HTML-Elemente für die Seitenstruktur

Neben Absätzen gibt es weitere HTML-Tags, mit denen Sie Textbereiche formatieren und die Inhalte auf der Webseite in eine logische Reihenfolge bringen. So fassen Überschriften den nachfolgenden Text zusammen, der in ein oder mehrere Absätze gegliedert ist. Auch Listen geben übersichtlich einzelne Aufzählungspunkte wieder. Mit Ziffern oder Buchstaben bringen Sie die einzelnen Listenelemente in einen geordneten Zusammenhang.

Diese Struktur bzw. Reihenfolge der unterschiedlichen Seitenelemente ist für barrierefreie Webseiten wichtig. Nur wenn die einzelnen Tags korrekt verwendet werden, sind die hier veröffentlichten Informationen behinderten Menschen zugänglich. Diese benutzen häufig so genannte Bildschirmlesegeräte oder Screenreader, die den Inhalt einer Seite vorlesen und sich dabei an der logischen HTML-Struktur orientieren. Auch Suchmaschinen lieben sauber strukturierte Webseiten, die diesem Standard entsprechen. Mit einer guten Seitenstruktur können Sei die Anzeige der Suchergebnisse bei Google & Co. positiv beeinflussen.

Im Browser werden diese HTML-Tags in einer Standardeinstellung präsentiert. Damit werden beispielsweise alle Hauptüberschriften gleich dargestellt. Auch ein Absatz wird immer mit der gleichen Schriftart und der gleichen Zeichengröße wiedergegeben.

Diese logische Textauszeichnung können Sie mit CSS detailliert ändern und neu formatieren. Wie das geht, erfahren Sie in Kapitel 3.

Hinweis

In Kapitel 5.5 machen Sie einzelne oder mehrere durchgeführte Arbeitsschritte rückgängig. Kapitel 5.6 erläutert die Suche nach einzelnen Text- oder Codestellen. Diese können schnell durch eine andere Zeichenfolge ersetzt werden. Informationen zur Rechtschreibprüfung erhalten Sie in Kapitel 5.7. Online-Ressourcen und andere Quellen zum Thema *Barrierefreiheit* listet der Anhang auf.

2.6.1 Überschriften hierarchisch definieren

HTML unterscheidet sechs **Überschriftenebenen**, mit denen Sie einzelne Hierarchieverhältnisse darstellen und den Seiteninhalt übersichtlich strukturieren. Dabei sollte eine Webseite stets durch mindestens eine Hauptüberschrift (<h1>) und eine oder mehrere Unterüberschriften (<h2>, <h3>, <h4>, <h5>, <h6>) strukturiert sein. Diese HTML-Tags weisen Sie jeweils einem ganzen Textblock zu, aber nie einzelnen Wörtern oder Zeichen innerhalb eines Textblocks.

Im Browser werden alle Überschriften in der gleichen Schriftart dargestellt, üblicherweise einer *Times*. Die einzelnen Hierarchieebenen werden dagegen durch unterschiedliche Schriftgrößen realisiert (vgl. Abbildung 2.15):

ÜBERSCHRIFT 1 (**<h1>**) definiert die Überschriftenebene erster Ordnung. Hier wird der Text in der größten Schrift dargestellt.

ÜBERSCHRIFT 6 (**<h6>**) definiert dagegen die Überschrift sechster Ordnung in der kleinsten Schriftgröße.

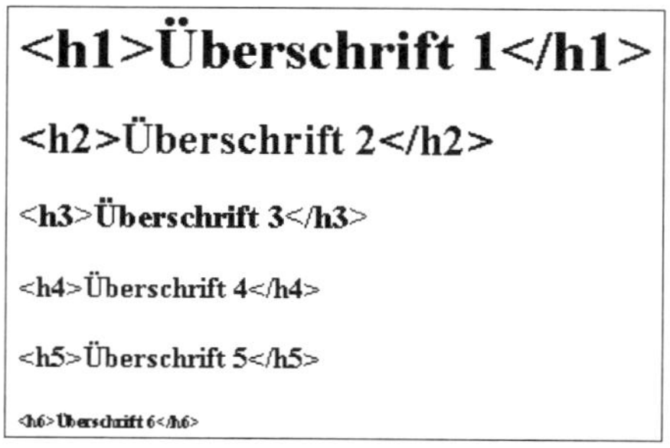

Abbildung 2.15: *In der Hierarchie sind Überschriften unterschiedlich groß.*

1. Geben Sie in Ihrer Webvisitenkarte einen passenden Text für die Überschriften ein. Diese sollten den Inhalt des darunter stehenden Absatzes zusammenfassen (z. B. *Kontakt, Unsere Öffnungszeiten, Unser Service*).

2. Klicken Sie in einen solchen Absatz hinein oder markieren Sie den kompletten Textblock, den Sie für die Überschrift verwenden möchten.

3. Wechseln Sie im Eigenschafteninspektor in den Modus HTML, falls dieser nicht mehr eingestellt ist. Wählen Sie im Menü FORMAT die gewünschte *Überschrift* aus (Abbildung 2.16).

   Dieses Format bestimmen Sie auch über die Menüleiste unter FORMATIEREN / ABSATZFORMAT.

   Außerdem können Sie die Überschriften der ersten bis dritten Ordnung über die Kategorie TEXT des Bedienfelds EINFÜGEN definieren. In der Randspalte sehen Sie die entsprechenden Buttons.

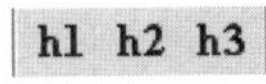

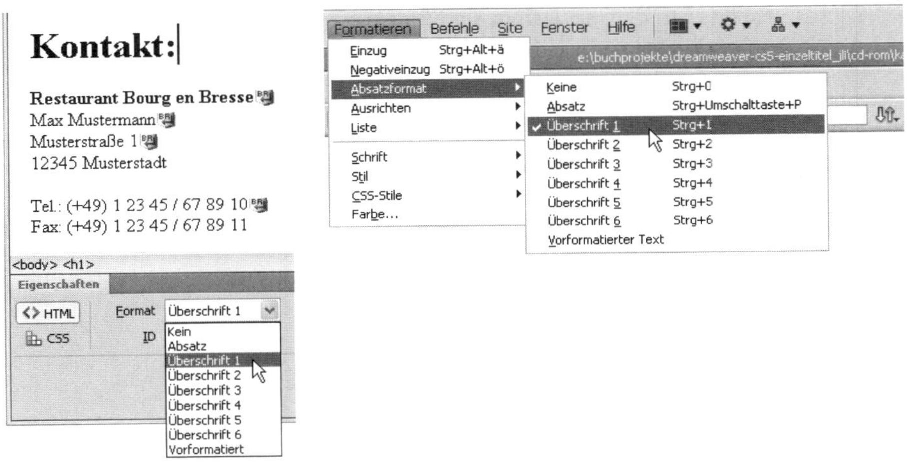

Abbildung 2.16: *Überschrift im Inspektor oder in der Menüleiste auswählen*

Eine bereits definierte Überschriftenebene ändern Sie jederzeit wie zuvor beschrieben und berichtigen damit die Struktur der Information.

Achten Sie auf einen logischen Aufbau und verwenden Sie nicht *Überschrift 1* und dann beispielsweise *Überschrift 3*, weil diese kleiner dargestellt wird. Die Formatierung der einzelnen Bereiche und Zeichen erledigen Sie später mit CSS.

HINWEIS

Mit CSS bestimmen Sie Schriftgröße und Farbe einzelner Überschriftenebenen. Diese hinterlegen Sie in der Kategorie ÜBERSCHRIFTEN (CSS) des Dialogfensters SEITENEIGENSCHAFTEN. Hier bestimmen Sie auch die Schriftart und einen Stil aller Überschriften. Die Seiteneigenschaften geben Sie in Kapitel 3.3 an.

2.6.2 Vorformatierter Text für Codeelemente

Ein vorformatierter Text wird im Browser mit allen Leerzeichen und den damit definierten Abständen wiedergegeben. Auch Tabulatorabstände werden berücksichtigt. Dabei sind alle Zeichen gleich breit und werden standardmäßig in einer Standard-Monotype- bzw. Courier-Schrift angezeigt. Auch Zeilenschaltungen werden dargestellt, ohne dass `p`- oder `br`-Tags erforderlich sind. Vorformatierter Text wird häufig für die Anzeige von Code oder einzelnen Listingelementen verwendet. Auch Daten können damit übersichtlich in Zeilen und Spalten angezeigt werden, ohne dass eine Tabelle eingesetzt wird.

Für unser Restaurant-Beispiel wird dieses HTML-Format für die übersichtliche Darstellung der Öffnungszeiten verwendet (Abbildung 2.17):

1. Öffnen Sie Ihre Webvisitenkarte.
2. Klicken Sie an die Stelle Ihres Dokuments, an der Sie den vorformatierten Text eingeben möchten.
3. Wählen Sie *Vorformatiert* aus dem Menü FORMAT des Eigenschafteninspektors. Diese Einstellung finden Sie auch in der Menüleiste unter FORMATIEREN / ABSATZFORMAT. Alternativ klicken Sie auf den Button PRE in der Kategorie TEXT des Bedienfelds EINFÜGEN.
4. Geben Sie jetzt die Öffnungszeiten für das fiktive Restaurant ein. Beenden Sie eine Zeile mit [↵]. Dabei wird kein Absatz erstellt. Lediglich Zeilenumbrüche werden mit dem `br`-Tag eingefügt.

Möchten Sie einem bereits vorhandenen Text das Format *Vorformatiert* zuweisen, markieren Sie diesen zunächst und wählen Sie dann diese Einstellung wie beschrieben.

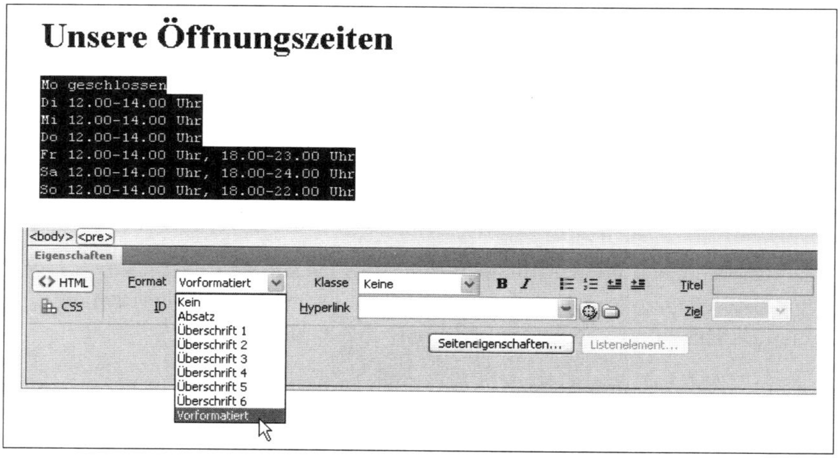

Abbildung 2.17: *Übersichtliche Darstellung mit vorformatiertem Text*

TIPP Die Anzeige eines vorformatierten Textes können Sie mit CSS ändern und beispielsweise die Farbe für Hintergrund und Zeichen sowie benötigte Abstände festlegen (vgl. Kapitel 3.4). Dabei sollten Sie ebenfalls eine Monotype-Schriftart verwenden, weil sonst das regelmäßige Erscheinungsbild verloren geht.

Im Quellcode steht vorformatierter Text innerhalb des öffnenden und schließenden `pre`-Tags:

```
<pre>Das ist ein vorformatierter Text.</pre>
```

2.6.3 Listen sorgen für eine bessere Übersicht

Man unterscheidet zwischen ungeordneten Punktlisten (Aufzählungen), alphanumerisch geordneten Aufstellungen und Definitionslisten. Letztere werden häufig in Glossaren zur Erklärung einzelner Begriffe verwendet.

AUFSTEIGER

Verwenden Sie Listen für Navigationsleisten, die Sie dann mit CSS formatieren (vgl. Kapitel 8.8.4). Dies entspricht deren logischer Struktur. Schließlich handelt es sich um eine Aufzählung verschiedener Hyperlinks.

Ungeordnete Listen mit gleichwertigen Aufzählungspunkten

Ungeordnete Listen präsentieren die einzelnen Aufzählungselemente standardmäßig mit einem runden Aufzählungspunkt. Dabei ist die Reihenfolge der einzelnen Elemente weitgehend unbedeutend.

1. Geben Sie den Text eines Listenelements ein und drücken Sie dann [↵].

   Für das Restaurant erstellen wir eine Angebotsübersicht, mit denen sich das Haus von seinen Mitbewerbern abhebt (Abbildung 2.18).

2. Geben Sie den Text für das nächste Listenelement ein. Damit steht jeder Textblock in einem separaten Absatz.

Abbildung 2.18: *Jeder Begriff steht hier in einem Absatz.*

TIPP

Der Tag-Selektor unter dem Dokumentfenster zeigt das HTML-Tag des ausgewählten Seitenelements sowie übergeordnete Elemente an. In Abbildung 2.18 wird ein Absatz (<p>) und das übergeordnete body-Element angezeigt.

3. Markieren Sie die Absätze.

4. Klicken Sie im Eigenschafteninspektor auf den Button [☰] oder wählen Sie in der Menüleiste FORMATIEREN / LISTE / UNGEORDNETE LISTE. Alternativ klicken Sie auf den Button [ul] in der Kategorie TEXT des Bedienfelds EINFÜGEN.

Dreamweaver erstellt nun die Liste mit den runden Aufzählungspunkten (Abbildung 2.19).

Abbildung 2.19: *Ungeordnete Liste mit runden Aufzählungspunkten*

ACHTUNG Wenn Sie Probleme beim Erstellen einer Liste haben, überprüfen Sie, ob das öffnende <p> und das schließende </p> Absatz-Tag vorhanden sind.

Möchten Sie statt der standardmäßig verwendeten runden Punkte quadratische einsetzen, arbeiten Sie folgendermaßen:

1. Platzieren Sie den Cursor in der Aufzählung.

   Möchten Sie lediglich die Darstellung einzelner Listenelemente ändern, markieren Sie diese.

2. Klicken Sie im unteren Teil des Eigenschafteninspektors auf die Schaltfläche [Listenelement...] oder wählen Sie in der Menüleiste FORMATIEREN / LISTE / EIGENSCHAFTEN.

HINWEIS Ist der untere Bereich des Inspektors nicht sichtbar, klicken Sie auf den Erweiterungspfeil ▽ in der rechten unteren Ecke dieses Bedienfelds. Wenn Sie erneut auf diesen Button △ klicken, verkleinern Sie dessen Darstellung wieder.

3. Damit aus den runden Aufzählungspunkten eckige werden, wählen Sie *Quadrat* im Menü STIL des Dialogfensters LISTENEIGENSCHAFTEN. Hier ändern Sie die Darstellung der kompletten Liste (Abbildung 2.20).

   Möchten Sie lediglich ausgewählte Listenelemente ändern, wählen Sie diese Option im Menü NEUER STIL.

HINWEIS Im Dialogfenster können Sie zudem eine ungeordnete *Aufzählungs Liste* in eine *Nummerierte Liste* oder in einen anderen LISTENTYP verwandeln. Hierzu wählen Sie die gewünschte Einstellung im oberen Menü.

4. Bestätigen Sie Ihre Angaben mit OK.

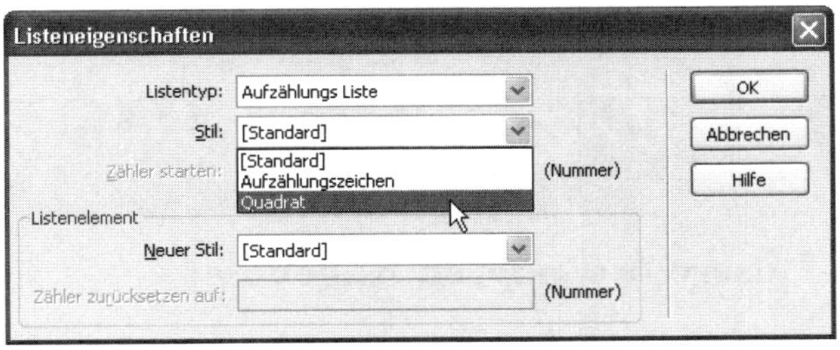

Abbildung 2.20: *Stil einer ungeordneten Liste ändern*

Im Quelltext definiert das type-Attribut im ul-Tag den neuen Stil:

```
<ul type="square">
```

Der übrige Code bleibt unverändert erhalten.

AUFSTEIGER

Statt der Aufzählungspunkte einer ungeordneten Liste können Sie auch individuelle Grafiken einfügen (vgl. Kapitel 4.7.2). Längere Aufzählungen strukturieren Sie dann am besten über Tabellen. Wie das geht, erfahren Sie in Kapitel 9.

Wechseln Sie in die Code-Ansicht, sehen Sie die von Dreamweaver eingefügten HTML-Tags. Listing 2.1 verdeutlicht die Struktur einer ungeordneten Liste am Restaurantbeispiel.

```
<ul>
  <li>Brunch</li>
  <li>Lunch-Pakete</li>
  <li>Magic Dinner</li>
  <li>Kochkurse</li>
  <li>Pilztouren</li>
  <li>Feiertagsangebote</li>
</ul>
```

Listing 2.1: *HTML-Struktur einer ungeordneten Liste*

Das ul-Tag definiert die ungeordnete Liste. <ul> seht für *unordered list*. Das schließende Element beendet die Aufzählung. Dabei sind die einzelnen Listenelemente mit dem li-Tag eingefügt.

Wie Sie einzelne Listenelemente im Entwurfsfenster entfernen oder neue hinzufügen, erfahren Sie auf Seite 54. Zunächst erstellen wir eine geordnete Aufzählung.

Geordnete Listen mit festgelegter Reihenfolge

Bei einer geordneten Liste ist die Reihenfolge der einzelnen Elemente wichtig. Um deren Hierarchie zu gliedern, steht vor jedem Listenelement standardmäßig eine Zahl (Abbildung 2.21). Dabei sind auch römische Ziffern oder Buchstaben möglich.

1. Markieren Sie die Absätze oder die Elemente einer bereits vorhandenen ungeordneten Liste.

2. Klicken Sie auf den Button im Eigenschafteninspektor oder wählen Sie in der Menüleiste FORMATIEREN / LISTE / GEORDNETE LISTE. Alternativ klicken Sie auf den Button ol in der Kategorie TEXT des Bedienfelds EINFÜGEN.

Abbildung 2.21: *Geordnete Liste mit Zahlen*

In der Code-Ansicht hat Dreamweaver folgende HTML-Struktur eingefügt:

Listing 2.2: *HTML-Struktur einer geordneten Liste*

```
<ol>
  <li>…</li>
  <li>…</li>
</ol>
```

`<ol>` steht hier für *ordered list*, also für geordnete Liste. Die einzelnen Listenelemente stehen wie bei der geordneten Liste ebenfalls im `li`-Tag. Möchten Sie im Code den ungeordneten in einen geordneten Listentyp ändern, müssen Sie also nur aus dem `<ul>` ein `<ol>` machen. Das gilt sowohl für das öffnende als auch für das schließende Tag!

Die Listeneigenschaften ändern Sie wie im vorherigen Kapitel beschrieben. Allerdings ist die Schaltfläche im Inspektor nur aktiv und anklickbar, wenn Sie den Cursor in einem Listenelement platzieren und nicht die komplette Aufzählung auswählen. Auf das Ergebnis hat dies keinen Einfluss.

Auch hier bestimmt das `type`-Attribut im `ol`-Tag den neuen Stil. Bei einer alphabetischen Liste mit Kleinbuchstaben sieht dieses Tag beispielsweise folgendermaßen aus:

```
<ol type="a">
```

Eine Liste muss nicht unbedingt bei *1*, *a*, i und den entsprechenden großen Varianten beginnen.

- Damit die Aufzählung mit der Zahl *3* beginnt, geben Sie diesen Wert in das Feld ZÄHLER STARTEN ein (Abbildung 2.22). Auch bei anderen Stilen geben Sie entsprechende Werte an. Beispielsweise definiert die Zahl *3* ebenfalls den Großbuchstaben *C*.

Im Quelltext bestimmt das `start`-Attribut im `ol`-Tag diesen Zähler. In folgendem Beispiel beginnt die Aufzählung mit c:

```
<ol start="3" type="a">
```

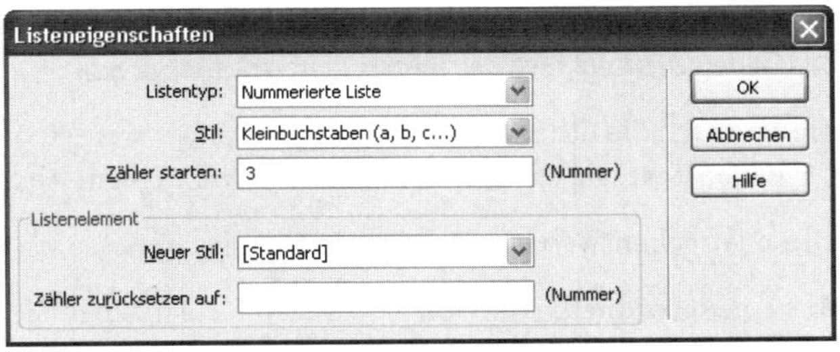

Abbildung 2.22: *Eigenschaften einer nummerierten Liste*

Soll ab einem bestimmten Listenelement eine andere Nummerierung erfolgen, …

1. … platzieren Sie den Mauszeiger in diesem Element.
2. Anschließend öffnen Sie die LISTENEIGENSCHAFTEN.
3. Im Feld ZÄHLER ZURÜCKSETZEN AUF bestimmen Sie den Wert, mit dem die Liste fortgesetzt werden soll.

Im Quelltext wird das `value`-Attribut in das entsprechende `li`-Element eingefügt. Das Aufzählungselement im folgenden Listing beginnt mit dem Zähler 1.

```
<li value="1">Magic Dinner</li>
```

Listenelemente entfernen, hinzufügen und untergeordnete Liste erstellen

Wenn Sie einen Punkt aus der geordneten Liste entfernen, nummeriert Dreamweaver diese neu:

1. Markieren Sie das Listenelement, das Sie entfernen möchten.
2. Drücken Sie zweimal auf die Entf- oder ←-Taste.

Abbildung 2.23: *Ein Listenelement entfernen*

Um in einer vorhandenen Liste einen neuen Punkt einzufügen …

1. … positionieren Sie den Cursor am Ende des vorhergehenden Aufzählungstextes.
2. Drücken Sie die [↵]-Taste. Die Nummerierung wird bei den geordneten Listen um einen neuen Punkt erweitert und fortgesetzt.
3. Geben Sie den Text des neuen Listenelements ein.
4. Möchten Sie die Liste beenden, drücken Sie zweimal die [↵]-Taste. Geben Sie nun neuen Text ein, steht dieser automatisch in einem Absatz.

Diese Vorgehensweise ist bei allen Listen gleich.

Aus einer geordneten oder ungeordneten Liste machen Sie wieder einen normalen Absatz, indem Sie im Eigenschafteninspektor erneut auf die entsprechende Listenschaltfläche bzw. klicken.

A. Element

- Element 1
- Element 2

A. Element

Markieren Sie ein Listenelement und klicken Sie auf den Button bzw. , der nicht mit dem aktuellen Listentyp übereinstimmt, erstellen Sie eine neue Liste. Dabei werden die Listenelemente darüber und darunter jeweils in eine neue Aufzählung gesetzt. Bei numerischen Aufzählungen müssen Sie eventuell noch den Zähler des nachfolgenden Listenelements ändern, was im Randspaltenbeispiel sinnvoll wäre.

- Element 1.1
    - Element 2.1
    - Element 2.2
- Element 1.2

Eine in die aktuelle Liste untergeordnete weitere Aufzählung erstellen Sie dagegen mit dem Button TEXTEINZUG im Eigenschafteninspektor. Bei einer ungeordneten Liste wird dabei automatisch statt des geschlossenen ein offener Aufzählungspunk angezeigt.

- Element 1.1
    - Element 2.1
    - Element 2.2
- Element 1.2

Da das type-Attribut nicht in die eingeschobene Liste übernommen wird, werden diese Kreise zunächst auch bei übergeordneten quadratischen Listenelementen verwendet. Ändern Sie das Aufzählungszeichen, werden in der eingeschobenen Aufzählung ebenfalls ausgefüllte Quadrate dargestellt.

1. Element 1.1
    1. Element 2.1
    2. Element 2.2
2. Element 1.2

Rücken Sie eine geordnete Liste ein, ist ebenfalls kein type-Attribut für die nun eingeschobene neue Liste definiert. Diese Listenelemente werden damit automatisch von vorne durchnummeriert.

DVD

Im Verzeichnis *kap02* sind sämtliche Aufzählungsbeispiele in der Datei *aufzaehlungen.htm* gespeichert.

Definitionslisten für Erklärungen

Bei einer Definitionsliste steht direkt unter einem Begriff dessen Erklärung. Definitionslisten werden gerne für Glossare und ähnliche Begriffserklärungen verwendet.

In unserem Restaurant-Angebot steht beispielsweise unter dem Begriff *Brunch* dessen Kurzbeschreibung: *Langes Frühstück mit Mittagessen* (vgl. Abbildung 2.24). So kann sich jeder etwas darunter vorstellen.

1. Geben Sie zunächst den zu erklärenden Begriff in das Entwurfsfenster ein. Anschließend drücken Sie die [↵]-Taste.

Nun schreiben Sie dessen Erklärung. Diese beenden Sie ebenfalls mit ↵.

Auf diese Weise stehen alle Texteinheiten wieder in einem Absatz.

2. Markieren Sie alle Textblöcke und wählen Sie in der Menüleiste FORMATIEREN / LISTE / DEFINITIONSLISTE.

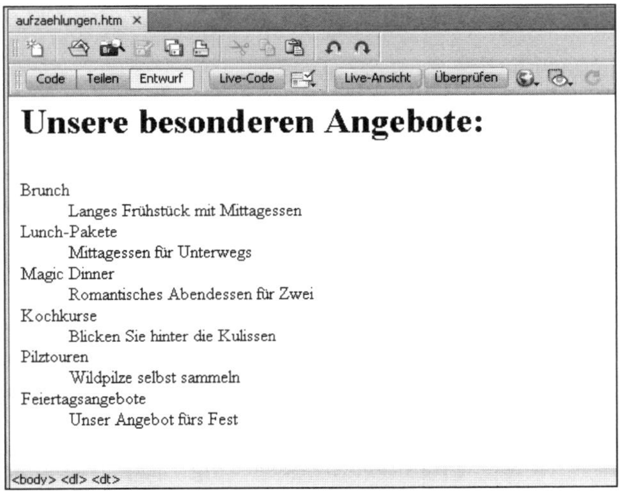

Abbildung 2.24: *Definitionsliste eines Restaurant-Angebots*

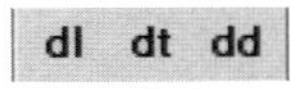

Eine Definitionsliste `<dl>` enthält zum einen den Begriff, der zu definieren ist `<dt>`, zum anderen die eingerückte Definition `<dd>` (vgl. Listing 2.3).

Diese Codeelemente können Sie ebenfalls über die in der Randspalte abgebildeten Buttons in der Kategorie TEXT des Bedienfelds EINFÜGEN festlegen. Auch bei Definitionslisten können Sie die Darstellung des Textes mit CSS formatieren (vgl. Kapitel 3.4).

```
<dl>
  <dt>Brunch</dt>
    <dd>Langes Frühstück mit Mittagessen</dd>
  <dt>…</dt>
    <dd>…</dd>
</dl>
```

Listing 2.3: *HTML-Struktur einer Definitionsliste*

Möchten Sie weiteren Text außerhalb der definierten Liste erstellen, drücken Sie zweimal ↵. Das Listenformat wird dadurch beendet.

Eine Definitionsliste verwandeln Sie wieder in einen Absatz, indem Sie im Eigenschafteninspektor auf TEXT-NEGATIVEINZUG (Tooltip: BOCKZITAT ENTFERNEN) klicken oder in der Menüleiste FORMATIEREN / NEGATIVEINZUG wählen. Wie Sie im nächsten Kapitel sehen werden, wird der Einzug sinngemäß für Zitate verwendet. An dieser Stelle werden dann entsprechende Tags (`<blockquote>`) eingesetzt, die bei Listen nicht verwendet werden.

ACHTUNG

Dreamweaver blendet im Eigenschafteninspektor für Buttons TEXTEINZUG und TEXT-NEGATIVEINZUG irreführende Tooltips ein, die nicht mit den Einträgen in der Menüleiste übereinstimmen.

DVD

Die auf der DVD gespeicherte Webvisitenkarte enthält eine ungeordnete Aufzählung. Sämtliche Listentypen sind in der Datei *aufzaehlungen.htm* gegenübergestellt. Auch dieses Dokument ist im Kapitelverzeichnis *kap02* auf der DVD gespeichert.

2.6.4 Texteinzug für Zitate

Entsprechend der HTML-Konvention sollten Texteinzüge nur für Zitate verwendet werden. Dabei wird der ausgewählte Textblock sowohl links als auch rechts entsprechend eingeschoben.

1. Klicken Sie in den Absatz, den Sie einrücken möchten. Um mehreren Absätzen einen Einzug zuzuweisen, markieren Sie diese Textblöcke.
2. Drücken Sie im Eigenschafteninspektor auf den Button TEXTEINZUG (Tooltip: BOCKZITAT) oder wählen Sie in der Menüleiste FORMATIEREN / EINZUG. Alternativ klicken Sie auf den Button BOCKZITAT in der Kategorie TEXT des Bedienfelds EINFÜGEN.

Blockquote = Blockzitat

Der Text wird um eine Einheit eingerückt. Hierzu fügt Dreamweaver das `blockquote`-Tag in den Quelltext ein.

```
<blockquote>Das ist ein Zitat.</blockquote>
```

Auch wenn Sie den vorherigen Arbeitsschritt mehrmals wiederholen und damit den Text bis zur gewünschten Stelle einrücken können, entspricht dies nicht der Konvention. Lediglich weitere eingeschobene Zitate sollten Sie auf diese Weise kennzeichnen und damit logisch strukturieren. Dagegen sollten Sie Abstände durch CSS-Regeln präzise festlegen. Wie das geht, erfahren Sie in Kapitel 4 7.3.

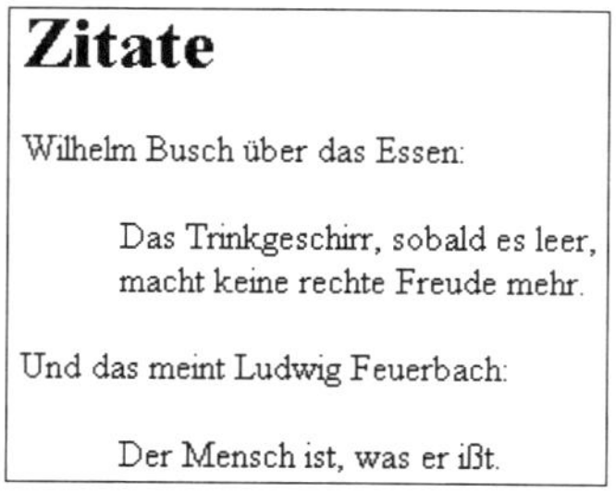

Abbildung 2.25: *Eingerückte Blockzitate*

Mit dem Button TEXT-NEGATIVEINZUG im Inspektor verschieben Sie einen eingerückten Absatz wieder um eine Einheit nach außen. Der Negativeinzug hebt jeweils ein `<blockquote>` auf. Sie entfernen damit also eine Einzugsebene. Daher funktioniert dieser Befehl nur, wenn Sie bereits einen Einzug platziert haben.

Drücken Sie erneut diesen Button, um weitere `blockquote`-Elemente zu entfernen. Alternativ wählen Sie FORMATIEREN / NEGATIVEINZUG in der Menüleiste.

Möchten Sie ein Zitat kennzeichnen ohne dass hierzu der Text eingerückt wird, verwenden Sie das q-Tag. Mit dem darin definierten cite-Attribut nennen Sie zudem den Urheber. In einigen Browsern, wie etwa Firefox, wird das Zitat dann automatisch in Anführungszeichen gesetzt. Auch die Live-Ansicht von Dreamweaver zeigt diese an (siehe Randspalte). Das Entwurfsfenster zeigt diese Zeichen dagegen nicht an.

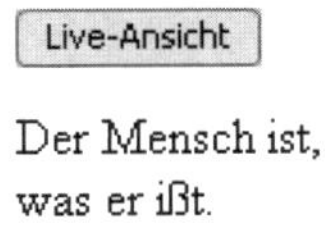


```
<q cite="Ludwig Feuerbach">Der Mensch ist, was er isst.</q>
```

Eine Variante des Zitat-Tags fügen Sie über FORMATIEREN / STIL in das Dokument ein (vgl. Kapitel 2.7). Hierbei wird die Quelle jedoch nicht genannt: <cite>...</cite>

DVD

Einige Zitate finden Sie in der Datei *zitate.htm* im Verzeichnis *kap02* auf der DVD.

2.7 Logische Stile für die Textauszeichnung

Bislang haben wir lediglich HTML-Tags für die Textauszeichnung verwendet. Im Bedienfeld EIGENSCHAFTEN gibt es zudem die beiden logischen Stile FETT **B** und KURSIV *I*, mit denen Sie die Darstellung einzelner Zeichen bestimmen können. Das **B** steht für **bold** (= fett); das ***I*** für ***italic*** (= kursiv). Dabei legen diese Stile jedoch nur den Charakter eines Textes fest und überlassen dem Browser die genaue Interpretation.

Weiterhin definiert <strong> lediglich, dass der eingeschlossene Text hervorgehoben werden soll. Die meisten grafischen Browser zeigen diesen Text dann zwar in fetter Schrift an, doch es gibt auch einige, welche die Anweisung anders interpretieren.

B

bold =fett

Ebenso verhält es sich mit dem Tag <em>. Ein Screenreader betont den hierin eingeschlossenen Text bei der »Aussprache«. In den meisten visuellen Browsern, wird dieser dann kursiv hervorgehoben.

I

italic = kursiv

Mit CSS können Sie das Erscheinungsbild dieser logischen Stile und der bereits besprochenen Tags individuell bestimmen und damit die Standardeinstellungen der Webbrowser ändern. Wie das geht, erfahren Sie in Kapitel 3.

- Im Menü FORMATIEREN / STIL definieren Sie weitere Stile (Abbildung 2.26). Auf das ausgewählte Element angewendete Stile kennzeichnet ein Häkchen.

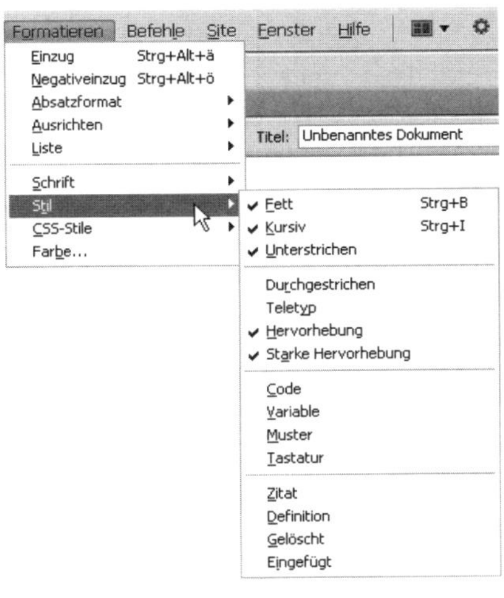

Abbildung 2.26: *Das Menü STIL enthält logische HTML-Stile.*

DVD

Öffnen Sie die Datei *stile.htm* in *kap02* auf der DVD. Hier sind sämtliche Stile angewendet. Überprüfen Sie deren Darstellung in der Live-Ansicht und in unterschiedlichen Browsern. Beachten Sie, dass nicht alle Textstile in allen Browsern gleich umgesetzt werden. Testen Sie darum Ihre Seite in mehreren Browsern und überprüfen Sie, ob die Textdarstellung Ihren Vorstellungen entspricht. Wie Sie hierzu in Dreamweaver die Browservorschau einsetzen, erfahren Sie in Kapitel 5.8.

2.8 Dokumente speichern

Sichern Sie regelmäßig Ihre Arbeit in Dreamweaver. Es ist immer ärgerlich, wenn der Rechner plötzlich abstürzt oder sonst etwas schief läuft und die ganze Arbeit umsonst war. Gehen Sie daher immer auf Nummer sicher.

1. Wählen Sie DATEI / SPEICHERN UNTER oder drücken Sie die Tastenkombination [Strg] + [⇧] + [S]. Auch wenn Sie bei einem neuen Dokument auf die Schaltfläche SPEICHERN in der Symbolleiste STANDARD klicken, erscheint das Dialogfenster SPEICHERN UNTER (Abbildung 2.27).

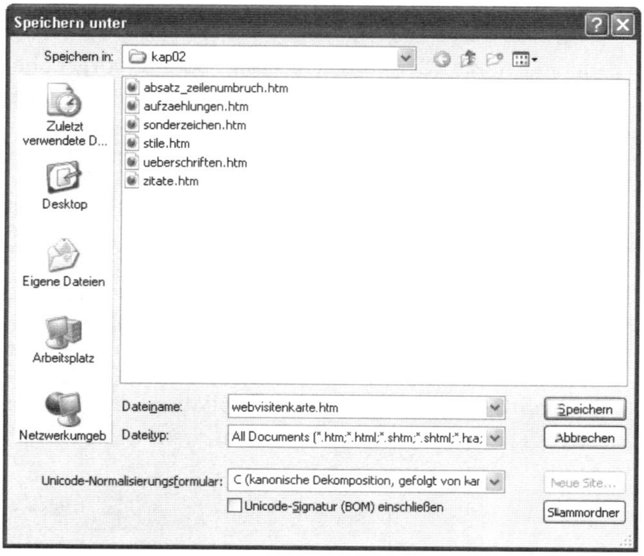

Abbildung 2.27: *Verzeichnis und Dateinamen angeben*

2. Wählen Sie den Ordner aus, in dem Sie die Datei speichern möchten.

Ist dieser noch nicht vorhanden, klicken Sie auf den Button NEUEN ORDNER ERSTELLEN am oberen Dialogfensterrand. Überschreiben Sie den Namen *Neuer Ordner* und beachten Sie die Konventionen bei der Benennung. Danach sollten Sie auf Leer-, Sonder- und Satzzeichen sowie auf Umlaute verzichten. Bestätigen Sie den Verzeichnisnamen mit der [↵]-Taste.

3. Anschließend geben Sie den gewünschten Dateinamen an. Auch hierbei sollten Sie die Notationsregeln beachten.

   Speichern Sie die Startseite eines Webauftritts stets als *index.htm* oder *index.html*. Der Server lädt automatisch dieses Dokument, ohne dass Benutzer den Dateinamen angeben müssen. Vielmehr genügt die alleinige Angabe von Domain und Länderkennung, wobei einige Server auch den www-Dienst nicht benötigen (z. B. *susanne-rupp.de*).

   Da die Webvisitenkarte als vorläufige Homepage verwendet wird, speichern Sie dieses Dokument als *index*.

Achtung

Dateien werden nach dem HTTP-Standard im Web übertragen. Dieser verwendet den ASCII-Zeichensatz. Dabei ändern viele Server während der Datenübertragung nicht enthaltene Zeichen. Beispielsweise wird das Leerzeichen mit dem %- und zwei weiteren Zeichen kodiert. Aus *gartentür.htm* wird dann schnell *gartent%FCr.htm*. Dadurch werden alle Verweise auf die Datei unterbrochen. Verwenden Sie ggf. den Bindestrich (z. B. statt des Leerzeichens).

4. Wenn Sie eine andere Dateiendung (z. B. *.css*, *.cgi* oder *.asp*) benutzen möchten, müssen Sie noch den Dateityp im Menü darunter bestimmen.

   Die Webvisitenkarte und andere statische Webseiten speichern Sie dagegen im HTML- oder HTM-Format.

5. Klicken Sie auf die Schaltfläche Speichern oder bestätigen Sie Ihre Eingabe mit der Taste ↵.

Falls Sie mehrere Dokumente auf einmal speichern möchten, klicken Sie in der Symbolleiste Standard auf den Button Alles speichern oder wählen Sie in der Menüleiste Datei / Alles speichern.

Das Dialogfenster Speichern unter erscheint, wenn sich unter den gleichzeitig zu speichernden Dokumenten eine Datei befindet, die Sie noch nie gesichert haben. Geben Sie den gewünschten Dateinamen an und legen Sie den Speicherort fest.

In Dreamweaver werden Dokumente wie in anderen Programmen auch geschlossen, indem Sie beispielsweise Datei / Schließen wählen (vgl. Kapitel 5.2.2). Haben Sie die Änderungen in einer Datei vor dem Schließen noch nicht gespeichert, erscheint das in Abbildung 2.28 gezeigte Dialogfenster.

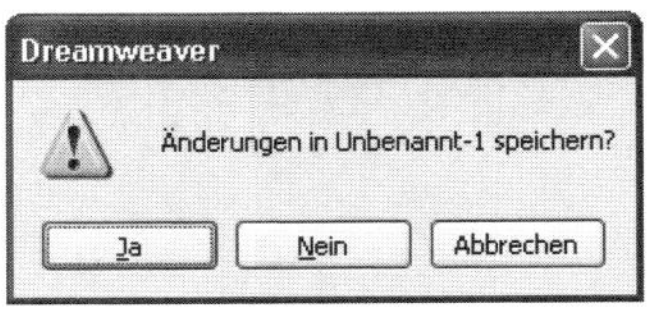

Abbildung 2.28: *Das Dokument wurde noch nicht gespeichert.*

Klicken Sie auf JA, erscheint das Dialogfenster SPEICHERN UNTER, falls Sie noch keinen Dateinamen vergeben haben. Drücken Sie NEIN, wird die Datei ohne Speichern geschlossen. Klicken Sie auf ABBRECHEN, bleibt das Dokument weiterhin geöffnet.

In der Titelleiste bzw. im Register eines Dokuments erkennen Sie noch nicht gesicherte Webseiten gut an dem Sternchen neben dem Dateinamen (Abbildung 2.29, linkes Register). Wurde ein Dokument noch nie gespeichert und damit noch kein Dateiname angegeben, steht hier *Unbenannt-X*. Weitere Informationen über die Arbeit mit mehreren Dokumenten erhalten Sie in Kapitel 5.

Abbildung 2.29: *Das Register zeigt Dateinamen gespeicherter Dokumente.*

HINWEIS

Speichern Sie Webseiten mit vordefiniertem Layout bzw. einem Verweis auf externe Dateien, können Sie neben der HTML-Datei auch die abhängigen Dateien sichern (z. B. CSS).

Gespeicherte Dateien öffnen Sie über DATEI / ÖFFNEN bzw. den Button ÖFFNEN in der Symbolleiste STANDARD. Ganz schnell geht's mit Strg + O. Haben Sie das Dokument vor kurzem bereits geöffnet, finden Sie es auch unter DATEI / LETZTE DATEIEN ÖFFNEN. Wählen Sie im Menü das benötigte Dokument, ersparen Sie sich zeitaufwändiges Suchen.

DVD

Die fertige Webvisitenkarte unseres Beispiel-Restaurants ist auf der DVD im Verzeichnis *kap02* gespeichert (*webvisitenkarte.htm*).

Ihre Webvitenkarte enthält wesentliche Informationen und kann online veröffentlicht werden. Wie das in Dreamweaver geht, erfahren Sie in Kapitel 14.

Sind Sie mit dem Aussehen der Seite jedoch noch nicht zufrieden, sollten Sie den nächsten Workshop abwarten. Hier wenden wir uns dem Feinschliff und dem Design der ersten Webseite zu.

Doch bevor wir Farbe ins Spiel bringen, beantworten Sie bitte die folgenden Fragen der kleinen Erfolgskontrolle.

2.9 Kleine Erfolgskontrolle

4. Worin liegt der Unterschied zwischen HTML und CSS?

   (Mehrere Antworten sind richtig!)

   a. HTML bestimmt die logische Auszeichnung einzelner Bereiche.
   b. CSS bestimmt die logische Auszeichnung einzelner Bereiche.
   c. Die Seitenstruktur wird von HTML bestimmt.
   d. CSS ist eine Formatierungssprache.
   e. CSS steht für *Computerspiele spielen*.
   f. HTML bestimmt das Grundgerüst einer Webseite.

5. Sie drücken [Strg] + [↵].

   Hiermit erstellen Sie …

   a. …einen Absatz.
   b. …einen Zeilenumbruch.

6. Welches HTML-Format verwenden Sie sinnvollerweise für ein Glossar?

   a. Ungeordnete Liste
   b. Geordnete Liste
   c. Definitionsliste
   d. Texteinzüge

7. Was ist ein <blockquote>?

   a. Tag, das einen Absatz einrückt
   b. Statistische Berechnung
   c. Tag zur Zeichenformatierung

3 Texte und Absätze mit CSS formatieren

Das lernen Sie neu:

- Die Vorteile von CSS nutzen
- Schriftart, -größe und Farbe festlegen
- Zeichenattribute für die gesamte Seite bestimmen
- Seitenränder definieren
- Elementstile, CSS-Klassen, IDs, Inline-Stile einsetzen
- Die Symbolleiste STILWIEDERGABE verwenden
- Seitentitel für Browser, Lesezeichen und Suchmaschinen bestimmen

Dreamweaver unterscheidet strikt zwischen der logischen Auszeichnung mit HTML und der Formatierung mit CSS. Letzteres bestimmt das Erscheinungsbild einer Webseite und darum geht es in diesem Kapitel. Hier erfahren Sie, wie Sie ausgewählte Schriftzeichen und Absätze formatieren, Schriftart und Textgröße festlegen oder einzelne Textzeichen einfärben.

Wenn Sie schon eine ältere Dreamweaver-Version kennen oder von der Arbeitsweise in anderen Programmen ausgehen, fragen Sie sich vielleicht jetzt, warum ich diesem Thema ein ganzes Kapitel widme.

Ganz einfach: Wenn Sie bereits mit Microsoft Word oder einem anderen Textverarbeitungsprogramm gearbeitet haben, kennen Sie die Grundlagen der Textformatierung. Durch die strikte Trennung von HTML und CSS benötigen Sie für diese recht trivialen Arbeiten zudem noch profunde Kenntnisse über CSS. Oder wissen Sie schon, was Elementstile, CSS-Klassen, IDs oder Pseudoelemente sind?

In diesem Workshop bestimmen Sie zunächst allgemein gültige Seiteneigenschaften und formatieren anschließend ausgewählte Textzeichen und Absätze Ihrer Webvisitenkarte. Sie erfahren, wie Sie das Erscheinungsbild von Überschriften, Listenelementen und anderen Textblöcken mit CSS regeln. Damit erstellen Sie individuelle, ansprechende Webseiten und setzen Sie die Standardeinstellungen der Browser außer Kraft.

3.1 Wozu HTML? Wozu CSS?

Lassen Sie uns zusammenfassend nochmals festhalten, worin die wesentlichen Unterschiede von HTML und CSS liegen. Damit können Sie besser die Vorteile und die grundlegende Arbeitsweise von Dreamweaver verstehen:

HTML Wie erwähnt, ist HTML die führende Sprache im Web. Die Abkürzung steht für *Hypertext Markup Language*. HTML ist also eine Auszeichnungssprache, die der Browser in ein optisches Bild übersetzt. Fehlen spezifische Formateinstellungen, bestimmt der Browser die Darstellung der einzelnen Seitenelemente. Beispielsweise zeigen die meisten Browser Hauptüberschriften `<h1>` mit schwarzen Zeichen und in der Schriftart *Times*. Allerdings ist diese Darstellung nicht einheitlich in allen Browsern geregelt.

Häufig wird HTML als Programmiersprache bezeichnet. Das ist nicht richtig, denn HTML beinhaltet keine Schleifen, Wenn-dann-Anweisungen und sonstige Funktionen, die eine klassische Programmiersprache auszeichnen.

CSS *Cascading Style Sheets* (CSS) definieren Stilregeln, welche das Format und damit die Darstellung einzelner Elemente beeinflussen. Hierdurch ändern Sie die mit den HTML-Tags verbundenen Standardeinstellungen der Browser. Mit CSS erzielen Sie eine weitgehend einheitliche Darstellung Ihrer Seite in verschiedenen Browsern.

Dabei kann beispielsweise eine Elementregel festlegen, dass alle Überschriften der ersten Ordnung (`<h1>`) in roter Schrift dargestellt werden. Ist diese Regel in einer externen CSS-Datei gespeichert und verweisen alle Dokumente eines Internetauftritts darauf, werden automatisch alle Überschriften `<h1>` in dieser Farbe präsentiert. Ändern Sie nun die CSS-Regel und bestimmen Sie, dass statt Rot die Farbe Grün verwendet werden soll, wirkt sich dies automatisch auf alle Webseiten aus, die mit dieser CSS-Datei verknüpft sind. Bei großen Webpräsentationen mit mehreren 1.000 Seiten sparen Sie damit viel Zeit. Sie müssen nur die CSS-Datei ändern, nicht aber jede einzelne HTML-Seite mit den logisch strukturierten Textinformationen aktualisieren.

Ein weiterer Vorteil liegt in der Flexibilität und Genauigkeit der CSS-Anweisung. Während bei HTML die Position eines Elements im Code dessen Darstellung im Entwurfsfenster bzw. im Webbrowser bestimmt, durchbricht CSS diese Anordnung. Eine CSS-Regel kann ein Seitenelement vom Seitenende an den Seitenanfang setzen, ohne dass dazu die Position im HTML-Code geändert wird. Zudem können Sie Abstände zwischen den einzelnen Objekten exakt definieren.

HTML und CSS sind plattformübergreifend und werden damit von unterschiedlichen Betriebssystemen und Browsern interpretiert. Beide Sprachen entsprechen einem offenen, technischen Standard, den das Konsortium W3C festlegt und ständig weiterentwickelt.

W3C ist die Abkürzung für *World Wide Web Consortium*.

HINWEIS Im Web finden Sie weitere Informationen über HTML, CSS und andere offizielle Standards unter *http://www.w3c.org*. Ihre Webseiten sollten den hier veröffentlichten, einschlägigen Spezifikationen und Richtlinien entsprechen. Diese werde auch in diesem Buch berücksichtigt.

3.2 Arten unterschiedlicher CSS-Regeln

In Dreamweaver müssen Sie den Code nicht manuell eingeben, wenn Sie eine Webseite formatieren möchten. Allerdings erleichtern grundlegende Kenntnisse das Verständnis der CSS-Funktionalität und damit Ihre Arbeit. Der Code einer CSS-Regel ist nach einer festen Struktur aufgebaut:

Listing 3.1: *Allgemeine Struktur einer CSS-Anweisung*

```
Selektor {  Attribut: Wert;  }
```

Element/Tag

Damit beispielsweise alle Überschriften erster Ordnung rot dargestellt werden, geben Sie als Selektor zunächst das zu ändernde HTML-Element `h1` an. Anschließend folgt die Formatierung in geschweiften Klammern (Listing 3.2).

Den Code für das Attribut *Farbe* geben Sie mit `color`, gefolgt von den dem gewünschten Farbwert, an. Farbwerte werden ebenfalls kodiert und häufig als Hexadezimalcode angezeigt. Diesen Hexadezimalcode erkennen Sie gut an der Raute #, hinter der entweder drei oder sechs Zeichen stehen (vgl. Kapitel 3.3.3). Ebenso können Sie standardisierte Farbnamen, wie etwa *red* für Rot, angeben. Alternativ können Sie auch den jeweiligen Farbanteil von Rot, Grün und Blau als absoluten (zwischen 0 und 255) oder prozentualen Wert bestimmen (z. B. *rgb(100%,0%,0%)*).

In der gleichen CSS-Regel können Sie weitere Attribute, wie etwa Schriftgröße (`font-size`) oder Schriftart (`font-family`), ändern und neu formatieren.

Listing 3.2: *Formatierung der Hauptüberschrift*

```
h1 {
  color: #F00;
  font-size: 14px;
}
```

Ein Elementstil bestimmt also das Aussehen spezifischer HTML-Typen auf einer Seite. Diesen Typ definieren Sie in den Seiteneigenschaften (Kapitel 3.3). Hierin ist die Formatierung einzelner Textteile weiterhin möglich, zum Beispiel mit einer CSS-Klasse.

Klasse

Verwenden Sie für den Selektor stattdessen eine CSS-Klasse, können Sie die definierten Stilregeln unterschiedlichen Elementen innerhalb der Webseite zuweisen. Beispielsweise können Sie damit dann verschiedene Textbereiche einfärben (Listing 3.3). CSS-Klassen erkennen Sie im Codefenster gut an dem Punkt vor dem Klassennamen (`.selektorname`). Mit diesem Stiltyp beschäftigt sich Kapitel 3.4.

Listing 3.3: *CSS-Klasse für rote Textzeichen*

```
.rot {
  color: #F00;
}
```

ID

Andererseits formatieren Sie mit einem ID-Stil genau ein bestimmtes Element in einer Webseite. ID-Stile erkennen Sie im Style Sheet an der Raute vor dem Selektornamen (`#selektorname`). ID-Stile werden hauptsächlich für das exakte Positionieren eindeutig identifizierbarer Seitenelemente und damit für das Layout der Webseite benötigt. Beispielsweise gilt die CSS-Regel mit dem ID-Selektor `#selektorstil` nur für das Tag mit dem im HTML-Code definierten Attribut-Wert-Paar `id="selektorstil"`. In Listing 3.4 wird die Breite einer Box bestimmt. Mit solchen Stilen arbeiten Sie in Kapitel 4.7.3. In Dreamweaver basieren die vordefinierten Musterlayouts allerdings auf universell einsetzbaren CSS-Klassen.

Listing 3.4: *ID-Stile gelten jeweils nur für ein Element.*

```
#box {
  width: 300px;
}
```

Pseudoklassen Daneben gibt es noch so genannte Pseudoklassen, mit denen Sie unterschiedliche Zustände für Hyperlinks definieren. Dadurch entstehen interessante Rollover-Effekte, die interaktiv durch die Aktionen des Benutzers ausgelöst werden. Wie das geht, zeigt Kapitel 8.8.

Konflikte löst die Hierarchie. Alle Selektoren und damit die hiermit definierten Stilregeln stehen in einer Hierarchie. Widersprechen sich zwei Anweisungen, wird die höherwertige Regel umgesetzt. Liefert ein Elementselektor beispielsweise dem Browser die Anweisung, eine Überschrift rot zu formatieren, teilt eine Klasse ihm jedoch mit, diese grün darzustellen, entsteht ein solcher Konflikt. Der Browser wird sich dann für Grün entscheiden, da Klassen Elementregeln überschreiben. Dabei werden Inline-Stile, eine weitere Variante, vorrangig allen übrigen Stilregeln verwendet.

Inline-Stile Diese Inline-Stile stehen innerhalb des HTML-Tags, dessen Aussehen sie definieren. In Listing 3.5 wird die `h1`-Überschrift an Ort und Stelle formatiert. Die definierte Stilregel wirkt sich nur auf den eingebundenen Text aus und wird nicht auf andere Seitenelemente angewendet.

Listing 3.5: *Dieser Inline-Stil formatiert den eingebundenen Text.*

```
<h1 style="color: red;">Das ist ist Überschrift</h1>
```

Da Inline-Regeln nicht an zentraler Stelle gespeichert werden, erleichtern Sie nicht die Aktualisierung des kompletten Webauftritts. Verwenden Sie diesen Stilregel-Typ nur im Ausnahmefall.

Verschiedene Speicherorte CSS-Befehle können im `head`-Bereich eines HTML-Dokuments eingebunden werden. Leistungsfähiger und flexibler sind Sie allerdings, wenn Sie die Befehle in einer externen Datei anlegen. Ändern Sie die Formatierung in der CSS-Datei, wird diese automatisch in allen Webseiten, die auf diese Datei verweisen, aktualisiert.

DVD In diesem Kapitel lernen Sie, wie Sie Textformate mit CSS definieren. Damit lernen Sie die grundlegende Arbeitsweise in Dreamweaver kennen. Ähnlich ist dann die Vorgehensweise bei anderen Seitenelementen, wie Bildern und Tabellen, die in entsprechende Kapitel verwendet werden.

Vordefinierte CSS-Layouts mit Stilregeln für unterschiedliche Seitenelemente finden Sie im Dialogfenster NEUES DOKUMENT (DATEI / NEU) in der Kategorie SEITE AUS BEISPIEL (Abbildung 3.1).

Damit erstellen Sie eine separate CSS-Datei, die Sie beliebig anpassen und verändern können und anschließend mit dem jeweiligen HTML-Dokument verknüpfen (vgl.

Kapitel 3.4.3). Erst nach der Verknüpfung werden die CSS-Regeln auf verschiedene Seitenelemente angewendet.

In diesem Workshop erstellen wir solche CSS-Regeln zunächst selbst.

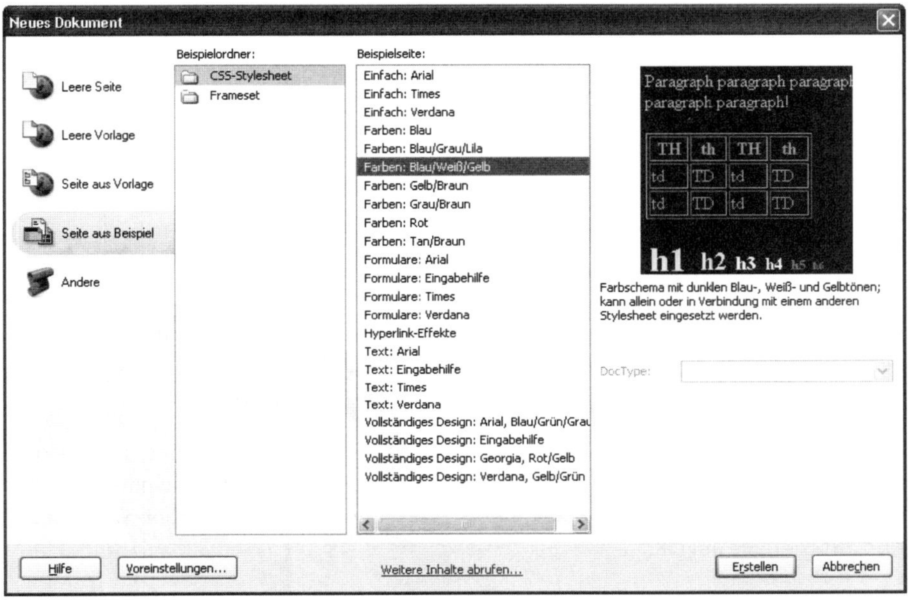

Abbildung 3.1: *Vordefinierte CSS-Regeln unter* Seite aus Beispiel

3.3 Allgemeine Seiteneigenschaften für Text

Ist für einen Text keine Schrift definiert, verwendet der Webbrowser eine Standardschrift. Da diese jedoch nicht immer zum gewünschten Gesamtbild einer Webseite passt, sollten Sie immer eine Schriftart definieren. Diese weisen Sie nicht jedem einzelnen Textelement separat zu, sondern halten die entsprechende CSS-Regel als allgemein gültige Seiteneigenschaft fest. Auch Größe und Farbe sollten Sie mit dieser Anweisung angeben.

Anschließend bestimmen Sie das Aussehen einzelner Textelemente, die davon abweichen. Wie das geht, erfahren Sie in Kapitel 3.4.

1. Öffnen Sie Ihre Webvisitenkarte in Dreamweaver.

Alternativ verwenden Sie für diesen Workshop das Dokument aus der letzten Übung (*webvisitenkarte.htm*). Dieses finden Sie auf der DVD im Verzeichnis *kap02*.

DVD

2. Wählen Sie in der Menüleiste Modifizieren / Seiteneigenschaften oder drücken Sie [Strg] + [J]. Dreamweaver öffnet das Dialogfenster Seiteneigenschaften (Abbildung 3.2).

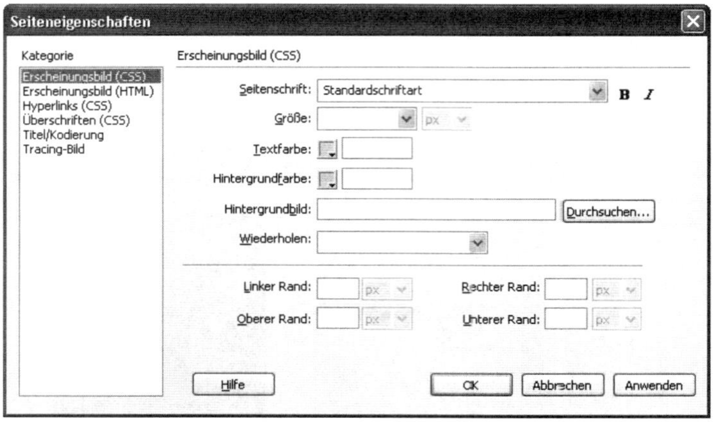

Abbildung 3.2: *Seiteneigenschaften definieren*

In den folgenden Abschnitten lernen Sie die einzelnen Einstellungen in den verschiedenen KATEGORIEN dieses Fensters näher kennen. Im Rahmen unseres Workshops können Sie diese Arbeiten hintereinander im geöffneten Dialogfenster erledigen.

TIPP

Drücken Sie auf die Schaltfläche ANWENDEN, können Sie die Einstellungen im Entwurfsfenster überprüfen. Das Dialogfenster SEITENEIGENSCHAFTEN bleibt dabei weiterhin geöffnet. Korrigieren Sie ggf. die Einstellungen. Erst wenn Sie mit dem Ergebnis zufrieden sind, drücken Sie auf OK.

3.3.1 Seitenschrift mit mehreren Schriftarten angeben

Wählen Sie die allgemein gültige SEITENSCHRIFT im gleichnamigen Menü des Dialogfensters SEITENEIGENSCHAFTEN aus (Abbildung 3.3). Dieses finden Sie in der Kategorie ERSCHEINUNGSBILD (CSS).

- Für die Webvisitenkarte wählen Sie *Arial, Helvetica, sans-serif*. Diese Schriftfamilie ist am Monitor am gut lesbar.

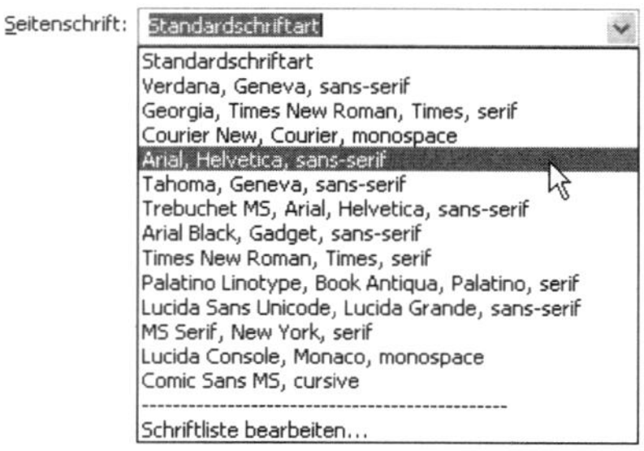

Abbildung 3.3: *Seitenschrift auswählen*

Dreamweaver fasst verwandte Schriftarten in Gruppen zusammen und gibt diese entsprechend im Quelltext an. Ist die erste Schrift bei Ihrem Seitenbesucher nicht installiert, verwendet der Browser automatisch die nächste. Fehlt auch diese, wird die zuletzt genannte Schriftart angezeigt. Dabei handelt es sich um eine so genannte generische Schrift (z. B. *sans-serif*).

Bei einer generischen Schrift wird die hierfür definierte systemspezifische Standardschriftart gewählt. Bei *sans-serif* also eine Schriftart ohne Serifen, die beispielsweise eine Times verwendet. Serifen sind kleine Striche am Buchstabenende.

HINWEIS

Wie Sie die Schriftliste bearbeiten, erfahren Sie in Kapitel 3.5.

Über die Buttons rechts daneben bestimmen Sie, ob der Fließtext fett **B** oder kursiv *I* hervorgehoben werden soll. Diese Einstellungen erschweren die Lesbarkeit des Textes und sollten darum nur im Ausnahmefall verwendet werden. Vielmehr sollten Sie mit diesen Formaten wichtige Textstellen selbst hervorheben. Dabei entsprechen diese visuellen Formatierungen nicht der logischen HTML-Auszeichnung (vgl. Kapitel 2.7).

AUFSTEIGER

Dreamweaver speichert die Seiteneigenschaften in einem dokumentinternen CSS-Stil für die HTML-Elemente `body`, `td`, `th`, `h1`, ..., `h6`. Wie Sie diese in eine separate externe Datei verschieben und auf mehrere Dokument gleichzeitig anwenden, erfahren Sie in Kapitel 8.8.3.

3.3.2 Schriftgröße absolut oder relativ bestimmen

Bestimmen Sie im Menü die GRÖSSE des Fließtextes: Für unsere Restaurant-Visitenkarte stellen Sie bitte *0.95 em* ein (Abbildung 3.4). Verwenden Sie als Trennzeichen statt eines Kommas den Punkt. Mit diesem relativen Wert wird der Text etwas kleiner als die Standardgröße des jeweiligen Browsers dargestellt. Diese entspricht dem Wert 1 em.

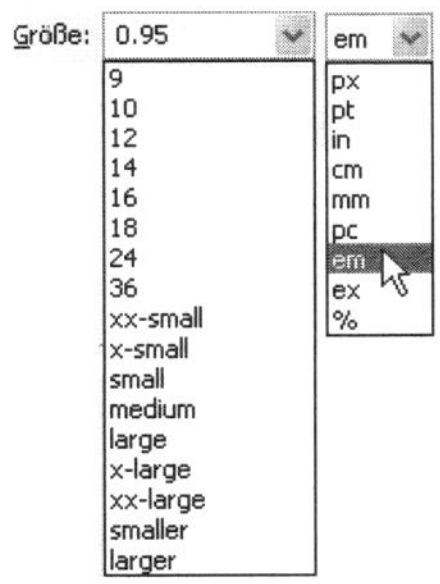

Abbildung 3.4: *Größe und Einheit festlegen*

- **Exakte Werte** zwischen *9* und *36* stellen Sie über das linke Menü ein. Im Menü dahinter definieren Sie die gewünschte Einheit. Diese wird als Abkürzung im Code hinterlegt. Dabei ist zwischen absoluten und relativen Größen zu unterscheiden.

  Eine **relative Einheit** bezieht sich auf die Größe des übergeordneten Elements. Hierzu zählen *%*, *em*, *ex*, *px* (Pixel, bezieht sich auf die Bildschirmauflösung). Die Standardschriftgröße der meisten Browser beträgt 16 Pixel, die 1 em entsprechen.

  Bei einer **absoluten Einheit** handelt es sich dagegen um einen festen Wert ohne Bezugsgröße: *cm*, *mm*, *pc* (Pica), *pt* (Punkt), *in* (Zoll / Inch).

- Auch **ungenaue Angaben** sind im Menü Grösse möglich (vgl. Tabelle 3.1). Dabei bestimmen System und Browser die Darstellung der jeweiligen Ausprägung. Die in Dreamweaver umgesetzte Variante verdeutlicht Abbildung 3.5.

Tabelle 3.1: *Ungenaue, systembezogene Größen*

xx-small	=	winzig
x-small	=	sehr klein
small	=	klein
medium	=	mittel (Voreinstellung im Browser)
large	=	groß
x-large	=	sehr groß
xx-large	=	riesig
smaller	=	kleiner als normal
larger	=	größer als normal

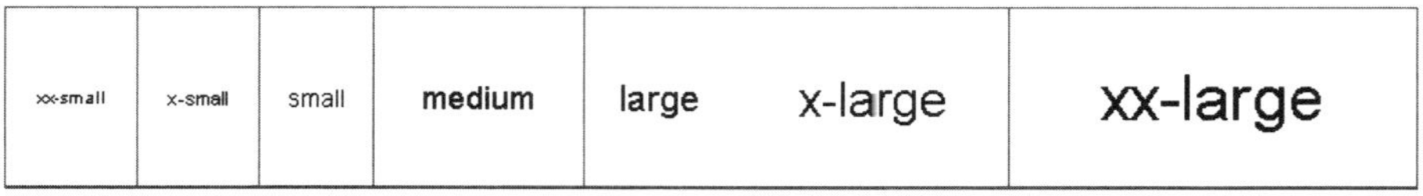

Abbildung 3.5: *Systembezogene Größen im Browser*

Hinweis

Auf der DVD finden Sie in der Datei *groessen.htm* einen Beispieltext für ungenaue Einheiten. Die Datei ist im Verzeichnis *kap03* gespeichert. In den Dialog- und Eingabefeldern von Dreamweaver sind alle CSS-Attribute und ihre Werte so angegeben, wie sie später auch im Code gespeichert werden.

3.3.3 Farben von Text und Seitenhintergrund

Standardmäßig ist die Textfarbe einer Webseite schwarz. Der Seitenhintergrund wird weiß dargestellt.

Die Textfarbe der Seite legen Sie fest, …

1. … indem Sie auf den Farbwähler klicken.
2. Mit der Pipette wählen Sie den gewünschten Farbwert aus der offenen Farbpalette aus (Abbildung 3.6). Alternativ geben Sie den Hexadezimal- bzw. den gewünschten RGB-Wert manuell in das Feld Textfarbe ein.

   Damit die Zeichen auf dem weißen Hintergrund der Webvisitenkarte gut lesbar sind, wählen Sie einen dunklen Farbton aus, wie etwa Dunkelblau. Achten Sie stets auf einen guten Kontrast und bedenken Sie, dass einige Benutzer den Unterschied zwischen Rot und Grün nur schwer wahrnehmen können (Rot-Grün-Sehschwäche bei ca. 5 % der Bevölkerung). Schließlich sollte die Information allen Nutzern zugänglich sein.

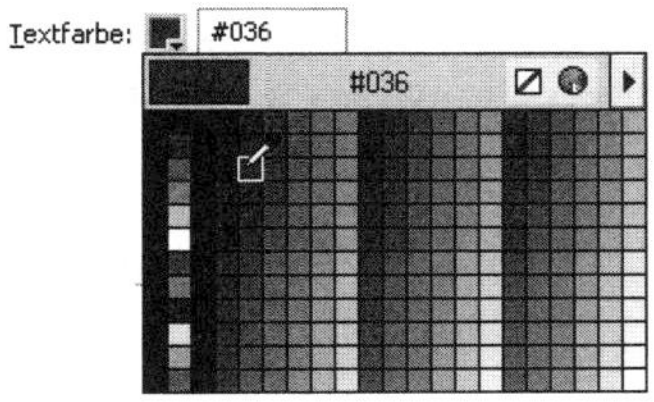

Abbildung 3.6: *Farbe für Text auswählen*

TIPP

Mit der Pipette lassen sich auch Farben außerhalb der Dreamweaver-Farbpalette aufnehmen. Halten Sie die linke Maustaste ständig gedrückt, wenn Sie das Dreamweaver-Fenster verlassen und Farben aus anderen Anwendungen aufgreifen. Hierzu muss Dreamweaver schwebend auf dem Arbeitsbereich angeordnet sein (vgl. Kapitel 5.2).

Wenn Sie im geöffneten Farbwähler auf ▸ rechts oben klicken, öffnet sich das Auswahlmenü mit weiteren Farbpaletten. Die aktive Palette erkennen Sie an dem Haken. Mit einem Mausklick ändern Sie diese Anzeige (Abbildung 3.7).

Standardmäßig zeigt Dreamweaver die FARBWÜRFEL an. Beachten Sie bei Ihrer Auswahl, dass nur die Paletten FARBWÜRFEL und KONTINUIERLICHER FARBTON websichere Farben enthalten.

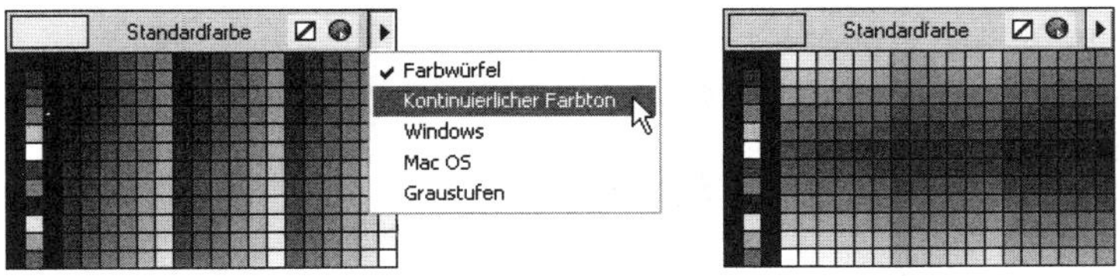

Abbildung 3.7: *Farbpalette vom Farbwürfel (links) auf den kontinuierlichen Farbton (rechts) umstellen*

HINWEIS

Insgesamt gibt es 216 so genannte **websichere Farben**. Betrachten Sie die Farben mit einer Grafikkarte, die 256 Farben darstellen kann, erscheinen diese **Web-Safe-Farben** unter Windows und Mac OS in der gleichen Weise. Auch zwischen Microsoft Internet Explorer, Mozilla- und anderen Browsern gibt es keine Unterschiede.

Im HTML-Quelltext werden Farben häufig mit **Hexadezimalwerten** definiert (z. B. #FF0000, vgl. Kapitel 3.2). Jeder Hexadezimalcode für websichere Farben ist eine Kombination der Werte 00, 33, 66, 99, CC und FF. Diese entsprechen den **RGB**-Werten 0, 51, 102, 153, 204 und 255. Statt der ausführlichen sechsstelligen Schreibweise verwendet Dreamweaver die abgekürzte dreistellige Form, bei der doppelte Ziffern und Zahlen nur einmal angegeben werden (z. B. #F00).

Die aktuelle Farbe löschen Sie, indem Sie entweder eine neue Farbe auswählen oder auf den durchgestrichenen Button ⊠ (STANDARDFARBE) klicken. Alternativ entfernen Sie den Code im Feld TEXTFARBE oder tragen hier einen anderen ein.

Wenn Sie auf den Button SYSTEMFARBE ❸ klicken, stehen Ihnen im Dialogfenster FARBEN Millionen von weiteren, nicht websicheren Farben zur Verfügung. Diese können Sie hier individuell zusammenmischen:

1. Platzieren Sie zuerst den Farbmischer auf dem gewünschten Farbton. Der Farbmischer ist das große Farbfeld im oberen rechten Dialogfensterbereich (Abbildung 3.8).
2. Schieben Sie den Farbregler rechts daneben auf den gewünschten Helligkeitswert. Die darunter stehenden RGB-Werte (ROT, GRÜN, BLAU) werden automatisch ermittelt. Alternativ tragen Sie die Farbwerte selbst in die Eingabefelder rechts unten ein.
3. Klicken Sie auf OK, um zu den Seiteneigenschaften zurückzukehren. Dreamweaver hat in das Eingabefeld automatisch den Hexadezimalcode der ausgewählten Farbe eingetragen.

Abbildung 3.8: *Farbton zusammenmischen*

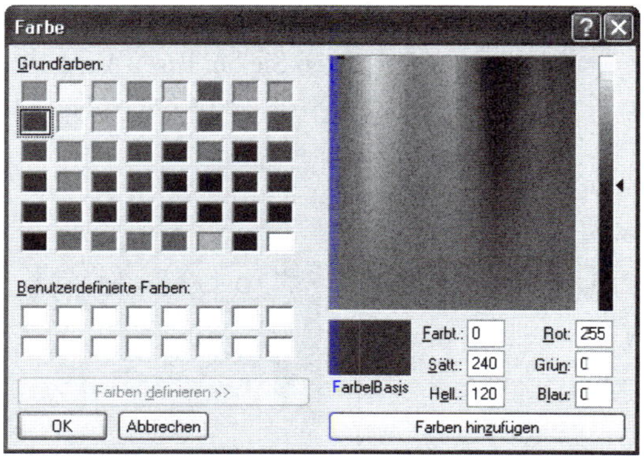

Die HINTERGRUNDFARBE bestimmen Sie im Farbwähler darunter. Achten Sie auf einen guten Kontrast zwischen dem Hintergrund und den darauf platzierten Seitenelementen sowie der Textfarbe. Einige Browser stellen den Hintergrund grau dar, wenn keine Farbe bestimmt ist. Um sicher zu sein, dass dieser tatsächlich wie im Entwurfsfenster angezeigt wird, sollten Sie Weiß (`#FFF`) im Feld einstellen.

HINWEIS Informationen über das Hintergrundbild erhalten Sie in Kapitel 4.2.1.

Text- und Hintergrundfarbe können Sie auch als HTML-Code hinterlegen. Hierzu wechseln Sie in die Kategorie ERSCHEINUNGSBILD (HTML). Die Angaben werden direkt im `body`-Tag gespeichert.

Dies entspricht jedoch nicht dem aktuellen Standard und sollte bei strikten Dokumenttypdefinitionen (DOCTYPE) nicht verwendet werden. Verzichten Sie auf solche Attribute, wenn Sie neue Webseiten erstellen. Aktualisieren Sie dagegen ältere Seiten, können Sie die Angaben hier entweder ändern oder durch entsprechende Attribute in der Kategorie ERSCHEINUNGSBILD (CSS) ersetzen. Diese Attribute sind in einer CSS-Regel für das `body`-Element gespeichert, die standardmäßig im `head`-Bereich des Dokuments gespeichert wird.

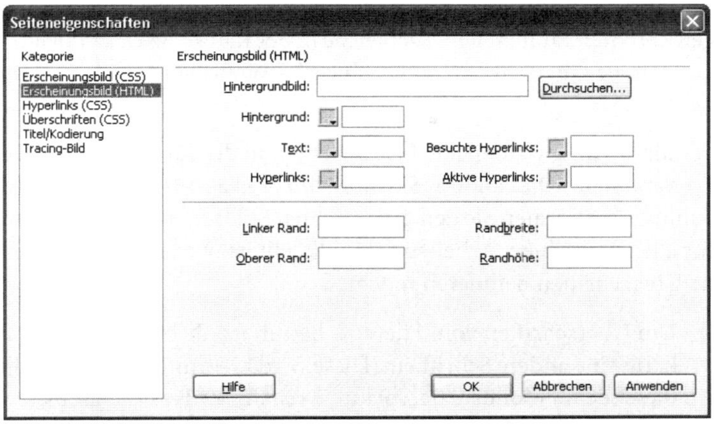

Abbildung 3.9: *Mit HTML definierte Attribute sind veraltet.*

3.3.4 Seitenränder angeben

Damit Text und andere Inhalte nicht zu dicht am Seitenrand kleben, geben Sie den gewünschten Abstand im Dialogfenster SEITENEIGENSCHAFTEN an:

- Tragen Sie die Breite der Seitenränder in die unteren Felder der Kategorie ERSCHEINUNGSBILD (CSS) ein und geben Sie die gewünschte Einheit im Menü dahinter an.

  Die Angaben der Webvisitenkarte entnehmen Sie Abbildung 3.10.

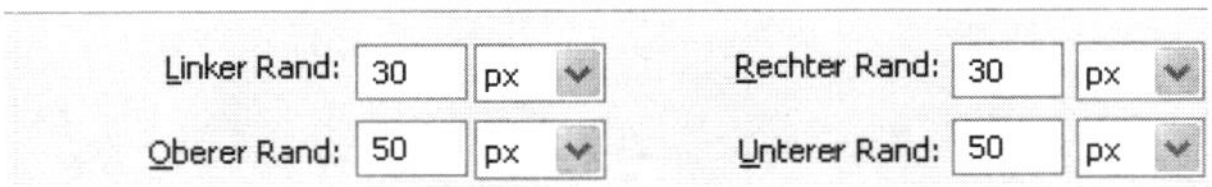

Abbildung 3.10: *Seitenränder festlegen*

HINWEIS

Wenn Sie die Angaben in der Kategorie ERSCHEINUNGSBILD (HTML) hinterlegen, bestimmen Sie lediglich Werte für LINKER RAND und OBERER RAND. Allerdings kann nur der Internet Explorer diesen `body`-Eintrag interpretieren.

Netscape Navigator und Firefox ignorieren diese Werte und interpretieren stattdessen RANDBREITE und RANDHÖHE, womit wiederum der Internet Explorer nichts anfangen kann. Die beste, browserunabhängige Darstellung erzielen Sie mit den Angaben in der Kategorie ERSCHEINUNGSBILD (CSS).

3.3.5 Überschriften mit CSS formatieren

Wenn Sie Überschriften in HTML definieren, werden diese in unterschiedlichen Standardgrößen dargestellt – je nachdem, ob es sich um eine Headline erster, zweiter … sechster Ordnung (`<h1>`, `<h2>`, … `<h6>`) handelt. Während die Überschrift `<h1>` am größten dargestellt wird, ist die Headline `<h6>` die kleinste (vgl. Kapitel 2.6.1), sogar kleiner als der normale Standardtext. Diese Standarddarstellung ist nicht benutzerfreundlich.

Mit den CSS-Seiteneigenschaften bestimmen Sie einzelne Größen ganz konkret in der gewünschten Einheit. Diese geben Sie in der Kategorie ÜBERSCHRIFTEN (CSS) an. Zudem können Sie Überschriften unterschiedlich einfärben und damit vom übrigen Text abheben.

Standardmäßig werden alle Überschriften in der für den Fließtext definierten Schriftart dargestellt. Dies ändern Sie im Menü SCHRIFT FÜR ÜBERSCHRIFTEN. Über die Buttons dahinter bestimmen Sie den gewünschten Stil (fett, kursiv). Diese Angaben gelten stets für alle Hierarchien. Arbeiten Sie im Quelltext, wenn Sie separate Attribute für einzelne Überschriften definieren möchten.

- Um Überschriften vom Fließtext besser abzuheben, stellen Sie für die Webvisitenkarte eine andere Schrift ein. Diese wird hier mit *2 em* dargestellt. Farblich soll sich diese nicht besonders hervortun, weshalb der Farbton ähnlich dem des Fließtextes ist.

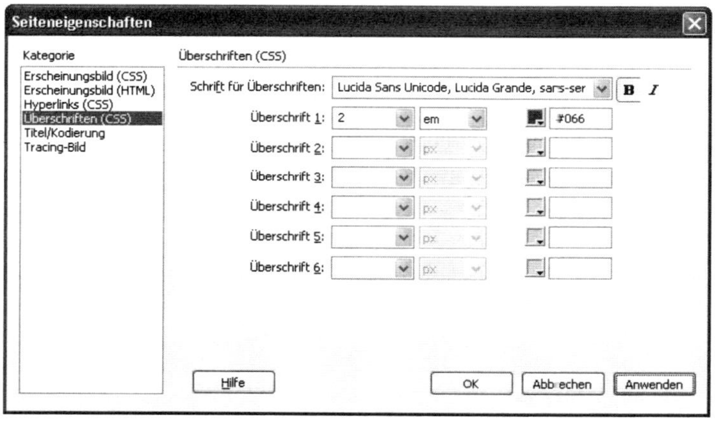

Abbildung 3.11: *Seiteneigenschaften für Überschriften angeben*

3.3.6 Seitentitel für Suchmaschinen und Favoriten

Jede Webseite sollte einen aussagekräftigen Seitentitel besitzen, der den Inhalt kurz zusammenfasst. Diese Information wird in der Ergebnisliste der Suchmaschinen angezeigt und entsprechend mit Ihrem Dokument verlinkt. User speichern diese Information zudem als Favorit bzw. Lesezeichen im Browser ab. Dieser zeigt den Titel außerdem in der oberen Titelleiste (Abbildung 3.14).

Der Seitentitel hat mit CSS nichts zu tun. Vielmehr handelt es sich um eine allgemeine Information innerhalb des HTML-Tags `<title>`, das im `head`-Bereich der Webseite gespeichert wird (vgl. Listing 3.6).

Zunächst sind alle Seiten in Dreamweaver mit *Unbenanntes Dokument* betitelt. Diesen ändern Sie folgendermaßen:

1. Wechseln Sie im Dialogfenster SEITENEIGENSCHAFTEN in die Kategorie TITEL/KODIERUNG.

2. Überschreiben Sie den Platzhalter-Seitentitel *Unbenanntes Dokument*. Verwenden Sie wichtige Schlüsselbegriffe für diesen Titel, können Sie eine gute Platzierung in den Suchergebnissen erzielen.

3. Klicken Sie auf OK, um das Dialogfenster zu schließen oder verändern Sie weitere Seiteneigenschaften.

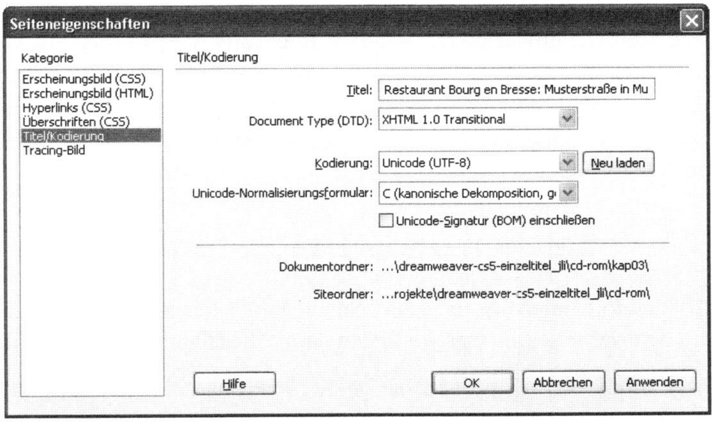

Abbildung 3.12: *Titel und Kodierung in den Seiteneigenschaften bestimmen*

```
<title>
  Restaurant Bourg en Bresse: Musterstr. in Musterstadt
</title>
```

Listing 3.6: *Der Seitenname wird im head-Bereich des Dokuments gespeichert.*

Den TITEL können Sie auch in der Symbolleiste DOKUMENT eintragen oder ändern (Abbildung 3.13). Wird diese Leiste nicht angezeigt, wählen Sie ANSICHT / SYMBOLLEISTEN / DOKUMENT.

Abbildung 3.13: *Den Titel zeigt die Symbolleiste DOKUMENT.*

HINWEIS

Auch wenn Sie mit einer Dreamweaver-Vorlage mit vordefiniertem Layout arbeiten, sollten Sie einen aussagekräftigen Titel vergeben. Solche Vorlagen lernen Sie in Kapitel 5.1 und 6 kennen.

Abbildung 3.14: *Der Browser blendet den Titel ein.*

Dokumenttyp & Kodierung Ihr Dokument sollte den XHTML-Anforderungen entsprechen, damit es in älteren und zukünftigen Browsern problemlos geladen werden kann. Darum haben Sie beim Erstellen des Dokuments an den Standardeinstellungen nichts geändert (vgl. Kapitel 2.1). Wählen Sie daher als DOCUMENT TYPE (DTD) zumindest *XHTML 1.0 Transitional.*

Im Menü KODIERUNG legen Sie fest, wie der Browser die einzelnen Schriftzeichen Ihres Dokuments interpretieren soll. Wählen Sie *Unicode (UTF-8)* oder *Westeuropäisch*, wenn es sich um Deutsch, Englisch oder andere Sprachen mit lateinischen Zeichen handelt. Für Schriftzeichen anderer Sprachen, z. B. Kyrillisch, Griechisch, Isländisch, Japanisch, Chinesisch und Koreanisch stehen weitere Dokumentkodierungen zur Verfügung. Beachten Sie, dass der jeweilige Zeichensatz auch auf dem System Ihrer Zielgruppe installiert sein muss.

3.4 Zeichen und Absätze formatieren

Auf den folgenden Seiten ändern Sie die Formatierung einzelner ausgewählter Zeichen auf der Webseite und durchbrechen damit die allgemein gültigen Seiteneigenschaften.

Abbildung 3.15 zeigt die bisherige Entwicklung unserer Visitenkarte. Dabei wird das Erscheinungsbild nun weiter verändert und den eigenen Erwartungen angepasst.

Abbildung 3.15: *HTML-Struktur (links) und CSS-Formatierung (rechts)*

3.4.1 Text auswählen und Tag-Selektor nutzen

Zunächst markieren Sie im Entwurfsfenster den Textblock bzw. die Zeichen, deren Aussehen Sie ändern möchten. Hierzu gibt es mehrere Möglichkeiten:

- Klicken Sie zweimal hintereinander in das auszuwählende **Wort**. Dieses ist nun markiert.
- Um eine **Textzeile** zu markieren, klicken Sie diese im Entwurfsfenster links an oder setzen Sie den Mauszeiger an die gewünschte Stelle und drücken Sie [⇧] + [→] bzw. [⇧] + [←]. Mit jedem Drücken der Pfeiltasten wird ein Zeichen ausgewählt.

- Platzieren Sie den Mauszeiger in den Absatz <p>, die Überschrift <h1>, die ungeordnete Aufzählung <ul> oder einen anderen Textblock, den Sie formatieren möchten.

  Der Tag-Selektor links in der Statusleiste am unteren Rand des Dokumentfensters zeigt das entsprechende HTML-Tag an. Dabei spiegelt der Tag-Selektor die übergeordnete Codestruktur des aktuellen Seitenelements wider, das folglich rechts in dieser Leiste steht.

- Markieren Sie das zu formatierende HTML-Element, indem Sie im Tag-Selektor auf den entsprechenden Eintrag klicken.

  In Abbildung 3.16 ist im linken Beispiel eine Überschrift <h1> und im rechten ein fett hervorgehobener Textbereich in einem Absatz <p> ausgewählt. Ganz links im Tag-Selektor finden Sie immer das body-Element, mit dem Sie die gesamte Seite auswählen. Diesem Element können Sie dann allgemeine Seiteneigenschaften zuweisen (vgl. Kapitel 3.3).

***Abbildung 3.16:** Der Tag-Selektor zeigt Elemente zur Auswahl an.*

ACHTUNG

Möchten Sie eine bereits definierte CSS-Regel ändern oder erweitern, genügt es, wenn Sie im Entwurfsfenster in das entsprechende Element hineinklicken. Nur wenn Sie einen bestimmten Bereich neu definieren möchten, müssen Sie ihn exakt markieren.

3.4.2 Regel im Modus CSS des Inspektors erstellen

Am schnellsten formatieren Sie den ausgewählten Text im Bedienfeld EIGENSCHAFTEN. Alternativ bestimmen Sie Zeichenfarbe und Schriftart über FORMATIEREN in der Menüleiste. Im Bedienfeld CSS-STILE definieren Sie auch komplexe CSS-Anweisungen. Wie das geht, erfahren sie in Kapitel 4.7.

1. Markieren Sie den zu formatierenden Text (vgl. Kapitel 3.4.1).
2. Den Inspektor öffnen Sie über FENSTER / EIGENSCHAFTEN oder mit Strg+F3. Dabei kennen Sie den Modus HTML bereits aus Kapitel 2, in dem Sie die HTML-Struktur festgelegt haben.
3. Wechseln Sie nun in den Modus CSS, in dem Sie das Textformat bestimmen. Sind dem Text bereits entsprechende Attribute zugewiesen, werden diese hier angezeigt.

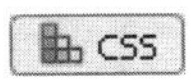

Markieren Sie beispielsweise eine Überschrift in der Webvisitenkarte (siehe Randspalte), zeigt der Inspektor die zuvor definierten Seiteneigenschaften (Abbildung 3.17).

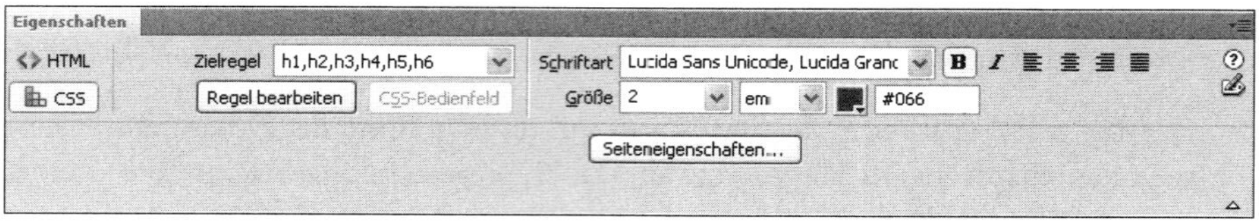

***Abbildung 3.17:** Textformate definieren Sie im Inspektor.*

Die mit der CSS-Regel verknüpften Elemente listet das Menü Zielregel auf. Diese Formatierungen können Sie dann direkt im Bedienfeld Eigenschaften ändern oder Sie öffnen erneut die Seiteneigenschaften, indem Sie auf die Schaltfläche im unteren Bereich des Inspektors klicken. Alternativ klicken Sie auf die Schaltfläche Regel bearbeiten und ändern die Einstellungen in der CSS-Regel-Definition. (vgl. Kapitel 4.7).

Bislang wird auf der Beispielvisitenkarte der Restaurant-Name durch die HTML-Kennzeichnung fett dargestellt. Durch eine neue CSS-Regel soll dieser Name nun auch optisch hervorgehoben werden und in roter Schrift sowie in der Größe *1.2 em* wiedergegeben werden.

1. Markieren Sie im Entwurfsfenster die Zeile mit dem Restaurant-Namen.
2. Wählen Sie im Menü Zielregel *<Neue CSS-Regel>* aus (Abbildung 3.18).

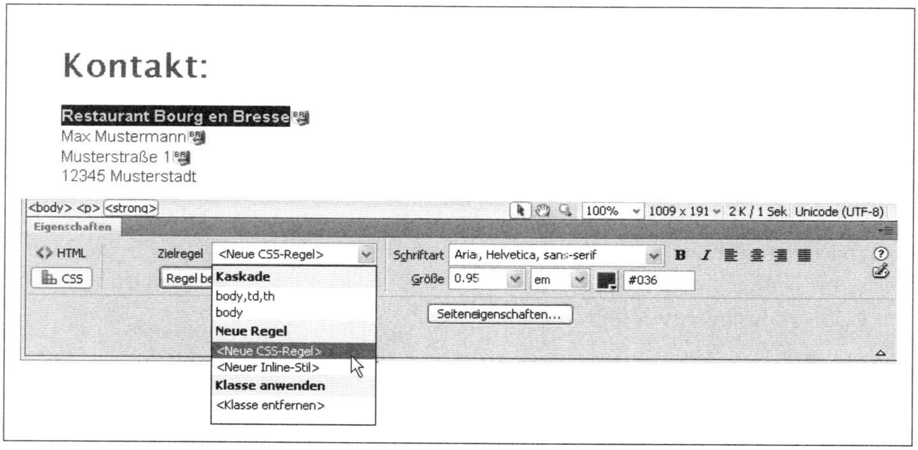

***Abbildung 3.18:** Eine neue CSS-Regel erstellen*

Hinweis

Wählen Sie alternativ *<Neuer Inline-Stil>*, wenn die Formatierung nur für das ausgewählte Element benötigt wird. Das anschließend definierte Format wird entweder in das HTML-Element oder mit einem neuen `span`-Tag in den Code eingefügt. Spätere Aktualisierungen sind jedoch recht aufwändig, so dass Sie Inline-Stile nur im Ausnahmefall verwenden sollten. Dieser liegt beispielsweise vor, wenn Sie andere, bereits angewendete CSS-Regeln überschreiben möchten.

3. Geben Sie Schriftart, Größe, Farbe, einen Stil (**B**, *I*) oder eine Absatzausrichtung an. Die meisten Einstellungen kennen Sie bereits aus Kapitel 3.3.

HINWEIS

Ausgewählte Absätze können Sie ebenfalls mit HTML ausrichten, indem Sie in der Menüleiste FORMATIEREN / AUSRICHTEN auswählen. Mit CSS können Sie jedoch noch weitere Einstellungen vornehmen und beispielsweise die Abstände zu benachbarten Elementen konkret definieren. Daher ist die Formatierung mit CSS der mit HTML vorzuziehen.

- Für unsere Workshop-Visitenkarten wählen wir zunächst eine rote Farbe im Farbwähler aus.

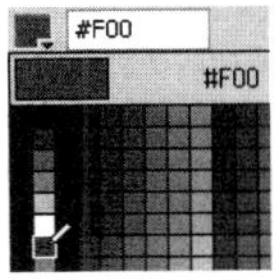

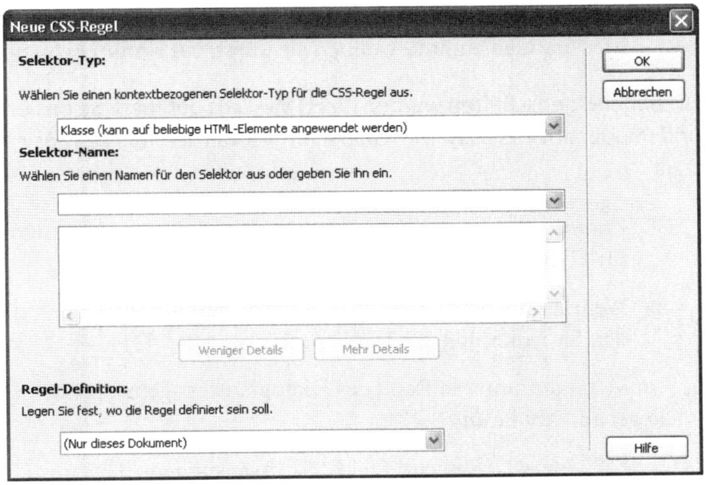

Abbildung 3.19: *Neue CSS-Regel anlegen*

4. Dreamweaver öffnet das Dialogfenster NEUE CSS-REGEL (Abbildung 3.19), über das Sie die Grundinformationen für den neuen Stil hinterlegen.

   Möchten Sie nicht nur den markierten Restaurant-Namen, sondern später auch andere Zeichen rot einfärben und in dieser eingangs festgelegten Größe zeigen, erstellen Sie eine *Klasse*, die auf beliebige Elemente angewendet werden kann. Den standardmäßig eingestellten SELEKTOR-TYP müssen Sie also nicht ändern.

   Benötigen Sie dagegen einen anderen Stiltyp, wählen Sie diesen hier aus (Abbildung 3.20).

   Die entsprechenden Unterschiede haben Sie bereits in Kapitel 3.2 kennen gelernt.

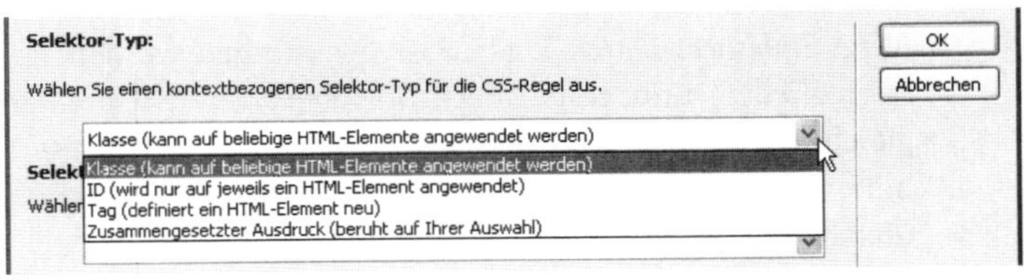

Abbildung 3.20: *Selektor-Typ auswählen*

5. In das Feld darunter geben Sie den SELEKTOR-NAMEN an (Abbildung 3.21):

   - Da es sich um eine Klasse handelt, muss vor dem Namen ein Punkt stehen (*.hervor*). Vergessen Sie diesen, fügt Dreamweaver ihn automatisch ein.

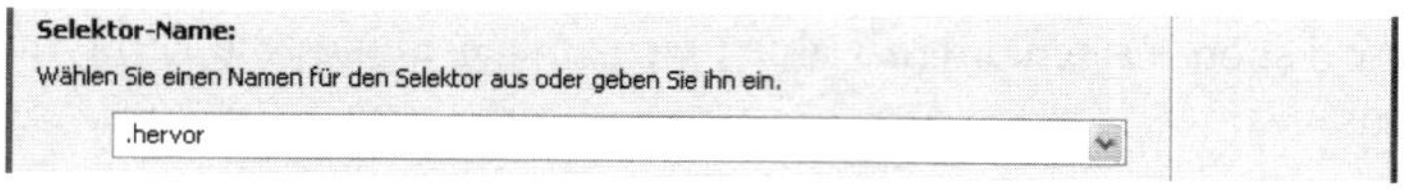

Abbildung 3.21: *Geben Sie den Selektor-Namen an (hier für eine Klasse).*

   - Definieren Sie dagegen einen Elementstil (SELEKTORTYP: *Tag*), wählen Sie im Menü das HTML-Tag aus, dessen Aussehen Sie mit der CSS-Regel beeinflussen möchten. Um mehrere Elemente gleichzeitig zu formatieren, geben Sie die Tags hier manuell ein und trennen sie durch ein Komma voneinander.

HINWEIS Die Seiteneigenschaften werden für HTML-Tags definiert. So beziehen sich Textformate und Ränder auf das `body`-Tag; Überschriften werden für die Tags `h1`, `h2`, `h3`, `h4`, `h5`, `h6` erstellt.

   - *Zusammengesetze Ausdrücke* bzw. Pseudoklassen definieren Sie in Kapitel 8.8 für Hyperlinks.

   - Weitere Informationen über *IDs*, vor deren Regelnamen die Raute # steht, finden Sie in Kapitel 4.7.3.

6. Im Menü am unteren Rand des Dialogfensters geben Sie den Speicherort der CSS-Regel an (Abbildung 3.22):

   - *Nur dieses Dokument*: Die CSS-Anweisungen werden im `head`-Bereich gespeichert. Listing 3.7 zeigt den später von Dreamweaver gespeicherten Code für die neue CSS-Klasse. Diese ist im Listing fett hervorgehoben. Das komplette Style Sheet wird mit dem öffnenden und schließenden `style`-Tag in die Webseite integriert. Die CSS-Anweisungen mit Selektor und Eigenschaften stehen in Kommentarzeichen <!-- CSS-Regeln --> und werden dadurch von älteren Browsern ignoriert, welche diese Regeln nicht umsetzen können.

Listing 3.7: *CSS-Klasse im head-Bereich des Webdokuments*

```
<style type="text/css">
  <!--
    .hervor {
       color: #F00;
    }
  -->
</style>
```

   - *Neue Stylesheet-Datei*: Die CSS-Anweisungen werden in eine separate Datei ausgegliedert und gespeichert. Speicherort und Dateinamen bestimmen Sie gleich. Die CSS-Datei enthält nur CSS-Regeln, also den in Listing 3.7 hervorgehobenen Code. Darüber fügt Dreamweaver noch die Dokumentkodierung ein (`@charset "utf-8";`).

Da Sie die Formatierungen der Webvisitenkarte noch für andere Webseiten benötigen, wählen Sie diese Option aus.

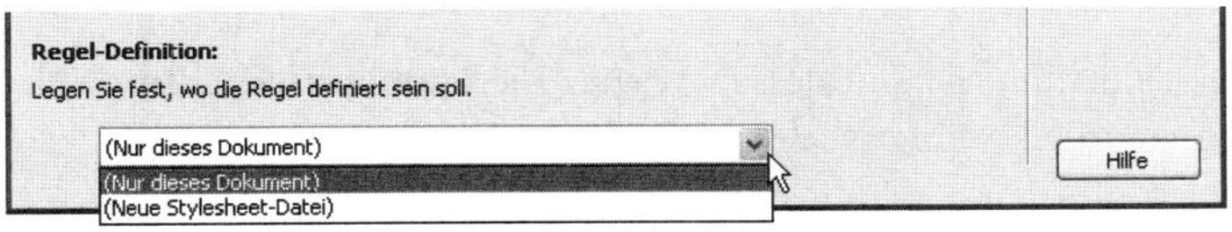

Abbildung 3.22: *Speicherort der CSS-Regel festlegen*

- Sind bereits CSS-Dateien mit dem aktuellen Dokument verknüpft, können Sie die neue CSS-Regel auch in eine bereits vorhandene Datei einfügen. Diese wird dann im Menü zur Auswahl angezeigt.

7. Drücken Sie auf OK. Dreamweaver fügt ein dokumentinternes Style Sheet in den `head`-Bereich der Webseite ein. Möchten Sie weitere Attribute in dieser Stil-Regel definieren, setzen Sie Ihre Arbeit mit Schritt 9 fort.

   Haben Sie dagegen *Neue Stylesheet-Datei* gewählt, erledigen Sie zuvor noch den folgenden Arbeitsschritt 8.

8. Geben Sie das Verzeichnis und den Dateinamen der neuen Style-Sheet-Datei (*style.css*) im Dialogfenster an und bestätigen Sie mit SPEICHERN.

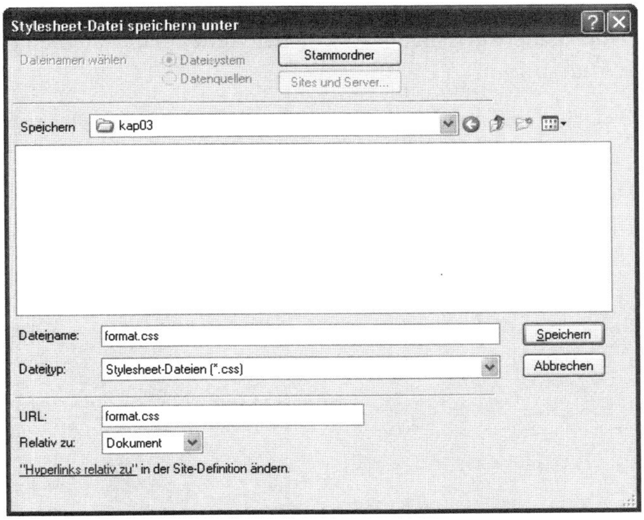

Abbildung 3.23: *Neue Style-Sheet-Datei speichern*

Dreamweaver speichert die Regeln im neuen CSS-Dokument und fügt in die bereits bestehende HTML-Webseite einen entsprechenden Verweis innerhalb des `head`-Bereichs ein (Listing 3.8).

```
<link href="format.css"
 rel="stylesheet" type="text/css" />
```

Listing 3.8: *HTML-Verweis auf das externe Style Sheet*

9. Definieren Sie weitere Formateinstellungen im Inspektor:

   Da der Restaurant-Name nicht nur rot, sondern gleichzeitig auch in der Größe *1.2 em* erscheinen soll, müssen Sie dies noch angeben.

   Möchten Sie stattdessen wieder die Standardschriftgröße des Webbrowsers verwenden, wählen Sie *Keine* im Menü.

   Dabei verwenden Sie die gleiche ZIELREGEL. Überprüfen Sie die Einstellungen im entsprechenden Menü.

DVD Der aktuelle Stand der Webvisitenkarte *webvisitenkarte.htm* ist im Verzeichnis *kap03* gespeichert.

Am oberen Rand des Dokumentfensters blendet Dreamweaver alle abhängigen Dateien ein, die mit dem aktuellen Dokument verknüpft sind (Abbildung 3.24). Dazu gehören auch separat gespeicherte CSS-Dateien. Im aktuellen Beispiel haben Sie die Datei *format.css* in die Webseite eingebunden und damit den Inhalt formatiert.

Klicken Sie auf den angezeigten Dateinamen, zeigt das Dokumentfenster den in dieser Datei gespeicherten Code. Da es hierfür keine Entwurfsansicht gibt, wird das Dokumentfenster automatisch geteilt und Sie sehen den entsprechenden CSS-Code. Diesen können Sie wie in einer direkt geöffneten Datei bearbeiten und ergänzen. Ebenso können Sie über den Inspektor oder das Bedienfeld CSS-STILE arbeiten (vgl. Kapitel 4.7). Dabei deutet auch hier das Sternchen hinter dem Dateinamen auf noch nicht gesicherte Änderungen.

- Drücken Sie auf ALLES SPEICHERN in der Symbolleiste STANDARD, um alle geöffneten Dateien zu speichern. Dabei werden auch abhängige Dateien gesichert.

Klicken Sie auf QUELLCODE in der Dokumentleiste, wechseln Sie zurück in die HTML-Seite.

Abbildung 3.24: *Abhängige CSS-Datei zeigt das Codefenster an.*

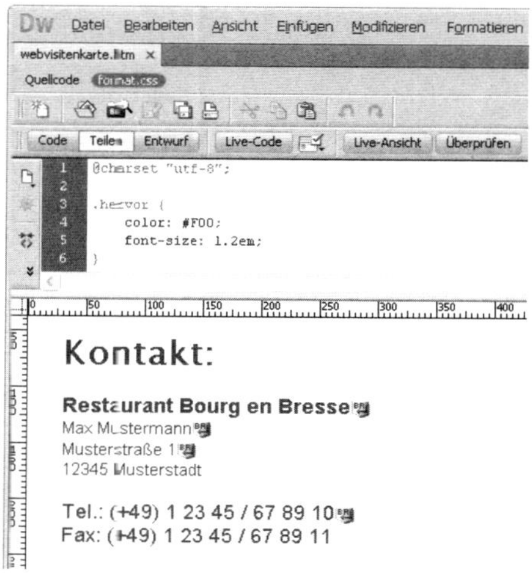

3.4.3 Eine vorhandene CSS-Regel anwenden

Die in **Elementstilen** festgelegten Formatierungen werden automatisch auf die entsprechenden HTML-Elemente angewendet. Dies haben Sie bereits bei den Seiteneigenschaften kennen gelernt (vgl. Kapitel 3.3). Wird ein Elementstil unerwartet nicht angewendet, überprüfen Sie den HTML-Code bzw. die festgelegte HTML-Struktur.

Wird beispielsweise eine ausgewählte Überschrift nicht wie festgelegt in blauer Schrift dargestellt, wechseln Sie in den Modus HTML des Bedienfelds EIGENSCHAFTEN. Überprüfen Sie nun die Einstellungen im Menü FORMAT.

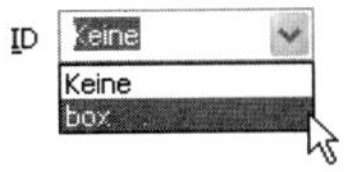

Damit ein definierter **ID-Stil** (z. B. `#stil`) auf ein Element angewendet wird, wechseln Sie im Bedienfeld EIGENSCHAFTEN in den Modus HTML. Wählen Sie für den Stil im Menü ID den angezeigten ID-Namen aus. Wird dieser hier nicht angezeigt, überprüfen Sie, ob der Stil nicht bereits schon einem anderen Element zugewiesen ist. Ausführliche Informationen über ID-Stile finden Sie in Kapitel 4.7.3.

class

Im vorherigen Workshop haben Sie die **CSS-Klasse** `.hervor` definiert. Diese wird automatisch auf den zuvor ausgewählten Text angewendet. Dreamweaver integriert das hierzu erforderliche `class`-Attribut entweder in ein vorhandenes HTML-Tag (Listing 3.9) oder fügt es mit einem neuen `span`-Tag ein (Listing 3.10). Das `span`-Element kennzeichnet also den zu formatierenden Bereich, falls kein anderes HTML-Tag vorhanden ist. Es hat keine weiteren Funktionen. Das eingebundene `class`-Attribut enthält den Namen der Stilregel (`hervor`) ohne voran gesetzten Punkt.

```
<strong class="hervor">
  Restaurant Bourg en Bresse
</strong>
```

Listing 3.9: *Die Klasse ist in ein vorhandenes HTML-Element eingebunden.*

```
<strong>
  Restaurant <span class="hervor">Bourg en Bresse</span>
</strong>
```

Listing 3.10: *Die Klasse wird mit dem span-Tag eingefügt.*

Eine vorhandene CSS-Regel können Sie auch anderen Seitenelementen zuweisen. Möchten Sie nun auch eine andere Textstelle rot einfärben und in der festgelegten Schriftgröße zeigen, gehen Sie folgendermaßen vor:

1. Markieren Sie das Element bzw. den Text, dem Sie eine bereits vorhandene Klasse zuweisen möchten. Damit in der Visitenkarte auch Telefon- und Faxnummer hervorgehoben werden, markieren Sie diese.
2. Anschließend wählen Sie die Klasse (*.hervor*) im Bedienfeld EIGENSCHAFTEN aus:
   - Im Modus HTML wählen Sie diese im Menü KLASSE (Abbildung 3.25). Dabei wird die Formatierung bereits im auswählbaren Klassennamen angedeutet. Der ausgewählte CSS-Stil wird dann auf den im Dokumentfenster markierten Text angewendet.

- Im Modus CSS wählen Sie die Klasse im Menü ZIELREGEL aus (Abbildung 3.26). Hier sind unter *Klasse anwenden* alle bereits definierten Regeln aufgelistet.

  Unter *Kaskade* sind dagegen die Regeln aufgelistet, die auf das ausgewählte Seitenelement bereits angewendet werden.

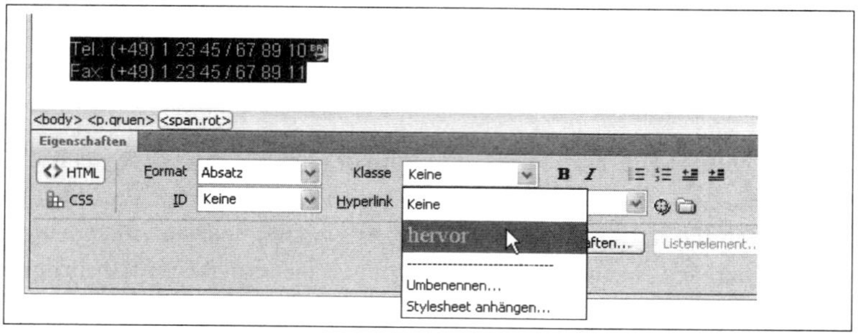

Abbildung 3.25: *Vorhandene Klasse auswählen*

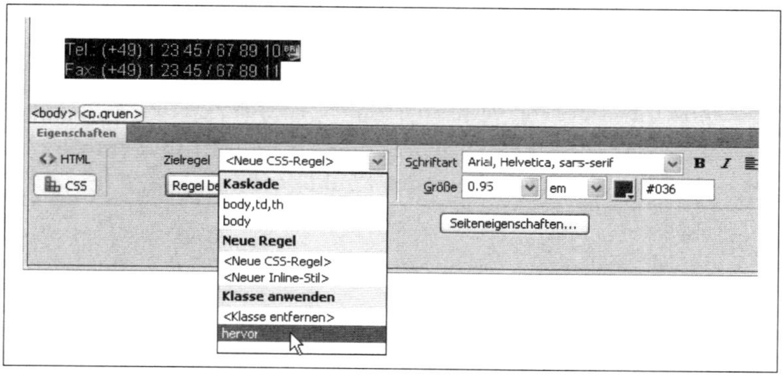

Abbildung 3.26: *Klasse als Zielregel heraussuchen*

3.5 Schriftkombination ändern und erweitern

Im Dialogfenster SEITENEIGENSCHAFTEN und im Bedienfeld EIGENSCHAFTEN finden Sie die gleichen vordefinierten Schriftkombinationen mit jeweils drei Schriftarten:

Sollte auf dem System des Users die erste Schrift nicht installiert sein, wird die zweite **Alternativschrift** angezeigt. Fehlt auch diese, wird eine festgelegte generische Schrift verwendet, die systemspezifisch gewählt wird. Ist diese nicht angegeben, wird die Standardschrift des Browsers angezeigt. Diese kann jeder Nutzer in seinen Browser-Voreinstellungen selbst festlegen.

Die in Dreamweaver verwendeten Schriftkombinationen können Sie beliebig ändern, erweitern und löschen:

1. Wählen Sie im Menü SCHRIFTART des Inspektors (Modus CSS) *Schriftliste bearbeiten* (Abbildung 3.27). Diesen Befehl finden Sie auch in der Kategorie ERSCHEINUNGSBILD (CSS) der Seiteneigenschaften. Alternativ wählen Sie in der Menüleiste FORMATIEREN / SCHRIFT / SCHRIFTENLISTE BEARBEITEN.

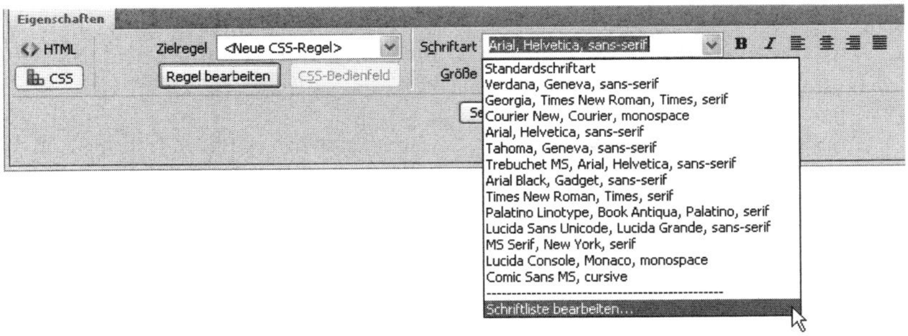

Abbildung 3.27: *Vordefinierte Schriftliste bearbeiten*

Das Dialogfenster SCHRIFTLISTE erscheint (Abbildung 3.28).

2. Markieren Sie die Schriftliste, die Sie bearbeiten möchten. Diese wird nun in das Feld AUSGEWÄHLTE SCHRIFTEN übertragen.

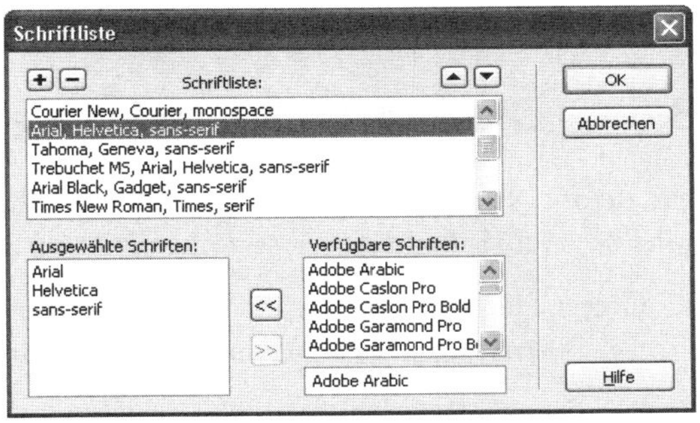

Abbildung 3.28: *Schriften in der Schriftliste zusammenstellen*

3. Möchten Sie eine neue Schriftartkombination hinzufügen, klicken Sie auf den Button [+].

   Drücken Sie auf den Button [−], entfernen Sie die markierte Schriftkombination.

ACHTUNG

Dreamweaver fragt nicht nach, ob Sie diese Schriftkombination wirklich löschen wollen.

4. Wählen Sie aus der Liste der VERFÜGBAREN SCHRIFTEN die Schrift, die in der Kombination erscheinen soll. Diese Liste enthält alle Schriftarten, die auf Ihrem Computer installiert sind.

TIPP

Sollte eine Schrift einen sehr langen Namen haben, schreiben Sie diesen im Textfeld darunter um. Hier tragen Sie auch Schriftarten ein, die nicht auf Ihrem Computer installiert sind.

5. Wenn Sie auf die Schaltfläche [<<] klicken, wird die ausgewählte Schrift in die Liste integriert. Die Schrift erscheint dann im Feld AUSGEWÄHLTE SCHRIFTEN.

6. Wiederholen Sie den vorherigen Arbeitsschritt, um weitere Schriften einzureihen. Pro Kombination sollten Sie nicht mehr als drei Schriftarten definieren. Bei der letzten sollte es sich um eine generische Schrift handeln.

   serif
   sans-serif

   Als dritte Schriftfamilie wird häufig *sans-serif* für eine serifenlose Schrift angegeben, die sich besser auf dem Bildschirm lesen lässt als eine serifennormale (*serif*). Serifen sind feine Abschlussstriche an den einzelnen Buchstaben und Ziffern.

7. Drücken Sie auf OK, wird die geänderte Schriftliste gespeichert. Dreamweaver aktualisiert automatisch die Menüleiste, den Eigenschafteninspektor und das Dialogfenster SEITENEIGENSCHAFTEN.

Möchten Sie nicht die komplette Kombination sondern lediglich eine bestimmte Schriftart daraus entfernen, markieren Sie diese im Feld AUSGEWÄHLTE SCHRIFTEN und klicken dann auf [>>].

Eine ausgewählte Schriftkombination verschieben Sie mit dem Button [▲] nach oben und mit [▼] nach unten.

3.6 Die Symbolleiste STILWIEDERGABE nutzen

Die zuvor beschriebene strikte Trennung von HTML und CSS können Sie nun am Beispiel der Webvisitenkarte selbst nachvollziehen.

1. Öffnen Sie Ihre formatierte Webseite oder verwenden Sie für diese Übung die Datei *webvisitenkarte.htm* im Verzeichnis *kap03* auf der DVD.
2. Blenden Sie die Symbolleiste STILWIEDERGABE ein, indem Sie ANSICHT / SYMBOLLEISTEN / STILWIEDERGABE wählen (Abbildung 3.29).

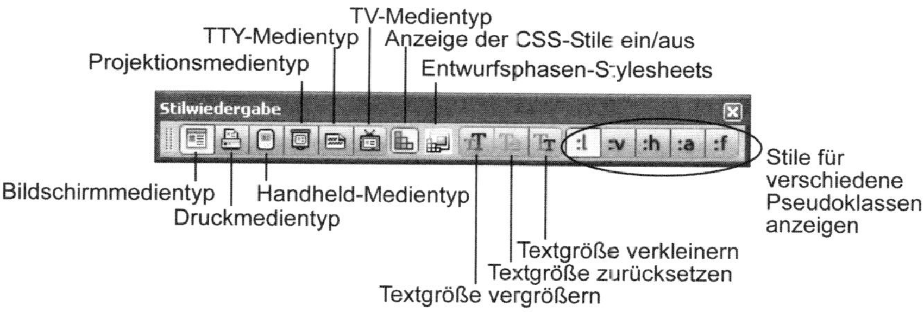

Abbildung 3.29: *Symbolleiste STILWIEDERGABE*

3. Drücken Sie auf den Button [Symbol], deaktivieren Sie die CSS-Anzeige. Im Entwurfsfenster werden die Inhalte nur entsprechend ihrer HTML-Struktur angezeigt (Abbildung 3.30).
4. Klicken Sie erneut auf diesen Button, um die Anzeige der CSS-Stile wieder einzublenden.

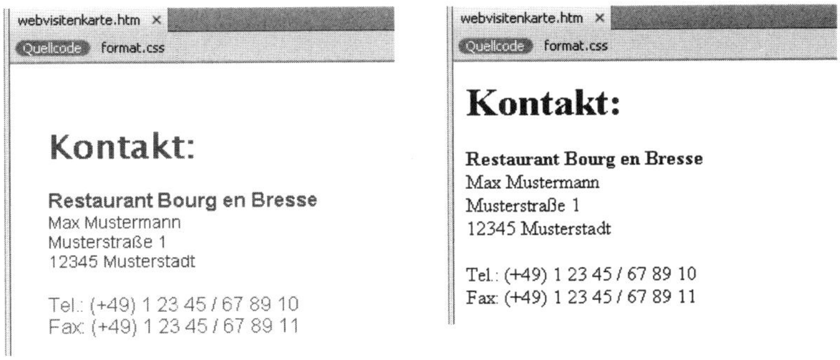

Abbildung 3.30: *CSS ein- und ausblenden (rechts)*

Hinweis

Haben Sie verschiedene Style Sheets für unterschiedliche Medien definiert, blenden Sie diese über die Symbolleiste Stilwiedergabe ein und aus. Auf diese Weise testen Sie nicht nur die Bildschirm-Wiedergabe, sondern beispielsweise auch den Papierausdruck.

Da wir hier Webseiten für den Computerbildschirm entwickeln, müssen Sie an den Standardeinstellungen nichts ändern.

Mit den neuen Buttons rechts in der Symbolleiste überprüfen Sie verschiedene Hyperlink-Zustände im Entwurfsfenster. Wie das geht, erfahren Sie in Kapitel 8.8.2.

3.7 Kleine Erfolgskontrolle

8. Was ist ein Tag?
   a. Das Gegenteil von Abend
   b. Eine HTML-Anweisung
   c. Teil einer Programmiersprache
9. Was versteht man unter CSS-Stilen?
   a. HTML-Erweiterung für die exakte Gestaltung der Webseite
   b. Inhaltsfenster einer Webseite
   c. Code von Fehlern befreien
10. Was ist eine Klasse?
   a. Gruppe von Schülern
   b. CSS-Regel, die mit dem `class`-Attribut zugewiesen wird
   c. CSS-Regel, die mit einer ID eingebunden wird
   b. HTML-Code für Überschriften

4 Mit Bildern arbeiten

Das lernen Sie neu:

- Bilder einfügen
- Unterschiedliche Bildformate verwenden
- Bildeigenschaften bestimmen
- Grafikdateien optimieren und bearbeiten
- Bilder positionieren und ausrichten

Die Webvisitenkarte enthält im Moment zahlreiche Textinformationen, aber noch keine Bilder. Dies ändern wir in diesem Kapitel und unterstreichen damit den Charakter des Restaurants bzw. die Botschaft Ihrer Seite.

Ist die Qualität eines Bildes mal nicht optimal, können Sie in Dreamweaver kleine Korrekturen schnell selbst durchführen und beispielsweise Kontrast und Helligkeit verändern. Wie das geht, erfahren Sie ebenfalls in diesem Workshop.

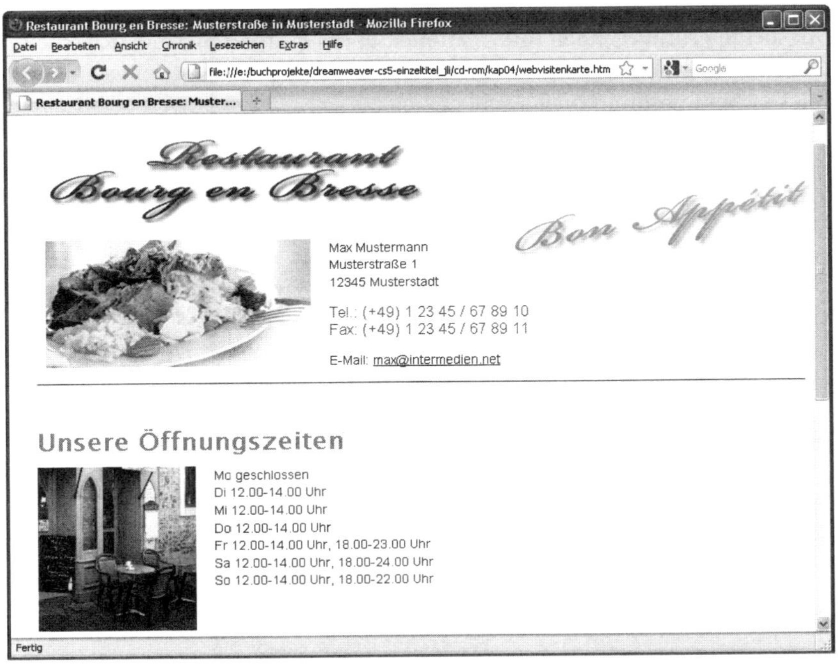

Abbildung 4.1: *Bilder in die Visitenkarte integrieren*

4.1 Bilder in Adobe Fireworks erstellen

Buttons, Cliparts und andere Bilder erstellen Sie in einem Grafikprogramm, wie beispielsweise *Fireworks*. Dieses Programm ist in der *Adobe Creative Suite* enthalten und wird darum gerne von professionellen Dreamweaver-Anwendern verwendet.

DVD

Fireworks können Sie als 30-Tage-Testversion kostenlos von der Adobe-Website heruntergeladen. Die aktuelle CS5-Testversion für Microsoft Windows finden Sie zudem auf der DVD.

Mit einer Digitalkamera erstellen Sie die benötigten Bilder, die Sie in Fireworks bearbeiten und optimieren können. Auch Dreamweaver enthält zahlreiche Bildbearbeitungsfunktionen. Ebenso bieten zahlreiche Bildagenturen und Fotografen interessantes Material oft zu einem recht günstigen Preis an.

ACHTUNG

Um Abmahnungen und deftige Strafen zu vermeiden, sollten Sie unbedingt das Urheberrecht berücksichtigen. Generell gilt: Möchten Sie ein Bild verwenden, das Sie nicht selbst erstellt haben, benötigen Sie das (schriftliche) Einverständnis das Urhebers. Verwenden Sie Bilder von einer CD-ROM / DVD oder von einer Webseite lesen Sie unbedingt die Lizenzbestimmungen durch. Eventuell gibt es Einschränkungen für den kommerziellen Einsatz der Bilder. Im Anhang finden Sie eine Liste interessanter Online-Quellen und Bildagenturen.

Auf den folgenden Seiten erfahren Sie, wie Sie Grafiken selbst erstellen und im geeigneten Dateiformat speichern. Dabei arbeiten Sie in Fireworks CS5. Bei anderen Programmen, wie beispielsweise der Open-Source-Software *Gimp* oder *Inkscape*, ist die Vorgehensweise ähnlich.

Mit diesen grundlegenden Informationen über Optimierungsmöglichkeiten und Dateiformate fällt Ihnen anschließend auch die Nutzung der in Dreamweaver integrierten Bildbearbeitungsfunktionen leicht.

4.1.1 Leinwand anlegen

Fireworks ist ähnlich aufgebaut wie Dreamweaver. Zunächst benötigen Sie einen Arbeitsbereich, die so genannten Leinwand, auf der Sie die einzelnen Grafikelemente platzieren. Im Folgenden wird mit der Erstellung einer Schaltfläche die allgemeine Vorgehensweise gezeigt.

1. Klicken Sie im Startfenster auf FIREWORKS DOKUMENT (PNG) (Abbildung 4.2) oder wählen Sie in der Menüleiste DATEI / NEU.

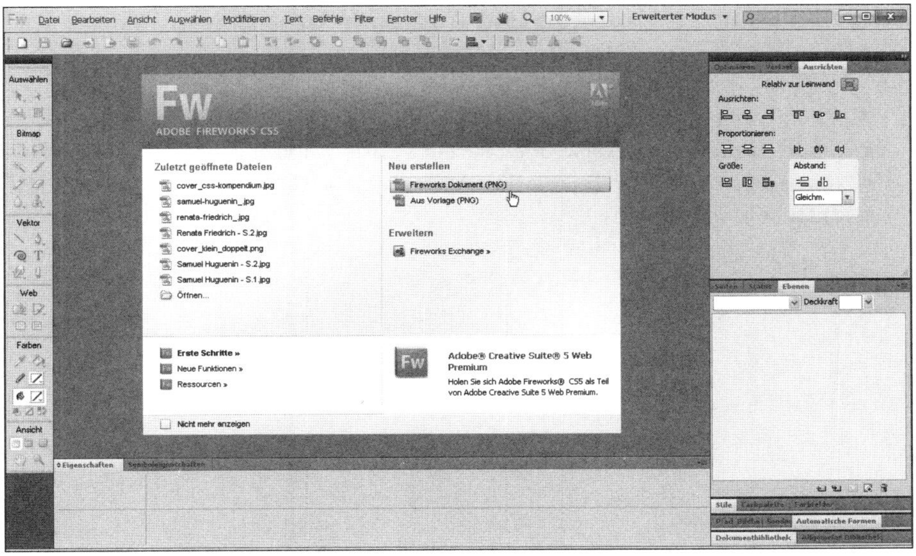

Abbildung 4.2: *Arbeitsoberfläche nach dem Programmstart*

2. Im Dialogfenster NEUES DOKUMENT geben Sie die Größe der Leinwand an. Diese können Sie nachträglich ändern und den hierauf platzierten Elementen anpassen (vgl. Kapitel 4.1.3). Für Bildschirmgrafiken genügt eine Auflösung von *72 Pixel/ Zoll* (dpi). Die geringe Auflösung verringert die Ladezeit für den Seitenaufbau. Anders sieht es bei Druckgrafiken aus. Hier sind mindestens 300 dpi erforderlich.

   Im unteren Bereich bestimmen Sie die Leinwand- bzw. Hintergrundfarbe. Damit der Button gut auf den weiten Hintergrund unserer Webvisitenkarte passt, aktivieren wir hier die erste Option (Abbildung 4.3).

3. Bestätigen Sie mit OK, erstellt Fireworks die Leinwand.

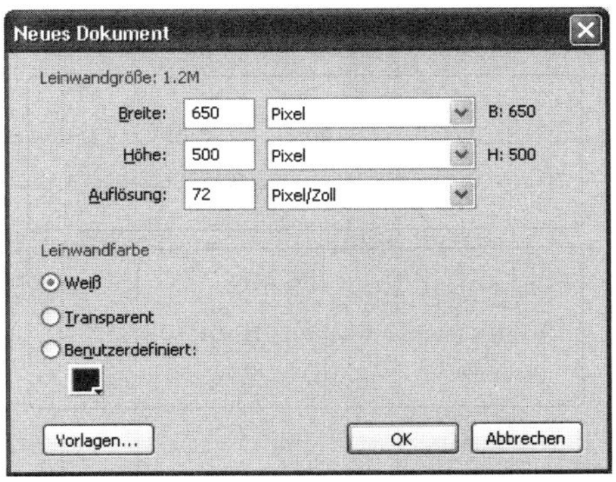

Abbildung 4.3: *Leinwand anlegen*

4.1.2 Elemente einfügen und Aussehen bestimmen

Auf der Leinwand können Sie nun verschiedene Elemente zeichnen und positionieren.

1. Möchten Sie beispielsweise einen Button oder ein Logo erstellen, fangen Sie mit der Grundfläche an: Hierzu verwenden Sie ein Vektor-Werkzeug, wie RECHTECK, ABGERUNDETES RECHTECK oder ELLIPSE. Die Werkzeugleiste blenden Sie über FENSTER / WERKZEUGE ein.

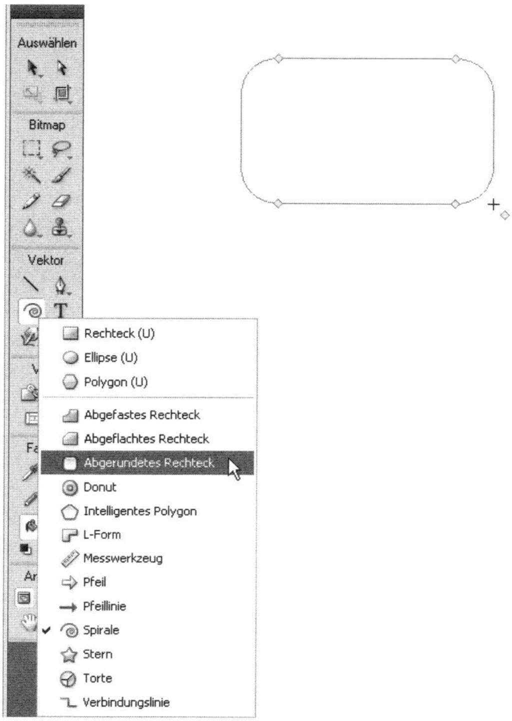

Abbildung 4.4: *Vektor-Fläche zeichnen*

2. Im unteren Bereich der Werkzeugleiste oder im Bedienfeld EIGENSCHAFTEN bestimmen Sie Füll- und Pinselstrichfarbe des auf der Leinwand markierten Elements.

   Alternativ wählen Sie einen vordefinierten Stil mit optischen Effekten aus dem Bedienfeld STILE (Strg + F11). Diese Effekte können Sie auch selbst im Bedienfeld EIGENSCHAFTEN zusammenstellen.

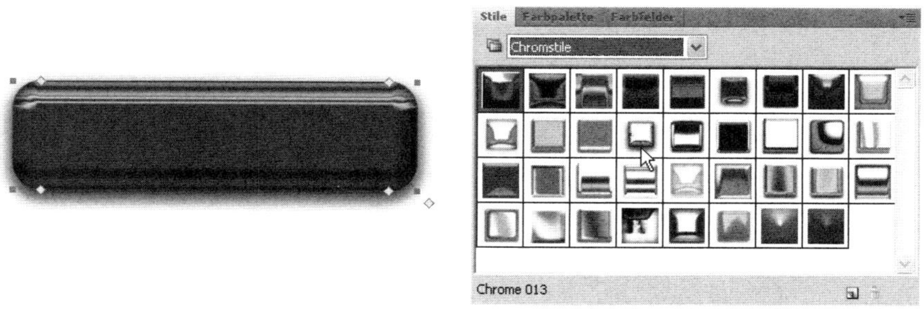

Abbildung 4.5: *Button mit Stil aus dem Bedienfeld STILE*

3. Aktivieren Sie das Text-Werkzeug, klicken Sie auf die Leinwand und beschriften Sie den Button.

   Schriftart, Größe und weitere Einstellungen geben Sie im Bedienfeld Eigenschaften an, sofern diese nicht bereits eingestellt sind (Abbildung 4.6).

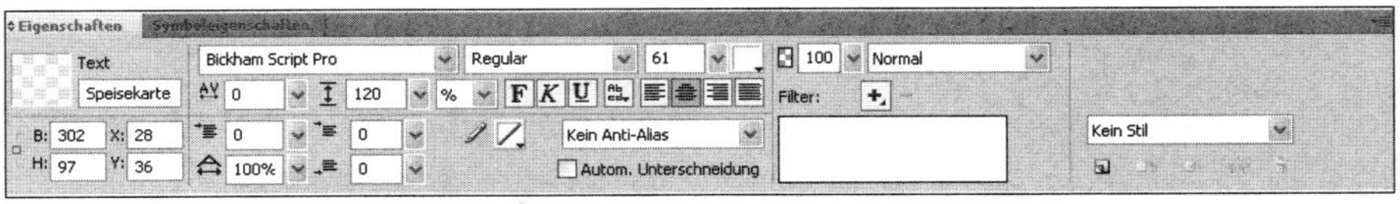

Abbildung 4.6: *Eigenschaften eines ausgewählten Textes bestimmen*

4. Platzieren Sie den Text in der Mitte des Buttons. Am schnellsten geht das, wenn Sie beide Objekte mit dem Zeiger-Werkzeug markieren und im Bedienfeld Ausrichten auf die entsprechenden Buttons klicken (Abbildung 4.7).

Abbildung 4.7: *Elemente ausrichten*

4.1.3 Bilder optimieren und exportieren

Damit die Datei möglichst schnell geladen wird, sollte die Dateigröße gering und die Bildqualität dennoch akzeptabel sein. Hierzu passen Sie zunächst die Leinwandgröße an, indem Sie Modifizieren / Leinwand / Leinwand anpassen wählen oder Strg + Alt + F drücken. Diese Vorarbeit können Sie auch direkt im Dialogfenster erledigen (vgl. Arbeitsschritt 3). Anschließend exportieren Sie das Webbild folgendermaßen:

1. Wählen Sie Datei / Bildvorschau (Abbildung 4.8).
2. Im Dialogfenster geben Sie das geeignete Bildformat im Menü Format der Registers Optionen an. Darunter nehmen Sie weitere Optimierungseinstellungen vor. Diese hängen vom jeweils gewählten Format ab.

Hinweis

Diese Optimierungsfunktionen sind ebenfalls in Dreamweaver integriert (vgl. Kapitel 4.3.7).

Generell sind für das Web vier unterschiedliche Dateiformate geeignet, die Bildinformationen als Rasterpunkte (sog. Bitmaps) speichern: **GIF** und **JPG** bzw. **JPEG** sowie **PNG**. Vergrößern Sie ein solches Bitmap-Bild, erkennen Sie gut die einzelnen Bildpunkte. Dabei speichert jeder dieser Pixel unterschiedliche Farbinformationen.

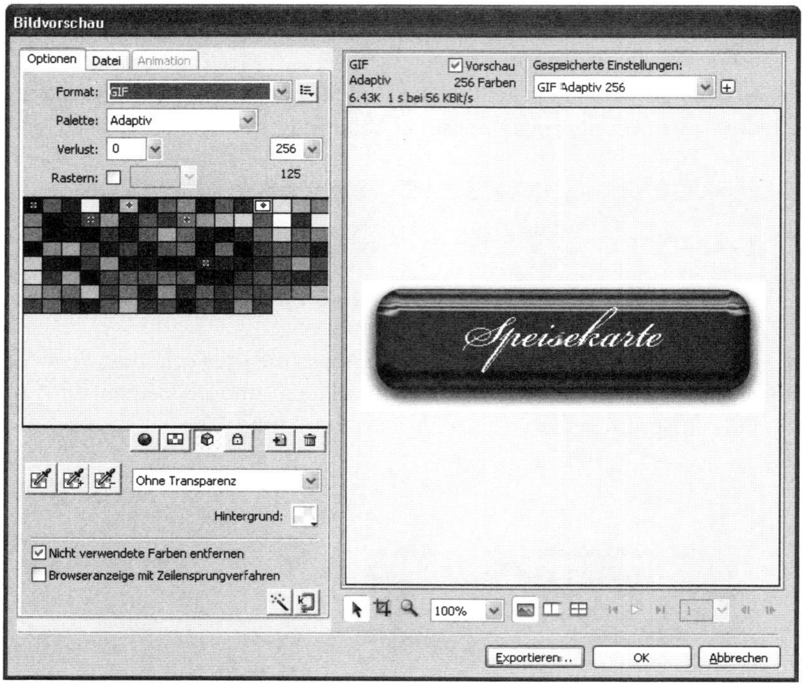

Abbildung 4.8: *Die Bildvorschau erlaubt verschiedene Optimierungen.*

Die Farbtiefe bestimmt die Anzahl gespeicherter Farben und damit die Dateigröße. Da nicht jeder User über eine schnelle Internetverbindung verfügt, sollten Bilddateien möglichst klein sein. Dabei bieten alle Formate unterschiedliche Komprimierungsmöglichkeiten. Für welches Format Sie sich bei der Grafikerstellung entscheiden, hängt wesentlich vom gezeigten Motiv ab.

Was ist nun aber das geeignete Format?

JPG für Fotos

JPGs unterstützen Millionen von Farben und stellen damit viele Details dar. Dieses Dateiformat sollten Sie für Fotos und Grafiken mit vielen Farbtönen verwenden. Allerdings gehen mit der Komprimierung auch Farbinformationen verloren. Je stärker Sie ein JPG komprimieren, umso kleiner wird die Dateigröße, aber gleichzeitig werden immer weniger Farben gespeichert. Das Bild wird unscharf und verpixelt.

GIF für transparente, homogene Farbflächen und Animationen

Das **GIF**-Format kann höchstens 256 Farben abspeichern. Diese Farben sind nicht vordefiniert. Allerdings gibt es so genannte websichere Farben (vgl. auch Kapitel 3.3.3). Außerdem können Sie bestimmte Bild- bzw. Farbbereiche transparent definieren. Teile des transparenten GIFs erscheinen damit stärker in den Hintergrund integriert. GIFs sind besonders für Bilder mit großen farblich gleichen Bereichen und für Graustufenbilder geeignet. Außerdem speichern Sie Animationen, die aus mehreren Einzelbildern bestehen, im GIF-Format.

PNG für moderne Browser

Das noch recht junge **PNG**-Bildformat speichert unterschiedliche Farbtiefen. In seiner 8-Bit-Version enthält es genauso viele Farben wie ein GIF, also bis zu 256. Die 24- und 32-Bit-Version ähnelt dagegen dem JPG-Format. PNG-Dateien bieten jedoch wesentlich mehr Möglichkeiten, da sie Indexfarben-, Graustufen- und True-Color-Bilder sowie den Alpha-Kanal zur Darstellung von Transparenz unterstützen. Einen Qualitätsverlust durch Komprimierung gibt es hier ebenso wenig wie die Beschränkung auf eine bestimmte Anzahl von Farben. Einen Haken hat dieses Format allerdings: Es wird nicht von allen älteren Browsern unterstützt bzw. korrekt wiedergegeben. Insbesondere bei der Darstellung transparenter Bereiche kommt es zu Problemen.

3. Wechseln Sie in das Register Datei und überprüfen Sie die Bildgröße unter Skalieren sowie den Exportbereich. Diesen können Sie auch in der Vorschau mit dem Werkzeug Zuschneiden eingrenzen und festlegen (Abbildung 4.9). Überprüfen Sie die darüber angezeigte Dateigröße.

Tipp

Damit das Bild nicht verzerrt wird, aktivieren Sie die Option Proportionen beibehalten. Blenden Sie zwei oder vier Vorschaufenster ein, können Sie unterschiedliche Optimierungseinstellungen miteinander vergleichen. Aktivieren Sie jeweils die Vorschau, deren Einstellungen Sie ändern möchten.

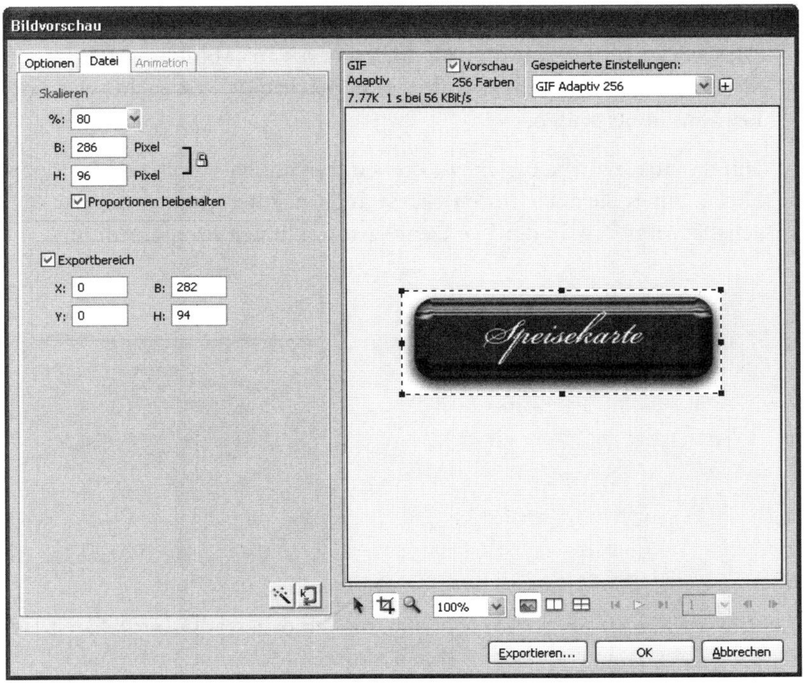

Abbildung 4.9: *Größe und Exportbereich bestimmen*

4. Abschließend speichern Sie das Fireworks-Bild im programmspezifischen PNG-Format: Wählen Sie DATEI / SPEICHERN. Damit können Sie auch später noch alle Ebenen, Pfade, Bitmaps, Effekte und sonstigen Grafikelemente bearbeiten und ergänzen.

   Verwenden Sie ein anderes Grafikprogramm, speichern Sie zunächst das Original in dessen spezifischen Format. Bei Photoshop ist dies beispielsweise das PSD-Format.

DVD

Auf der DVD finden Sie den gezeigten Button (*button.png*) im Verzeichnis *kap04*. Öffnen Sie die Datei in Fireworks, wird der Text nur bei installierter *Bickham*-Schrift richtig dargestellt. Bei der exportierten Rastergrafik (*button.gif*) wird diese dagegen nicht benötigt. Diese kann jedoch nur sehr schwer bearbeitet werden. Probieren Sie es aus und versuchen Sie die Beschriftung des Bitmaps zu ändern...

4.1.4 Übung: Hintergrundbild erstellen

Erstellen Sie für die Webvisitenkarte ein Hintergrundbild. Beispielsweise können Sie den Namen des Restaurants oder einen Slogan mit unterschiedlichen Effekten aufbereiten und mit einer geringen Deckkraft exportieren. Das Hintergrundbild sollte nicht vom eigentlichen Inhalt ablenken. Dieser muss weiterhin gut lesbar sein.

- Die Deckkraft geben Sie im Bedienfeld EBENEN an (Abbildung 4.10). Hierzu können Sie den Schieberegler verwenden und gleichzeitig dessen Auswirkungen auf der Leinwand überprüfen.
- Um das ausgewählte Objekt zu drehen wählen Sie MODIFIZIEREN / TRANSFORMIEREN. Hier können Sie auch dessen Größe ändern. Alternativ verwenden Sie das Werkzeug SKALIEREN in der Werkzeugleiste am linken Programmrand.

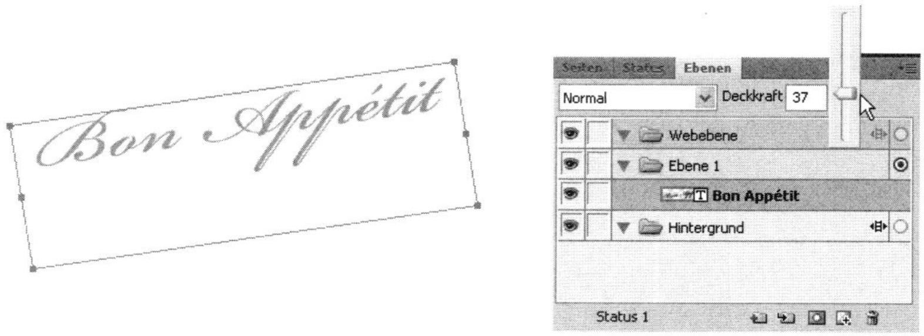

Abbildung 4.10: *Der Slogan ist für den Hintergrund geeignet.*

DVD

Das Originalbild ist als *bon-appetit.png*, die exportierte Rastergrafik ist als *bon-appetit.gif* auf der DVD im Verzeichnis *kap04* gespeichert.

Alle für dieses Projekt zudem benötigten Bilder finden Sie im übergeordneten Verzeichnis *bilder*. Diese Dateien benötigen wir auch in anderen Workshops.

Sammeln Sie alle für die Website benötigten Bilder in einem Verzeichnis (*originale*) und überprüfen Sie das jeweilige Dateiformat. Liegen Ihre Bilder in anderen Dateitypen vor, müssen Sie diese in eines der drei beschriebenen Formate umwandeln. Wie Sie diese Arbeiten in Fireworks erledigen, haben Sie im vorherigen Kapitel erfahren. Sie können Bilder aber auch direkt in Dreamweaver optimieren. Wie das geht, lesen Sie in Kapitel 4.3.

4.2 Bilder in die Webseite einfügen

Integrieren Sie ein Bild in den Hintergrund einer Webseite, wird es durch Text und andere Elemente überlagert. Damit können Sie Wasserzeichen oder interessante 3D-Effekte erzeugen.

Zudem binden Sie in diesem Workshop Bilder als normale Elemente in die Webseite bzw. in den Vordergrund ein. Die Reihenfolge dieser Objekte können Sie mit CSS verändern (vgl. Kapitel 11).

TIPP

Benötigen Sie ein bestimmtes Bild, kennen aber dessen Dateinamen nicht, erleichtert *Adobe Bridge* die Suche:

- Wählen Sie in Dreamweaver DATEI / BRIDGE DURCHSUCHEN oder klicken Sie auf in der Symbolleiste STANDARD.
- Anschließend binden Sie die Bilddatei in das aktuelle Dreamweaver-Dokument ein, indem Sie es in das Dokumentfenster ziehen. Ordnen Sie hierfür Bridge und Dreamweaver so an, dass beide Programme sichtbar sind. Wie Sie vorhandene Bilder übernehmen, erfahren Sie in Kapitel 5.4.4.

4.2.1 Hintergrundbild bestimmen

Eine festgelegte Hintergrundfarbe ist sichtbar, während die Webseite noch geladen wird. Anschließend verdeckt diese das übermittelte Hintergrundbild. Im GIF- oder PNG-Format kann diese Grafik transparente Pixel enthalten. An diesen Stellen scheint dann die Hintergrundfarbe durch. Zudem muss das Bild den Hintergrund nicht komplett ausfüllen.

1. Öffnen Sie Ihre Webvisitenkarte oder verwenden Sie für diese Übung die Datei *webvisitenkarte.htm* aus dem Verzeichnis *kap03*.
2. Wählen Sie MODIFIZIEREN / SEITENEIGENSCHAFTEN.
3. Geben Sie das HINTERGRUNDBILD in der Kategorie ERSCHEINUNGSBILD (CSS) an.

   Möchten Sie Verzeichnis- und Dateinamen nicht manuell in das Feld eingeben, können Sie das Bild auch über die Schaltfläche DURCHSUCHEN bestimmen. Hierzu öffnet Dreamweaver die Dialogbox BILDQUELLE AUSWÄHLEN (Abbildung 4.11).

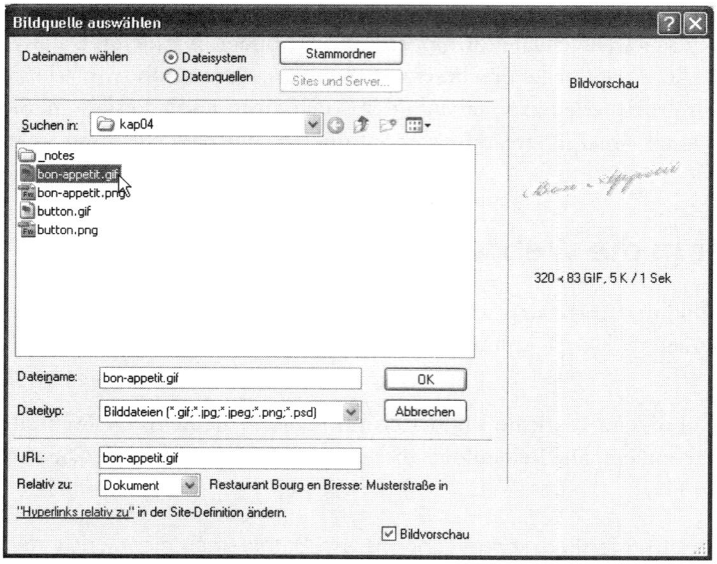

Abbildung 4.11: *Bildquelle auswählen*

4. Markieren Sie die Bilddatei. Der Name des Bildes wird in das Feld Dateiname übernommen. Haben Sie das Kontrollkästchen Bildvorschau am unteren Fensterrand aktiviert, sehen Sie das Bild rechts. Darunter stehen Informationen über Bildgröße, Dateiformat und Downloadzeit in Sekunden. An den übrigen Standardeinstellungen müssen Sie normalerweise nichts mehr ändern.

Hinweis Standardmäßig ist das Kontrollkästchen Dateisystem am oberen Rand des Dialogfensters aktiviert. Damit wählen Sie eine Grafikdatei. Aktivieren Sie dagegen die Option Datenquellen, um eine dynamische Bildquelle (ein Bild aus einer Datenbank) auszuwählen.

5. Klicken Sie auf OK, kehren Sie zurück in die Seiteneigenschaften. Die Bildinformationen sind nun eingetragen.

Kacheleffekt

6. Drücken Sie auf den Button Anwenden. Im Entwurfsfenster wird der Hintergrund gekachelt dargestellt. Dabei wird das Hintergrundbild von links nach rechts und von oben nach unten so oft wiederholt, bis das Fenster ausgefüllt ist. Dreamweaver zeigt diesen Kacheleffekt, wie er später auch im Browser zu sehen sein wird.

7. Dieser Kacheleffekt ist identisch mit der Option *repeat* im Menü Wiederholen (Abbildung 4.12). Dagegen wird das Bild mit der Option *repeat-x* nur horizontal und mit *repeat-y* nur vertikal gekachelt wiedergegeben. Wählen Sie *no-repeat*, wird das Bild nur einmal angezeigt.

   Die exakte Position eines Hintergrundbildes können Sie mit CSS festlegen. Wie das geht, erfahren Sie in Kapitel 4.7.1.

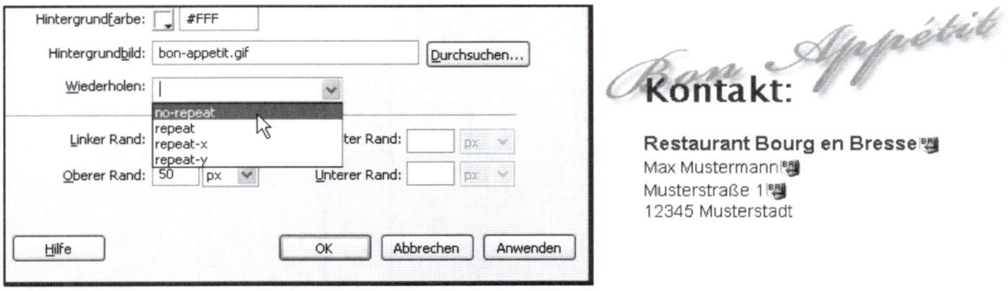

Abbildung 4.12: *Das Hintergrundbild wird nicht gekachelt.*

4.2.2 Bild als Seitenelement einbinden

Im Folgenden erfahren Sie, wie Sie ein Bild in den Vordergrund, also in das eigentliche HTML-Dokument, integrieren. Hier gibt es mehrere Möglichkeiten:

1. Setzen Sie den Mauszeiger an den Beginn des ersten Absatzes in der Visitenkarte. Hier soll das Bild *essen.jpg* aus dem *bilder*-Ordner eingefügt werden.
2. Klicken Sie auf den Auswahl-Button BILDER in der Kategorie ALLGEMEIN des Bedienfelds EINFÜGEN. Gegebenenfalls müssen Sie zunächst das Menü BILDER öffnen, indem Sie auf den kleinen Pfeil rechts daneben klicken. Oder wählen Sie in der Menüleiste EINFÜGEN / BILD.

TIPP

Arbeiten Sie innerhalb einer definierten Site (vgl. Kapitel 7.1), listet das Bedienfeld ELEMENTE in der Kategorie alle hierin gespeicherten BILDER auf. Diese ziehen Sie einfach aus dem Bedienfeld an die gewünschte Stelle im Dokumentfenster.

3. Bestimmen Sie im nun offenen Dialogfenster BILDQUELLE AUSWÄHLEN Ordner und Dateinamen des Bildes (*essen.jpg*).
4. Klicken Sie auf OK. Dreamweaver öffnet die Eingabehilfe (Abbildung 4.13).

   - Geben Sie einen ALTERNATIVTEXT ein. Zeigt ein Browser Bilder nicht an, erscheint dieser Text. Auch Screenreader lesen diesen Text behinderten Usern vor.

     Unter ALT. können Sie im Eigenschafteninspektor nachträglich den Alternativtext ändern und ergänzen.

     Möchten Sie die Bildinformationen nicht als Text hinterlegen, weil es sich beispielsweise um ein gestalterisches Design-Element handelt, wählen Sie im Menü *<Leer>*.

   - Handelt es sich um ein wichtiges Bild, sollten Sie weitere Informationen auf einer zusätzlichen Webseite abspeichern, auf die Sie unter LANGE BESCHREIBUNG verweisen.

Abbildung 4.13: *Eingabehilfe für Bild-Attribute*

5. Drücken Sie auf OK. Dreamweaver fügt das Bild in das Dokument ein. Dabei sieht der allgemeine Code eines Bildes folgendermaßen aus:

Listing 4.1: *HTML-Code eines Bildes mit verschiedenen Attributen*

```
<img src="bild.jpg" width="111" height="222"
 alt="Text" />
```

Arbeiten Sie in einem nicht gespeicherten Dokument, erstellt Dreamweaver den Verweis `file://` auf die Bilddatei. Wenn Sie das Dokument anschließend sichern, wandelt Dreamweaver diesen Verweis in einen dokumentrelativen Pfad um.

HINWEIS

Haben Sie einen Button eingefügt, müssen Sie diesen noch mit einem Zieldokument verknüpfen. Ausführliche Informationen über Hyperlinks finden Sie in Kapitel 8.

Soll Dreamweaver die BILDER-Eingabehilfe nicht mehr öffnen, deaktivieren Sie diese Option in den Voreinstellungen (Kategorie EINGABEHILFEN).

Ersetzen Sie jetzt noch die Überschrift KONTAKT durch das Bild *logo.gif* auf der DVD und entfernen Sie den Namen des Restaurants. Im Verzeichnis zu diesem Kapitel finden Sie zudem weitere Bilder für die Seite. Die Bilder richten Sie in Kapitel 4.6 aus.

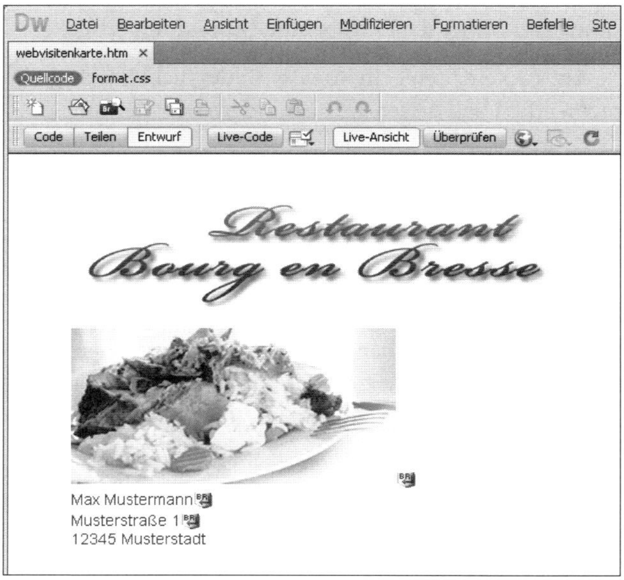

Abbildung 4.14: *Der aktuelle Stand der Workshop-Visitenkarte*

4.3 Bildeigenschaften bestimmen und ändern

Das Bedienfeld EIGENSCHAFTEN zeigt die Attribute des aktuell im Dokumentfenster ausgewählten Bildes an. Diese werden hier ergänzt, geändert oder entfernt. Zudem können Sie ein ausgewähltes Bild bearbeiten und neu abspeichern. Damit können Sie Bilder optimieren, zuschneiden, neu auflösen, die Helligkeit und den Kontrast verändern oder sie scharf stellen. Für die komplexere Bearbeitung starten Sie hier Fireworks oder ein anderes externes Grafikprogramm. Ist die ORIGINAL-Datei im Inspektor angegeben, können Sie das ursprüngliche Bild bearbeiten.

- Damit der Inspektor Bildeigenschaften anzeigt, markieren Sie das Bild mit einem Mausklick. Am rechten und unteren Rand erscheinen drei quadratische Angriffspunkte, über denen sich der Mauszeiger zu einem Doppelpfeil verändert.

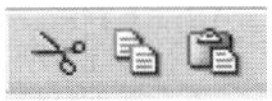

Ein ausgewähltes Bild kann wie gewohnt kopiert, ausgeschnitten und wieder eingefügt werden – auch in ein anderes Dreamweaver-Dokument. Die entsprechenden Befehle finden Sie in der Menüleiste unter BEARBEITEN oder in der Symbolleiste STANDARD (siehe Randspalte).

- Die Markierung heben Sie auf, indem Sie an eine andere Stelle im Dokument klicken.

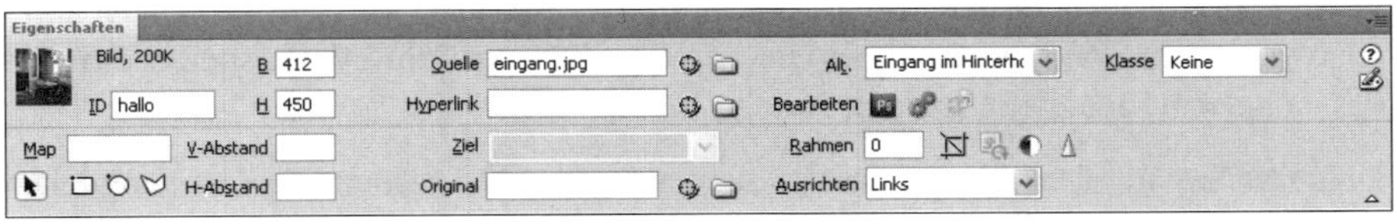

Abbildung 4.15: *Eigenschaften eines ausgewählten Fotos*

4.3.1 Bild austauschen

Ein in die Webseiten eingebundenes Bild ist schnell durch ein anderes ausgetauscht, wenn Sie eine andere Datei im Feld QUELLE angeben. Diese tragen Sie entweder manuell in das Feld ein oder Sie klicken auf den Button DATEI SUCHEN dahinter. Wählen Sie anschließend im Dialogfenster die gewünschte Bildquelle aus.

Ist das Bedienfeld DATEIEN geöffnet (F8), können Sie den Button AUF DATEI ZEIGEN auch direkt auf die gewünschte Bilddatei ziehen und diese damit auswählen. In Kapitel 8.2.1 erfahren Sie mehr darüber.

ACHTUNG

Geben Sie zusätzlich das ORIGINAL des Webbildes an, werden Bildänderungen in dieser Datei durchgeführt. Da dieses PNG- oder PSD-Bild nicht komprimiert ist, erzielen Sie ein qualitativ hochwertigeres Ergebnis, als wenn Sie das Rasterbild ändern. Das Original sollten Sie vorsichtshalber an anderer Stelle (z. B. im Verzeichnis *originale*) noch schreibgeschützt gespeichert haben.

4.3.2 Bildname für Identifikation und Verhalten

#id

Eine CSS-Regel kann die Darstellung eines bestimmten Bildes auf der Seite definieren und beispielsweise Ränder und Abstände festlegen. Damit das Bild eindeutig identifizier werden kann, geben Sie in dem Feld ID einen Namen an. Dieser Name findet sich dann im Selektor des ID-Stils wieder (vgl. Kapitel 4.8). Die ID ist unabhängig vom Dateinamen des Bildes im Feld QUELLE.

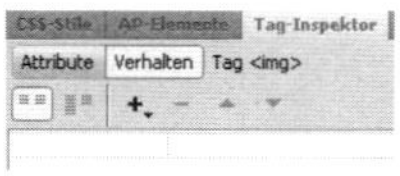

Einen signifikanten Bildnamen benötigen Sie auch, wenn Sie mit JavaScript (Bedienfeld VERHALTEN, ⇧ + F4) arbeiten möchten (vgl. Kapitel 12). Der Name erscheint nicht im Browser.

- Geben Sie im Bedienfeld EIGENSCHAFTEN den Bildnamen in das Feld ID ein. Verwenden Sie nur Kleinbuchstaben, keine Leer- und Sonderzeichen. Diese ID darf nur einmal im geöffneten Dokument verwendet werden.

4.3.3 Vergrößern, verkleinern und verzerren

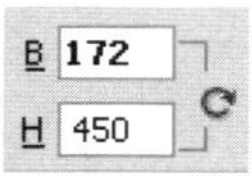

Wenn Sie ein Bild in Ihr Dreamweaver-Dokument einfügen, erscheint es zunächst in der Größe, in der es gespeichert wurde. Breite (B) und Höhe (H) zeigt das Bedienfeld EIGENSCHAFTEN an. Überschreiben Sie diese Werte, ändern Sie automatisch die im Entwurfsfenster angezeigte Bildgröße und die entsprechenden Attribute im Code. Zwischen den Eingabefeldern erscheint der Button GRÖSSE ZURÜCKSETZEN. Dabei kann es zu Verzerrungen kommen. Da ein neuer Wert nicht der Größe des gespeicherten Bildes entspricht, hebt der Inspektor ihn fett hervor.

Drücken Sie auf den Button GRÖSSE ZURÜCKSETZEN, werden die ursprünglichen Werte wieder hergestellt. Möchten Sie einen Wert unabhängig vom anderen zurücksetzen, klicken Sie auf die Buchstaben B (Breite) oder H (Höhe) vor dem Textfeld.

AUFSTEIGER

Erkennt der Browser ein Bild und dessen angegebene Größe, wird bereits während des Ladens ein Feld für das Bild freigehalten. Die Seite erscheint schneller im richtigen Layout.

Im Entwurfsfenster ändern Sie die Bildgröße, indem Sie an einem der drei Angriffspunkte ziehen (Abbildung 4.16). Dabei skalieren Sie das Bild mit dem Griff in der Ecke nur dann proportional, wenn Sie während des Ziehens die ⇧-Taste drücken. Ansonsten kann es zu ungewollten Verzerrungen kommen. Der Eigenschafteninspektor übernimmt automatisch die neuen Werte, die nun ebenfalls im Code hinterlegt sind.

Abbildung 4.16: *Bildgröße im Entwurfsfenster ändern*

MERKSATZ

Wenn Sie die Höhe und die Breite eines Bildes oder eines anderen Seitenelements ändern, skalieren Sie es.

Grafikdatei neu speichern

Wird ein sehr großes Originalbild auf der Webseite wesentlich kleiner benötigt, speichern Sie dieses in der kleineren, tatsächlich verwendeten Größe ab. Ansonsten müssten Ihre Besucher warten, bis die unnötig große Bilddatei heruntergeladen ist.

1. Markieren Sie das Bild im Entwurfsfenster.
2. Skalieren Sie das Bild bis es die gewünschte Größe hat. Die neuen Werte sind im Bedienfeld EIGENSCHAFTEN fett hervorgehoben.
3. Klicken Sie im Inspektor auf den Button NEU AUFLÖSEN. Diesen und weitere Bildbearbeitungsfunktionen finden Sie im unteren Teil des Bedienfelds. Ist dieser nicht sichtbar, drücken Sie auf den Erweiterungspfeil rechts unten.
4. Bestätigen Sie den Hinweis auf die Dateiänderung im Dialogfenster.

   Das Bild wird in der neuen Größe abgespeichert. Dabei wird die alte Bilddatei überschrieben. Breite und Höhe sind im Inspektor nicht mehr fett hinterlegt.

Diesen Arbeitsschritt können Sie rückgängig machen, indem Sie BEARBEITEN / RÜCKGÄNGIG wählen oder in der Symbolleiste STANDARD auf klicken.

ACHTUNG

Vergrößern Sie ein Bild auf Ihrer Webseite zu stark, erscheint es oft unscharf und verpixelt. Verzichten Sie auf übertriebene Vergrößerungen. Verwenden Sie stets weboptimierte Grafiken, die bei einer geringen Dateigröße dennoch von guter Qualität sind.

4.3.4 Helligkeit und Kontrast

Häufig sind Bilder zu dunkel oder zu hell. Auch den Kontrast eines ausgewählten Bildes stellen Sie direkt in Dreamweaver neu ein:

1. Klicken Sie im Bedienfeld EIGENSCHAFTEN auf den Button .
2. Geben Sie im Dialogfenster die genauen Werte zwischen -100 und 100 in das entsprechende Feld ein (Abbildung 4.17). Ganz schnell geht das mit dem jeweiligen Schieberegler.

   Am besten aktivieren Sie das Kontrollkästchen VORSCHAU und schauen sich gleich das Ergebnis im Entwurfsfenster an.

Abbildung 4.17: *Helligkeit und Kontrast einstellen*

3. Klicken Sie auf OK, wenn Sie mit dem Ergebnis zufrieden sind. Das Bild wird dann neu abgespeichert.

DVD

Dieses und alle weiteren Beispiele sind in der Datei *bildbearbeitung_bsp.htm* im Verzeichnis *kap04* gespeichert. Zum Vergleich steht links neben dem bearbeiteten Bild das jeweilige Original. Probieren Sie die unterschiedlichen Funktionen selbst aus.

Betrachten Sie das Ergebnis wenn möglich auch auf unterschiedlichen Monitoren, falls Ihrer nicht kalibriert ist. Durch die verschiedenen Einstellmöglichkeiten kann es zu verschiedenen Darstellungen kommen.

4.3.5 Bild scharf stellen

Erscheint das ausgewählte Bild etwas verschwommen, können Sie die Qualität häufig mit der Funktion Scharf stellen verbessern. Dadurch werden Konturen und einzelne Flächen hervorgehoben und verdeutlicht.

1. Klicken Sie im Bedienfeld Eigenschaften auf den Button Scharf stellen .
2. Geben Sie den gewünschten Wert zwischen 1 und 10 an (Abbildung 4.18). Aktivieren Sie die Vorschau und überprüfen Sie das Ergebnis im Entwurfsfenster.
3. Sind Sie mit dem Ergebnis zufrieden, klicken Sie auf OK. Das Bild wird neu abgespeichert.

Abbildung 4.18: *Scharf stellen*

4.3.6 Bild zuschneiden

Ein bestimmtes Motiv kommt häufig erst richtig zur Geltung, nachdem Sie den überflüssigen Teil des Bildes entfernt haben. Dieser lenkt oft nur vom Wesentlichen ab. Den Ausschnitt eines markierten Bildes bestimmen Sie in Dreamweaver folgendermaßen:

1. Klicken Sie im Bedienfeld Eigenschaften auf Zuschneiden . Ein Rahmen erscheint über dem Bild (Abbildung 4.19).
2. Ziehen Sie den Rahmen an den Griffen in die gewünschte Größe. Achten Sie auf die korrekte Platzierung.

3. Bestätigen Sie Ihre Änderungen mit [Enter] oder einem Doppelklick auf das Bild, damit es zugeschnitten wird. Während der Bildbereich innerhalb des Rahmens erhalten bleibt, wird der äußere entfernt. Dabei werden Bildgröße und Grafikdatei verändert.

Abbildung 4.19: *Bild zuschneiden*

4.3.7 Bild optimieren

Kleine Grafikdateien und gleichzeitig eine gute Bildqualität sind wesentliche Erfolgskriterien einer Website. Das Dateiformat spielt dabei eine wichtige Rolle. Sie können es in Dreamweaver ändern und wichtige Einstellungen für die Optimierung vornehmen.

1. Wählen Sie das Bild im Entwurfsfenster aus.
2. Klicken Sie im Eigenschafteninspektor auf den Button BILDEINSTELLUNGEN BEARBEITEN.
3. Das Dialogfenster BILDVORSCHAU besteht aus zwei Registern (Abbildung 4.20). Dabei zeigt der rechte Bereich jeweils die angewendeten Einstellungen an. Möchten Sie unterschiedliche Optimierungen miteinander vergleichen, klicken Sie auf die Buttons bzw. und nehmen Sie für jedes Fenster eine andere Einstellung vor.
   - OPTIONEN: Bestimmen Sie das Datei-FORMAT und die damit verbundenen Eigenschaften.

     In Abbildung 4.20 ist das Foto im JPG-Format mit einem recht geringen Komprimierungsfaktor (QUALITÄT) eingestellt.
   - DATEI: Hier verändern Sie neben der Bild-Größe den Ausschnitt und damit den Exportbereich.

HINWEIS

Diese Optimierungseinstellungen sind identisch mit denen in Adobe Fireworks, die Sie bereits in Kapitel 4.1.3 kennen gelernt haben.

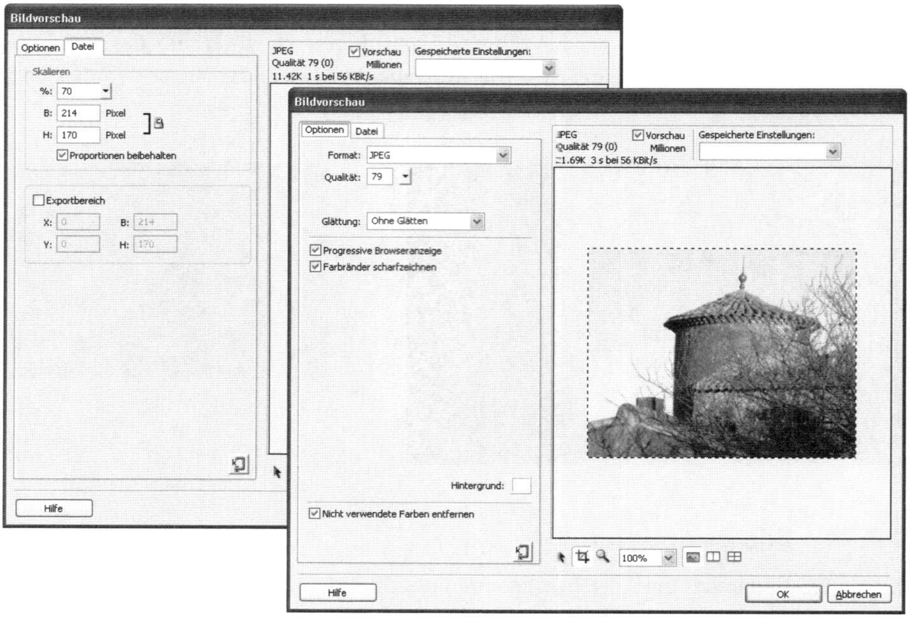

Abbildung 4.20: *Bildvorschau mit Optimierungsfunktionen*

4. Drücken Sie auf die Schaltfläche OK, speichert Dreamweaver das Rasterbild und Sie wechseln automatisch zurück ins Entwurfsfenster.

   Haben Sie im Register OPTIONEN der BILDVORSCHAU das Dateiformat geändert, speichern Sie das neue Webbild zuerst ab.

HINWEIS Haben Sie im Inspektor neben dem auf der Webseite gezeigten Rasterbild auch dessen ORIGINAL angegeben, optimiert Dreamweaver automatisch das Ursprungsbild und exportiert die entsprechende Rastergrafik.

4.3.8 Bild in Fireworks bearbeiten

Für umfangreiche Bildbearbeitungen, die über die reine Optimierung hinausgehen, benötigen Sie ein Grafikprogramm. Standardmäßig ist hierfür Fireworks vorgesehen, wenn dieses Programm auf Ihrem Rechner installiert ist.

1. Markieren Sie das Bild.
2. Drücken Sie im Bedienfeld EIGENSCHAFTEN auf den Button BEARBEITEN. Analog dazu erscheint das Photoshop-Icon, wenn Sie dieses Grafikprogramm anstelle von Fireworks installiert haben.

ACHTUNG Zeigt der Inspektor nicht das gewünschte Bildbearbeitungsprogramm an, öffnen Sie die VOREINSTELLUNGEN (Strg + U). Wechseln Sie in die Kategorie DATEITYPEN / EDITOREN und überprüfen Sie durch einfaches Anklicken einer Dateiendung im Feld ERWEITERUNGEN den zugewiesenen primären Editor (Abbildung 4.21).

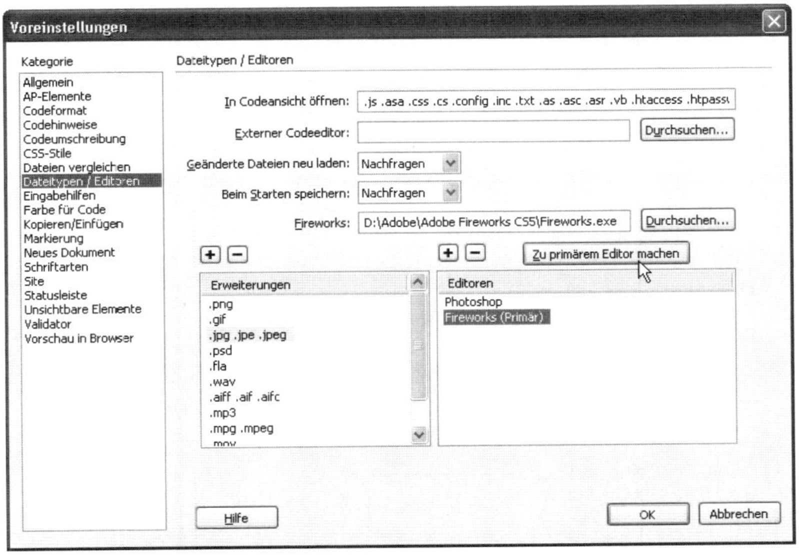

Abbildung 4.21: *Externe Programme für die Dateibearbeitung festlegen*

3. Das Grafikprogramm wird gestartet. Ist neben dem Rasterbild ebenfalls das Original genannt, wird dieses automatisch in Fireworks geöffnet.
   - Ansonsten erscheint ein Meldefenster (Abbildung 4.22), in dem Sie die Ursprungsdatei angegeben können (PNG VERWENDEN).
   - Nur wenn dieses nicht vorhanden ist, sollten Sie das Rasterbild bearbeiten. In der Regel erzielen Sie damit jedoch eine schlechtere Bildqualität. Gleichzeitig ist der Bearbeitungsaufwand recht hoch. Das Bitmap laden Sie über die Schaltfläche DIESE DATEI VERWENDEN.

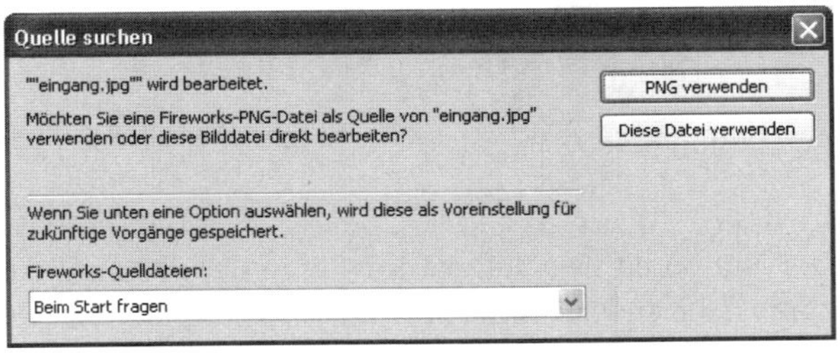

Abbildung 4.22: *Originalbild angeben oder Bitmap öffnen*

4. Haben Sie das Bild bearbeitet, klicken Sie auf FERTIG. Fireworks speichert Raster- und PNG-Datei und Sie kehren automatisch in das Entwurfsfenster von Dreamweaver zurück. Überprüfen Sie hier die Bildgröße.

HINWEIS

Die grundlegende Arbeitsweise in Fireworks (oder einem anderen Grafikprogramm), haben Sie bereits in Kapitel 4.1 kennen gelernt.

4.4 Lineale erleichtern das Layouten

Blenden Sie Lineale am oberen und linken Rand des Entwurfsfensters ein, erleichtern Sie sich die nachfolgenden Arbeiten. Mit diesen visuellen Hilfsmitteln können Sie Größe und Position einzelner Elemente und Bereiche besser abschätzen und beispielsweise die Position eines Hintergrundbildes einfacher bestimmen (vgl. Kapitel 4.7.1).

- Wählen Sie ANSICHT / LINEALE / ZEIGEN oder drücken Sie die Tastenkombination [Strg] + [Alt] + [R]. Werden Lineale angezeigt, erscheint neben dem Menüeintrag ein Häkchen.
- Die Einheit der Lineale ändern Sie ebenfalls unter ANSICHT / LINEALE. Zur Auswahl stehen PIXEL, ZOLL oder ZENTIMETER. Das verwendete Maß wird durch ein Häkchen markiert. Im Web werden üblicherweise Pixelwerte verwendet.

Abbildung 4.23: *Eingeblendete Lineale erleichtern das Layouten.*

Der Nullpunkt liegt standardmäßig in der oberen linken Fensterecke. Diese Position können Sie ändern und den Nullpunkt beispielsweise dem festgelegten Seitenrand anpassen:

- Klicken Sie in den Nullpunkt hinein und ziehen Sie diesen an die gewünschte Position (Abbildung 4.24). Halten Sie dabei die Maustaste gedrückt. Während dieser Arbeit verwandelt sich der Cursor in ein Fadenkreuz.
- Über ANSICHT / LINEALE / URSPRUNG ZURÜCKSETZEN bringen Sie den Nullpunkt zurück in seine Ausgangsposition.

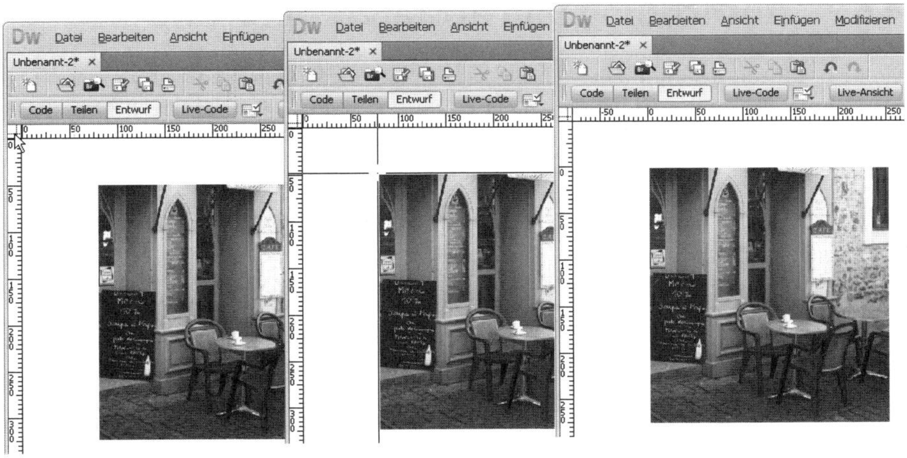

Abbildung 4.24: *Nullpunkt an die Bildecke verschieben*

HINWEIS

Auch Raster und Hilfslinien erleichtern das Layouten. Die praktische Anwendung dieser visuellen Elemente lernen Sie in Kapitel 6.2.1 und 11.3.6 kennen.

4.5 Einen Rahmen mit HTML ziehen

Auch wenn das Entwurfsfenster Bilder ohne Rahmen darstellt, sollten Sie die Rahmenstärke definieren. Damit werden auch verlinkte Bilder stets ohne Rahmen angezeigt.

1. Markieren Sie das Bild, das einen Rahmen bekommen soll.
2. Geben Sie die Rahmenstärke im unteren Teil des Bedienfelds EIGENSCHAFTEN an. Dabei handelt es sich um einen Pixelwert. Die Einheit nennen Sie nicht.

3. Drücken Sie [↵] oder klicken Sie auf die Schaltfläche ZUWEISEN. Das ist das Bild-Icon links im Inspektor. Auch wenn Sie an eine andere Stelle in Dreamweaver klicken oder ein anderes Feld im Bedienfeld EIGENSCHAFTEN aktivieren, wird das HTML-Attribut in den Quelltext eingefügt: `border="3"`. Das Bild selbst ist noch das alte.

Die Rahmenfarbe ist gewöhnlich **schwarz**. Sollte das Bild verlinkt sein, wird der Rahmen in der definierten Linkfarbe gezeigt (vgl. Kapitel 8.8).

Mit CSS-Stilen können Sie weitere Einstellungen und Attribute für den Rahmen definieren (vgl. Kapitel 4.7.3). Dabei können Sie neben der Rahmenstärke auch verschiedene Rahmenstile einstellen. Beispielsweise muss dieser Rand nicht unbedingt durchgezogen erscheinen. Vielmehr sind auch gepunktete oder gestrichelte Rahmen mit entsprechenden CSS-Anweisungen möglich.

AUFSTEIGER

Die entsprechenden Angaben hinterlegen Sie in der Kategorie RAHMEN der CSS-REGEL-DEFINITION. Arbeiten Sie analog zur Beschreibung in Kapitel 4.8.

4.6 Ausrichtung und Abstände mit HTML

Gemeinsam mit dem aktuellen Absatz richten Sie Bilder über FORMATIEREN / AUSRICHTEN links, rechts, zentriert oder im Blocksatz aus. Zudem können Sie das Bild an anderen Seitenelementen anordnen und einen Abstand zu diesen definieren. Hierzu verwenden Sie die Befehle im AUSRICHTEN-Menü des Inspektors.

1. Öffnen Sie die Webvisitenkarte und markieren Sie das Bild, das Sie an anderen Elementen ausrichten möchten.

2. Legen Sie im Bedienfeld EIGENSCHAFTEN die gewünschte Position im Menü AUSRICHTEN fest. Einige Positionen werden erst sichtbar, wenn die auszurichtende Grafik direkt neben anderen Objekten steht. In Abbildung 4.25 ist das Attribut jeweils dem Pfeil zugewiesen.

HINWEIS

Das gezeigte Beispiel finden Sie als *ausrichten.htm* im Kapitelverzeichnis *kap04* auf der DVD. Die Darstellung hängt vom jeweils verwendeten Browser ab. Der gezeigte Screenshot stammt aus Firefox und ist identisch mit der Live-Ansicht in Dreamweaver. Wie Sie die Browservorschau einsetzen, erfahren Sie in Kapitel 5.8.

3. Wiederholen Sie die vorherigen Arbeitsschritte und positionieren Sie die übrigen Bilder auf der Seite. Gestalten Sie Ihre Webvisitenkarte ansprechend und unterstreichen Sie die entsprechende Botschaft durch geeignetes Bildmaterial.

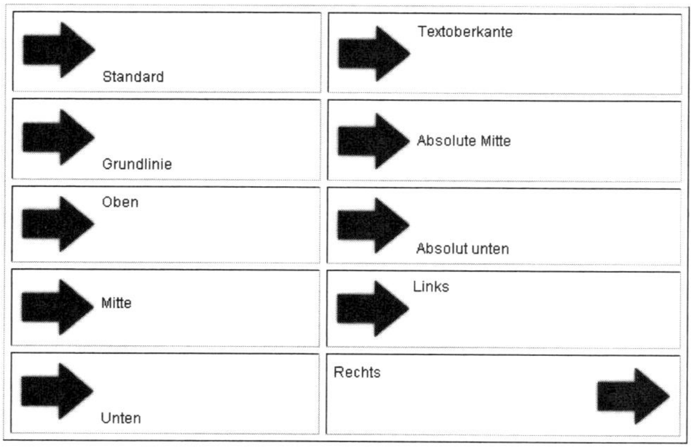

Abbildung 4.25: *Ausgerichtete Pfeile*

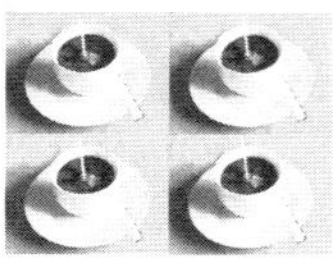

Die Randspalte zeigt viermal das gleiche Bild. Damit ein eingefügtes bzw. ausgerichtetes Bild nicht direkt am benachbarten Text »klebt«, bestimmen Sie einen Abstand um das entsprechende Bild. Diesen definieren wir hier zunächst mit HTML. Genauere Angaben sind mit CSS möglich (vgl. Kapitel 4.8).

1. Markieren Sie das Bild, bei dem Sie den Abstand zu den anderen Elementen festlegen möchten.

2. Tragen Sie in die Textfelder V-ABSTAND (vertikal) und / oder H-ABSTAND (horizontal) des Eigenschafteninspektors den Abstand als Pixelwert ein. Die Einheit geben Sie nicht an.

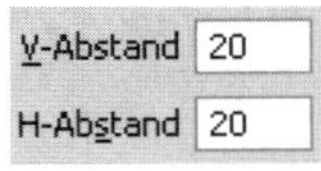

3. Bestätigen Sie mit [↵] oder beenden Sie die Eingabe mit einem Mausklick auf die ZUWEISEN-Schaltfläche bzw. die Bildvorschau links im Inspektor. Im gezeigten Beispiel ist der Leerraum für das Bild in der rechten oberen Ecke definiert.

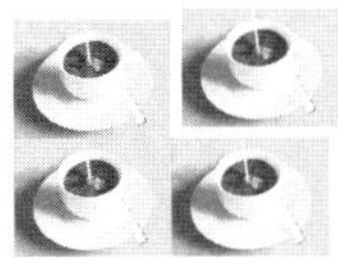

Dieser Abstand bewirkt, dass die gesamte Zeile, in der dieses Bild platziert ist, einen entsprechenden Abstand zur vorherigen einnimmt.

AUFSTEIGER

Sollen sich Bilder überlappen, fügen Sie diese in mehreren Ebenen bzw. als absolut positionierte Elemente ein (vgl. Kapitel 11). Wie Sie Imagemaps erstellen und damit einzelne Bildbereiche verlinken, erfahren Sie in Kapitel 8.6.

4.7 Das Bedienfeld CSS-STILE verwenden

In diesem Kapitel bauen Sie Ihre CSS-Kenntnisse weiter aus. Dabei werden Sie im Bedienfeld CSS-STILE arbeiten, das weit mehr Möglichkeiten bietet als der Eigenschafteninspektor oder die Menüleiste.

Zunächst erfahren Sie am Beispiel des Hintergrundbildes, wie Sie vorhandene Stile bearbeiten. Die exemplarische Vorgehensweise ist auf jeden CSS-Typ anwendbar. Anschließend erstellen wir eine neue Stil-Regel und ersetzen Listenpunkte durch Bilder.

4.7.1 Vorhandene Stile bearbeiten: Hintergrundbild ausrichten

Die Webvisitenkarte ist jetzt fast fertig. Lediglich das Hintergrundbild erscheint noch an der falschen Stelle. In diesem Kapitel legen wir dessen exakte Position im Bedienfeld CSS-STILE fest.

1. Öffnen Sie das Bedienfeld CSS-STILE, indem Sie in der Menüleiste FENSTER / CSS-STILE wählen oder im Bedienfeld EIGENSCHAFTEN auf den Button [CSS-Bedienfeld] klicken. Der Button ist inaktiv, wenn das Fenster CSS-STILE bereits geöffnet ist.

   - Im oberen Teil des Bedienfelds sind bereits definierte interne und externe Stilregeln eingetragen. Eine Übersicht dieser Stile erhalten Sie im Modus ALLE. Werden interne oder externe Stile nicht dargestellt, klicken Sie auf das Icon [+].
   - Wechseln Sie in den Modus AKTUELL über den Button unter dem Register, zeigt das Fenster nur CSS-Regeln, die auf das aktuell markierte Seitenelement angewendet werden.

   Für diese Übung benutzen wir den Modus ALLE.

Abbildung 4.26: Bedienfeld CSS-Stile mit unterschiedlichen Ansichten

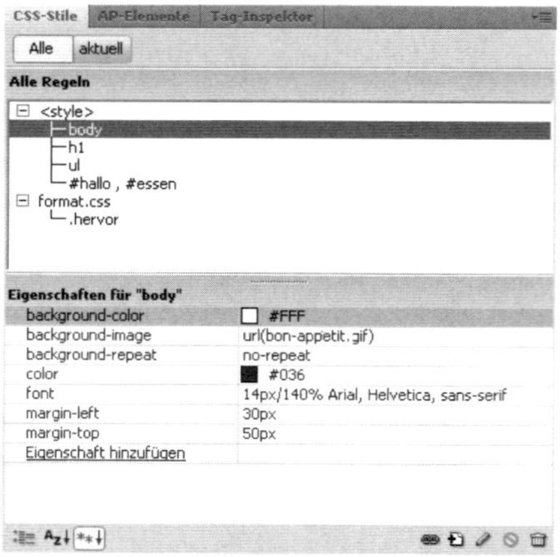

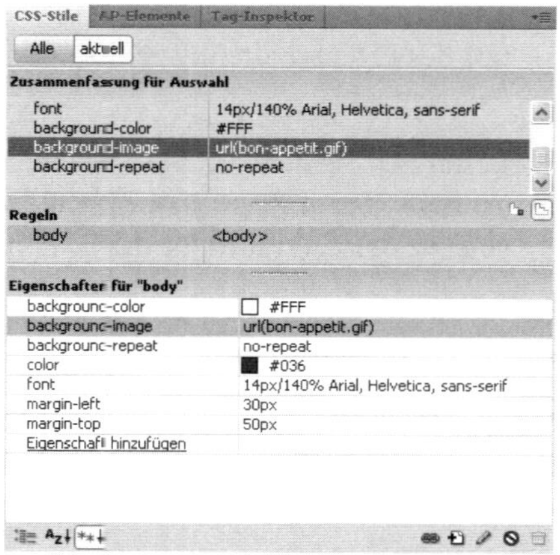

2. Markieren Sie das body-Element, für das Seiteneigenschaften definiert werden. Hierzu klicken Sie auf das Element im Tag-Selektor unter dem Dokumentfenster.

Das Bedienfeld CSS-Stile listet definierte Attribute im Bereich Eigenschaften auf. Dabei entsprechen alle englischen Angaben dem CSS-Code.

Klicken Sie einmal auf einen Wert rechts neben einem Attribut, blendet Dreamweaver Buttons, Farbwähler oder ein Menü zur Erleichterung der jeweiligen Eingabe ein (vgl. Abbildung 4.27). Der Wert ist damit schnell geändert.

Abbildung 4.27: Attribut-Wert im Bedienfeld CSS-Stile ändern

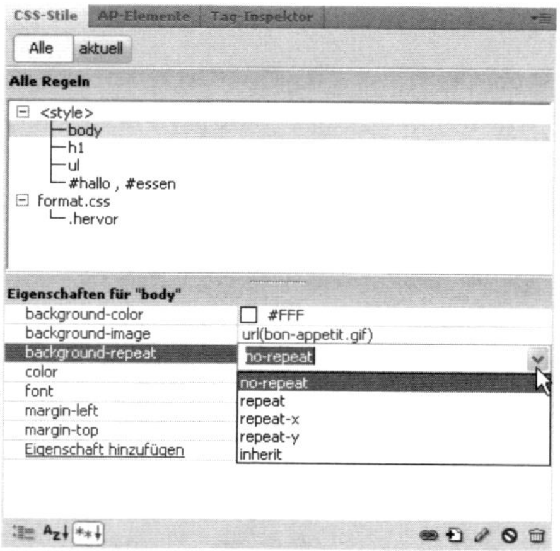

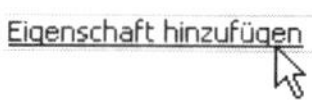

3. Die exakte Position des Hintergrundbildes fügen Sie als neue Eigenschaft hinzu. Wenn Sie sich schon etwas mit den CSS-Codes auskennen, können Sie auf den entsprechenden Link unter der Liste klicken (siehe Randspalte).

   Einfacher geht es, wenn Sie auf den Button Stile bearbeiten am unteren Bedienfeldrand klicken.

Dreamweaver öffnet die CSS-Regel-Definition mit den bereits festgelegten Regeln. Die schon definierte Hintergrundfarbe (Background-color), das Hintergrundbild (Background-image) und der ausgeschaltete Kacheleffekt (Background-repeat) sind in der Kategorie Hintergrund hinterlegt. Wird diese nicht automatisch geöffnet, wechseln Sie hierhin.

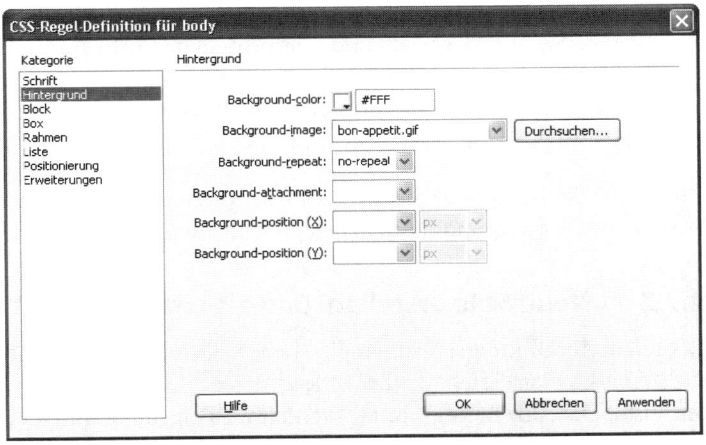

Abbildung 4.28: *CSS-Regeln für den Seitenhintergrund*

4. Zunächst bestimmen Sie die horizontale Bildposition unter Background-position (X). Über das Menü können Sie das Bild links (*left*), rechts (*right*) oder zentriert (*center*) auf der Seite ausrichten.

   Für die exakte Position des Bildes geben Sie stattdessen einen konkreten *Wert* an. Dieser bezieht sich auf den linken Seitenrand. Im Menü dahinter stellen Sie die gewünschte Einheit ein.

Aufsteiger

Die Positionsangaben orientieren sich stets am übergeordneten Element. Richten Sie das Hintergrundbild einer Tabelle aus, beziehen sich diese Angaben auf die Ränder der Tabelle.

5. Analog zum vorherigen Arbeitsschritt geben Sie die vertikale Position des Hintergrundbildes unter Background-position (Y) an. Bezugskante ist der obere Rand des Dokumentfensters bzw. des übergeordneten Elements.

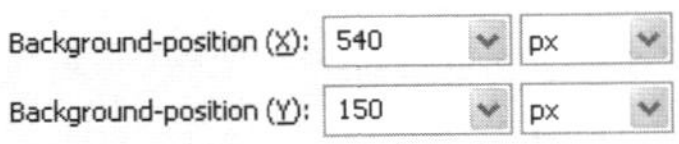

Abbildung 4.29: *Exakte Koordinaten für das Hintergrundbild angeben*

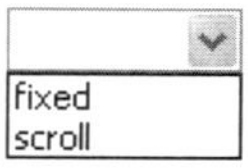

6. Wählen Sie im Menü Background-Attachment die Option *fixed*, verändert das Hintergrundbild seine Position nicht, wenn der Besucher auf der Webseite hin und her scrollt. Diese Einstellung verwenden wir für die Visitenkarte.

   Wählen Sie dagegen die Option *scroll*, wird das Bild später mit dem eigentlichen Seiteninhalt verschoben. Dies entspricht der Standardeinstellung der meisten Browser.

7. Drücken Sie auf Anwenden und überprüfen die Einstellungen im Entwurfsfenster. Sind Sie damit zufrieden, schließen Sie das Dialogfenster mit OK. Dabei fixiert das Entwurfsfenster ein Hintergrundbild nicht. Wechseln Sie darum zur Überprüfung in die Live-Ansicht oder in einen Browser.

DVD

Öffnen Sie die Datei *webvisitenkarte.htm* im Verzeichnis *kap04* und überprüfen Sie die Position des Hintergrundbildes *Bon Appétit* im Entwurfsfenster.

4.7.2 Neue Stile erstellen: Bild als Listenelement

In diesem Abschnitt erstellen wir eine neue CSS-Regel im Bedienfenster CSS-Stile. In der Webvisitenkarte steht das besondere Angebot des Restaurants in einer ungeordneten Liste. Die Aufzählungspunkte werden im Folgenden durch Grafiken ersetzt (vgl. Abbildung 4.30). Zudem werden wir eine optimierte Zeilenhöhe einstellen und damit die Lesbarkeit des Textes verbessern.

Abbildung 4.30: *Die Standardaufzählungspunkte ersetzt eine Grafik.*

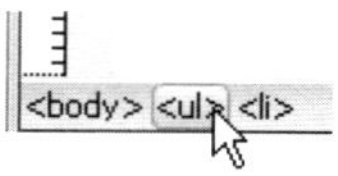

1. Markieren Sie die Aufzählung, indem Sie im Tag-Selektor auf `<ul>` klicken.
2. Anschließend drücken Sie am unteren Rand des Bedienfelds CSS-Stile auf den Button Neue CSS-Regel.
3. Wählen Sie im Dialogfenster Neue CSS-Regel den Selektor-Typ *Tag* (Abbildung 4.31). Als Selektor-Name erscheint nun automatisch das zuvor ausgewählte Tag *ul*.

   Ändern Sie die Regel-Definition, falls das neue Style Sheet in einer externen Datei gespeichert werden soll. Geben Sie anschließend Verzeichnis und Dateinamen an.

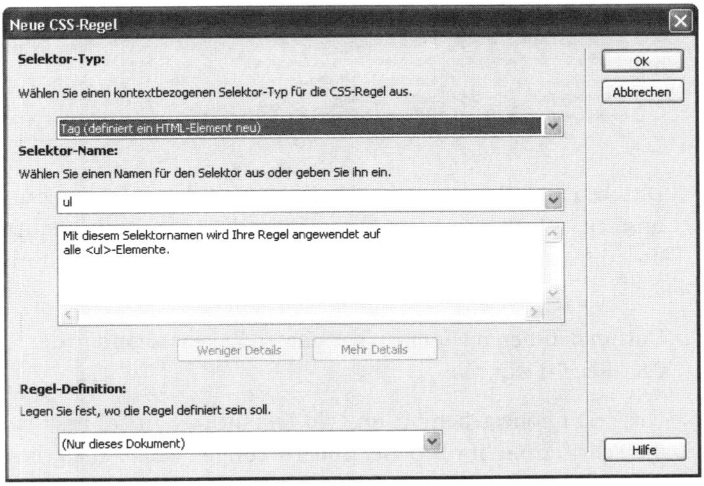

Abbildung 4.31: *Neue CSS-Regel für die Aufzählung definieren*

4. Drücken Sie auf OK, öffnet Dreamweaver die CSS-Regel-Definition.
5. Wechseln Sie in die Kategorie Liste (Abbildung 4.32).
6. Geben Sie die zuvor in Fireworks erstellte Grafik für den Listenpunkt unter List-style-image an.

Auf der DVD finden Sie hierfür im Verzeichnis *kap04* die Datei *listenpunkt.gif*.

DVD

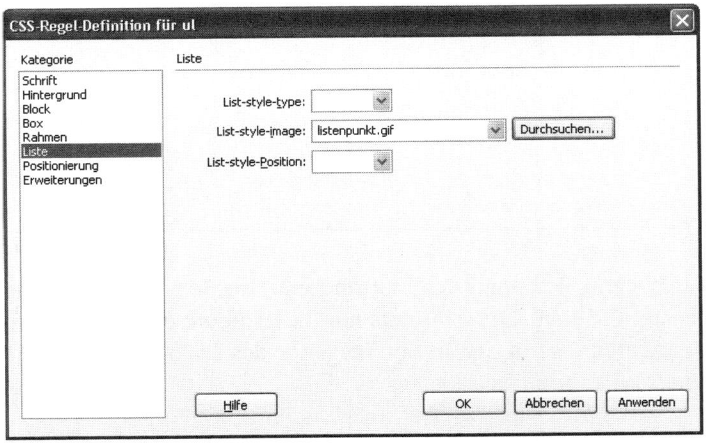

Abbildung 4.32: *Bild für den Listenpunkt angeben*

7. Bei umfangreicheren Aufzählung bestimmen Sie im Menü List-style-Position darunter die Position der Listenpunkte. Diese können innerhalb (*inside*) oder außerhalb (*outside*) des Textblocks stehen (vgl. Abbildung 4.33).

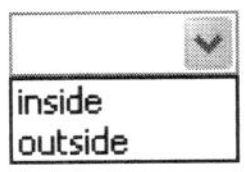

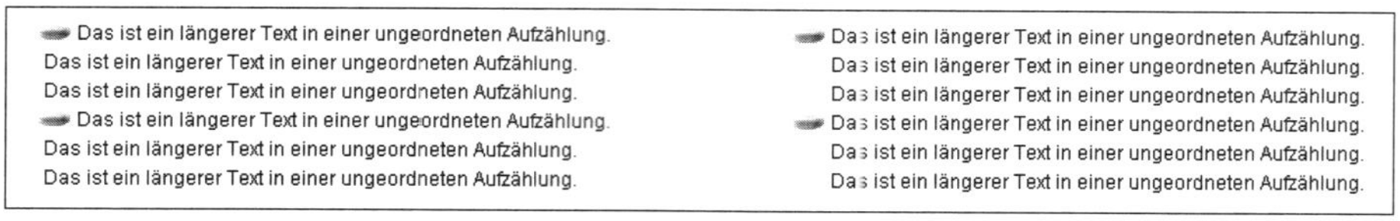

Abbildung 4.33: *inside (links) und outside (rechts)*

8. Drücken Sie auf ANWENDEN und überprüfen Sie das Ergebnis im Entwurfsfenster. In unserem Workshop-Beispiel erscheint die Liste etwas gequetscht. Zeilenabstand und die Höhe der Listengrafik sind nicht aufeinander optimiert (vgl. Abbildung 4.35).

9. Darum definieren wir einen geeigneten Zeilenabstand in der Kategorie SCHRIFT der CSS-Regel-Definition.

   Die Zeilenhöhe geben Sie im Feld LINE-HEIGHT an (Abbildung 4.34). Da Benutzer die Schriftgröße im Browser ändern können, sollte auch die Zeilenhöhe variabel sein. Verwenden Sie darum einen relativen Wert zwischen 120 und 160 % und überprüfen Sie die Darstellung über die Schaltfläche ANWENDEN.

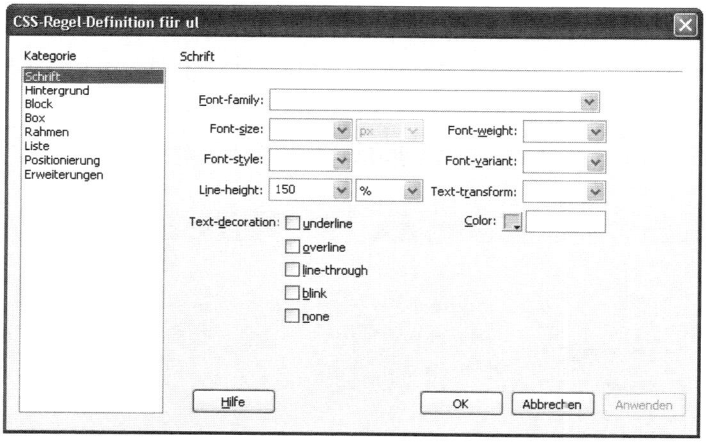

Abbildung 4.34: *Zeilenhöhe angeben*

ACHTUNG

Auch wenn Sie bereits Schriftattribute für die Seite definiert haben, zeigt das Dialogfenster CSS-REGEL-DEFINITION stets nur die Attribute des aktuell ausgewählten Elements an. Achten Sie auf den in der Titelleiste des Dialogfensters eingeblendeten Selektor (hier: UL).

Abbildung 4.35: *Liste mit grafischen Aufzählungspunkten*

10. Auf diese Weise können Sie weitere Attribute für das aktuelle Element bzw. den angegebenen Selektor definieren.

    Für diese Übung haben wir alle Eigenschaften bestimmt und klicken daher auf OK.

Die definierte Regel für das `ul`-Tag erscheint nun im Bedienfeld CSS-Stile (Abbildung 4.36). Erstellen Sie nun eine neue ungeordnete Liste im gleichen Webdokument, wird statt der üblichen Aufzählungspunkte nun automatisch die hinterlegte Grafik *listen-punkt.gif* dargestellt.

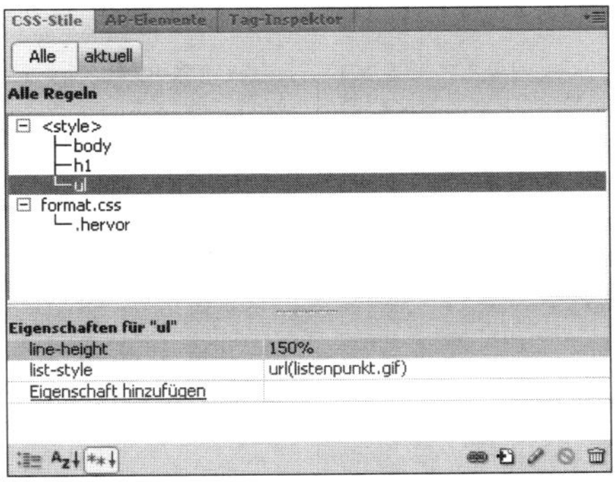

Abbildung 4.36: *CSS-Regel für ein HTML-Tag*

Aufsteiger

Damit Listenelemente nur in einer bestimmten Aufzählung geändert werden, definieren Sie eine CSS-Klasse und weisen diese dem `ul`-Element zu. Dafür geben Sie den Klassennamen im Modus HTML des Eigenschafteninspektors an.

4.7.3 ID-Stile: Abstand, Ausrichtung und Rahmen mit CSS

Jetzt müssen Sie nur noch die Bildabstände für einzelne Bilder konkret festlegen (vgl. Abbildung 4.37). Entfernen Sie die im Eigenschafteninspektor angegebenen Werte für V- und H-Abstand. Diese beziehen sich auf jeweils beide Bildseiten und richten Bilder nicht linksbündig mit dem Text aus.

Abbildung 4.37: *Der H-Abstand bezieht sich auf beide Seiten (rechts).*

Definieren Sie einen ID-Stil, der nur das ausgewählte Bild ausrichtet:

1. Markieren Sie das Bild und geben Sie im Bedienfeld Eigenschaften einen Namen in das Feld ID ein (*hallo*).

2. Drücken Sie im Bedienfeld CSS-Stile auf .

3. Das Dialogfenster erkennt die ID, wählt den richtigen Selektor-Typ und gibt den korrekten Selektor-Namen an (Abbildung 4.38). Dieser setzt die Raute # vor den ID-Namen (*#hallo*).

   Überprüfen Sie den Speicherort der neuen Regel-Definition und drücken Sie dann auf OK.

Abbildung 4.38: *ID-Selektor anlegen*

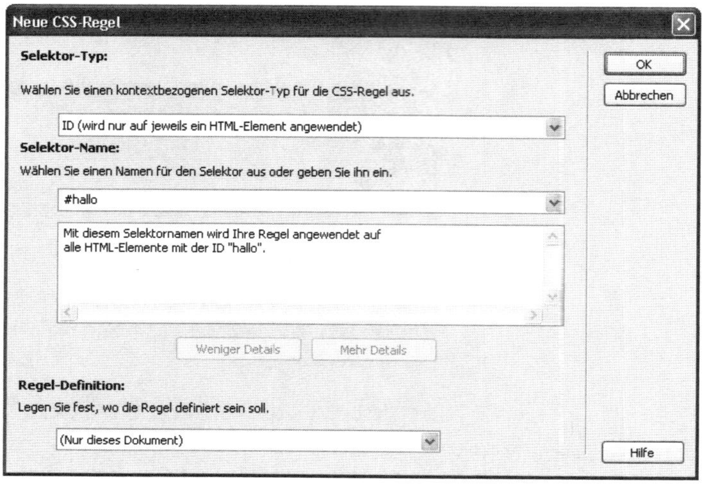

4. Wechseln Sie in die Kategorie Box (Abbildung 4.39).
5. Den Außenabstand, also den Abstand des Bildes zu benachbarten Elementen, geben Sie unter Margin an.
6. Dabei können Sie jeder Element- bzw. Bildseite einen anderen Abstand zuweisen, wenn Sie das Kontrollkästchen Für alle gleich deaktivieren. Anschließend geben Sie die Werte für oben (Top), rechts (Right), unten (Bottom) und links (Left) mit der gewünschten Einheit ein.

Abbildung 4.39: *Kategorie Box*

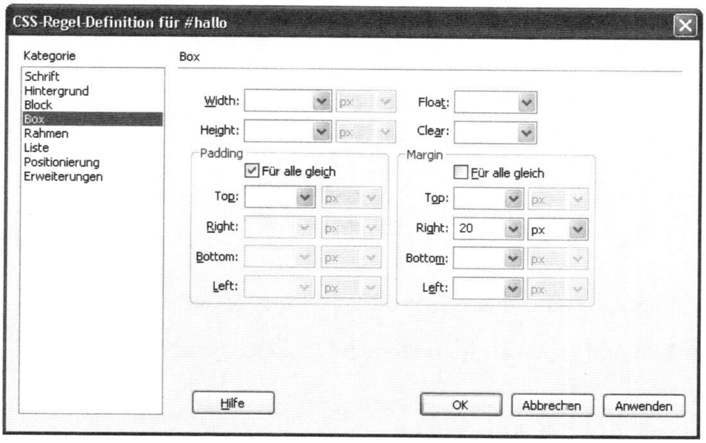

7. Sind Sie mit dem Ergebnis zufrieden, drücken Sie auf OK.

Die neue Regel ist im Bedienfeld CSS-Stile eingetragen.

Einem anderen Bild weisen Sie die gleichen Ränder zu, indem Sie dessen ID bzw. Selektor-Namen im Bedienfeld durch ein Komma getrennt hinter dem bereits vorhandenen Selektor angeben (vgl. Abbildung 4.41).

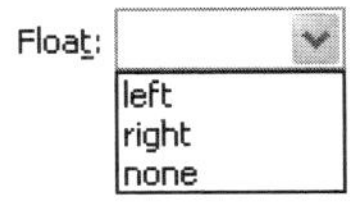

Im Menü Float bestimmen Sie die Ausrichtung des Elements: links (*left*) oder rechts (*right*). Dabei legen Sie mit Padding den Innenabstand fest, also den Abstand zwischen Elementbegrenzung und Elementinhalt. Eine ausführliche Dokumentation dieses Boxmodells, das im Rahmen dieser Einführung leider nicht erörtert werden kann, finden Sie in meinem bei Addison-Wesley erschienenen Handbuch (vgl. Anhang).

In der Kategorie Rahmen der CSS-Regel-Definition können Sie jede Bildseite unterschiedlich säumen. Dafür deaktivieren Sie das Kontrollkästchen Für alle gleich. Folgende Stile stehen Ihnen im Menü Style zur Auswahl: *none* (kein Rahmen), *dotted* (gepunktet), *dashed* (gestrichelt), *solid* (durchgezogen), *double* (doppelt durchgezogen) *groove* (Rille), *ridge* (Erhöhung), *inset* (eingelassen), *outset* (erhaben). Unter Width geben Sie die gewünschte Rahmenstärke und über den Farbwähler Color die Rahmenfarbe an.

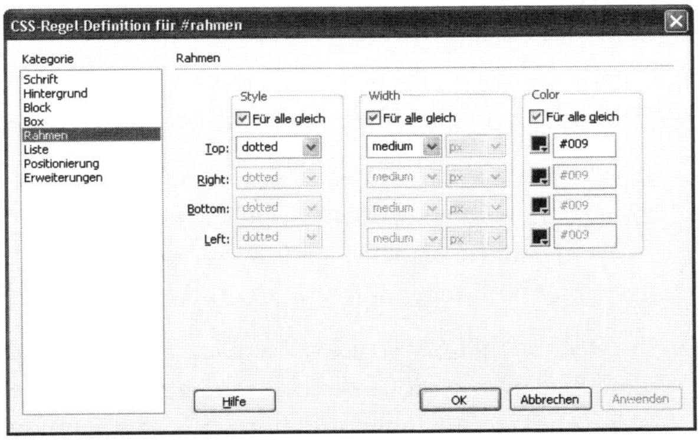

Abbildung 4.40: *Gepunkteter Rahmen in der Kategorie Rahmen*

4.8 CSS-Regeln optimieren

Ihre Webvisitenkarte sollte nun fast fertig sein. Abschließend wandeln Sie noch den vorformatierten Text in einen Absatz um. Er passt dann besser zum allgemeinen Erscheinungsbild der Seite. Alternativ definieren Sie eine entsprechende CSS-Regel für das `pre`-Tag.

Da wir zu Beginn der Seite das Bild mit dem Essen eingebunden haben (vgl. Kapitel 4.2.2), ändern Sie die Farbe der Überschrift `<h1>`. Wenn Sie nicht mehr wissen wie das geht, schauen Sie in Kapitel 3.3.5 nach. Am besten passt jetzt einen Orange-Ton (z. B. `#FF8000`). Die Farbe können Sie also in den Seiteneigenschaften, im Eigenschafteninspektor oder im Bedienfeld CSS-Stile ändern.

Überprüfen Sie die bereits definierten CSS-Regeln. Fassen Sie gleiche oder ähnliche Regeln zusammen. Dabei arbeiten Sie entweder im Codefenster oder im Bedienfeld CSS-Stile.

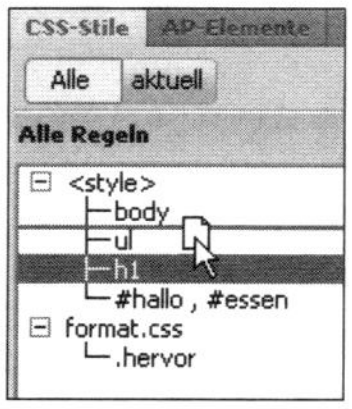

- Sind ähnliche CSS-Regeln untereinander platziert, behalten Sie besser den Überblick. Eine Regel verschieben Sie im Bereich Alle Regeln des Bedienfelds. Ziehen Sie den entsprechenden Eintrag einfach mit gedrückter Maustaste an die gewünschte Position. Dabei verdeutlich ein blauer Balken die neue Lage. Der Code wird dadurch angepasst.
- Damit eine CSS-Anweisung für verschiedene Selektoren gilt, geben Sie deren Namen durch Komma getrennt an (vgl. Abbildung 4.41).

Abbildung 4.41: Bild mit rechtem Außenabstand

- Entfernen Sie Selektoren, die im Webdokument überhaupt nicht (mehr) verwendet werden bzw. auf die mit HTML nicht verwiesen wird.

  Markieren Sie die Selektor-Namen und drücken Sie dann die Entf-Taste. In Abbildung 4.42 werden im Bedienfeld nicht benötigte Überschriften (`h2, h3, h4, h5, h6`) entfernt. Im Codefenster können Sie den entsprechenden Eintrag ebenfalls entfernen (Abbildung 4.43).
- Im Bedienfeld CSS-Stile löschen Sie einen ausgewählten Stil dagegen komplett, indem Sie am unteren Bedienfeldrand auf 🗑 drücken. Hierbei werden der Selektor sowie die dahinter angeordneten CSS-Anweisung(en) gelöscht.

Abbildung 4.42: Selektoren im Bedienfeld CSS-Stile entfernen

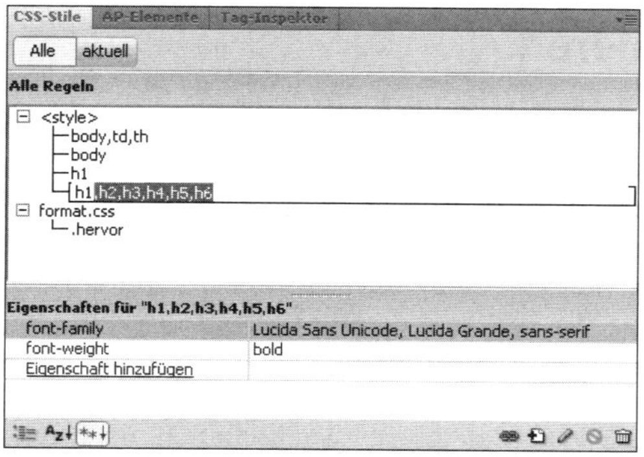

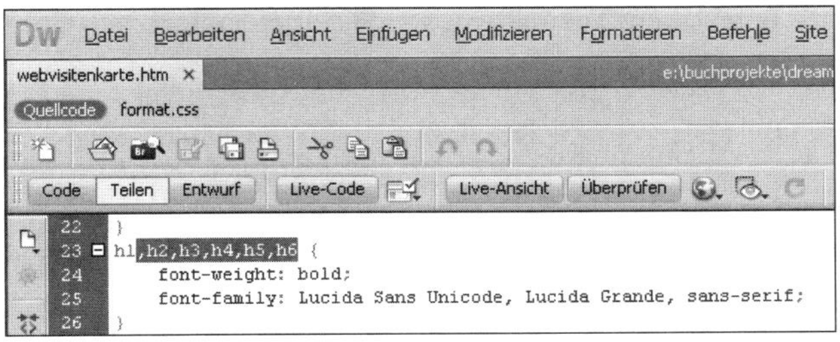

Abbildung 4.43: *Codeelemente im Dokumentfenster löschen*

Horizontale Linien

Um die einzelnen Seitenbereiche besser von einander abzusetzen, integrieren Sie eine horizontale Linie an der entsprechenden Stelle. Wählen Sie EINFÜGEN / HTML / HORIZONTALE LINIE.

Im Browser werden Linien standardmäßig zentriert und über die gesamte Fensterbreite dargestellt. Die Eigenschaften einer markierten Linie ändern Sie im Inspektor. Dabei ist das Ausrichten nur bei einer verkürzten Trennlinie sinnvoll. Die Höhe (H) geben Sie als Pixelwert an. Um die Schattierung zu entfernen, deaktivieren Sie das Kontrollkästchen SCHATTIERUNG.

Abbildung 4.44: *Eigenschaften einer horizontalen Linie bestimmen*

Jetzt ist Ihre Webvisitenkarte soweit für die Veröffentlichung im Internet fertig. Überprüfen Sie deren Darstellung noch einmal im Webbrowser (vgl. Kapitel 5.8) und geben Sie Ihrem Administrator alle benötigten Dateien.

HINWEIS

Wie Sie diese Aufgabe selbst erledigen, erfahren Sie in Kapitel 14. Möchten Sie zudem eine E-Mail-Adresse auf der Seite einbauen, schauen Sie bitte in Kapitel 8.5 nach, wie das geht.

DVD

Der aktuelle Stand der gezeigten Beispiel-Webvisitenkarte ist auf der DVD im Verzeichnis *kap04* als *webvisitenkarte.htm* gespeichert.

4.9 Kleine Erfolgskontrolle

11. Was versteht man unter Skalieren?

    a. Das Wiegen von Gegenständen

    b. Verändern der Bildgröße

    c. Das Messen einer Entfernung auf einer Skala

12. In welchem Format würden Sie einen einfarbigen Button abspeichern?

    a. TIF

    b. GIF

    c. JPG

13. Welcher Selektor ändert alle Bilder auf einer Seite, für die außer der Bildquelle keine weiteren Attribute angegeben sind?

    a. `.bild`

    b. `#bild`

    c. `img`

14. Welche Bildbearbeitungsfunktion gibt es in Dreamweaver nicht?

    a. Weichzeichnen

    b. Scharf stellen

    c. Kontrast einstellen

    d. Helligkeit verringern

5 Dokumente, Datenimport und allgemeine Funktionen

Das lernen Sie neu:

- Seite mit vordefiniertem Layout anlegen
- Fenster schwebend anordnen
- Browsergrößen simulieren
- Inhalte aus anderen Programmen übernehmen
- Arbeitsschritte rückgängig machen
- Text und Code suchen und ersetzen
- Rechtschreibprüfung nutzen
- Browservorschau einsetzen
- Objektfavoriten erstellen

Dieser Workshop ist in einen theoretischen und einen praktischen Teil gegliedert:

Da wir die Visitenkarte durch andere Webseiten mit weiteren Informationen ersetzen bzw. ergänzen werden, erfahren Sie zunächst mehr über das Dokumentfenster und den Umgang mit mehreren geöffneten Dateien. Platzieren Sie Dokumente und Programme nebeneinander, können Sie parallel sichtbare Quelldateien oder Bilder aus anderen Programmen (z. B. aus Adobe Bridge) direkt in das Dokumentfenster von Dreamweaver ziehen. Ebenso erleichtert die Importfunktion die Übernahme bereits vorhandener Inhalte inklusive der damit verbundenen Formatierungen. Außerdem können schwebend angeordnete Dokumentfenster unterschiedliche Browsergrößen simulieren.

Im praktischen Teil erstellen Sie dann eine Webseite mit vordefiniertem Layout. Hierin werden Sie bereits vorhandene Texte integrieren. Der erste Schritt zur individuellen Seite ist damit getan. In den weiteren Kapiteln werden Sie dann das in Abbildung 5.1 gezeigte Layout für unser Beispiel-Restaurant realisieren.

In diesem Kapitel lernen Sie weitere zentrale Funktionen kennen, auf die Sie bei Ihrer Arbeit immer wieder zugreifen werden. Hierzu zählen das Rückgängigmachen einzelner Arbeitsschritte, die Browservorschau und die Rechtschreibprüfung sowie die Suchen- und Ersetzen-Funktion. Zudem werden Sie häufig benötigte Objekte als Favoriten speichern und damit effizienter Arbeiten.

MERKSATZ

Eine *Website* beinhaltet mehrere einzelne *Webseiten*, die miteinander verlinkt sind. Der Begriff Website wird häufig mit *Site* abgekürzt.

Abbildung 5.1: *Das Ziel der folgenden Workshops*

5.1 Layoutvorlagen verwenden und Dokumente anordnen

In Dreamweaver öffnen und bearbeiten Sie alle HTML-Dateien und dynamischen Dokumenttypen, wie beispielsweise PHP-Dateien. Dabei muss die betreffende Datei nicht in Dreamweaver erstellt worden sein. Außerdem öffnen und bearbeiten Sie Textdateien, wie JavaScript, XML oder CSS. Auch wenn Sie diese nur in der Code-Ansicht öffnen können, stehen Ihnen für die Bearbeitung dennoch unterschiedliche Dreamweaver-Funktionen zur Verfügung.

Bereits gespeicherte Dokumente öffnen Sie über DATEI / ÖFFNEN in der Menüleiste oder indem Sie in der Symbolleiste STANDARD auf den Button drücken.

Die zehn zuletzt geöffneten Dokumente sind in der Menüleiste unter DATEI / LETZTE DATEIEN ÖFFNEN eingetragen. Hier öffnen Sie mit einem Mausklick das Dokument – ohne umständliche Pfadsuche. Wählen Sie DATEI / LETZTE DATEIEN ÖFFNEN / DOKUMENTE BEIM START ERNEUT ÖFFNEN, wenn Sie beim nächsten Programmstart Ihre angefangene Arbeit direkt fortsetzen möchten. Ein Häkchen markiert hier die aktivierte Option.

Falls Sie das Startfenster geöffnet haben, klicken Sie auf die gewünschte, ZULETZT GEÖFFNETE DATEI in der linken Spalte oder drücken Sie auf ÖFFNEN darunter.

Außerdem können Sie mehrere neue Dokumente gleichzeitig in Dreamweaver anlegen, ohne diese sofort speichern zu müssen (vgl. Kapitel 2.1). Hierzu wählen Sie DATEI / NEU oder drücken Sie auf den Button .

1. Für die nächste Webseite wählen Sie im Dialogfenster NEUES DOKUMENT das vordefinierte LAYOUT *2 Spalten fließend, linke Randleiste, Kopf- und Fußzeile.*

   Wie Sie in der Vorschau rechts und in der Beschreibung darunter gut erkennen (Abbildung 5.2), entspricht die Anordnung der einzelnen Inhaltsbereiche dem in Abbildung 5.1 gezeigten Entwurf. Dabei sind die Größen der einzelnen, vertikal angeordneten Seitenbereiche relativ definiert. Infolgedessen passen sich die einzelnen Spalten der jeweiligen Fenstergröße an.

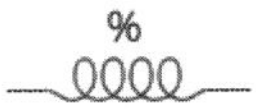

Neben relativen, fließenden Layouts können Sie im Dialogfenster auch solche mit fixierten Spaltenbreiten auswählen. Jede Spaltenbreite wird dann durch einen Pixelwert definiert. Auch hier können Sie die gewünschte Breite sowie andere Eigenschaften neu einstellen und damit ein individuelles Seitenlayout realisieren. Wie das geht, erfahren Sie auf den nächsten Seiten.

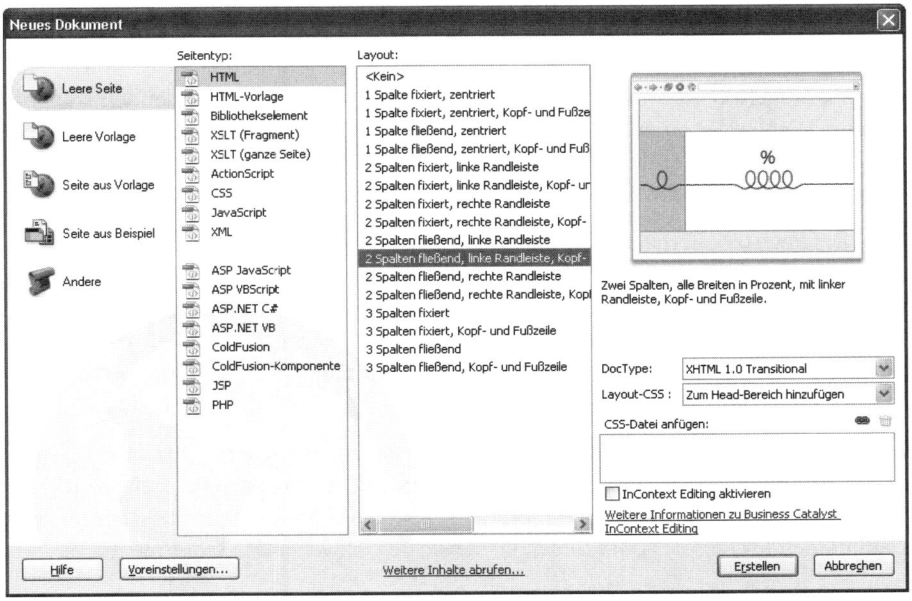

Abbildung 5.2: *Neues Dokument mit vordefiniertem Layout anlegen*

2. In diesem Beispiel fügen wir den CSS-Code in den `head`-Bereich des Dokuments ein (Abbildung 5.3).

Sollen CSS-Regeln in einer separaten Datei gespeichert werden, wählen Sie unter Layout-CSS die Option *Neue Datei erstellen*. Ist diese externe Datei bereits vorhanden, können Sie die Regeln hier einfügen (*Verknüpfen mit bestehender Datei*). Diese Optionen lernen Sie in Kapitel 10.1 kennen.

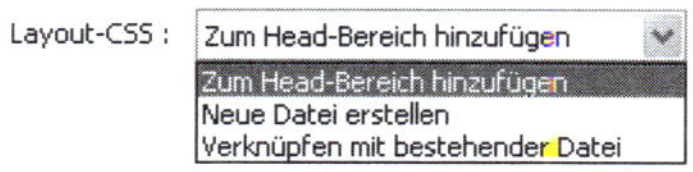

Abbildung 5.3: *Speicherort des vordefinierten CSS-Layouts angeben*

3. Drücken Sie auf die Schaltfläche Erstellen. Dreamweaver öffnet das neue Dokument mit Platzhaltertext in den vier Seitenbereichen. Dieser Text enthält hilfreiche Informationen über den Seitenaufbau und verwendete Codeelemente.

Diese Bereiche bezeichnet man auch als CSS-Container bzw. -boxen, da sie den hierin enthaltenen Inhalt auf der Webseite positionieren. Wie Sie diese anpassen und bearbeiten erfahren Sie in Kapitel 6.

4. Am besten speichern Sie das Dokument gleich in einem neuen, separaten Verzeichnis (z. B. *restaurant*; vgl. Kapitel 2.8). Da es sich hierbei um eine neue Homepage handelt, wählen Sie gemäß allgemeiner Konvention *index.htm* als Dateinamen.

Hinweis

Auf der DVD finden Sie die Datei *home.htm* im Verzeichnis *kap05*.

Noch nicht gespeicherte Dokumente sind in der Menüleiste unter Fenster als *Unbenannt-X* aufgeführt. Ansonsten zeigt Dreamweaver hier den entsprechenden Dateinamen an. Wählen Sie einen Eintrag aus, wechseln Sie in das entsprechende Dokument, wie Sie es bereits aus anderen Programmen kennen. Vor dem entsprechenden Menüeintrag kennzeichnet das Häkchen geöffnete Dokumente.

Über das Register oberhalb eines Dokumentfensters wechseln Sie ebenfalls schnell von einem geöffneten Dokument in ein anderes. Dokumentregister werden nur bei maximiertem Fenster angezeigt. Ist das Dokumentfenster schwebend angeordnet (vgl. Kapitel 5.2), klicken Sie auf den Button Maximieren in der rechten oberen Ecke. Dadurch vergrößern Sie alle geöffneten Dokumente und docken diese gleichzeitig im Arbeitsbereich an.

In Abbildung 5.4 sind zwei neu angelegte und zwei abgespeicherte Dokumente geöffnet, wobei die eben erstellte Datei *home.htm* im Entwurfsfenster angezeigt wird. Geänderte und nicht gespeicherte Dokumente erkennen Sie an dem Stern hinter dem Dateinamen im Register oder in der Titelleiste des schwebenden Dokuments.

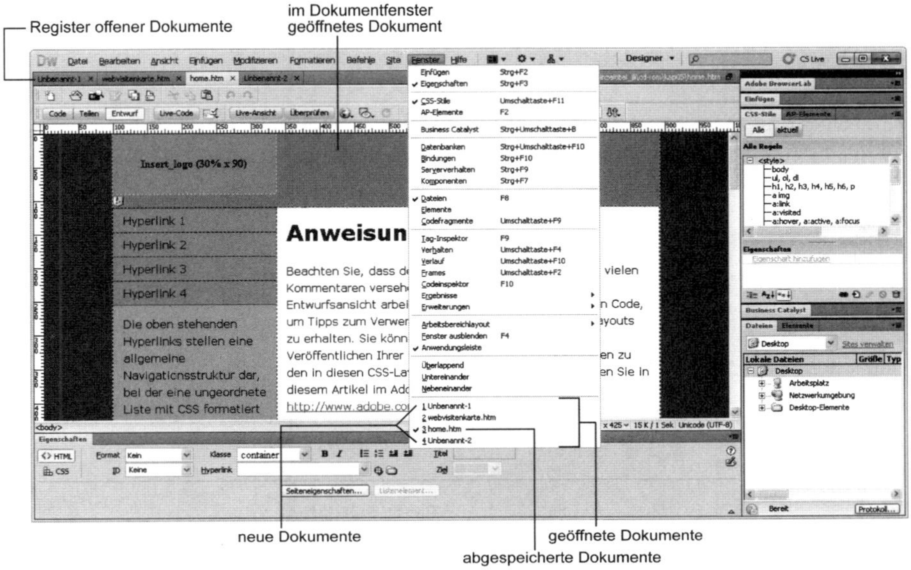

Abbildung 5.4: *Geöffnete Dokumente zeigt das Menü* FENSTER*.*

Die Anordnung einzelner Dokumente ändern Sie im Register. Ziehen Sie ein Register mit der Maustaste an die gewünschte Position (Abbildung 5.5). Die Dokument-Reihenfolge im FENSTER-Menü ändert sich dadurch jedoch nicht und das zuletzt geöffnete Dokument bleibt immer an der untersten Position.

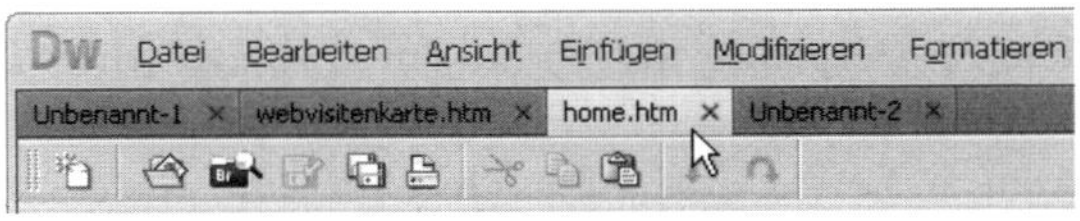

Abbildung 5.5: *Anordnung geöffneter Dokumente ändern*

Übrigens: Auch die Register in den einzelnen Bedienfeldern können Sie innerhalb der Gruppe ebenfalls an eine neue Position ziehen und damit neu anordnen (Abbildung 5.6).

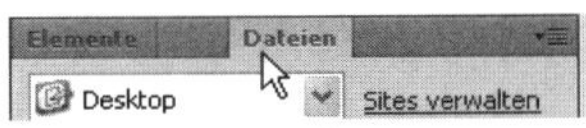

Abbildung 5.6: *Register einer Bedienfeldgruppe neu anordnen*

5.2 Schwebende Dokumentfenster platzieren

Sind Dokumente schwebend angeordnet, können Sie Seitenelemente einfach von einem Dokument in ein anderes verschieben oder Hyperlinks leichter erstellen (vgl. Kapitel 8.2).

- Drücken Sie auf den Button in der rechten oberen Ecke des jeweiligen Dokumentfensters, um alle Dokumentfenster zu verkleinern. Durch diesen Befehl werden die maximierten Fenster zu frei schwebenden.

Klicken Sie in ein geöffnetes Dokument hinein, ist dieses Fenster aktiv. Alternativ wechseln Sie über das FENSTER-Menü in eine andere Webseite.

Abbildung 5.7: *Dokumentfenster schwebend übereinander platzieren*

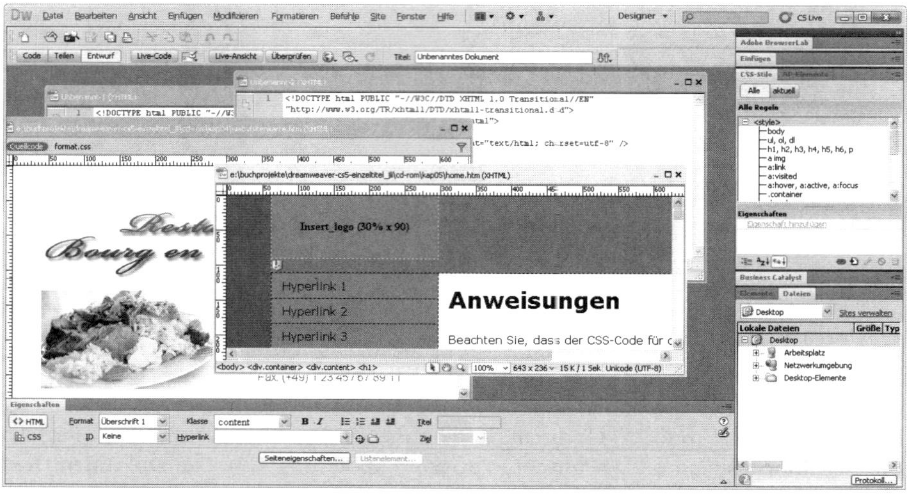

5.2.1 Browsergrößen simulieren

Die Fenstergröße ändern Sie durch Ziehen einer Ecke oder eines seitlichen Rahmenteils. Über das Menü FENSTERGRÖSSE in der Statusleiste unterhalb des Dokuments ändern Sie die Größe des schwebenden Fensters nach festgelegten Pixel-Werten (Abbildung 5.8). Dadurch bekommen Sie einen Eindruck, wie das Fenster bei unterschiedlichen Bildschirmgrößen und Einstellungen im Browser beschnitten sein wird. Auf diese Weise überprüfen Sie, ob im Dokument gezeigte Inhalte beim Zielbrowser ohne Scrollen komplett angezeigt werden. Häufig verwendete Fenstergrößen sind im Menü bereits hinterlegt.

- Ändern Sie die Fenstergröße des neu angelegten Dokuments *home.htm*, passen sich die vertikalen Spalten an. Die jeweilige prozentuale Breite bezieht sich auf die Fenstergröße.

Abbildung 5.8: *Fenstergröße in der Statusleiste einstellen*

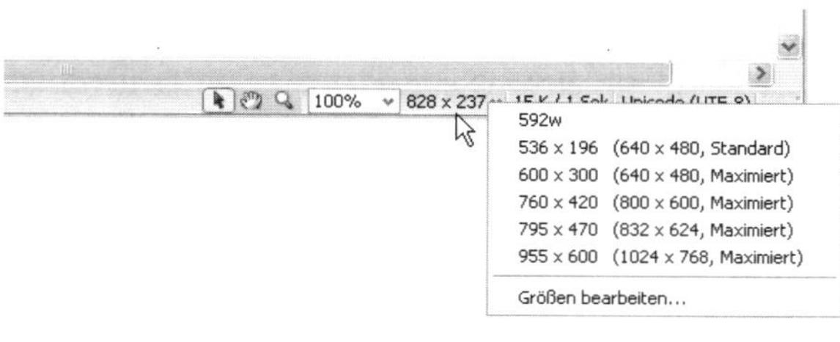

Achtung

Die angegebene Fenstergröße entspricht nur dem Inhaltsfenster des Browsers, ohne Menüleisten und Rahmen. Dahinter stehen in Klammern die tatsächlichen Bildschirmmaße. Zum Beispiel entsprechen 955 x 600 Pixel einer Bildschirmgröße von 1.024 x 768 Pixel.

So ändern Sie die Werte im Menü Fenstergrösse und fügen neue Werte hinzu:

1. Wählen Sie Grössen bearbeiten... im Menü Fenstergrösse (Abbildung 5.8)

   Das Dialogfenster Voreinstellungen mit der geöffneten Kategorie Statusleiste erscheint (Abbildung 5.9).

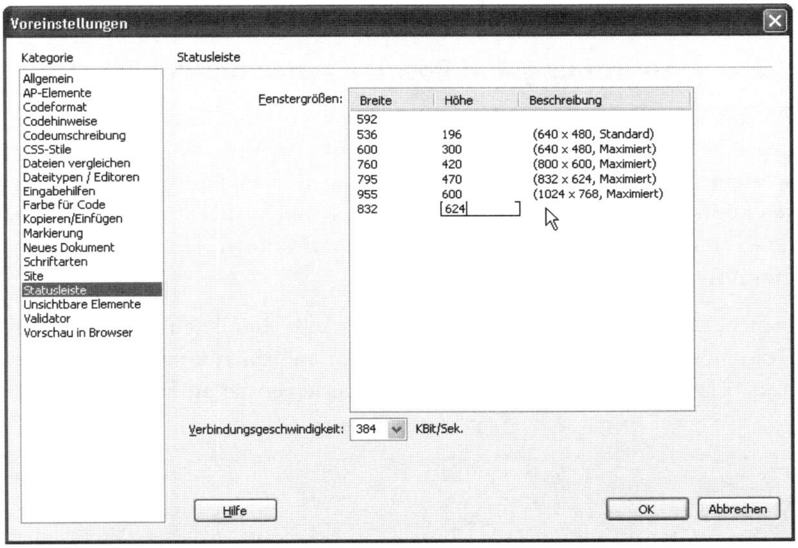

Abbildung 5.9: Voreinstellungen für die Statusleiste bestimmen

2. Um eine vorhandene Größenangabe zu ändern, klicken Sie auf den entsprechenden Eintrag für die Breite bzw. die Höhe und geben die neuen Werte ein. Ebenso ändern Sie die Beschreibung. Geben Sie hierfür einen aussagekräftigen Text an, der dann im Menü Fenstergrösse angezeigt wird.

   Um eine neue Fenstergröße zu definieren, setzen Sie den Cursor unter die vorhandenen Angaben und tragen dann die neuen Werte ein (Abbildung 5.9). Mit der [Tab]-Taste wechseln Sie schnell in das Feld rechts neben dem aktuellen. Insgesamt können sieben verschiedene Fenstergrößen angegeben sein.

   Wenn Sie nur einen Wert (entweder für die Breite oder für die Höhe) eingeben, passt sich das Fenster nur diesem Wert an und behält die vorherige Einstellung für das andere Maß bei.

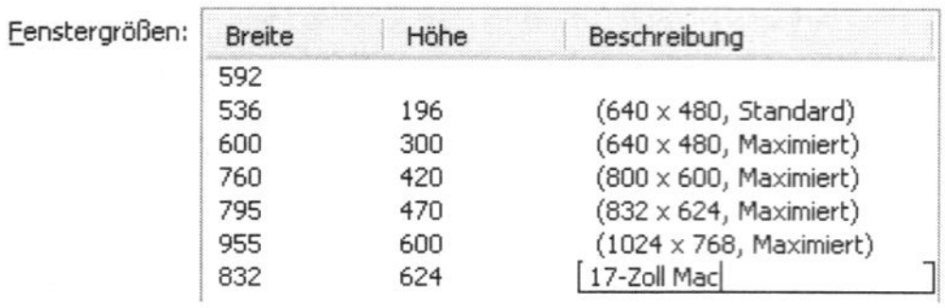

Fenstergrößen:

Breite	Höhe	Beschreibung
592		
536	196	(640 x 480, Standard)
600	300	(640 x 480, Maximiert)
760	420	(800 x 600, Maximiert)
795	470	(832 x 624, Maximiert)
955	600	(1024 x 768, Maximiert)
832	624	17-Zoll Mac

Abbildung 5.10: *Eine neue Fenstergröße definieren*

3. Mit OK bzw. durch zweimaliges Drücken der [↵]-Taste sichern Sie die Einstellungen und kehren zum Dokumentfenster zurück.

HINWEIS Um einen Wert zu entfernen, löschen Sie einfach die entsprechenden Angaben mit der [Entf]- oder [←]-Taste. Der Eintrag im Menü wird dann nicht mehr angezeigt.

5.2.2 Anordnung und Position schwebender Fenster

Klicken Sie auf den oberen Bereich eines schwebenden Fensters, können Sie es mit gedrückter linker Maustaste an die gewünschte Position verschieben. Während Sie alle schwebenden Fenster, wie beispielsweise das Bedienfeld DATEIEN, beliebig positionieren können, ist das Dokumentfenster an die Arbeitsfläche von Dreamweaver gebunden. Das bedeutet, dass sich ein schwebendes Dokumentfenster nur innerhalb des Programms verschieben lässt.

Daneben gibt es in der Menüleiste unter FENSTER drei Befehle, mit denen Sie geöffnete Dokumente gleichmäßig im Arbeitsbereich anordnen können: ÜBERLAPPEND, UNTER- und NEBENEINANDER. Dabei werden maximierte Fenster automatisch zu schwebenden.

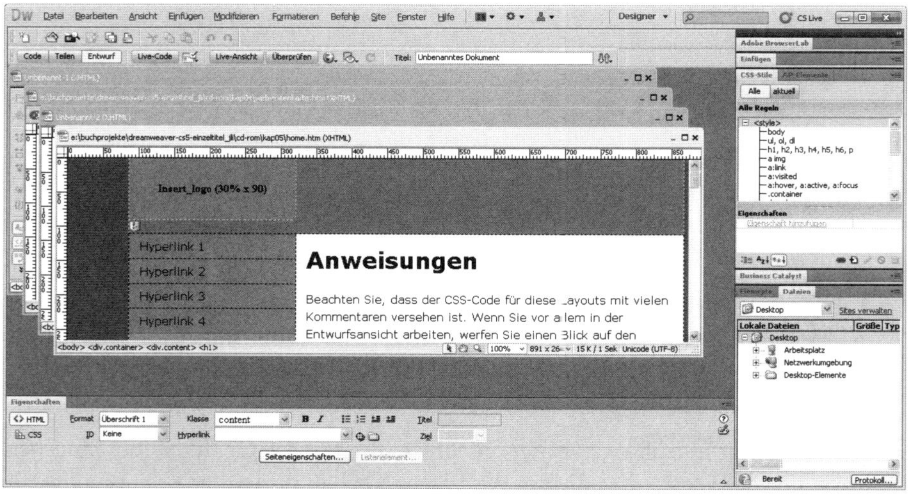

Abbildung 5.11: *ÜBERLAPPEND*

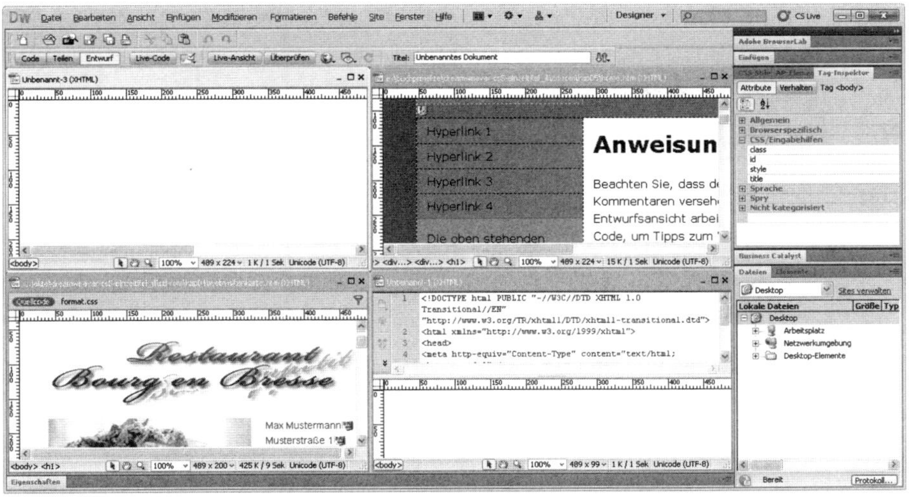

Abbildung 5.12: *UNTEREINANDER oder NEBENEINANDER platzierte gerade Fensteranzahl*

Ist eine gerade Anzahl von Dokumenten geöffnet, werden diese sowohl unter- als auch nebeneinander in einer Reihe angeordnet (vgl. Abbildung 5.12). Darum habe ich für diese und für Abbildung 5.14 ein Fenster geschlossen.

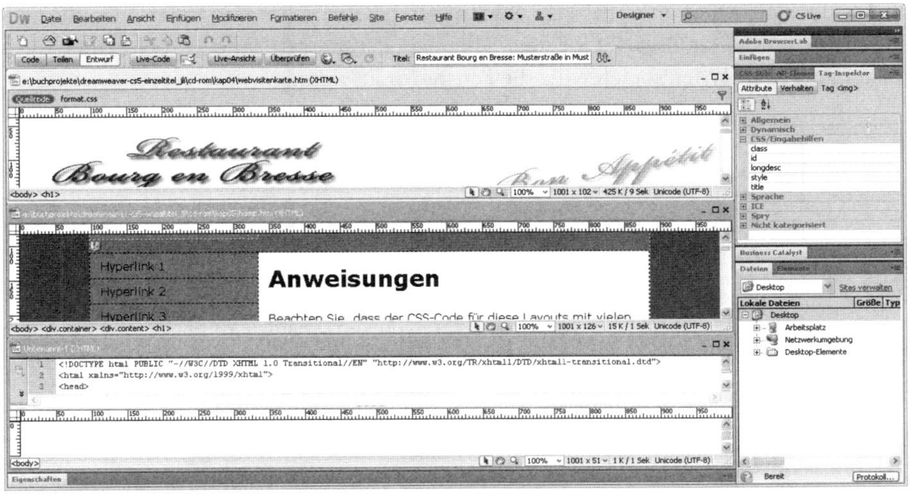

Abbildung 5.13: *UNTEREINANDER platzierte ungerade Fensteranzahl*

Abbildung 5.14: NEBENEINANDER angeordnete Fenster

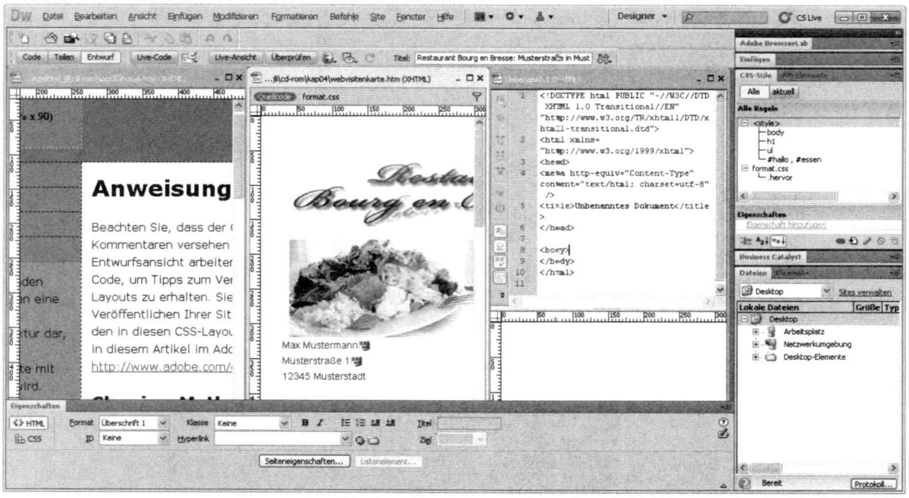

Einen Teil der zuvor beschriebenen Funktionen rufen Sie auch über die gewohnten Windows- bzw. Macintosh-Schaltflächen auf. Dabei ist zwischen Programm- und Dokumentfenster-Funktionen zu unterscheiden. Die Programm-Buttons finden Sie in der rechten oberen Dreamweaver-Ecke. Die Buttons des Dokumentfensters dagegen rechts über dem Dokumentfenster. Zudem schließen Sie das maximierte Dokument, indem Sie auf ☒ im Register klicken. Die folgenden beiden Tabellen beinhalten auch Tastenkürzel und Menübefehle für die Fensterfunktionen.

Tabelle 5.1: Allgemeine Programm-Funktionen

Button	Menü, Tastenkombination	Beschreibung
		Minimiert das komplette Dreamweaver-Fenster und legt es in die Statusleiste des Betriebssystems.
		Verkleinert das Programm-Fenster, so dass andere geöffnete Anwendungen parallel einsehbar sind. Der Button befindet sich in der rechten oberen Dreamweaver-Ecke.
		Vergrößert das schwebende Dreamweaver-Fenster über den gesamten Arbeitsbereich. Andere Programme treten in den Hintergrund.
	DATEI / BEENDEN Strg + Q	Schließt alle Dokumentfenster und beendet Dreamweaver. Ist ein geöffnetes Dokument noch nicht gespeichert, erscheint eine entsprechende Meldung.

Button	Menü, Tastenkombination	Beschreibung
		Wandelt maximierte Dokumentfenster in schwebende um und verkleinert sie dabei. Der Button befindet sich rechts über dem angedockten Dokumentfenster.
		Minimiert ein schwebendes Dokumentfenster und platziert es am unteren Programmrand.
		Maximiert das Dokumentfenster. Die Registerkarten sind nun am oberen Fensterrand sichtbar und fest verankert.
	Datei / Schließen Strg + W	Schließt das schwebende Dokumentfenster.
	Datei / Alle schließen Strg + ⇧ + W	Schließt alle geöffneten Dokumentfenster.
	Datei / Schließen Strg + W	Schließt ein maximiertes, angedocktes Dokument über dessen Register.

Tabelle 5.2: *Funktionen für das Dokumentfenster*

Tipp

Über Funktionstasten und Tastaturkurzbefehle steuern Sie bestimmte Arbeitsschritte, stellen Ansichten ein oder öffnen und schließen bestimmte Bedienfelder. Eine Übersicht der wichtigsten Funktionstasten und Tastenkombinationen finden Sie auf den Umschlag-Innenseiten dieses Buches.

5.3 Werkzeuge in der Statusleiste nutzen

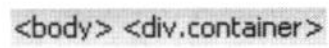

Den Tag-Selektor und einige Funktionen in der Statusleiste kennen Sie bereits: Der **Tag-Selektor** links zeigt den HTML-Quelltext eines markierten Objekts und listet die entsprechend übergeordnete Seitenstruktur auf (vgl. Kapitel 3.4.1). Dabei werden ebenfalls angewendete ID-Attribute oder CSS-Klassen eingeblendet. In vordefinierten Beispielseiten sind Stilanweisungen bereits enthalten und einzelne Bereiche durch solche IDs positioniert.

Klicken Sie im Selektor auf ein Tag, wählen Sie das entsprechende Seitenelement aus. Drücken Sie auf `<body>`, markieren Sie die gesamte Seite und können beispielsweise die Seiteneigenschaften festlegen.

Abbildung 5.15: *Statusleiste unter dem Dokumentfenster*

Daneben gibt es drei weitere Werkzeuge, die Sie durch einen Mausklick aktivieren:

Werkzeug Auswählen: Mit dem standardmäßig aktivierten Auswahlwerkzeug markieren Sie Seitenelemente, die Sie beispielsweise im Eigenschafteninspektor bearbeiten möchten.

Handwerkzeug: Mit dem Handwerkzeug verschieben Sie bei gedrückter linker Maustaste die Ansicht im Dokumentfenster. Dieses Werkzeug entspricht damit den Funktionen der Scrollbalken am rechten und unteren Rand des Dokumentfensters.

ZOOMWERKZEUG: Dieses Tool vergrößert oder verkleinert die Entwurfsansicht im Dokumentfenster, was insbesondere bei eingefügten Bildern eine wertvolle Hilfe darstellt. Diese lassen sich dann häufig leichter und genau bearbeiten (vgl. Kapitel 4).

- Klicken Sie mit dem aktivierten Werkzeug auf die Stelle des Dokumentfensters, die Sie vergrößern möchten. Drücken Sie dabei die Alt-Taste, verkleinern Sie die Ansicht. Nun erscheint statt eines Plus- ein Minuszeichen in der Lupe des Cursors.
- Einen konkreten Bereich vergrößern Sie, indem Sie den Mauszeiger mit gedrückter linker Maustaste darüber bewegen (Abbildung 5.16). Verkleinerungen sind auf diese Weise nicht möglich.

TIPP Doppelklicken Sie auf das ZOOMWERKZEUG, stellt Dreamweaver die Ansicht wieder auf *100%* ein.

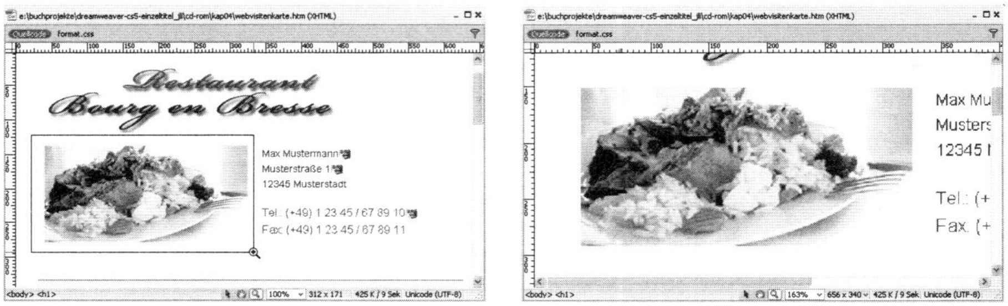

Abbildung 5.16: *Seitenausschnitt umfahren und vergrößern*

- Ist Ihnen das Zoomwerkzeug zu ungenau, stellen den gewünschten, vordefinierten Vergrößerungsfaktor im Menü rechts daneben ein (Abbildung 5.17). Diese Einstellungen finden Sie auch in der Menüleiste unter ANSICHT.
  - Mit der Option *Alles anpassen* (Strg + ⇧ + 0), wird die gesamte Webseite im Entwurfsfenster angezeigt und bei Bedarf entsprechend verkleinert.
  - Das aktuelle Objekt füllt mit der Einstellung *Auswahl anpassen* (Strg + Alt + #) das Entwurfsfenster aus.
  - Mit *Breite anpassen* (Strg + Alt + ⇧ + 0) zeigt das Entwurfsfenster die gesamte Breite der Webseite.

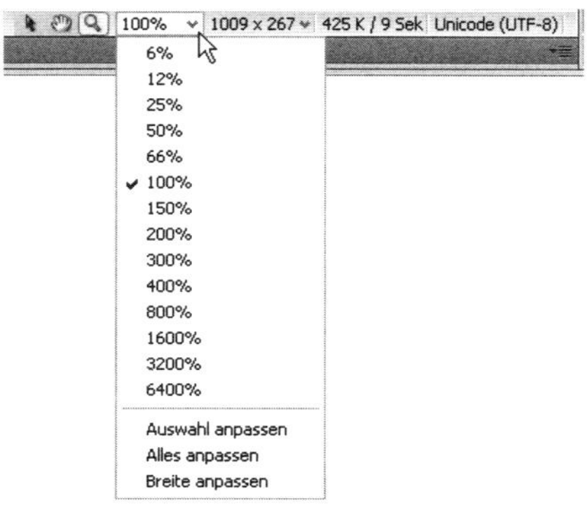

Abbildung 5.17: *Fenstergröße auswählen*

Wenn Sie Ihre Arbeit im Dokumentfenster fortsetzen möchten, aktivieren Sie wieder das AUSWAHLWERKZEUG .

ACHTUNG

In Kapitel 5.2.1 haben Sie unterschiedliche **Fenster-** bzw. **Monitorgrößen** mit schwebenden Dokumentfenstern simuliert. Haben Sie einen sehr breiten Monitor, können Sie damit überprüfen, ob Ihre Zielgruppe die Inhalte ebenfalls komplett einsehen kann.

Beinhaltet eine Webseite sehr viele Bilder oder lange Textblöcke, kann deren Anzeige beim User recht lange dauern. Dabei gilt die Faustregel, dass die Webseite inklusive aller hierin eingebundenen Dateien nicht größer als 50 KB sein sollte. In Dreamweaver haben Sie die Dateigröße und die daraus abgeleitete **Ladezeit** in der Statusleiste unter dem Dokumentfenster immer im Blick (Abbildung 5.18).

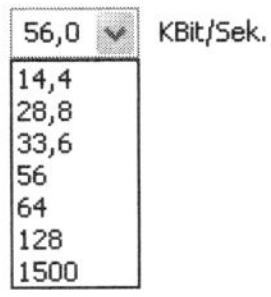

- Den in den Voreinstellungen (BEARBEITEN / VOREINSTELLUNGEN) hinterlegten Standardwert für die zugrunde liegende VERBINDUNGSGESCHWINDIGKEIT ändern Sie in der Kategorie STATUSLEISTE.

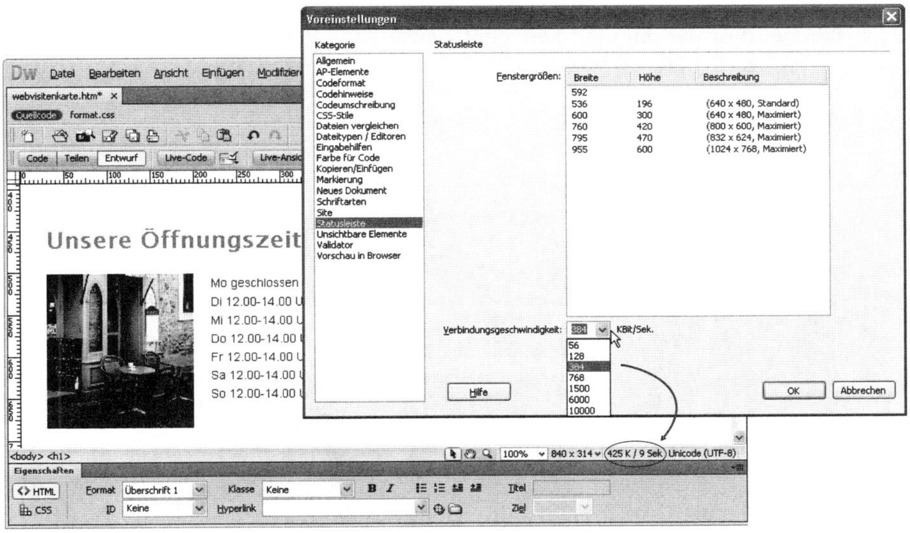

***Abbildung 5.18:** Ladezeit einstellen und in der Statusleiste überprüfen*

Rechts daneben lesen Sie das **Kodierungsformat** der HTML-Seite ab (*Unicode UTF-8*). Diese sind in den Seiteneigenschaften hinterlegt (MODIFIZIEREN / SEITENEIGENSCHAFTEN).

Weitere Eigenschaften und Einstellungen des aktuell geöffneten Dokuments sowie nützliche Hilfsmittel werden Sie im Laufe des Workshops kennen lernen.

5.4 Inhalte aus vorhandenen Dateien importieren

Liegen bereits Daten vor, die Sie in einer anderen Anwendung (z. B. *Microsoft Word* oder *Excel*) erstellt haben, ersparen Sie sich lästige Tipparbeit und übernehmen diesen Text einfach. Auch Inhalte aus anderen Webdokumenten, die im Webbrowser oder in Dreamweaver geöffnet sind, können Sie verwenden. Dabei arbeiten Sie entweder über die Zwischenablage oder Sie benutzen die Import-Funktion. In diesem Kapitel erfahren Sie zudem, wie Sie Grafiken aus anderen Anwendungen in das Dokumentfenster ziehen.

AUFSTEIGER

Auf der DVD ist im Verzeichnis *kap05* die Datei *willkommen.doc* gespeichert. Deren Inhalt soll den in Abbildung 5.19 markierten Text in der neu erstellten Webseite *home.htm* ersetzen.

Die folgenden Kapitel beschreiben unterschiedliche Verfahren, mit denen Sie verschiedene Texte übernehmen. Diese richten sich primär nach dem jeweiligen Textumfang, nach den zu übernehmenden Formatierungen oder dem aktuelle Arbeitsstand.

1. Markieren Sie den Text in der vordefinierten Webseite. Um das Layout nicht zu zerstören dürfen Sie dabei jedoch nicht den `div`-Container im Tag-Selektor auswählen. Entfernen Sie lediglich die hierin platzierten Überschriften und Absätze.

Unter dem Text kennzeichnet ein im Browser unsichtbarer Kommentar das Ende des Containers. In Dreamweaver verdeutlicht das Kommentar-Icon dessen Position, wenn Sie dieses visuelle Hilfsmittel aktiviert haben (vgl. Kapitel 6.1.1). Da Kommentare wichtige Informationen für Seitenentwickler enthalten, sollten Sie diese vor dem Entfernen nochmals überprüfen.

2. Zum Löschen drücken Sie die [Entf]- oder [←]-Taste.

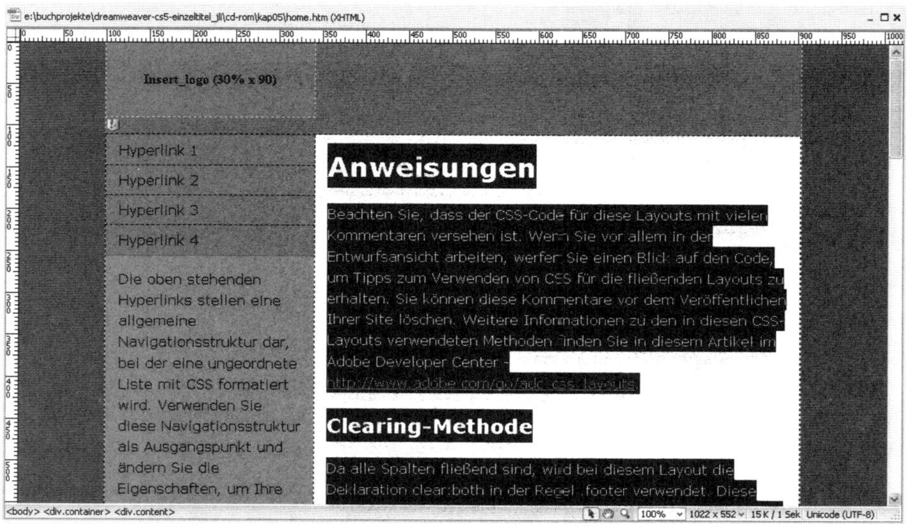

Abbildung 5.19: *Dieser Platzhalter-Text wird im Folgenden ersetzt.*

5.4.1 Über die Zwischenablage arbeiten

Die erste Variante bietet sich an, wenn das Dokument bereits geöffnet ist. Man bezeichnet dieses Verfahren auch als Copy & Paste bzw. Cut & Paste – also *Kopieren & Einfügen* bzw. *Ausschneiden & Einfügen*.

1. Öffnen Sie das Dokument, dessen Inhalt Sie übernehmen möchten. Für diese Übung benötigen wir den Text aus der Worddatei *willkommen.doc*.

2. Markieren Sie den Text in der anderen Anwendung und wählen Sie BEARBEITEN / KOPIEREN oder drücken Sie [Strg] + [C]. In Dreamweaver können Sie zudem auf den Button KOPIEREN in der Symbolleiste STANDARD klicken. Einen vergleichbaren Button finden Sie in nahezu allen Anwendungen. Der Text ist nun in der Zwischenablage.

   Möchten Sie den Text gleich im Quelldokument entfernen, wählen Sie stattdessen entweder BEARBEITEN / AUSSCHNEIDEN, drücken in der Symbolleiste auf den Button AUSSCHNEIDEN oder benutzen Sie Tastenkombination [Strg] + [X].

HINWEIS

Die Symbolleiste STANDARD blenden Sie in Dreamweaver über ANSICHT / SYMBOLLEISTEN / STANDARD ein.

3. Wechseln Sie in das Dreamweaver-Dokument, in das Sie den Text integrieren möchten (*home.htm*).

4. Positionieren Sie den Cursor an der Einfügestelle im Entwurfsfenster und drücken Sie [Strg] + [V] oder klicken Sie in der Symbolleiste STANDARD auf den Button EINFÜGEN oder wählen Sie BEARBEITEN / EINFÜGEN in der Menüleiste.

   Der Text wird in das Dokument eingefügt, wobei Absätze und Zeilenumbrüche in der Regel erhalten bleiben. Je nach Voreinstellung werden auch bestimmte Formatierungen, Hyperlinks und Tabellen übernommen. Dazu kommen wir gleich.

Zunächst erfahren Sie, wie Sie diese Optionen unabhängig von den allgemeinen Programm-Einstellungen festlegen:

1. Hierzu wählen Sie in der Menüleiste BEARBEITEN / INHALTE EINFÜGEN.

2. Geben Sie im nun geöffneten Dialogfenster INHALTE EINFÜGEN an, welche Formatierungen Sie übernehmen möchten:

   - Damit der reine Text ohne Formatierungen übertragen wird, wählen Sie NUR TEXT. Absätze und Zeilenumbrüche gehen dabei verloren.

   - Mit der Option TEXT MIT STRUKTUR (ABSÄTZE, LISTEN, TABELLEN USW.) wird der kopierte Text in eine allgemeine HTML-Struktur überführt, wobei einzelne Zeichen nicht formatiert werden.

   Bei dieser und den folgenden Einstellungen können Abstände zwischen einzelnen Word-Absätzen optimiert werden. Zeilenumbrüche bleiben bei all diesen Einstellungen erhalten.

   - Damit auch Zeichen mit HTML FETT oder KURSIV hervorgehoben werden, markieren Sie die nächste Option.

   - Aktivieren Sie die Option TEXT MIT STRUKTUR UND VOLLSTÄNDIGER FORMATIERUNG (FETT, KURSIV, STILE), wird die komplette Darstellung bzw. Strukturierung des ausgewählten Inhalts übernommen.

3. Drücken Sie auf OK, fügt Dreamweaver den Text aus der Zwischenablage in das Webdokument ein.

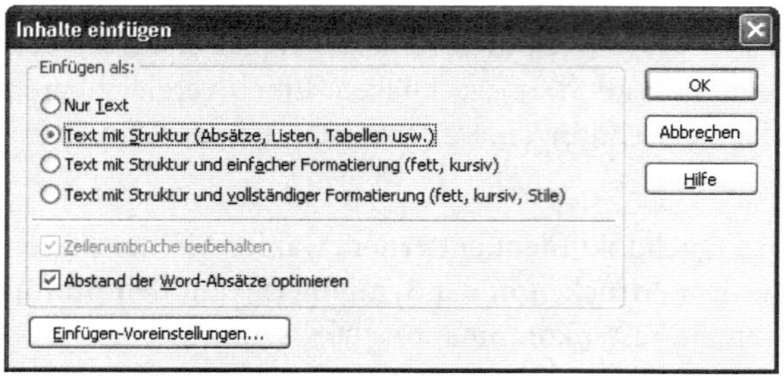

Abbildung 5.20: *Optionen für das Einfügen der Inhalte aus der Zwischenablage*

Zu den allgemein gültigen Voreinstellungen gelangen Sie, indem Sie auf die Schaltfläche Einfügen-Voreinstellungen im Dialogfenster Inhalte einfügen klicken (vgl. Abbildung 5.20).

- Alternativ wählen Sie Bearbeiten / Voreinstellungen in der Menüleiste und wechseln in die Kategorie Kopieren/Einfügen (Abbildung 5.21).

Diese Voreinstellungen gelten, wenn Sie über die Tastatur oder die Symbolleiste Standard arbeiten.

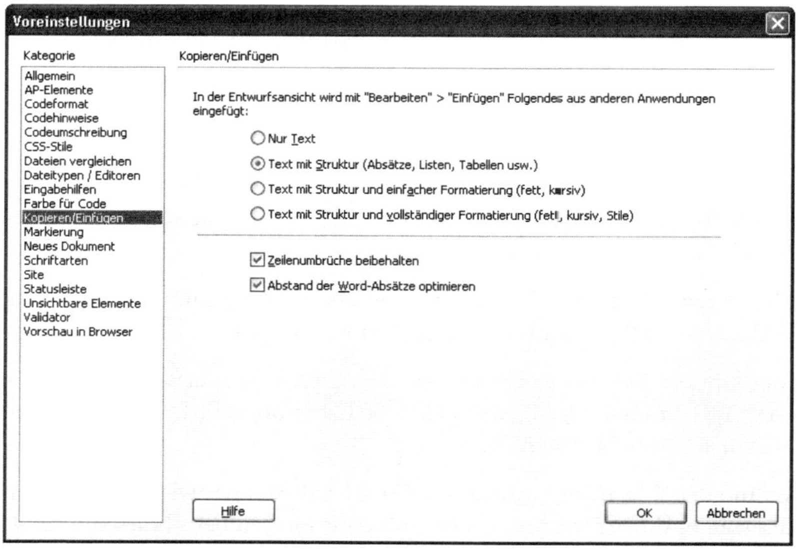

Abbildung 5.21: *Voreinstellungen für das Arbeiten über die Zwischenablage*

Auch andere Daten, wie Powerpoint-Elemente, Excel-Tabellen oder Bilder (vgl. Kapitel 5.4.4), können mit dieser Methode übernommen werden.

DVD

Die Webseite mit dem eingefügten Text habe ich als *willkommen1.htm* auf der DVD gespeichert. Dabei habe ich die in den Abbildungen gezeigte Einstellung gewählt.

5.4.2 Texte aus Microsoft Word und Excel importieren

In Word oder Excel erstellte Dokumente werden mit den Dateiendungen *.doc* bzw. *.docx* oder *.xls* bzw. *.xlsx* gespeichert und können problemlos in Dreamweaver importiert werden. Einzige Voraussetzung ist, dass bei der Dokumenterstellung kein Office-Paket älter als Version 2000 verwendet wurde. Arbeiten Sie dennoch mit einer älteren Version, können Sie die aktuelle, kostenlose Version von Open Office installieren und die Worddatei im neuen Format sichern.

1. Wählen Sie in der Menüleiste DATEI / IMPORTIEREN / WORD-DOKUMENT bzw. DATEI / IMPORTIEREN / EXCEL-DOKUMENT.
2. Wählen Sie das Dokument aus und klicken Sie auf die Schaltfläche ÖFFNEN. Für diesen Workshop importieren Sie die Word-Datei *willkommen.doc* im Verzeichnis *kap05*.

   Der Inhalt der Office-Datei wird nun in Ihr Dokument eingefügt. Dabei wird die vorhandene HTML-Struktur übernommen und bestehende CSS-Formatierungen der vordefinierten Webseite werden angewendet (Abbildung 5.22).

HINWEIS

Sind mehrere Programme gleichzeitig geöffnet, erscheint u. U. eine Meldung über einen ausgelasteten Server. Probieren Sie es erneut oder arbeiten Sie über die Zwischenablage.

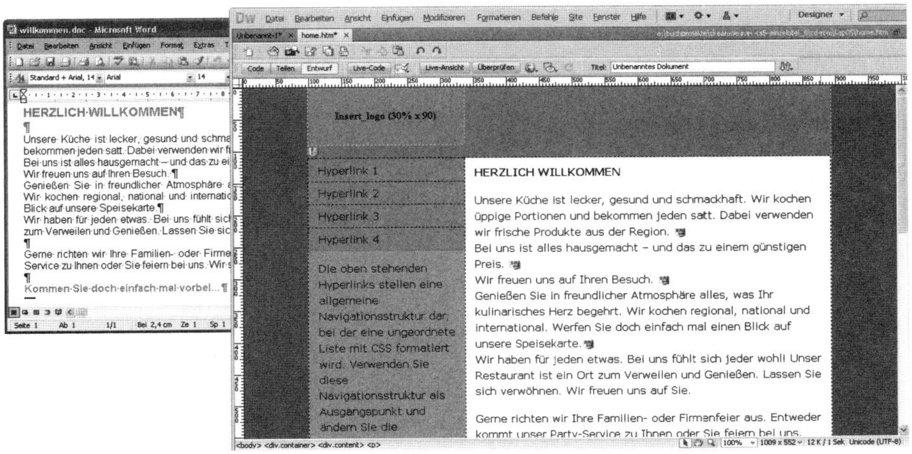

Abbildung 5.22: *In Dreamweaver importieren Sie einen Text aus Microsoft Word.*

Haben Sie das Bedienfeld DATEIEN geöffnet, können Sie die Word- bzw. Excel-Datei auch in Ihr aktuelles Dokument ziehen. Aktivieren Sie im Dialogfenster DOKUMENT EINFÜGEN die gewünschte Option unter INHALT EINFÜGEN (Abbildung 5.23). Diese Einstellungen kennen Sie bereits aus Kapitel 5.4.1.

Alternativ definieren Sie einen HYPERLINK auf das Word-Dokument, wobei Dreamweaver dessen Dokumentnamen (ohne Dateiendung) in die Webseite einfügt.

Abbildung 5.23: *Dokument einfügen*

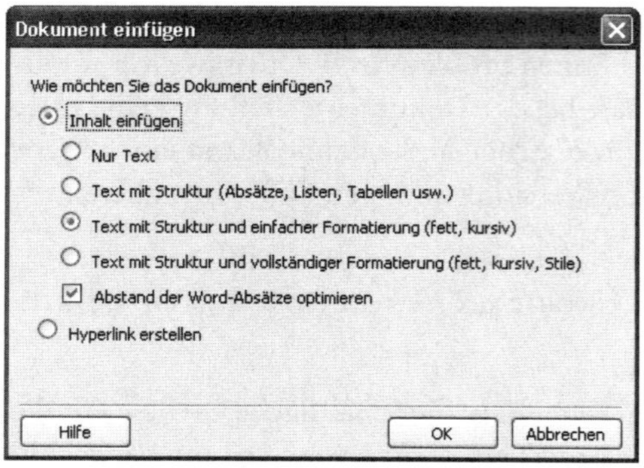

5.4.3 In Word gespeicherte HTML-Datei öffnen und optimieren

Haben Sie in Microsoft Word eine HTML-Datei erstellt und gespeichert, öffnen Sie diese wie jede andere Webseite in Dreamweaver. Anschließend sollten Sie das Dokument bereinigen und von unnötigem Quelltext befreien. Diesen HTML-Code speichert Word automatisch mit ab.

1. Wählen Sie BEFEHLE / WORD-HTML OPTIMIEREN.
2. Wissen Sie, mit welcher Word-Version das Dokument erstellt wurde, überprüfen Sie die Option im Menü der GRUNDEINSTELLUNGEN (Abbildung 5.24). Sind Sie sich nicht sicher, ändern Sie daran nichts.

   Damit Dreamweaver den Code bestmöglich optimiert, sollten alle Kontrollkästchen in den Registern GRUNDEINSTELLUNGEN und DETAILLIERT aktiviert sein.
3. Drücken Sie auf OK, führt Dreamweaver die Optimierung durch und gibt eine Rückmeldung aus, die Sie ebenfalls mit OK schließen. In Abbildung 5.24 wurden auf diese Weise überflüssige Codeelemente entfernt, die Darstellungsprobleme in einzelnen Browsern hervorrufen können oder unnötig die Ladezeit der Webseiten erhöhen würden.

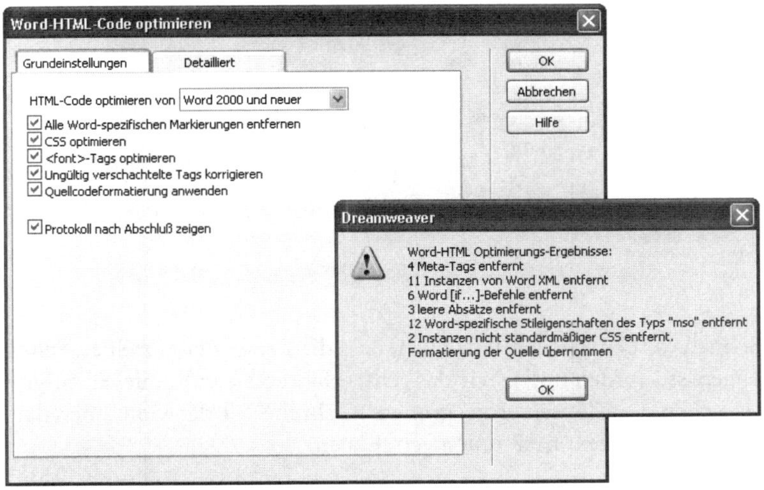

Abbildung 5.24: *In Word erstellten Code optimieren*

Auf der DVD finden Sie im Kapitelverzeichnis *kap05* die in Word gespeicherte Datei *word.htm* zum Ausprobieren.

DVD

5.4.4 Bilder aus anderen Anwendungen übernehmen

Bilder können Sie ebenfalls über die Zwischenablage von einem geöffneten Dreamweaver-Dokument in ein anderes übernehmen. Ist für das Bild noch kein Alternativtext definiert, öffnet Dreamweaver automatisch das Dialogfenster für die Eingabe, sofern Sie die Voreinstellungen nicht geändert haben. Die QUELLE bzw. der Pfad zur Bilddatei werden automatisch angepasst und als `src`-Wert im Code angegeben.

Alle für die Webseite benötigten, weboptimierten Bilder finden Sie im *bilder*-Verzeichnis auf der DVD, direkt im Stammverzeichnis.

DVD

Integrieren Sie *essen.jpg* über der Navigationsleiste mit dem Platzhaltertext in die Workshop-Seite:

1. Hierzu klicken Sie in diese Menüleiste hinein.
2. Dann markieren Sie im Tag-Selektor die Aufzählung `<ul>` und drücken anschließend die [←]-Taste (vgl. Abbildung 5.25).
3. Jetzt befindet sich die Einfügemarke vor der Navigationsleiste und Sie können das Bild wie gewohnt einfügen (vgl. Kapitel 4.2.2).

Haben Sie vor Ausführung des dritten Arbeitsschritts noch einen Absatz mit Drücken der [↵]-Taste eingefügt, werden automatisch die hierfür definierten CSS-Regeln bzw. Abstände angewendet. Das Bild befindet sich damit nicht direkt am linken Rand der Box (vgl. Abbildung 5.26, rechts). Entfernen Sie den Absatz, indem Sie das Bild markieren, die [←]- oder [→]-Taste drücken und dann im Eigenschafteninspektor in den Modus HTML wechseln. Hier geben Sie im Menü FORMAT *Kein* an.

ACHTUNG

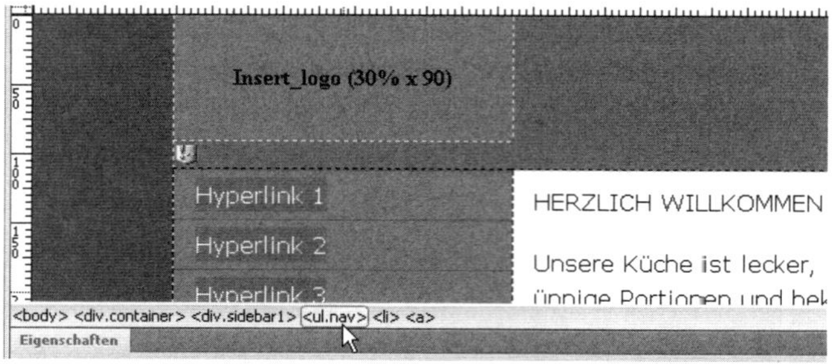

Abbildung 5.25: *Navigationsleiste in der linken Spalte auswählen*

Schnell werden Sie jetzt feststellen, dass die Größe der einzelnen Seitenbereiche noch angepasst werden muss. Wie das geht, erfahren Sie in Kapitel 6. Aufgrund der für den seitlichen `div`-Container zu großen Bildbreite, ist der Container daneben mit dem Willkommen-Text nach unten verschoben.

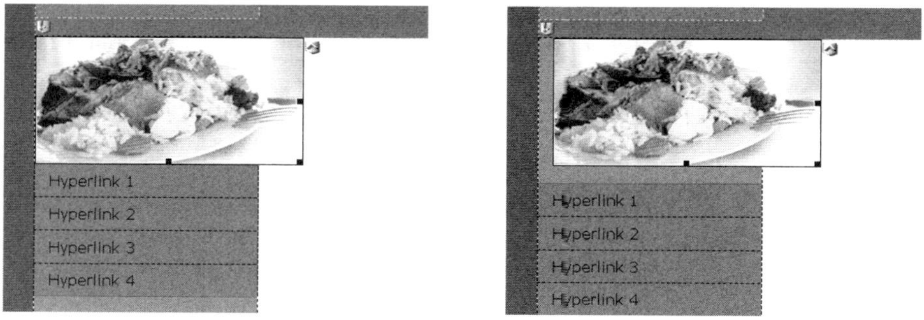

Abbildung 5.26: *CSS-Regeln für Absätze rücken das Bild ein (rechts).*

DVD Die Webseite mit eingefügtem Text und Bild ist als *willkommen2.htm* auf der DVD gespeichert.

Haben Sie Adobe Bridge, Microsoft Explorer oder den Finder auf dem Macintosh geöffnet, ordnen Sie deren Fenster und das von Dreamweaver nebeneinander an. Anschließend ziehen Sie das benötigte Bild einfach in das Entwurfsfenster. Selbstverständlich können Sie hierfür auch das Bedienfeld DATEIEN in Dreamweaver verwenden. Handelt es sich dabei um ein Webbild, müssen Sie nur noch den `alt`-Text angeben.

Haben Sie eine Site definiert (vgl. Kapitel 7.1), wird das Bild automatisch im angegebenen *Bilder*-Ordner abgelegt. Befindet es sich außerhalb dieses Projektordners, können Sie es über das geöffnete Dialogfenster in die Site kopieren.

Ebenso können Sie Bilder über die Zwischenablage aus anderen Programmen, wie Photoshop, Fireworks oder Illustrator, übernehmen:

1. Vor dem Einfügen erscheint das Dialogfenster BILDVORSCHAU, in dem Sie die gewünschten Einstellungen zur Optimierung angeben (vgl. Kapitel 4.1.3, Abbildung 5.27).
2. Drücken Sie auf OK.

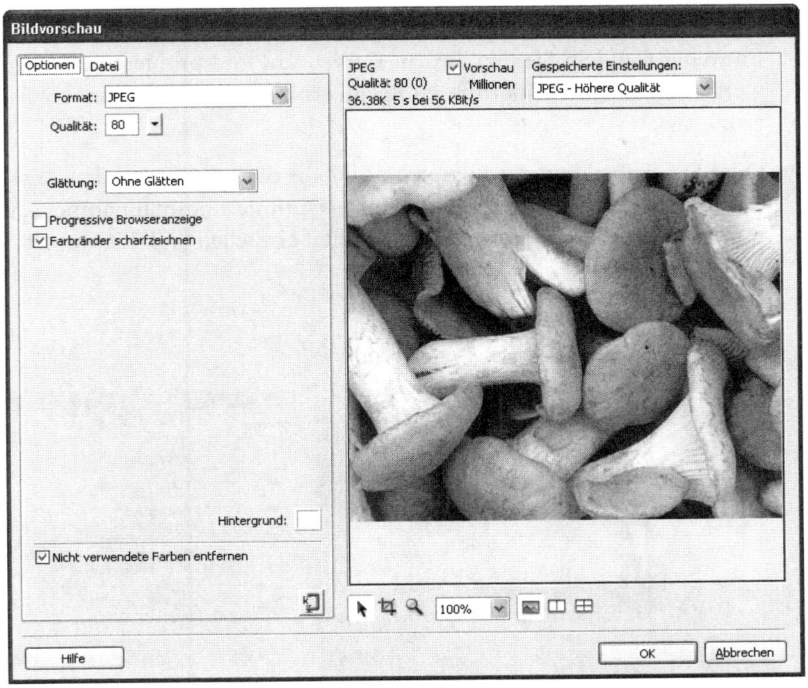

Abbildung 5.27:
Bild optimieren

3. Geben Sie Verzeichnis und Dateinamen im Dialogfenster WEBBILD SPEICHERN an.

ACHTUNG

Alle Bilder sollten innerhalb des Site-Ordners gespeichert sein. Diese werden dann später gemeinsam mit den Webdokumenten auf dem Server veröffentlicht. Wie Sie die Site anlegen, erfahren Sie in Kapitel 7.1. Hier können Sie auch einen zentralen Ordner festlegen, in dem alle Bilder automatisch abgelegt werden.

4. Tragen Sie den ALTERNATIVTEXT im daraufhin geöffneten Fenster ein und bestätigen Sie mit OK.

   Dreamweaver fügt nun das `img`-Tag in den Quelltext ein und zeigt das Bild im Entwurfsfenster wie gewohnt an.

Enthält das Bild bearbeitbare Textelemente oder separate Elemente auf verschiedenen Ebenen, kann es vorkommen, dass diese nicht als Bestandteil des Webbildes übernommen werden.

DVD

Eine Beispieldatei finden Sie im Verzeichnis *kap05*. Hier ist die Fireworks-Datei *pilze.png* gespeichert. Öffnen Sie dieses Bild in Fireworks, kopieren Sie die einzelnen Elemente und arbeiten Sie wie zuvor beschrieben.

Damit alle Bildelemente übernommen werden, gibt es zwei Möglichkeiten:

- Entweder wandeln Sie den Text in Kurven um und probieren es erneut. In Fireworks verwenden Sie hierfür den Befehl MODIFIZIEREN / AUSWAHL AUF HINTERGRUND REDUZIEREN.
- Oder Sie exportieren das komplette Bild aus der entsprechenden Anwendung als Rasterbild. Dabei können Sie geeignete Optimierungsmaßnahmen durchführen und beispielsweise Bildformat und Qualität einstellen (vgl. Kapitel 4.1.3).

Abbildung 5.28: *Das Bild besteht aus drei Elementen.*

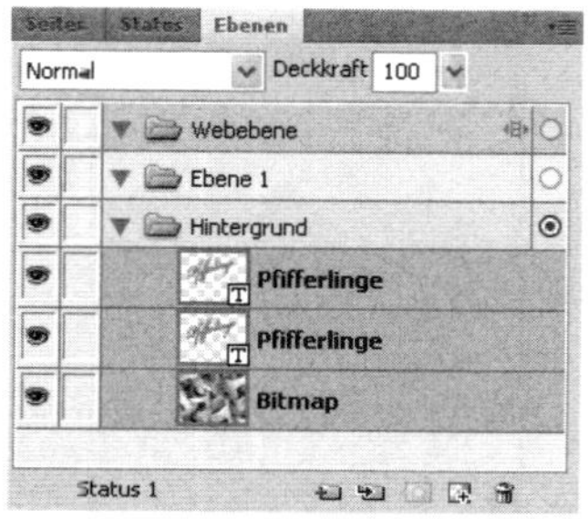

Integrieren Sie ein Adobe Photoshop Bild (Dateiendung *.psd*) in Dreamweaver, wird es ebenfalls in ein Rasterbild umgewandelt. Dieses weboptimierte, so genannte Smart-Bild ist weiterhin mit dem Original verknüpft. Dies können Sie an dem Icon in der linken oberen Bildecke ablesen. Ändern Sie nun das Rasterbild, können Sie es über das Kontextmenü (rechter Mausklick) VOM ORIGINAL AKTUALISIEREN. Ebenen können dann wieder bearbeitet werden und Sie erzielen eine bessere Bildqualität.

5.5 Arbeitsschritte rückgängig machen

Gelegentlich möchten Sie bestimmt einen oder mehrere Arbeitsschritte rückgängig machen. Auch in Dreamweaver gibt es hierfür in der Menüleiste den Befehl BEARBEITEN / RÜCKGÄNGIG, den Sie bereits aus anderen Programmen kennen. In der Symbolleiste STANDARD finden Sie zudem die bekannte Schaltfläche RÜCKGÄNGIG . Arbeiten Sie mit dem Bedienfeld VERLAUF, um einen oder mehrere Arbeitsgänge zu eliminieren. Außerdem können Sie hier Befehle speichern und später erneut anwenden. Damit automatisieren Sie sich wiederholende Aufgaben.

- Wählen Sie FENSTER / VERLAUF oder drücken Sie [⇧] + [F10].

Das Bedienfeld VERLAUF enthält eine Liste all jener Schritte, die Sie im aktiven Dokumentfenster abgearbeitet haben (Abbildung 5.29, links).

Der Verlauf zeigt nicht die Arbeitsschritte, die Sie in anderen Dokumenten oder im Bedienfeld DATEIEN ausgeführt haben.

ACHTUNG

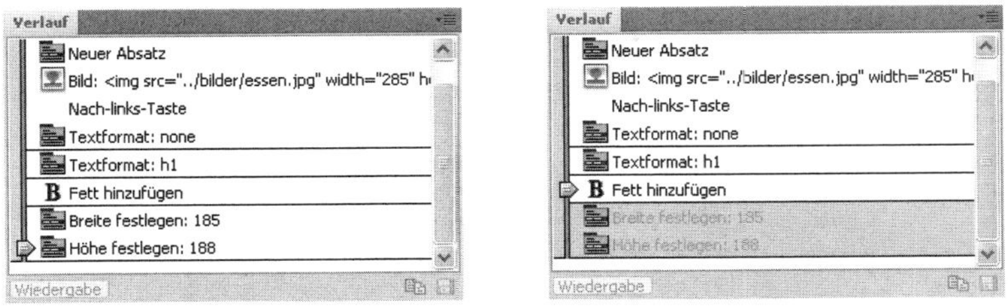

Abbildung 5.29: *Arbeitschritte im Bedienfeld VERLAUF rückgängig machen*

So machen Sie einen oder mehrere Arbeitsschritte rückgängig:

- Der Zeiger am linken Rand des Bedienfelds deutet auf den letzten Arbeitsschritt. In Abbildung 5.29 wurde links zuletzt die Bildhöhe verändert, rechts wurden die letzten beiden Arbeitsschritte rückgängig gemacht.

  Ziehen Sie den Zeiger an die gewünschte Position (Abbildung 5.29, rechts). Setzen Sie den Schieberegler also an den letzten Arbeitsschritt, den Sie noch durchgeführt (also sichtbar) haben möchten. Im gezeigten Beispiel werden alle Größenänderungen eines Bildes eliminiert.

Sie können nur über den Zeiger bestimmte Schritte widerrufen. Das Markieren der Bezeichnung in der Fenstermitte genügt dagegen nicht.

ACHTUNG

Setzten Sie nun Ihre Arbeit im Dokument fort, zeigt das Bedienfeld VERLAUF die rückgängig gemachten Befehle nicht mehr an.

Die maximale Anzahl der im Bedienfeld VERLAUF aufgelisteten Arbeitsschritte bestimmt der dafür festgelegte Wert in den Voreinstellungen (BEARBEITEN / VOREINSTELLUNGEN). Dieser ist in der Kategorie ALLGEMEIN angegeben. Standardmäßig ist die ZULÄSSIGE HÖCHSTZAHL DER VERLAUFSSCHRITTE auf 50 eingestellt. Bitte beachten Sie, dass bei einer großen Zahl auch entsprechend viel Arbeitsspeicher benötigt wird.

5.6 Suchen und ersetzen

Suchen Sie eine bestimmte Text- oder Codestelle in einem Dokument, ist diese mit der integrierten Suchfunktion schnell gefunden. Auf Wunsch wird das Ergebnis durch eine andere Zeichenfolge ersetzt. Im Folgenden erfahren Sie exemplarisch, wie Sie nach einer bestimmten Textstelle suchen. Für die Suche nach HTML-Code oder bestimmten Attributen sind weitere Code-Kenntnisse erforderlich.

So suchen Sie nach einem bestimmten Text:

1. Wählen Sie BEARBEITEN / SUCHEN UND ERSETZEN oder drücken Sie [Strg] + [F]. Das Dialogfenster SUCHEN UND ERSETZEN wird geöffnet (Abbildung 5.30).

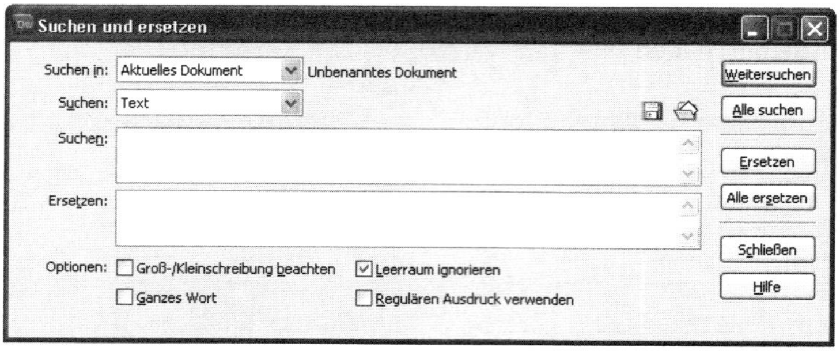

Abbildung 5.30: *Suchen und ersetzen*

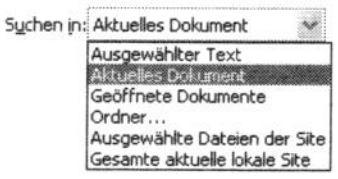

2. Möchten Sie das *aktuelle Dokument* durchsuchen, muss dies im Menü Suchen in eingestellt sein. Außerdem können eine markierte Textpassage (*Ausgewählter Text*), mehrere *geöffnete Dokumente* oder ein bestimmter *Ordner*, den Sie anschließend im eingeblendeten Feld dahinter angeben, durchsucht werden.

   Soll Dreamweaver in der *Site* suchen, müssen Sie diese zuvor definieren. Wie das geht erfahren Sie in Kapitel 7.1. Erst danach können Sie die Suche starten. Um in *ausgewählten Dateien der Site* zu suchen, müssen Sie zuvor noch die entsprechenden Dokumente im Bedienfeld Dateien markiert haben.

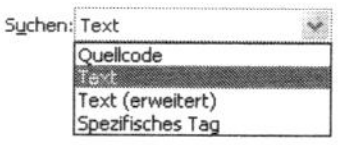

3. Im Menü Suchen geben Sie an, ob Dreamweaver nach Code oder Text suchen soll. Dabei sind erweiterte Angaben möglich. Möchten Sie beispielsweise einen bestimmten Text finden, der zudem fett formatiert ist, wählen Sie *Text (erweitert)*. Je nach Auswahl enthält das Dialogfenster weitere Felder, mit denen Sie die Suche präzisieren.

   Da wir hier nach einer bestimmten Textstelle suchen, wählen Sie die Option *Text*.

4. Diesen Text geben Sie anschließend in das Feld Suchen ein. Dabei kann es sich um ein ganzes Wort, einen Satz oder lediglich um ein paar Buchstaben handeln.

5. Wenn Sie nach bestimmten Wörtern suchen, aktivieren Sie die Kontrollkästchen Groß-/Kleinschreibung beachten und Ganzes Wort. Wenn Sie dabei auch den Leerraum ignorieren möchten, markieren Sie die entsprechende Option. Das ist nur bei deaktivierter Option Regulären Ausdruck verwenden möglich.

6. Klicken Sie auf die Schaltfläche Weitersuchen.

   Hat Dreamweaver eine vergleichbare Textstelle gefunden, markiert es diese in der aktuellen Seite. Um die Markierung zu sehen, müssen Sie unter Umständen das Fenster Suchen und ersetzen verschieben.

   Wurde der Text nicht gefunden, erscheint eine entsprechende Meldung. Probieren Sie es eventuell noch einmal mit einem etwas anderen Suchbegriff oder anderen Optionen.

7. Drücken Sie erneut auf Weitersuchen, um weitere Textstellen zu finden.

   Klicken Sie auf die Schaltfläche Alle suchen, öffnet Dreamweaver automatisch das Bedienfeld Suchen und listet hier alle gefundenen Ergebnisse auf. In Abbildung

5.31 sind alle Ergebnisse der Suche nach dem Begriff *Menü* aufgelistet. Dabei wurden in der vordefinierten Layoutseite zahlreiche Textstellen gefunden.

Doppelklicken Sie auf einen Eintrag, wird die entsprechende Stelle im Entwurfsfenster angezeigt.

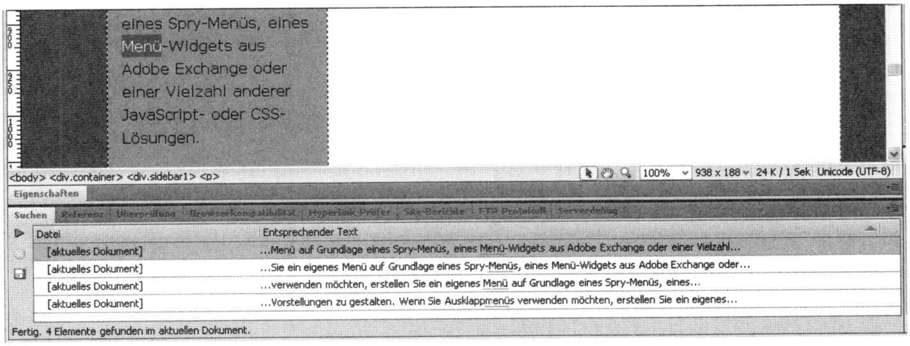

Abbildung 5.31: *Mehrere aufgelistete Suchergebnisse werden mit einem Doppelklick angezeigt.*

8. Die Suche beenden Sie mit der Schaltfläche SCHLIESSEN.

TIPP

Sie können Ihre Suchabfrage im Fenster SUCHEN UND ERSETZEN über den Button ABFRAGE SPEICHERN als DWR-Datei sichern. Diese Dateiendung steht für *Dreamweaver Find/Replace Queries*. Dies ist besonders bei komplexen Suchparametern für die Überarbeitung von umfassenden Webauftritten sinnvoll. Benötigen Sie diese Parameter später wieder, laden Sie die gesicherte DWR-Datei über das Ordner-Icon. Auf der DVD finden Sie im Verzeichnis *kap05* die Datei *gespeicherte-suche.dwr*. Hierin ist eine erweiterte Textsuche gespeichert.

So ersetzen Sie einen bestimmten Text:

1. Wiederholen Sie die vorherigen Arbeitsschritte 1 bis 5.
2. Geben Sie den neuen Text oder Quelltext in das Feld ERSETZEN ein.
3. Klicken Sie auf WEITERSUCHEN.
4. Hat Dreamweaver eine entsprechende Stelle gefunden, klicken Sie auf ERSETZEN.
5. Klicken Sie wieder auf WEITERSUCHEN, um die kontrollierte Suche fortzusetzen.

   Klicken Sie auf ALLE ERSETZEN, wenn Dreamweaver alle Suchkriterien im aktuellen Dokument, in den geöffneten Dateien, der kompletten Site oder in einem bestimmten Ordner ersetzen soll. Die ersetzten Textstellen können Sie im Bedienfeld ERGEBNISSE anklicken. Dreamweaver öffnet das Dokument und markiert die geänderte Stelle im Dokumentfenster.

   Benutzen Sie die Schaltfläche ALLE ERSETZEN nur, wenn Sie sich wirklich sicher sind, dass Dreamweaver die richtigen Stellen ersetzen wird. Sie können diesen Vorgang nicht mehr rückgängig machen.
6. Wenn Sie fertig sind, drücken Sie auf die Schaltfläche SCHLIESSEN.

AUFSTEIGER

In meinem Dreamweaver-Handbuch ist die Suche nach bestimmten Codeelementen ausführlich beschrieben (vgl. Anhang).

5.7 Rechtschreibprüfung durchführen

Selbstverständlich sollte eine Webseite möglichst keine Schreibfehler enthalten. Mit der Rechtschreibprüfung stöbern Sie diese im aktuellen Dokument oder in einem markierten Textbereich auf:

1. Wählen Sie BEFEHLE / RECHTSCHREIBUNG PRÜFEN oder drücken Sie [⇧] + [F7].
2. Kann Dreamweaver ein Wort nicht im Wörterbuch finden, erscheint das Dialogfenster RECHTSCHREIBPRÜFUNG mit einer entsprechenden Meldung (Abbildung 5.32).

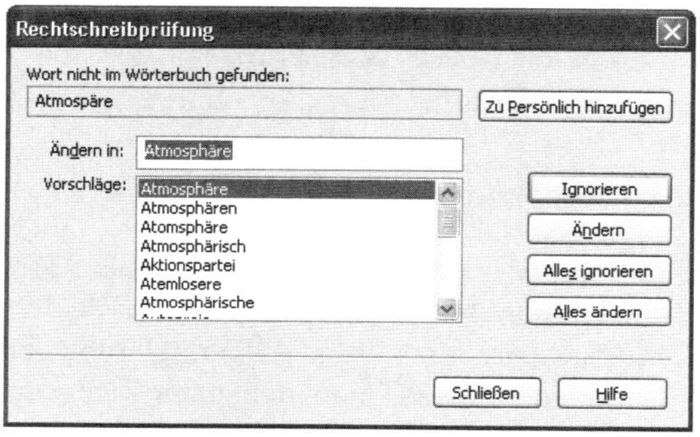

Abbildung 5.32: *Wort nicht gefunden*

3. Drücken Sie auf die Schaltfläche ZU PERSÖNLICH HINZUFÜGEN, wird der Begriff in das Wörterbuch aufgenommen.

   Wenn das Wort richtig geschrieben ist, klicken Sie auf IGNORIEREN. Vermuten Sie, dass dieses Wort mehrmals auf der Seite vorkommt, klicken Sie auf ALLES IGNORIEREN.

   Wenn das Wort falsch geschrieben ist, wählen Sie das richtige Wort aus der Liste der VORSCHLÄGE oder tippen Sie es in das Feld ÄNDERN IN. Dreamweaver berichtigt alle Begriffe entsprechend, wenn Sie auf ALLES ÄNDERN klicken.
4. Ist die Suche für einen Textbereich beendet, klicken Sie im Dialogfenster auf JA, wenn Sie den übrigen Text überprüfen möchten. Ansonsten drücken Sie NEIN.

   Ist die Suche im kompletten Dokument abgeschlossen, bestätigen Sie die Meldung mit OK.

5.8 Vorschau im Browser

Auch wenn die in Dreamweaver integrierte LIVE-ANSICHT das Dokument wie in einem Webbrowser darstellt, sollten Sie die Webseite ab und zu in unterschiedlichen Browsern betrachten. Überprüfen Sie die Seite in verschiedenen Anwendungen und Versionen. Dabei werden Sie auf zahlreiche Unterschiede stoßen, die es zu optimieren gilt.

1. Öffnen Sie die neue Webseite *willkommen2.htm.* Diese finden Sie im Verzeichnis *kap05* auf der DVD.

2. Wählen Sie DATEI / VORSCHAU IN BROWSER und klicken Sie auf den gewünschten Browsernamen.

   Die Browservorschau starten Sie auch über den Button VORSCHAU/DEBUG IM BROWSER in der Symbolleiste DOKUMENT (Abbildung 5.33).

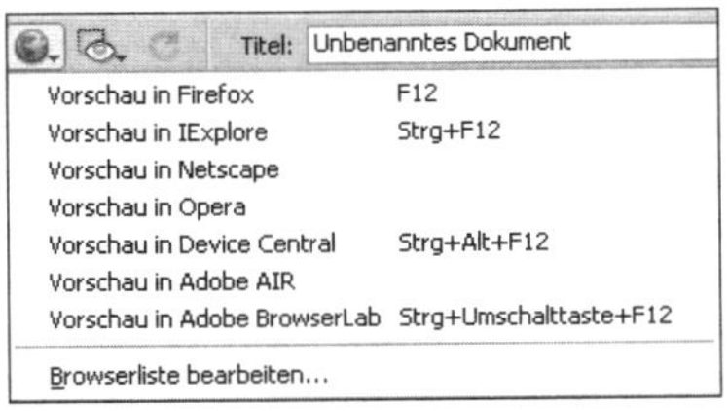

Abbildung 5.33: *Browservorschau in der Symbolleiste* DOKUMENT *starten*

- Wenn Sie F12 drücken, öffnet sich der in Dreamweaver eingerichtete Primärbrowser. Dreamweaver startet ihn automatisch und lädt die aktuelle Seite. Ist der Browser bereits geöffnet, lädt Dreamweaver die Seite in einem neuen Browser-Fenster.
- Ist ein Sekundärbrowser definiert, öffnen Sie diesen mit Strg + F12.
- Die Seitenvorschau für ein Mobilgerät wählen Sie über VORSCHAU IN DEVICE CENTRAL oder mit Strg + Alt + F12 aus (Abbildung 5.34).

Abbildung 5.34: *Simulation der Seitendarstellung auf einem mobilen Endgerät*

- Zudem ist der Online-Dienst ADOBE BROWSERLAB von der neuen Dreamweaver-Version aus aufrufbar. Diesen können Sie auch mit Strg + ⇧ + F12 starten.

BrowserLab ist besonders hilfreich, wenn Sie die Darstellung in einem Browser überprüfen möchten, der auf Ihrem lokalen System nicht installiert ist. Dazu laden Sie die Seite auf den Adobe-Server, der die Darstellung im angegebenen Zielbrowser durch einen entsprechenden Screenshot darstellt.

ACHTUNG

Bevor Sie BrowserLab nutzen können, müssen Sie eine Site definieren (vgl. Kapitel 7.1). Ausführliche Informationen über BrowserLab erhalten Sie im aktuellen Dreamweaver-Handbuch (vgl. Anhang).

Wie Sie weitere Anwendungen in das Vorschaumenü integrieren, erfahren Sie gleich.

3. Überprüfen Sie die Webseite in der gestarteten Anwendung und probieren Sie verschiedene Einstellungen Ihrer Besucher aus:

   - Vergrößern und verkleinern Sie das Browserfenster. Werden wichtige Elemente abgeschnitten oder verschoben, optimieren Sie den Quelltext. In Abbildung 5.35 erkennen Sie, dass aufgrund der prozentualen Spaltenbreite das Bild bei zu kleinem Fenster nicht mehr in die linke Spalte passt. Im Folgenden werden Sie darum die Einheit dieser Spalte ändern (vgl. Kapitel 6.2.5).

   - Ändern Sie im Browser die Schriftgröße im Menü ANSICHT (Abbildung 5.36). Bei vielen Browsern finden Sie den entsprechenden Befehl im Untermenü ZOOM. Dabei sollten Sie nicht nur die gesamte Seite, sondern auch den Text separat vergrößern und verkleinern. In Firefox lautet der Befehl hierzu ANSICHT / ZOOM / NUR TEXT ZOOMEN. Auf diese Weise entdecken Sie unschöne Umbrüche (Abbildung 5.36, Mitte), die Sie durch ein geschütztes Leerzeichen schnell beheben (Abbildung 5.36, rechts). Allerdings kann der Text dann über den Containerbereich hinauslaufen. Besser eignet sich dann ein kürzerer Text. Zoomen Anwender nur den Text, ändert sich die gesamte Spaltenbreite nicht.

Vergrößern: Strg + +
Verkleinern: Strg + -

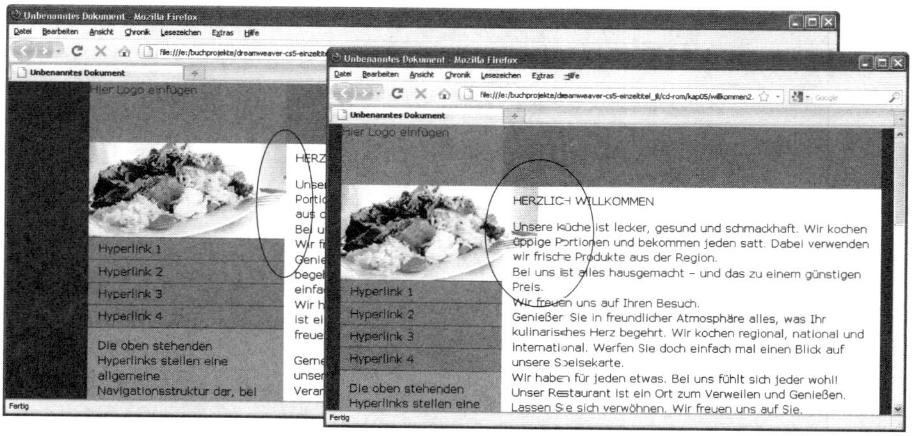

Abbildung 5.35: *Die Einheit des Bildes und der linken Spalte stimmen nicht überein.*

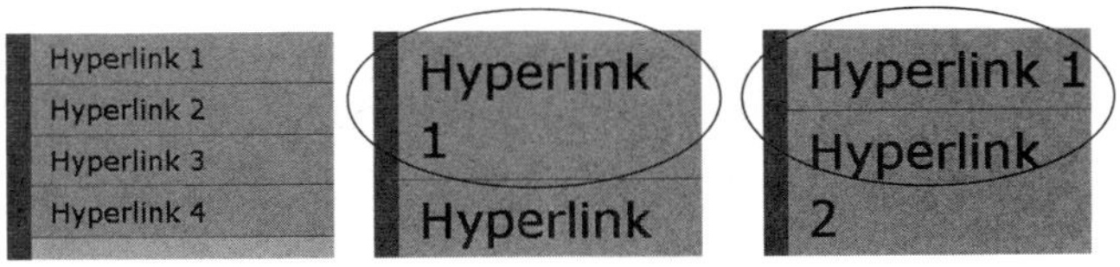

Abbildung 5.36: *Verschiedene Schriftgrößen zeigen Umbrüche.*

4. Korrigieren Sie Fehler in Dreamweaver und starten Sie dann die Vorschau erneut. Erst wenn Sie mit dem Ergebnis zufrieden sind, sollten Sie eine Webseite veröffentlichen (vgl. Kapitel 14).

Liste bearbeiten

Die Browserliste zeigt die bei der Dreamweaver-Installation bereits vorhandenen Webbrowser an. Installieren Sie nun einen neuen Browser oder eine neue Version, sollten Sie diese Liste ändern bzw. ergänzen:

1. Klicken Sie auf den Button Vorschau/Debug in Browser. Wählen Sie Browserliste bearbeiten.

   Alternativ öffnen Sie in den Voreinstellungen (Bearbeiten / Voreinstellungen) die Kategorie Vorschau in Browser.

   Device Central, Adobe BrowserLab und die installierte Adobe-AIR-Erweiterung sind automatisch im Menü eingetragen und können nicht geändert werden.

2. Klicken Sie auf den [+]-Button. Das Dialogfenster Browser hinzufügen wird geöffnet (Abbildung 5.37).

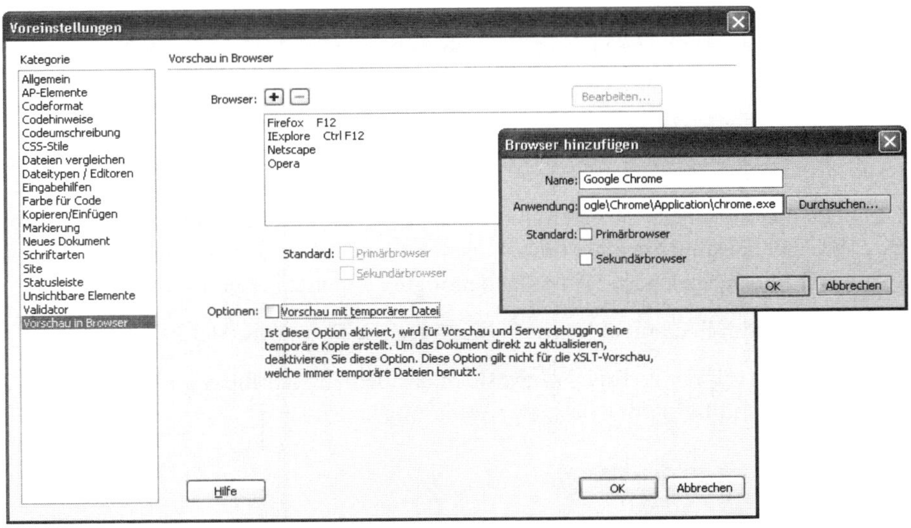

Abbildung 5.37: *Voreinstellungen für die Browservorschau*

3. Geben Sie Namen und Verzeichnis der gewünschten Anwendung an und bestimmen Sie, ob diese als Primärbrowser geöffnet werden soll. Damit wird dieser Browser standardmäßig geöffnet, wenn Sie die Vorschau aktivieren oder auf F12 drücken. Sekundärbrowser öffnen Sie dagegen mit Strg + F12.

Hinweis Primär- und Sekundärbrowser können Sie jederzeit ändern (s. u.).

4. Bestätigen Sie Ihre Einstellungen mit OK.

Möchten Sie einen ausgewählten Browser aus der Liste entfernen, klicken Sie auf den Button [-].

Überprüfen Sie Primär- und Sekundärbrowser in den Voreinstellungen. Legen Sie einen Primärbrowser (z. B. *Internet Explorer*) fest, für den Sie zunächst die Seite optimieren möchten: Markieren Sie den Browser-Eintrag und aktivieren Sie dann das Kontrollkästchen Primärbrowser. Anschließend bestimmen Sie einen Sekundärbrowser (z. B. *Firefox*), für den Sie den Feinschliff der Seite durchführen.

5. Deaktivieren Sie die Option Vorschau mit temporärer Datei, wird das geänderte Dokument vor der Browservorschau gespeichert und dann angezeigt.

   Ist die Option dagegen aktiviert, erstellt Dreamweaver für die Anzeige im Browser eine temporäre Datei (**.tmp*). Aktualisieren Sie die Ansicht im Browser, kann es passieren, dass Sie nicht die aktuelle Version Ihrer Arbeit sehen. In diesem Fall sollten Sie die Browservorschau in Dreamweaver immer wieder neu starten.

Natürlich können Sie das Dreamweaver-Dokument auch jedes Mal speichern und im Browser unter Datei / Öffnen ansehen. Auch hier werden Änderungen erst sichtbar, nachdem Sie die Seite in Dreamweaver gesichert haben.

6. Sind alle Browser definiert, schließen Sie die Voreinstellungen mit OK.

Hinweis Insbesondere das CSS-Boxmodell wird recht unterschiedlich von den einzelnen Browsern interpretiert. Mit so genannten Hacks bekommen Sie das Problem jedoch rasch in den Griff. Diese stelle ich Ihnen detailliert in meinem Dreamweaver-Handbuch vor.

5.9 Favoriten zusammenstellen

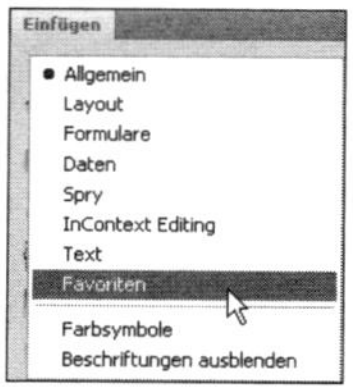

Das Bedienfeld Einfügen enthält in mehreren Kategorien unterschiedliche Objekte für Ihre Webseiten. Damit Sie nicht immer wieder über das Menü in eine andere Kategorie springen müssen, speichern Sie häufig benötigte Elemente in den Favoriten ab.

1. Öffnen Sie im Bedienfeld Einfügen die Kategorie Favoriten (siehe Randspalte).
2. Klicken Sie mit der rechten Maustaste in das Bedienfeld hinein und wählen Sie im offenen Menü Favoriten anpassen (Abbildung 5.38).

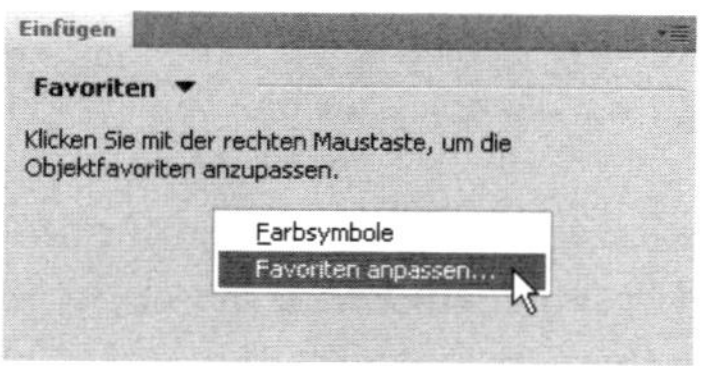

Abbildung 5.38: *Favoriten anpassen*

3. Anschließend stellen Sie die favorisierten Objekte zusammen: Markieren Sie das gewünschte Objekt unter Verfügbare Objekte und klicken Sie auf den Button >>. Das Objekt wird in die Favoritenliste rechts davon übernommen.

   Die Position eines hier ausgewählten Objekts ändern Sie über die Buttons und .

   Klicken Sie auf , um das Objekt zu löschen.

   Die Trennlinie fügen Sie unter dem ausgewählten Objektfavorit ein. Auf diese Weise fassen Sie ähnliche Objekte zusammen, wie beispielsweise Bild und Rollover-Bild in Abbildung 5.39. Trennlinien können Sie mit den Buttons darüber ebenfalls verschieben oder löschen.

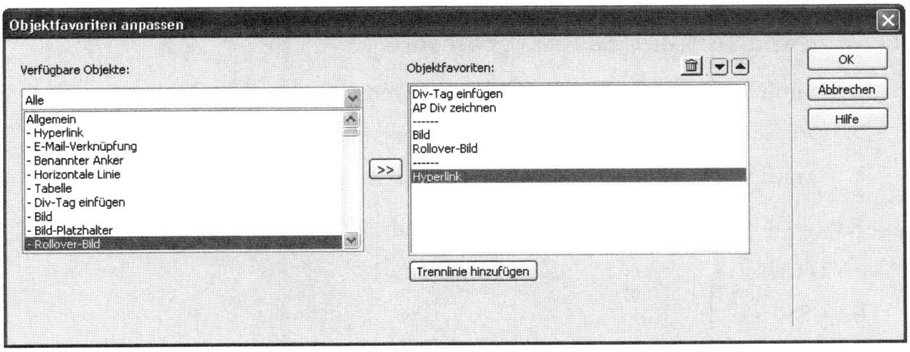

Abbildung 5.39: *Objektfavoriten erstellen und anpassen*

4. Klicken Sie auf die Schaltfläche OK, speichert Dreamweaver Ihre Favoriten und zeigt sie in der Kategorie Favoriten des Bedienfelds Einfügen an. Diese stehen nun jederzeit zur Verfügung – auch nach einem Programmneustart.

Die Trennlinie wird im Bedienfeld erst dargestellt, nachdem Sie die Beschriftungen im Optionsmenü ausgeblendet haben (Abbildung 5.40).

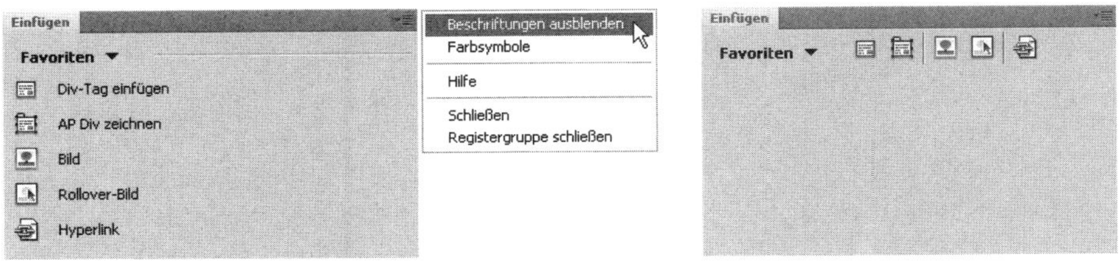

Abbildung 5.40: *Favoriten mit ein- und ausgeblendeter Beschriftung (rechts)*

5.10 Kleine Erfolgskontrolle

15. Welches Format können Sie in Dreamweaver nicht direkt importieren?

    a. Microsoft Word
    b. Microsoft Excel
    c. Microsoft Powerpoint

16. Was zeigt die Statusleiste an?

    a. Den Status Ihres Systems
    b. Die aktuelle Uhrzeit
    c. Die geschätzte Ladezeit der aktuellen Seite

17. Wozu wird das Bedienfeld EINFÜGEN benötigt?

    a. Damit können schnell Elemente in die Webseite eingefügt werden.
    b. Zur Kontrolle bereits integrierter Seitenelemente.
    c. Damit werden Lineale im Dokumentfenster platziert.

18. Wodurch wird das Seitenlayout der vordefinierten Seiten festgelegt?

    a. HTML
    b. CSS
    c. Tabellen

6 CSS-Layout ändern

Das lernen Sie neu:

- Aufbau vordefinierter CSS-Layouts
- Layouts bearbeiten
- Mit dem Tracing-Bild arbeiten
- Hinter- und Vordergrundbilder einsetzen
- Raster und Hilfslinien einsetzen

Im letzten Workshop haben Sie eine Webseite erstellt, die auf einem vordefinierten CSS-Layout basiert. Zudem haben Sie erfahren, dass mehrere Container bzw. Boxen die Seitenelemente aufnehmen und damit deren Position bestimmen. In diesem Kapitel nehmen wir den Seitenaufbau genau unter die Lupe und passen ihn dem gewünschten Design an. Dabei integrieren wir weitere Elemente in die Seite und verwenden nützliche Hilfsmittel für die Bestimmung der exakten Position.

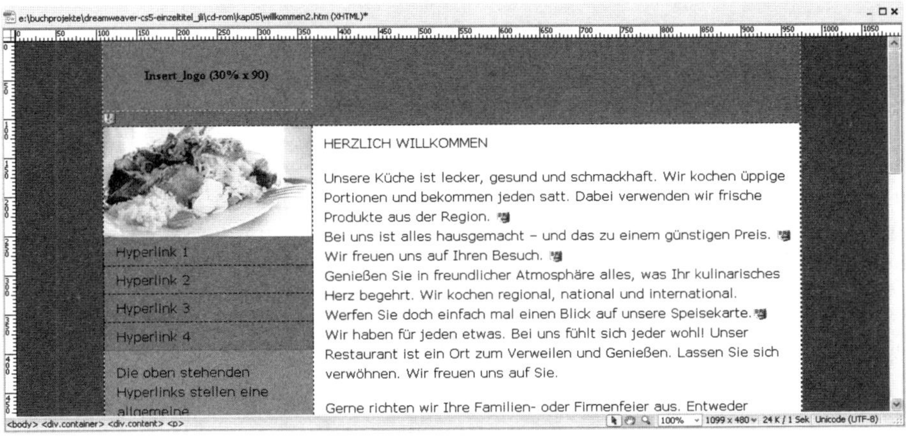

***Abbildung 6.1:** Dieses CSS-Layout muss angepasst werden.*

6.1 Aufbau der CSS-Webseite

Im Folgenden betrachten wir uns das Seitenlayout *2 Spalten fließend, linke Randleiste, Kopf- und Fußzeile* etwas genauer. Andere Layouts im Dialogfenster NEUES DOKUMENT (Kapitel 5.1) sind ähnlich aufgebaut.

DVD

Öffnen Sie entweder Ihre Übungsdatei aus dem letzten Workshop oder die Datei *willkommen2.htm* im Verzeichnis *kap05* auf der DVD (Abbildung 6.1).

6.1.1 Visuelle Hilfsmittel einblenden

In Dreamweaver gibt es visuelle Hilfsmittel, die Ihnen die Arbeit mit CSS erleichtern. Dadurch können Sie Größe, Position, Abstände und Ränder von CSS-Elementen besser kontrollieren und bearbeiten.

- Aktivieren Sie benötigte VISUELLE HILFSMITTEL im Menü ANSICHT (Abbildung 6.2). Einige sind bereits standardmäßig aktiviert.

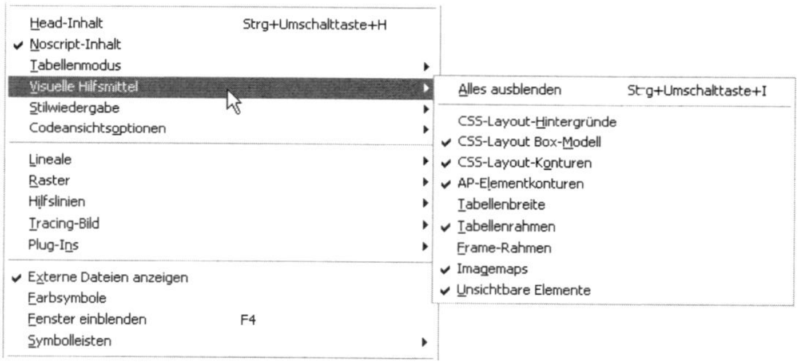

Abbildung 6.2: *Visuelle Hilfsmittel enthält das Menü ANSICHT.*

Die eingeblendeten CSS-LAYOUT-HINTERGRÜNDE weisen den einzelnen Seiten-Containern zufällig ausgewählte Farben zu. Wie alle Hilfsmittel werden diese weder im Quelltext gespeichert noch im Browser angezeigt. Jetzt erkennen Sie gut die einzelnen Boxen, die mit dem `div`-Tag in die Seite integriert sind (Abbildung 6.3). Diese Container enthalten Texte, Bilder sowie andere Inhalte und bauen damit die Seite auf. Position und Darstellung sind mit CSS bestimmt.

Für den gestrichelten Rahmen um jede Box sind CSS-LAYOUT-KONTUREN verantwortlich, die Sie ebenfalls in diesem ANSICHT-Menü aktivieren.

HINWEIS

Die Begriffe Container, Box, Bereich und `div`-Element werden synonym verwendet. Dieses CSS-Boxmodell kann von einzelnen Browsern unterschiedlich dargestellt werden. Die vordefinierten Webseiten enthalten bereits wichtige Optimierungen. Weitere Kniffe finden Sie in meinem Dreamweaver-Handbuch und im CSS-Kompendium (siehe Anhang).

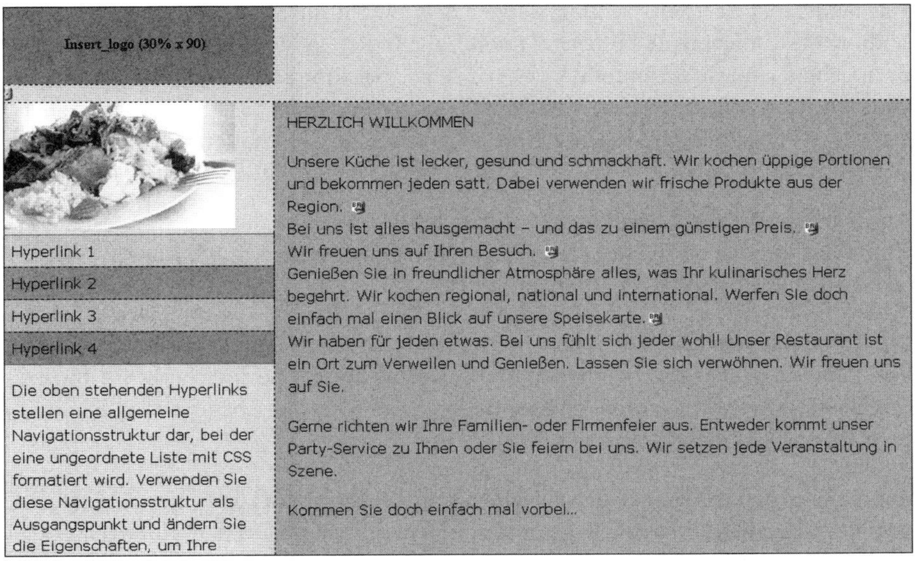

Abbildung 6.3: *CSS-Layout-Hintergründe verdeutlichen das Box-Modell.*

6.1.2 CSS-Regeln für einzelne Seitenbereiche

Die Webseite unseres Workshops besteht aus fünf Containern:

Der Kopfzeile (`header`), der linken Spalte (`sidebar1`), dem rechten Inhaltsbereich (`content`) und der Fußzeile (`footer`). Zudem gibt es eine übergeordnete Box (`container`), die alle übrigen Bereiche beinhaltet und diese auf der Webseite zentriert. In Klammern sind jeweils die Containernamen genannt.

Über das `class`-Attribut wird die entsprechende CSS-Regel jeder Box zugewiesen, die damit formatiert wird (Kapitel 6.1.2).

AUFSTEIGER

Klicken Sie in einen Bereich hinein, erkennen Sie im Tag-Selektor ebenfalls gut die Struktur der Seite (Abbildung 6.4). Der Name des aktuellen Containers steht immer rechts. Das `body`-Element finden Sie dagegen immer links vor der Box `container`.

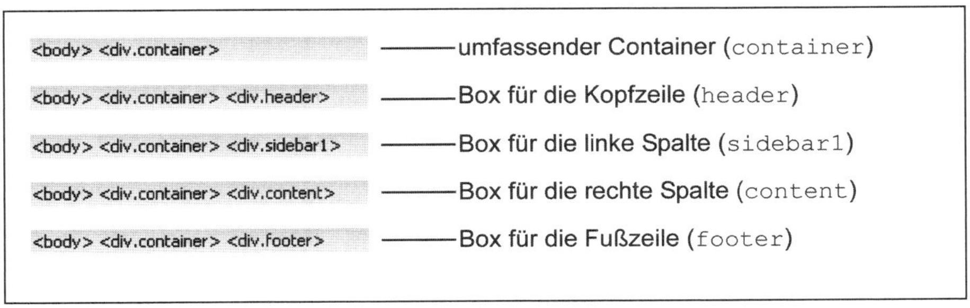

Abbildung 6.4: *Anzeigen im Tag-Selektor für unterschiedliche Seitenbereiche*

CSS-Stile:
⇧ + F11

Das Bedienfeld CSS-Stile zeigt im Modus Alle die für die Seite definierten Stile (Abbildung 6.5). Allgemeine Stilregeln, die für alle Inhalte in den verschiedenen Containern gelten, sind direkt unter dem `body`-Elementselektor aufgeführt. Hier finden Sie Überschriften (`h1`, `h2`, etc.), Absätze oder verschiedene Hyperlinks (`a img`, `a:link`, etc.). Diese Regeln legen Sie weitgehend in den Seiteneigenschaften fest (Modifizieren / Seiteneigenschaften).

Anschließend folgen die Stilregeln für die zu Beginn dieses Kapitels erläuterten `div`-Container und die darin enthaltenen Elemente. Diese werden durch Klassen-Selektoren auf die jeweiligen Elemente angewendet.

Hinweis

Die verschiedenen Selektor-Typen haben Sie bereits in Kapitel 3.2 kennen gelernt. Vordefinierte Webseiten beinhalten keine ID-Selektoren, die üblicherweise für `div`-Container verwendet werden, und formatieren die Seite ausschließlich mit Element-, Klassen- und Pseudoselektoren.

Für einige Seitenelemente in den einzelnen Containern gibt es kombinierte Selektoren. Beispielsweise wird folgende Regel nur auf Hyperlinks (`<a>`) in Aufzählungen (`<ul>`) angewendet, denen die Klasse `.nav` zugewiesen ist. Diese finden Sie typischerweise in der linken Navigationsleiste. Gleichzeitig wird mit der Pseudoklasse `a:visited` die gleiche Formatierung besuchten Hyperlinks zugewiesen.

```
ul.nav a, ul.nav a:visited  { … }
```

Auch für den rechten Inhaltscontainer, den die Klasse `.content` formatiert, gibt es spezifische Regeln für geordnete und ungeordnete Aufzählungen, wie etwa die folgende:

```
.content ul, .content ol {…}
```

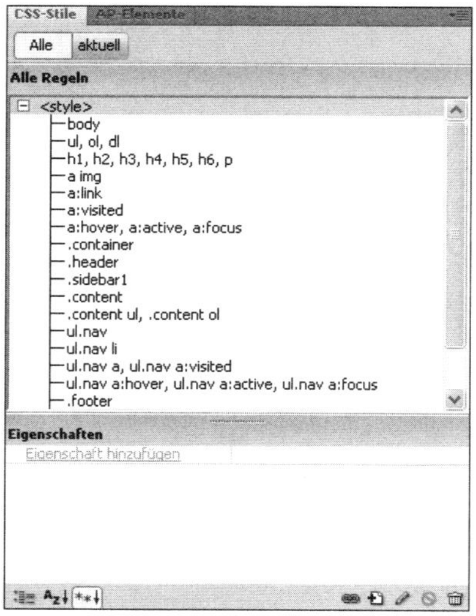

Abbildung 6.5: *Bedienfeld CSS-Stile mit vordefinierten Regeln*

6.2 Container und Elemente anpassen

Die einzelnen CSS-Regeln werden Sie auf den nächsten Seiten detailliert kennen lernen. Dabei arbeiten wir im Bedienfeld CSS-STILE im Modus ALLE.

HINWEIS

Wegen der Eindeutigkeit verzichten wir hier auf den Modus AKTUELL, der von fortgeschrittenen Anwendern bevorzugt wird, weil er die Attribute des ausgewählten Elements anzeigt. Die entsprechend hierarchisch angewendeten CSS-Regeln zeigt auch der Code-Navigator. Dieser wird geöffnet, wenn Sie mit gedrückter [Alt]-Taste auf ein Element im Entwurfsfenster klicken (Abbildung 6.6).

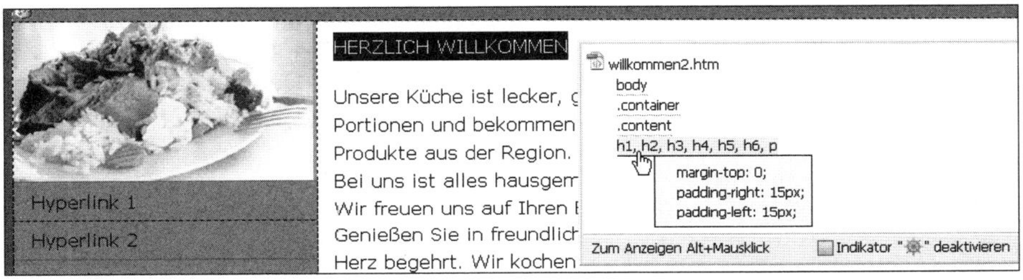

Abbildung 6.6: *Code-Navigator für Elemente im Container mit der Klasse* `.content`

Im Code finden Sie zudem zahlreiche Kommentare mit wichtigen Hinweisen und zur Kennzeichnung der einzelnen Seitenbereiche. Im Entwurfsfenster sind diese bei eingeblendeten UNSICHTBAREN ELEMENTEN mit dem Icon KOMMENTARE hervorgehoben. Klicken Sie auf dieses Icon, zeigt das Bedienfeld EIGENSCHAFTEN den entsprechenden Kommentartext an. In Abbildung 6.7 markiert der ausgewählte Kommentar das Ende der Kopfzeile, der die Klasse `.header` zugewiesen ist.

Kommentare erkennen Sie im Codefenster an der hellgrauen Schrift. Solche HTML-Kommentare stehen zwischen den Zeichen `<!--` und `-->`.

```
<!-- end .header -->
```

Auch der im Codefenster angezeigte CSS-Code enthält zahlreiche Kommentare mit wertvollen Hinweisen, insbesondere für fortgeschrittene Anwender. Diese stehen zwischen den Zeichen `/*` und `*/`.

```
/* Dies sind die Spalten für das Layout. */
```

Abbildung 6.7: *Den Inhalt eines Kommentars zeigt der Inspektor an.*

6.2.1 Seiteneigenschaften und -breite ändern

Im gewählten CSS-Layout passt sich der dargestellte Inhalt dem jeweiligen Browserfenster bzw. der Monitorgröße an. Dabei wird ein dunkelblau hinterlegter Abstand zum Fensterrand eingehalten. Diese Hintergrundfarbe ist in den Seiteneigenschaften und damit für das `body`-Tag definiert.

1. Markieren Sie im Bedienfeld CSS-Stile das `body`-Element. Im unteren Bereich dieses Fensters werden nun die festgelegten Seiteneigenschaften angezeigt. Mit etwas Erfahrung können Sie dort direkt Ihre Einstellungen vornehmen. Wir behandeln in den folgenden vier Schritten zuerst die ausführliche Variante, mit der Einsteiger häufig besser zurechtkommen.
2. Klicken Sie auf den Button Stile bearbeiten am unteren Bedienfeldrand. Die CSS-Regel-Definition öffnen Sie ebenfalls mit einem Doppelklick auf den im Bedienfeld aufgelisteten CSS-Selektor (vgl. Abbildung 6.8).

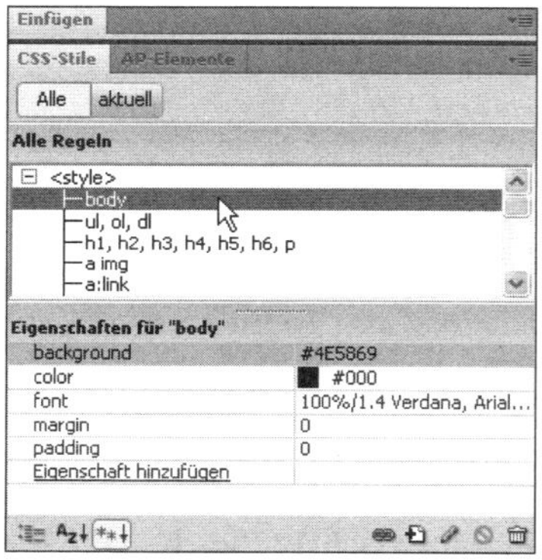

Abbildung 6.8: *Selektor auswählen*

3. Für unsere Workshop-Seite geben Sie in der Kategorie Hintergrund Weiß (*#FFF*) als Hintergrundfarbe (Background-color) an (Abbildung 6.9).

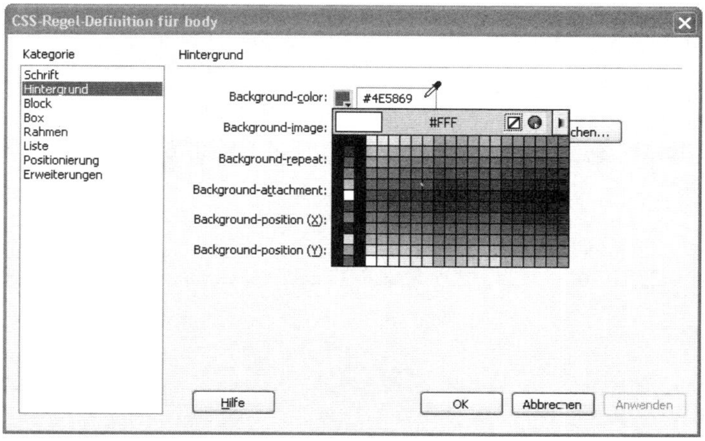

Abbildung 6.9: *Hintergrundfarbe neu einstellen.*

4. In der Kategorie Schrift entfernen Sie *Verdana* aus der Schriftartkombination (Font-Family) und geben für die Schriftfarbe (Color) einen Blauton (*#033*) an.

5. An den übrigen Attributen für das `body`-Element ändern Sie nichts. Bestätigen Sie mit OK. Die neuen CSS-Attribute werden bei markiertem Element im Bedienfeld CSS-Stile angezeigt (Abbildung 6.10).

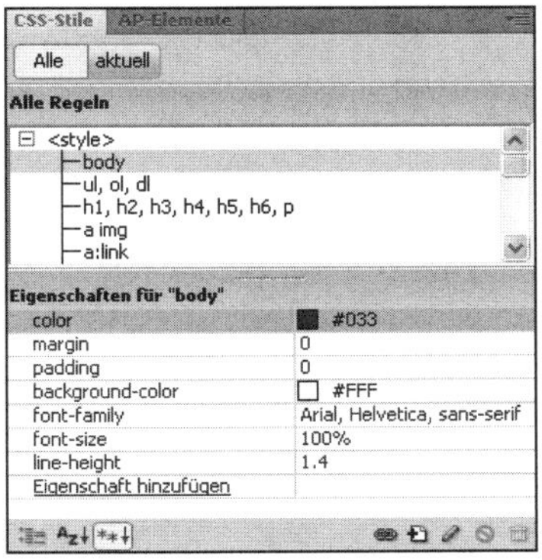

Abbildung 6.10: *Das Fenster zeigt die neuen Eigenschaften an.*

6. Die Breite (`width`) des Inhaltsbereichs ist für das `container`-Element definiert. Im Bedienfeld CSS-Stile ist hierfür der Wert *80%* angegeben. Da es diesmal schnell gehen muss, arbeiten wir jetzt direkt im Bedienfeld. Unsere Layout-Vorlage sieht statt eines relativen ein festes Layout vor:

   - Markieren Sie die Breite und geben Sie im ersten nun sichtbaren Menü den Wert *955* an. Im Menü dahinter bestimmen Sie Pixel (*px*) als Einheit (Abbildung 6.11, links). Bestätigen Sie mit [↵] oder klicken Sie an eine beliebige Stelle des Arbeitsbereichs.

   - Gleichzeitig sind für diesen Container bestimmte Grenzwerte festgelegt. Diese sind jedoch nur für fließende Layouts sinnvoll und können hier entfernt werden.

     Mit `min-width` geben Sie eine Mindestgröße an, die wenigstens umgesetzt werden muss. Dagegen bestimmt `max-width` einen Höchstwert, der jedoch nur von entsprechend großen Monitoren dargestellt werden kann. Solche Attribute gewährleisten die Umsetzung des Layouts. Allerdings werden Sie von älteren Browsern nicht umgesetzt.

     Markieren Sie diese Einträge und klicken Sie auf [🗑] am unteren Bedienfeldrand oder drücken Sie die [Entf]-Taste (Abbildung 6.11, rechts). Alternativ entfernen Sie die Werte aus den eingeblendeten Feldern. Dreamweaver löscht automatisch die komplette Regel aus dem Code. Wenn Sie jetzt eine andere Regel auswählen und dann erneut *.container* markieren, wird dieser Eintrag nicht mehr angezeigt.

TIPP

Vermeiden Sie unnötige Angaben und achten Sie auf einen »schlanken« Code. Die Ladezeit wird hierdurch in der Regel kaum beeinflusst. Allerdings finden Sie sich in einem aufgeräumten Code gut zurecht und können erforderliche Arbeiten schnell erledigen.

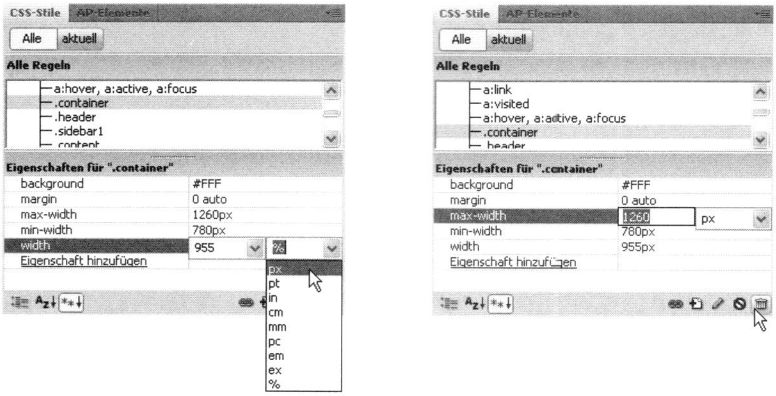

Abbildung 6.11: *Breite des übergeordneten Containers ändern*

7. Da die Hintergrundfarbe der Seiteneigenschaften nun mit der des Containers übereinstimmt, wird dieses Attribut für die Klasse *.container* nicht mehr benötigt. Entfernen Sie den Wert *#FFF* hinter *background*. Ohnehin stört diese Angabe, wenn Sie mit einem Tracing-Bild arbeiten möchten.

AUFSTEIGER

Für die Zentrierung des übergeordneten Containers sind ein rechter und ein linker Rahmen (*margin*) definiert. Mit dem Wert *auto* passt sich dieser automatisch an und verteilt den verbleibenden Platz gleichmäßig auf beide Seiten. Der Wert *0* bezieht sich dagegen auf den oberen und unteren Abstand zwischen Container und Seitenrand. Diese Attribute sind in der Kategorie Box der CSS-Regel-Definition eingetragen (Abbildung 6.12).

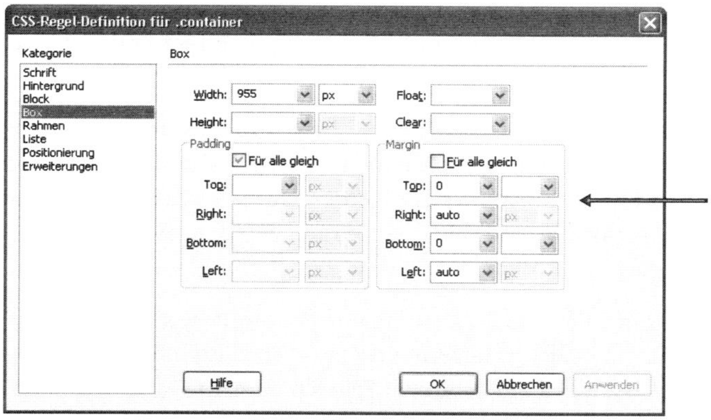

Abbildung 6.12: *Einstellungen für das Zentrieren des Seiteninhalts.*

DVD

Dieser Zwischenstand ist im Verzeichnis *kap06* als *grundlayout.htm* gesichert (Abbildung 6.13).

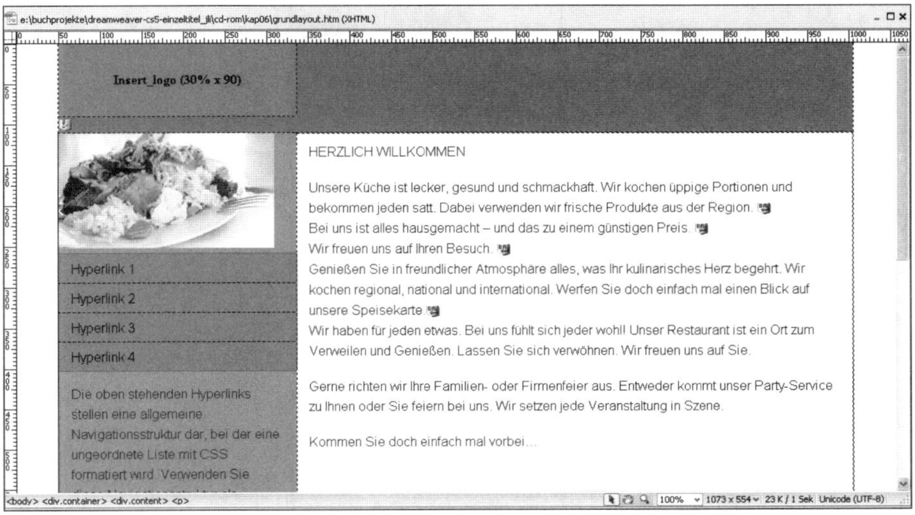

Abbildung 6.13: *Feste Containerbreite und geänderter Hintergrund*

Das Tracing-Bild als Layout-Hilfe einsetzen

Die Layoutvorlage finden Sie als *tracing-bild.jpg* im Verzeichnis *kap06* auf der DVD. Wird es als so genanntes Tracing-Bild im Hintergrund eines Dokuments angezeigt, haben Sie eine gute Orientierung bei der Seitenentwicklung. Damit können Sie einzelne Seitenelemente, wie Container oder Bilder, gut positionieren und auch verschiedene Textgrößen mit dem Original vergleichen.

ACHTUNG

Obwohl das Bild in den Quelltext integriert wird, zeigt der Browser es nicht an. Das Tracing-Bild ist lediglich eine Designhilfe.

1. Blenden Sie die CSS-Layout-Hintergründe über Ansicht / Visuelle Hilfsmittel aus. Diese würden jetzt nur noch stören.

DVD

Falls Sie den Workshop unterbrochen haben: Wir arbeiten an der letzten Datei, die auch auf der DVD als *grundlayout.htm* im Verzeichnis *kap06* gespeichert ist.

2. Öffnen Sie in den Seiteneigenschaften die Kategorie Tracing-Bild (Modifizieren / Seiteneigenschaften).
3. Geben Sie Verzeichnis und Dateinamen des Tracing-Bildes an. Arbeiten Sie gegebenenfalls über die Schaltfläche Durchsuchen. Die Grafikdatei muss im JPG-, JPEG-, GIF-, PNG- oder PSD-Format vorliegen.

   Möchten Sie kein eigenes Design umsetzen, verwenden Sie die JPG-Datei auf der DVD. Damit werden wir auf den folgenden Seiten das in Abbildung 6.14 dargestellte Layout umsetzen.

Abbildung 6.14: *Diese Layout-Vorlage hinterlegen Sie als Tracing-Bild.*

4. Stellen Sie die TRANSPARENZ des Bildes mit dem Schieberegler ein. Damit sich platzierte Seitenelemente besser von dieser Vorlage abheben, sollten Sie einen Wert von etwa *50%* wählen (Abbildung 6.15).

   Drücken Sie auf die Schaltfläche ANWENDEN und korrigieren Sie ggf. diese Einstellung.

5. Bestätigen Sie mit OK.

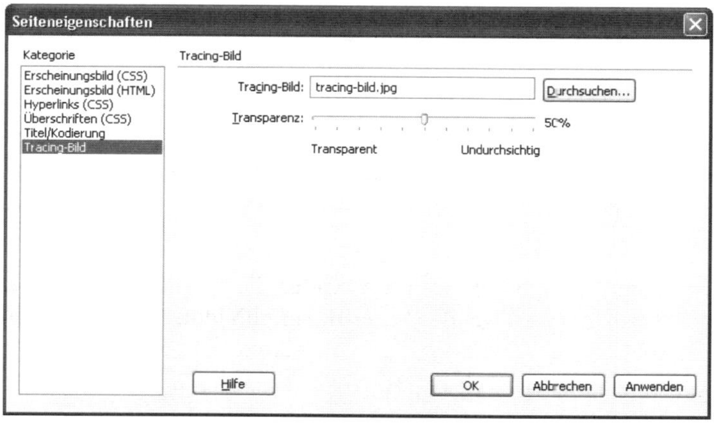

Abbildung 6.15: *Tracing-Bild in den Seiteneigenschaften angeben*

6. Jetzt müssen Sie das Bild noch am übergeordneten Container ausrichten: Markieren Sie den Container über den Tag-Selektor (siehe Randspalte).

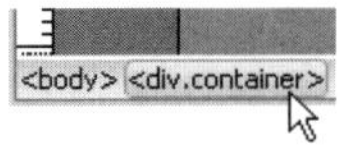

7. Wählen Sie in der Menüleiste ANSICHT / TRACING-BILD / AN AUSWAHL AUSRICHTEN. Die obere linke Ecke des Tracing-Bildes ist nun an der oberen linken Ecke des ausgewählten Elements ausgerichtet.

   Manchmal ist es notwendig, die Position des Tracing-Bildes weiter anzupassen: Hierzu wählen Sie ANSICHT / TRACING-BILD / POSITION EINSTELLEN.

   Anschließend geben Sie konkrete Werte für die X- und Y-Position ein (Abbildung 6.16) oder Sie verschieben das Bild mit den Pfeiltasten der Tastatur an die gewünschte Stelle. Um ein Bild fünf Pixel zu verschieben, drücken Sie gleichzeitig die [⇧]-Taste. Negative Koordinaten sind nicht möglich.

   Bestätigen Sie mit OK.

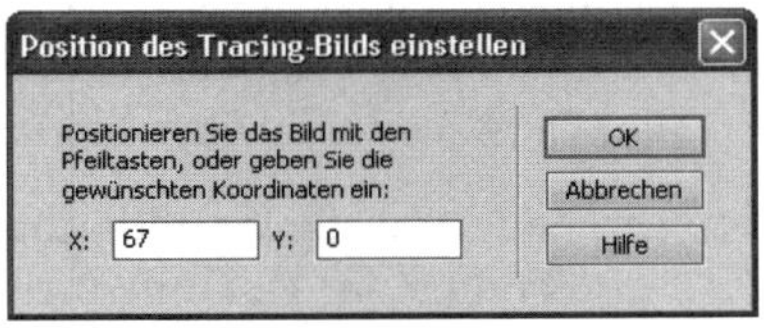

Abbildung 6.16: *Position des Tracing-Bildes exakt bestimmen*

ACHTUNG

Sobald das Tracing-Bild ausgerichtet ist, sollten Sie die Größe des Dokumentfensters nicht mehr ändern. Dies gilt zumindest bei zentrierten Containern, die ihre Position mit der Fenstergröße ändern.

Im ausgewählten vordefinierten Seitenlayout überlagert die Hintergrundfarbe der Kopfzeile sowie der linken Spalte das Tracing-Bild. Oder anders ausgedrückt: Das Tracing-Bild ist nur sichtbar, wenn den darüber platzierten CSS-Boxen keine Hintergrundfarbe zugewiesen ist. Seiteneigenschaften werden dagegen vom Tracing-Bild überlagert und in Dreamweaver nicht dargestellt. In der Browser-Ansicht hat sich aber nichts geändert. Die Hintergrundfarben werden wir in den einzelnen Kapiteln entfernen bzw. durch andere Eigenschaften ersetzen.

DVD

Dieser Arbeitsstand ist als *grundlayout_start.htm* im Verzeichnis *kap06* gespeichert.

Möchten Sie das Tracing-Bild zwischenzeitlich ausblenden, wählen Sie ANSICHT / TRACING-BILD / ZEIGEN. **Wählen Sie diesen Befehl erneut, blenden Sie es wieder ein. Im Menü erscheint dahinter dann wieder der Haken.**

Die Position des Tracing-Bildes setzen Sie auf den Nullpunkt in der linken oberen Ecke zurück, indem Sie ANSICHT / TRACING-BILD / POSITION ZURÜCKSETZEN wählen.

Raster und Hilfslinien für präzises Positionieren

Die Gitternetzlinien erleichtern Ihnen ebenfalls das Layouten einer Seite. Blenden Sie das Gitternetz ein, indem Sie in der Menüleiste Ansicht Raster / Raster anzeigen auswählen oder [Strg] + [Alt] + [G] drücken (Abbildung 6.17).

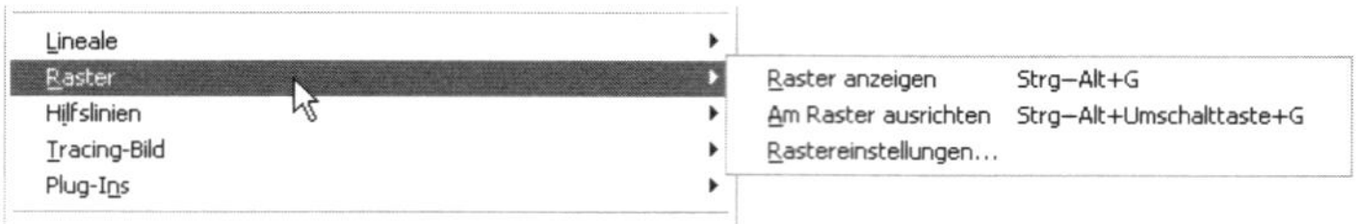

Abbildung 6.17: *Ansicht / Raster in der Menüleiste*

Nicht immer ist das Raster gut auf einer geöffneten Webseite sichtbar. Sind beispielsweise Hintergrund- und Rasterfarbe sehr ähnlich, ändern Sie die Rastereinstellungen unter Ansicht / Raster / Rastereinstellungen.

1. Definieren Sie im Dialogfenster Rastereinstellungen eine kontrastreiche Farbe. Passen Sie bei Bedarf andere Einstellungen ebenfalls an, wie beispielsweise Abstand und Darstellung des Gitternetzes als Linien oder Punkte (Abbildung 6.18).
2. Klicken Sie auf die Schaltfläche Anwenden, sehen Sie eine Vorschau Ihrer neuen Einstellungen im Dokumentfenster bei geöffneter Dialogbox. Passen Sie die Einstellungen wenn nötig weiter an und bestätigen Sie Ihre Angaben bei zufrieden stellendem Ergebnis mit OK.

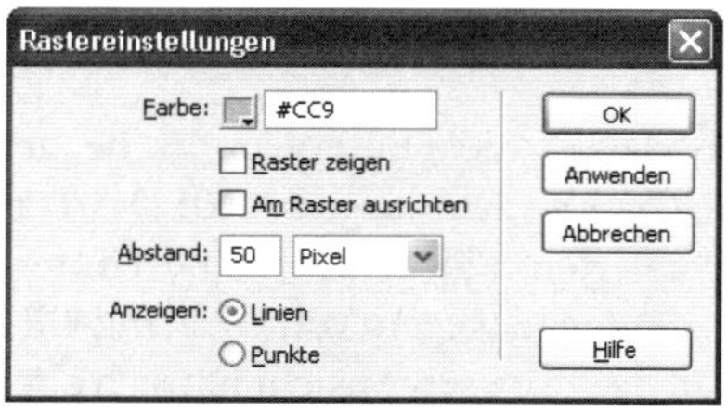

Abbildung 6.18: *Rastereinstellungen festlegen*

Hinweis Absolut positionierte Elemente können Sie exakt positionieren, wenn Sie diese Am Raster ausrichten (vgl. Kapitel 11.3.6). Diesen Befehl finden Sie unter Ansicht / Raster.

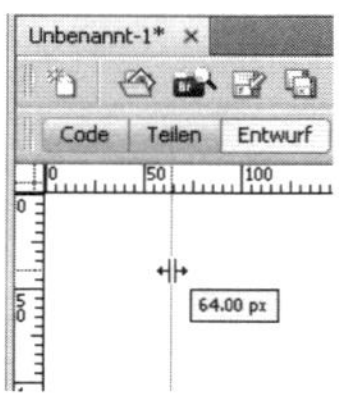

Benötigen Sie für die Erstellung Ihrer Seitenlayouts individuelle Hilfslinien, ziehen Sie diese einfach mit gedrückter linker Maustaste aus dem vertikalen oder horizontalen Lineal heraus und setzen Sie diese an die gewünschte Stelle in Ihrem Dokument. Dabei können Sie beliebig viele Hilfslinien erstellen.

1. Lineale blenden Sie über Ansicht / Lineale / Zeigen in der Menüleiste ein und später auch wieder aus (Abbildung 6.19).

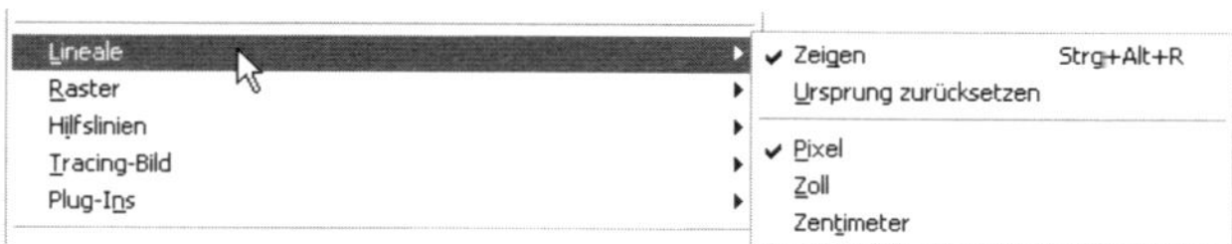

Abbildung 6.19: *Das Menü Lineale befindet sich unter Ansicht.*

2. Die Darstellung von Hilfslinien steuern Sie über ANSICHT / HILFSLINIEN / HILFSLINIEN ANZEIGEN.

   In diesem Menü finden Sie auch den Befehl, mit dem Sie Hilfslinien sperren und damit ein ungewolltes Verschieben verhindern. Auch hier zeigt ein Haken die aktivierte Einstellung an (Abbildung 6.20).

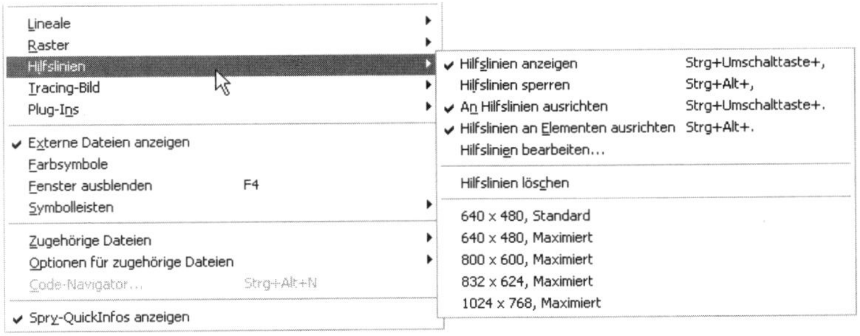

Abbildung 6.20:
ANSICHT / HILFSLINIEN in der Menüleiste

Aktivieren Sie die Option HILFSLINIEN AN ELEMENTEN AUSRICHTEN, um die Linien präzise und schnell an bereits auf der Seite vorhandenen Elementen zu platzieren. Allerdings können Sie Hilfslinien nicht am Tracing-Bild ausrichten. Damit neu eingefügte Elemente automatisch an den Hilfslinien ausgerichtet werden, aktivieren Sie im Menü die Einstellung AN HILFSLINIEN AUSRICHTEN.

Eine Hilfslinie entfernen Sie wieder, indem Sie diese zurück in das Lineal bewegen. Um alle Linien zu entfernen, wählen Sie ANSICHT / HILFSLINIEN / HILFSLINIEN LÖSCHEN.

Im unteren Teil des Hilfslinien-Menüs finden Sie zahlreiche vordefinierte Fenstergrößen. Erstellen Sie beispielsweise eine Webseite für einen 17-Zoll-Monitor, fügt Dreamweaver automatisch die entsprechenden Hilfslinien in das aktuelle Dokument ein, wenn Sie unter ANSICHT / HILFSLINIEN die Option 1024 x 768, MAXIMIERT wählen. Die Hilfslinien begrenzen somit den auf diesen Monitoren sichtbaren Bereich. Beachten Sie, dass Dreamweaver keine benutzerdefinierten Fenstergrößen in diesem Menü anzeigt, wie Sie es von schwebenden Fenster kennen.

6.2.2 Kopfzeile mit Logo einrichten (header)

Die CSS-Klasse `.header` definiert die Eigenschaften der oberen Kopfleiste. Damit diese wie in Abbildung 6.25 dargestellt wird, sind folgende Arbeitsschritte notwendig:

1. Doppelklicken Sie im Bedienfeld CSS-STILE (Modus ALLE) auf die Regel `.header`.

2. Entfernen Sie in der Kategorie HINTERGRUND der CSS-Regel-Definition die Hintergrundfarbe (*#6F7D94*) im Feld BACKGROUND-COLOR (Abbildung 6.21).

   Darunter geben Sie die Datei *oben.jpg* aus dem allgemeinen *bilder*-Ordner als Hintergrundbild (BACKGROUND-IMAGE) an.

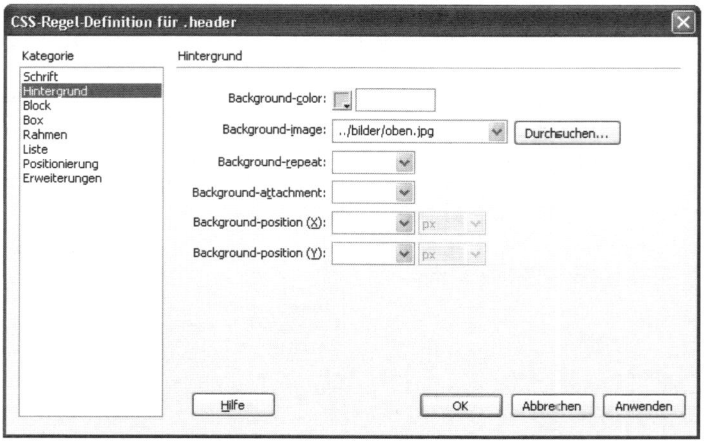

Abbildung 6.21: *Hintergrundbild angeben.*

3. Anschließend wechseln Sie in die Kategorie BOX:

   Die Höhe der Kopfleiste beträgt 122 Pixel (*px*). Geben Sie diesen Wert unter HEIGHT an (Abbildung 6.22). Dieser wird automatisch in der Kategorie POSITIONIERUNG übernommen. Alternativ können Sie Höhe und Breite auch hier eintragen.

4. Bestätigen Sie die Änderungen mit OK.

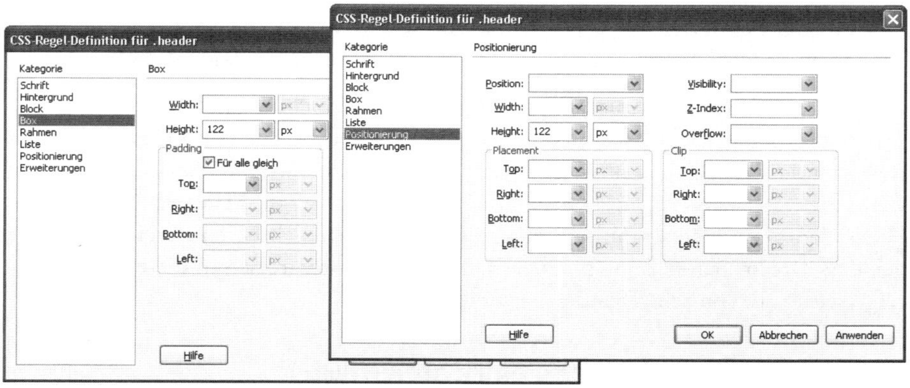

Abbildung 6.22: *Box-Höhe bestimmen*

5. Entfernen Sie das Platzhalterbild aus der Kopfzeile und fügen Sie stattdessen das Bild *logo.gif* aus dem *bilder*-Ordner ein.

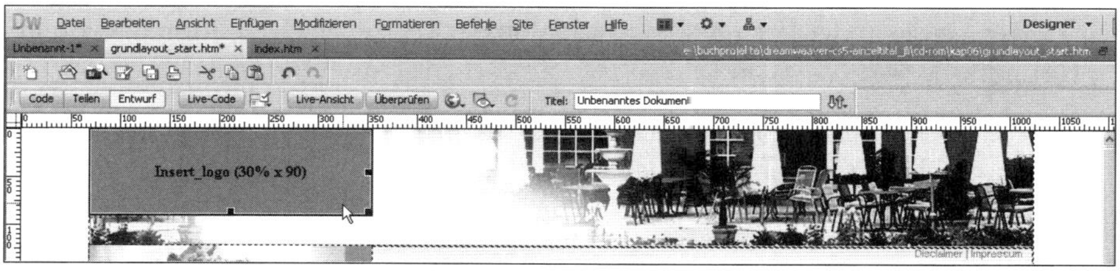

Abbildung 6.23: *Platzhalter entfernen*

6. Geben Sie in den EINGABEHILFEN einen aussagekräftigen ALTERNATIVTEXT ein, der angezeigt wird, wenn ein Browser das Bild nicht darstellen kann. Hierfür wird gerne der Name des Unternehmens bzw. des Restaurants verwendet.
7. Jetzt bestimmen Sie die Position des Logos: Das Bild ist weiterhin markiert. Drücken Sie im Bedienfeld CSS-STILE auf den Button NEUE CSS-REGEL.
8. Dreamweaver öffnet die CSS-Regel-Defintion mit bereits eingestelltem Selektor-Typ (*Zusammengesetzter Ausdruck*) und Selektor-Name (*.header img*). Den Namen können Sie auf die in Klammern angegebenen Elemente kürzen, indem Sie auf die Schaltfläche WENIGER DETAILS klicken (Abbildung 6.24).

   Damit gilt die Regel nur für Bilder, die in Elementen platziert sind, denen die Klasse `.header` zugewiesen ist. Andere Bilder sind von den im Folgenden zu definierenden Formatierungsregeln nicht betroffen.

   Für dieses Beispiel speichern wir die neue CSS-Regel zunächst im `head`-Bereich des geöffneten HTML-Dokuments.

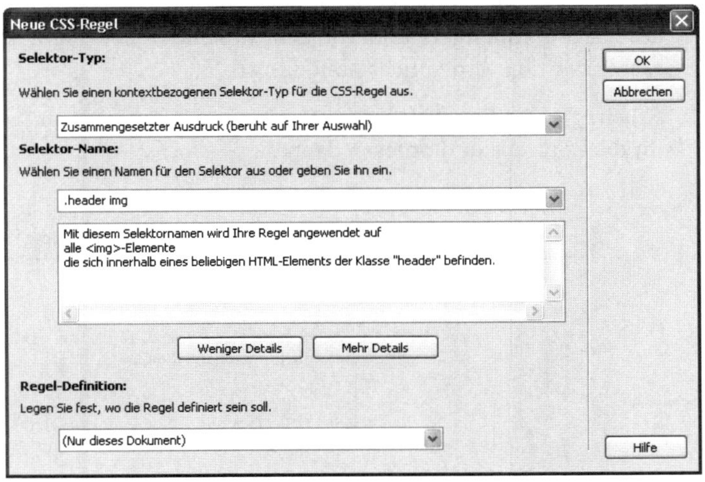

Abbildung 6.24: *Eine neue CSS-Regel erstellen*

9. Drücken Sie auf OK und wechseln Sie in der CSS-REGEL-DEFINITION in die Kategorie BOX. Hier richten wir das Logo jetzt aus.
10. Damit das Logo nicht direkt am linken Containerrand ausgerichtet wird, geben Sie den Innenabstand (PADDING) an (vgl. Randspalte). Entfernen Sie die Standardeinstellung FÜR ALLE GLEICH.

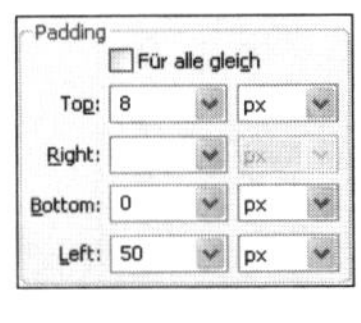

11. Drücken Sie auf ANWENDEN, überprüfen Sie die Einstellungen im Entwurfsfenster und bestätigen Sie dann mit OK.

ACHTUNG

Das Ergebnis wird im Entwurfsfenster nur korrekt umgesetzt, wenn die Anzeige der CSS-Stile in der Symbolleiste STILWIEDERGABE aktiviert ist (vgl. Kapitel 3.6).

Blenden Sie CSS-Layout-Konturen sowie visuelle Hilfsmittel aus, zeigt das Entwurfsfenster die Webseite wie später im Browser. Alternativ wechseln Sie in die Live-Ansicht oder Sie starten die Browservorschau.

Abbildung 6.25: *Die fertige Kopfleiste enthält Hintergrundbild und Logo.*

DVD Dieser Zwischenstand ist als *header.htm* auf der DVD gespeichert (Verzeichnis *kap06*).

6.2.3 Neuen Container einfügen (`streifen`)

Unter der Kopfleiste sieht die Layout-Vorlage eine weitere horizontale Leiste mit den Textverweisen zu *Disclaimer* und *Impressum* vor. Diese Seiten werden aus rechtlichen Gründen benötigt (vgl. Kapitel 13.4).

1. Platzieren Sie die Einfügemarke im Code-Fenster hinter dem schließenden `div`-Tag des `header`-Containers und vor dem öffnenden `div`-Tag der `sidebar1`-Box. Die exakte Position verdeutlicht Abbildung 6.26.

   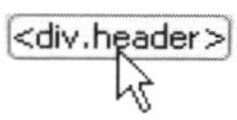

   Arbeiten Sie im Entwurfsfenster, markieren Sie zunächst im Tag-Selektor das `<div>` für die Kopfzeile und drücken dann die [→]-Taste.

Abbildung 6.26: *Position im Codefenster*

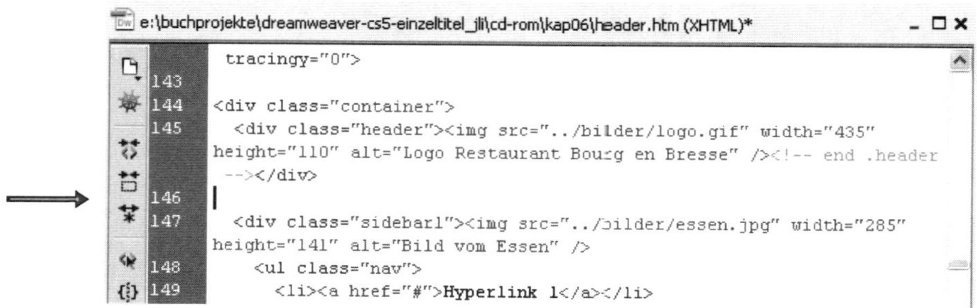

2. Klicken Sie im Bedienfeld Einfügen auf den Button Div-Tag einfügen. Diesen finden Sie sowohl in der Kategorie Allgemein als auch unter Layout.
3. Im Dialogfenster Div-Tag einfügen geben Sie in das Feld Klasse den Namen *streifen* ein (Abbildung 6.27).

   Möchten Sie alternativ einen ID-Selektor verwenden, geben Sie den entsprechenden Namen in das Feld ID ein.
4. Anschließend drücken Sie auf die Schaltfläche Neue CSS-Regel.

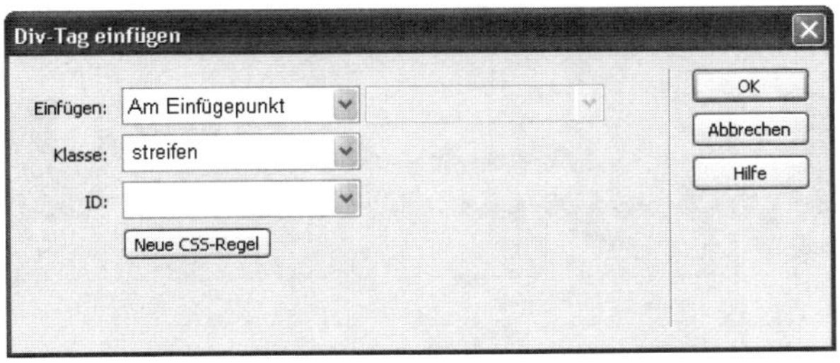

Abbildung 6.27:
DIV-TAG EINFÜGEN

5. Das Dialogfenster zeigt automatisch die benötigten Selektor-Informationen (Abbildung 6.28). Bestätigen Sie mit OK.

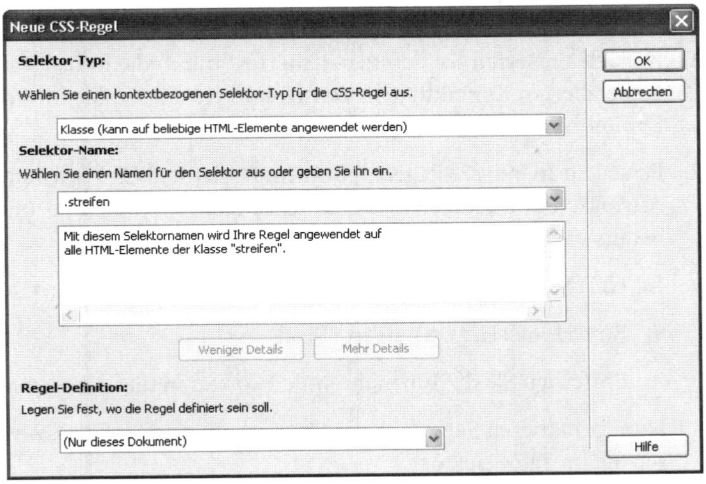

Abbildung 6.28:
Selektor-Informationen für die neue Klasse

6. Wechseln Sie in die Kategorie BOX der CSS-Regel-Definition und geben Sie die Höhe (HEIGHT) mit *13 Pixel* an. Damit der Text innerhalb der Box später nicht am linken Containerrand ausgerichtet wird, definieren Sie unter PADDING einen linken Innenabstand (LEFT) von *780 Pixel.*

7. In der Kategorie HINTERGRUND bestimmen Sie das Streifenbild (*streifen.gif*) im Feld BACKGROUND-IMAGE. Dieses Bild finden Sie ebenfalls im allgemeinen *bilder*-Ordner auf der DVD. Das Bild ist 13 Pixel hoch, aber nur 23 Pixel breit. Darum müssen Sie es horizontal kacheln, indem Sie unter BACKGROUND-REPEAT die Option *repeat-x* wählen.

8. Damit der Text in dieser Box mit der Schriftgröße 10 Pixel dargestellt wird, wechseln Sie in die Kategorie SCHRIFT und geben diesen Wert unter FONT-SIZE an.

9. Drücken Sie auf OK und bestätigen Sie auch die Angaben im Dialogfenster DIV-TAG EINFÜGEN. Dreamweaver fügt den neuen Container mit einem Platzhaltertext ein.

10. Ersetzen Sie den Text im Entwurfsfenster durch `Disclaimer | Impressum`.

DVD

Dieses Zwischenergebnis ist im Verzeichnis *kap06* als *streifen.htm* gespeichert.

Abbildung 6.29: *Der aktuelle Stand der Arbeit*

HINWEIS

In Kapitel 13.4 werden wir diesen Bereich mit den entsprechenden Seiten verlinken und weiter formatieren.

6.2.4 Fußzeile mit Kontaktdaten (`footer`)

Analog zu den beiden vorherigen Kapiteln formatieren wir nun die Fußzeile.

1. Zunächst ersetzen Sie den Platzhaltertext durch die in der Datei *text_fussleiste.doc* gespeicherten Kontaktdaten. Das Dokument finden Sie im Verzeichnis zu diesem Kapitel *kap06* auf der DVD.
2. Passen Sie hierzu die Regel `.footer` im Bedienfeld CSS-STILE an. Geben Sie folgende Attribute im Dialogfenster CSS-REGEL-DEFINITION an und überschreiben Sie ggf. bereits vorhandene Werte.
   - HINTERGRUND: Hintergrundfarbe (BACKGROUND-COLOR): *#DC7D09*
   - BOX: Höhe (HEIGHT): *31 px* (Pixel)

   Entfernen Sie die Innenabstände PADDING in dieser Kategorie.

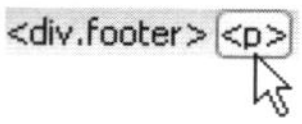

3. Nun formatieren Sie den in der Box enthaltenen Text bzw. Absatz. Diesen markieren Sie im Tag-Selektor.
4. Erstellen Sie eine neue Stilregel für diese Textformate mit dem Selektornamen `.footer p`.
5. In der CSS-Regel-Definition geben Sie folgende Attribute an (Abbildung 6.30):
   - SCHRIFT: Schriftgröße (FONT-SIZE): *0.7em*
   - BOX: Innenabstand (PADDING): Oben (TOP): *5 px*, Links (LEFT): *330 px*

TIPP

Befindet sich im Tracing-Bild die Fußleiste weiter oben oder weiter unten auf der Seite, ziehen Sie vertikale Hilfslinien in den Arbeitsbereich. Damit können Sie dann gut überprüfen, ob der Absatz an der richtigen Position beginnt.

6. Bestätigen Sie Ihre Formatierungsregeln mit OK.

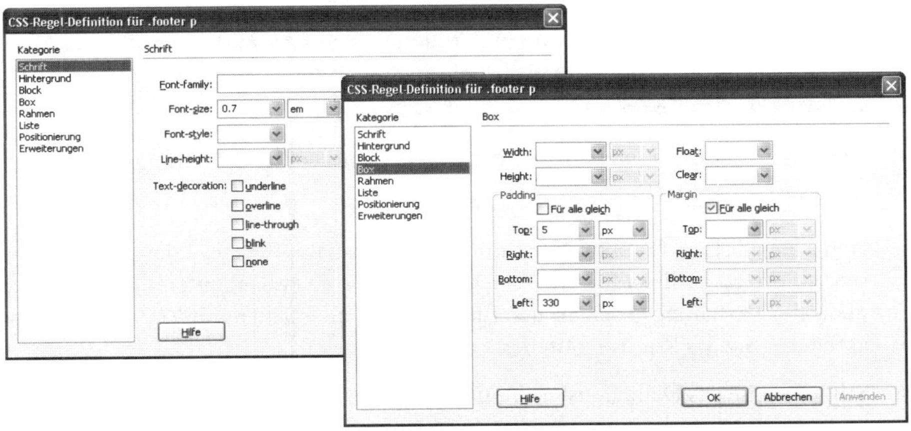

Abbildung 6.30: *Attribute für die Fußzeile festlegen*

Im Entwurfsfenster befindet sich zwischen der seitlichen Spalte und der Fußleiste ein Abstand. Dieser ergibt sich aus den für die Navigationsbox definierten Abständen. Er wird in der Live-Ansicht und auch später im Webbrowser nicht dargestellt (Abbildung 6.31).

Abbildung 6.31: *Aktueller Stand der Arbeit in der Live-Ansicht*

Diesen Zwischenstand finden Sie in der Datei *footer.htm* im Verzeichnis *kap06*.

DVD

6.2.5 Box für die Navigationsleiste (`sidebar1`)

Die Navigationsleiste wird in der linken `div`-Spalte integriert. Diesen Container formatiert die CSS-Klasse `.sidebar1`.

1. Doppelklicken Sie im Bedienfeld CSS-STILE (Modus ALLE) auf den Selektor *.sidebar1* und öffnen Sie damit das Dialogfenster CSS-REGEL-DEFINITION für diesen Selektor.
2. Ersetzen Sie die Hintergrundfarbe in der Kategorie HINTERGRUND durch den Wert *#14133B* (vgl. Abbildung 6.32).
3. Damit der Text nun auf dem dunkelblauen Hintergrund lesbar ist, formatieren Sie ihn in der Kategorie SCHRIFT weiß (*#FFF*).

AUFSTEIGER

Für den problemlosen Ausdruck der Informationen auf Papier, können Sie ein weiteres Style Sheet für diese Printversion erstellen, das Sie mit `media="print"` in die Webseite einbinden (vgl. Kapitel 7.5.3):

```
<link href="style.css" rel="stylesheet" type="text/css" media="print" />
```

4. Wechseln Sie in die Kategorie Box und geben Sie die Container-Breite (Width) mit *285 Pixel* an. Dieser Wert entspricht der Breite vom Essensbild, das bereits in dieser Spalte platziert ist. Damit ändert sich die Spaltenbreite nicht mehr in Abhängigkeit von der Fenstergröße.

Aufsteiger Damit diese Box links neben dem Inhaltscontainer mit der Klasse `.content` angeordnet wird, ist Float *left* angegeben.

5. Den Innenabstand (Padding) bestimmen wir erst in Kapitel 8.8.4, denn zuvor müssen wir die Hyperlinks für die Navigation definieren (vgl. Kapitel 8.2.1). Für eine neutrale Darstellung geben Sie den Innenabstand aller Seiten mit *0 Pixel* an. Hierzu aktivieren Sie das Kontrollkästchen Für alle gleich.

6. Schließen Sie das Dialogfenster mit OK.

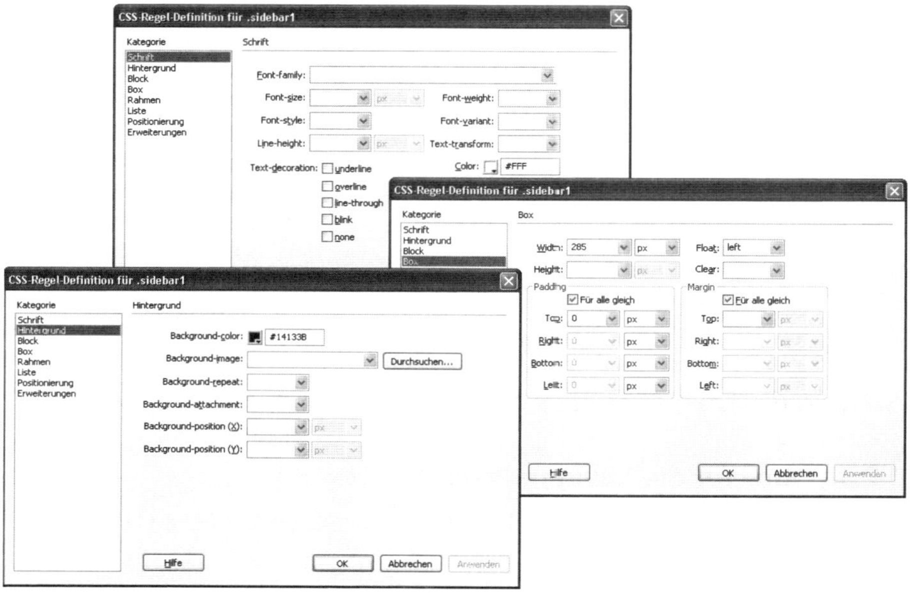

Abbildung 6.32: *Eigenschaften für die linke Spalte angeben*

7. Markieren Sie kompletten Platzhaltertext inklusive der Hyperlinks und importieren Sie dann den Text für die Navigationsleiste (Datei / Importieren / Word-Dokument). Dieser ist in der Datei *navigation.doc* auf der DVD gespeichert (Verzeichnis *kap06*). Der Platzhalterinhalt wird dadurch ersetzt.

   Alternativ integrieren Sie einen anderen Inhalt in diese Leiste.

8. Formatieren Sie den Text für die Navigationsleiste als ungeordnete Liste. Verwenden Sie hierzu den Eigenschafteninspektor oder das Bedienfeld Einfügen (Kategorie Text).

Damit jeder Navigationspunkt zum Listenelement wird, markieren Sie das Icon für den Zeilenumbruch und drücken dann die ⏎-Taste. Listing 6.1 gibt den aktuellen Code dieses Containers wieder.

```
<div class="sidebar1">
  <img src="../bilder/essen.jpg" width="285"
   height="141" alt="Bild vom Essen" />
    <ul>
      <li>Home</li>
      <li>Wir &uuml;ber uns</li>
      <li>Speisekarte</li>
      <li>Reservierung</li>
      <li>Kontakt</li>
    </ul>
    <!-- end .sidebar1 -->
</div>
```

Listing 6.1: *Container mit der linken Navigationsleiste*

Die weißen Aufzählungspunkte werden außerhalb der dunklen Navigationsspalte angezeigt und befinden sich damit auf dem weißen Seitenhintergrund (Abbildung 6.33). Verantwortlich ist die vordefinierte CSS-Regel für die Elemente `ul`, `ol`, `dl`, die sämtliche Abstände (`margin`, `padding`) auf 0 zurücksetzt und damit die Listenelemente an den Rand der Box verschiebt. Aufgrund des roten Hintergrunds, sind die Listenpunkte beim Bild in der Randspalte zu erkennen. Diese Darstellung werden Sie in Kapitel 8 ändern, wenn wir uns den Hyperlinks zuwenden.

Zudem endet die Hintergrundfarbe der Navigationsleiste direkt unter der Aufzählung. In Kapitel 6.2.7 optimieren Sie diese Darstellung, so dass diese Leiste unabhängig vom jeweiligen Boxinhalt bis an die Fußzeile ragt.

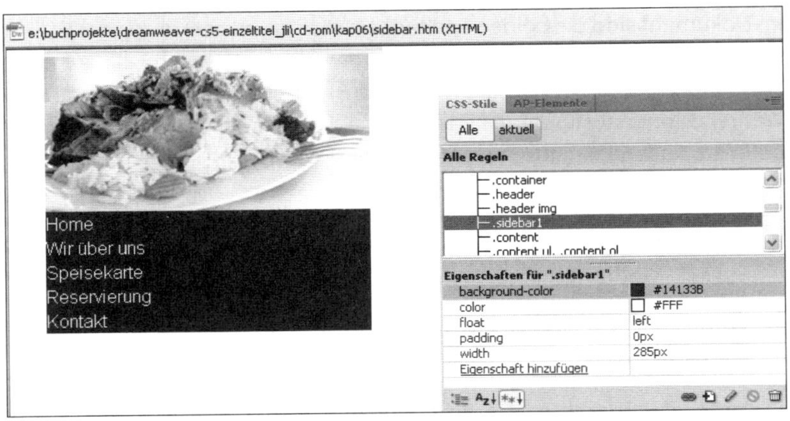

Abbildung 6.33: *Aufzählungspunkte befinden sich außerhalb der Spalte.*

Im Verzeichnis *kap06* enthält die Datei *sidebar.htm* den aktuellen Arbeitsstand.

DVD

6.2.6 Inhalt und Zeichen formatieren (`content`)

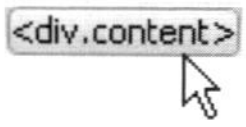

Jetzt platzieren wir die Inhaltsbox in einem gewissen Abstand neben der Navigationsleiste. Diesem Container ist die Klasse `.content` zugewiesen.

1. Doppelklicken Sie im Bedienfeld CSS-STILE auf die Klasse `.content`, öffnet Dreamweaver die CSS-Regel-Definition.

2. Weil das Seitenlayout nun mit festen Pixelwerten arbeitet, ändern Sie den voreingestellten Wert in der Kategorie BOX. Da die linke Spalte durch die Klasse `.sidebar` 285 Pixel breit ist, stehen uns nun innerhalb des übergeordneten Containers 670 Pixel zur Verfügung (= 955px - 285px).

   Damit es zu keinem Umbruch kommt, müssen Sie von diesem Wert noch den Innenabstand abziehen (= 31 px; vgl. nächster Arbeitsschritt). Darum geben Sie 639 Pixel in das Feld WIDTH ein.

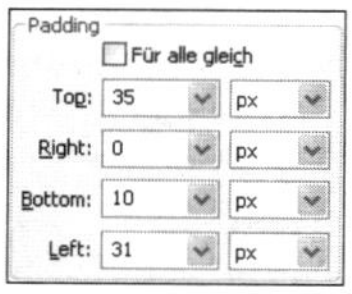

3. Mit `Padding` bestimmen Sie den Abstand zwischen dem Inhalt dieser Box und deren Begrenzungsrahmen. Orientieren Sie sich dabei am angezeigten Tracing-Bild und den eingeblendeten Linealen. In unserem Workshop-Beispiel ist ein linker Innenabstand (`padding-left`) von 31 Pixel geeignet.

   Die übrigen Werte entnehmen Sie bitte dem Bild in der Randspalte.

HINWEIS

Statt eines Innenabstands (`padding`) können Sie auch einen Außenabstand (`margin`) für den Container festlegen oder beide Attribute kombiniert verwenden.

4. Drücken Sie auf ANWENDEN und überprüfen Sie die Darstellung im Entwurfsfenster. Sind Sie mit der Anordnung zufrieden, bestätigen Sie mit OK.

AUFSTEIGER

Im Dokument sind die beiden Spalten (`sidebar1`, `content`) durch das CSS-Attribut `float` schwebend angeordnet. Ändern Sie den jeweiligen Wert von `left` auf `right`, ändern Sie deren Anordnung, so dass die Navigationsleiste am rechten Seitenrand platziert wird. Während Innenabstände (`padding`) dabei nicht angepasst werden, müssen eventuell definiert Außenabstände (`margin`) geändert werden.

5. Jetzt müssen wir den Inhalt dieses Containers noch anpassen: Überprüfen Sie zunächst die HTML-Struktur. Formatieren Sie den Text `Herzlichen willkommen` im HTML-Modus des Bedienfelds EIGENSCHAFTEN als *Überschrift 1*.

6. Öffnen Sie die Seiteneigenschaften (Strg + J) und wechseln Sie in die Kategorie ÜBERSCHRIFTEN (CSS).

   ÜBERSCHRIFT 1 soll *1.8 em* groß und in der gleichen Farbe dargestellt werden, wie der Hintergrund der Fußleiste (*#DC7D09*).

   Bestätigen Sie mit OK, speichert Dreamweaver die Formatierung als neue CSS-Regel für das `h1`-Element.

7. Allgemeine Schriftattribute haben Sie bereits für das `body`-Element definiert. Den Zeilenabstand definieren wir nun für die einzelnen Absätze. Klicken Sie in den entsprechenden Text hinein und markieren Sie im Tag-Selektor das `p`-Element (siehe Randspalte).

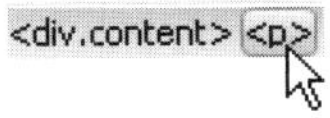

8. Klicken Sie im Bedienfeld CSS-Stile auf und legen Sie eine neue CSS-Regel mit den erkannten Selektor-Informationen an (Abbildung 6.34).

   Drücken Sie im Dialogfenster auf Weniger Details, um nicht benötigte Selektorangaben zu entfernen. Allerdings sollte *.content p* stehen bleiben, damit sich die neue Regel nur auf Absätze (`p`) innerhalb dieses Containers (`.content`) bezieht.

   Bestätigen Sie mit OK.

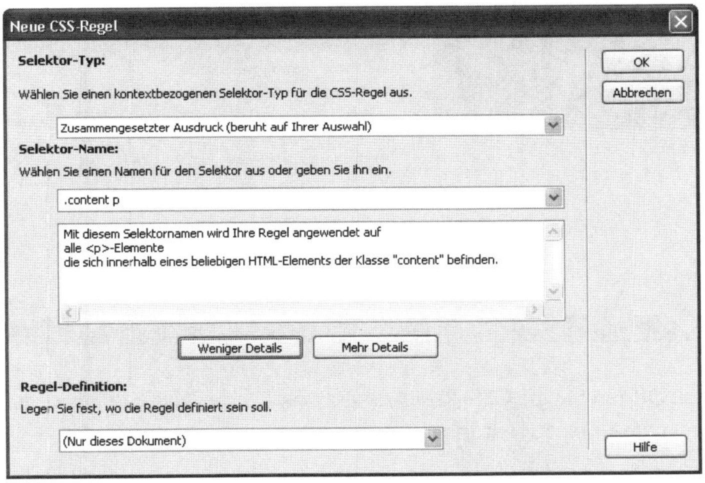

Abbildung 6.34: *CSS-Regel für Absätze im Inhaltscontainer erstellen*

9. Die Zeilenhöhe geben Sie in der Kategorie Schrift unter Line-height mit *160 %* an. Bestätigen Sie mit OK.

10. Heben Sie den Text am unteren Containerrand (*Kommen Sie doch einfach mal vorbei*) mit `<strong>` hervor. Hierzu klicken Sie im Modus HTML des Bedienfelds Eigenschaften auf den Button **B**

11. Anschließend formatieren Sie dieses Element in der gleichen Schriftfarbe wie die Überschrift. Klicken Sie in diesen Text hinein und markieren Sie im Tag-Selektor das Element `<strong>`.

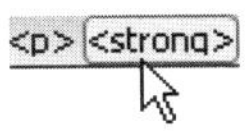

12. Erstellen Sie eine neue CSS-Regel wie in Arbeitsschritt 8 beschrieben.

13. Die Textfarbe Color (*#DC7D09*) geben Sie in der Kategorie Schrift der CSS-Regel-Definition an.

14. Schließen Sie das Fenster mit OK.

Im Dokument *content.htm*, das im Verzeichnis *kap06* gespeichert ist, können Sie die beschriebenen Arbeitsschritte nachvollziehen.

DVD

6.2.7 Feinschliff für die Navigationsspalte

Bis auf die Navigationsspalte entspricht die Seite der Layoutvorlage. In diesem Kapitel verwenden wir einen Trick, damit der blaue Hintergrund bis an die orangefarbige Fußleiste reicht. Die einzelnen Navigationselemente formatieren wir in Kapitel 8.8.4.

Abbildung 6.35: *Die Navigationsbox ist noch nicht OK.*

1. Öffnen Sie die CSS-REGEL-DEFINITION für die Klasse `.container`, die der übergeordneten Box zugeordnet ist.
2. Geben Sie in die Kategorie HINTERGRUND das Bild (BACKGROUND-IMAGE) *hintergrund_sidebar.gif* an. Dieses finden Sie im *bilder*-Verzeichnis auf der DVD.

   Das Bild ist genauso breit wie die seitliche Spalte, der die Klasse `.sidebar1` zugeordnet ist.
3. Damit das Bild den entsprechenden Bereich auffüllt, müssen Sie es vertikal kacheln: Geben Sie im Menü BACKGROUND-REPEAT die Option *repeat-y* an.
4. Drücken Sie auf OK. Abbildung 6.36 verdeutlicht das Ergebnis.

DVD

Dieser Arbeitsschritt ist in der Datei *spaltensimulation.htm* im Verzeichnis *kap06* gespeichert.

Abbildung 6.36: *Ein Hintergrundbild simuliert die Spaltenhöhe.*

6.2.8 Interne CSS-Regel in separater Datei speichern

Webauftritte beinhalten in der Regel mehrere Webseiten mit dem gleichen Layout. Damit Sie dieses für weitere Seiten nicht erneut festlegen müssen, exportieren Sie die in den vorherigen Kapiteln erstellten Regeln in eine neue CSS-Datei. Diese verknüpfen Sie dann mit dem geöffneten Dokument:

1. Markieren Sie im Bedienfeld CSS-Stile alle Regeln, die Sie verschieben möchten. Halten Sie dabei die [⇧]- bzw. [Strg]-Taste gedrückt.
2. Klicken Sie im Bedienfeld CSS-Stile in die rechte obere Ecke und öffnen Sie damit das Optionsmenü.
3. Wählen Sie im Menü CSS-Regeln verschieben.
4. Da wir eine neue CSS-Datei benötigen, wählen Sie im Dialogfenster Neues Stylesheet (Abbildung 6.37).

   Würde diese Datei bereits bestehen, können Sie die Regel hierin mit der oberen Option integrieren. Die entsprechende Datei wählen Sie dann über die Durchsuchen-Schaltfläche aus.
5. Drücken Sie auf OK.

Abbildung 6.37: *Internes Style Sheet in eine externe CSS-Datei verschieben*

6. Geben Sie Verzeichnis und Name der neuen CSS-Datei an und klicken Sie auf SPEICHERN (Abbildung 6.38).

   Dreamweaver integriert die ausgewählten Regeln in die neue Datei und fügt einen entsprechenden Verweis darauf in den `head`-Bereich des HTML-Dokuments ein (Listing 6.2).

Listing 6.2: *Verweis auf dokumentexterne CSS-Datei*

```
<link href="format.css" rel="stylesheet"
 type="text/css" />
```

Abbildung 6.38: *CSS-Datei speichern*

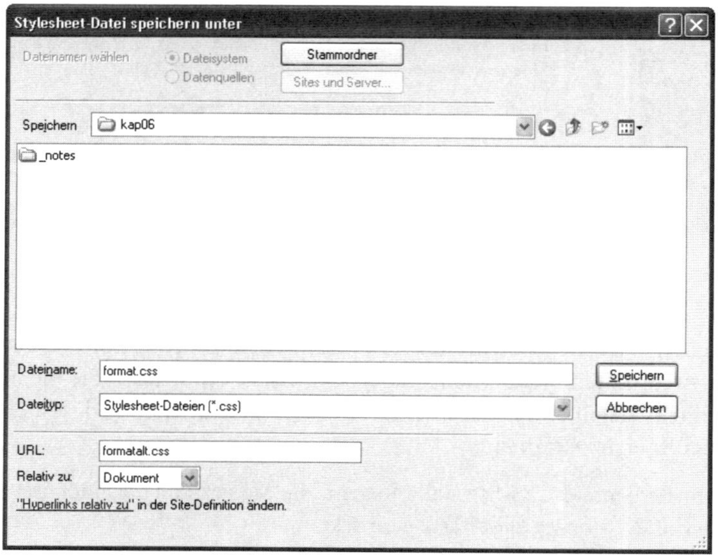

7. Entfernen Sie das interne Style Sheet in der HTML-Datei, wenn es keine Regeln mehr enthält. Markieren Sie den Eintrag *<style>* im Bedienfeld CSS-STILE und klicken Sie dann auf [Symbol] am unteren Fensterrand.
8. Über dem Dokumentfenster zeigt Dreamweaver das neue Style Sheet als abhängige Datei an (Abbildung 6.39). Klicken Sie auf den Dateinamen, zeigt das Dokumentfenster den entsprechenden Code an.
9. Speichern Sie alle Dokumente, indem Sie in der Symbolleiste STANDARD auf ALLES SPEICHERN [Symbol] klicken.

Abbildung 6.39: *Abhängige Datei format.css*

Abbildung 6.40 zeigt links das interne Style Sheet und rechts die extern gespeicherten CSS-Regeln. Erscheint hier nur der Dateiname, sehen Sie die Regeln, wenn Sie auf das [+]-Symbol klicken.

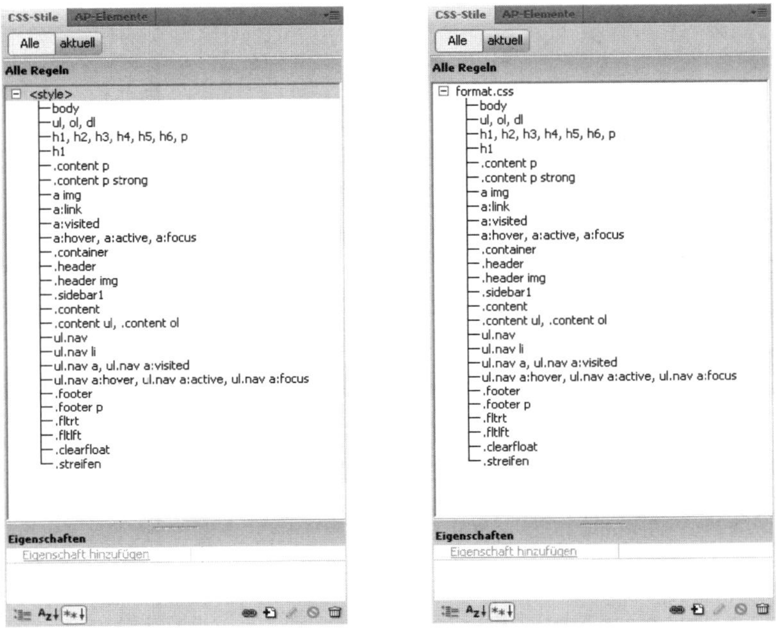

Abbildung 6.40: *Internes (links) und externes Style Sheet (rechts)*

Im Bedienfeld CSS-Stile können Sie Regeln verschieben und zunächst einzelne, intern gespeicherte Stile in die verbundene Style-Sheet-Datei auslagern (vgl. Kapitel 8.8.3).

Abschließend sollten Sie noch einen Dokument-Titel in der Symbolleiste Dokument oder in den Seiteneigenschaften angeben und die Seite im Browser testen. Speichern Sie alle Dokumente im gleichen Verzeichnis. Warum das so wichtig ist, erfahren Sie im nächsten Kapitel.

DVD

Auf der DVD ist das Ergebnis dieses Workshops im Verzeichnis *kap06* als *home.htm* gespeichert. Die CSS-Datei finden Sie im gleichen Ordner als *format.css*. Zum Vergleich finden Sie hier die gleiche Webseite mit internen CSS-Regeln aus der vorherigen Workshop-Einheit (*spaltensimulation.htm*).

Abbildung 6.41: *Das Ergebnis dieses Workshops*

6.3 Kleine Erfolgskontrolle

19. Wozu wird das Tracing-Bild benötigt?
    a. Damit kann die Webseite leichter nachgebaut werden.
    b. Um einen Special-Effect zu erzielen.
    c. Das Bild soll vom Browser angezeigt werden.
20. Welches Tag definiert einen Container für andere Elemente?
    a. `<div>`
    b. `<box>`
    c. `<img>`
21. Womit wird der Seiteninhalt zentriert?
    a. `body`
    b. `.container`
    c. `margin: 0 auto;`

7

Die lokale Site einrichten

Das lernen Sie neu:

- Site definieren
- Dateien duplizieren
- Datei- und Verzeichnisstruktur anlegen
- Projekte verwalten

Ein Internet-Auftritt besteht in der Regel aus mehreren Dokumenten, die per Hyperlink miteinander verknüpft sind. Diese Verknüpfungen erstellen wir im nächsten Workshop. Auf den folgenden Seiten definieren wir zuerst die Site und bestimmen dabei den Projektordner, in dem alle Dateien gespeichert sind. Dazu gehören neben den HTML- und CSS-Dokumenten auch Bilder, PDF-, Sound- oder Video-Dateien, die in einzelne Webseiten integriert sind. Selbstverständlich können Sie diesen Ordner weiter strukturieren und Elemente sinnvoll in Unterverzeichnissen ablegen. Wie das geht, wie Sie neue Dokumente anlegen und vorhandene in andere Verzeichnisse verschieben, erfahren Sie auf den folgenden Seiten.

Zunächst ist diese lokale Site auf Ihrem Computer oder in einem lokalen Netzwerk gespeichert. Ist die Website dann fertig, kopieren Sie das gesamte Verzeichnis mit allen Dateien auf den Webserver (vgl. Kapitel 14).

HINWEIS

Webseiten im Intranet funktionieren genauso wie die Seiten im weltweit zugänglichen Internet. Diese firmeninternen Dokumente sind jedoch durch eine Firewall besonders geschützt und nur einem exklusiven Nutzerkreis bzw. den Mitarbeitern des Unternehmens zugänglich. Dabei werden die Intranetseiten erst nach erfolgreicher Anmeldung und Authentifizierung der Nutzer im Browser geladen.

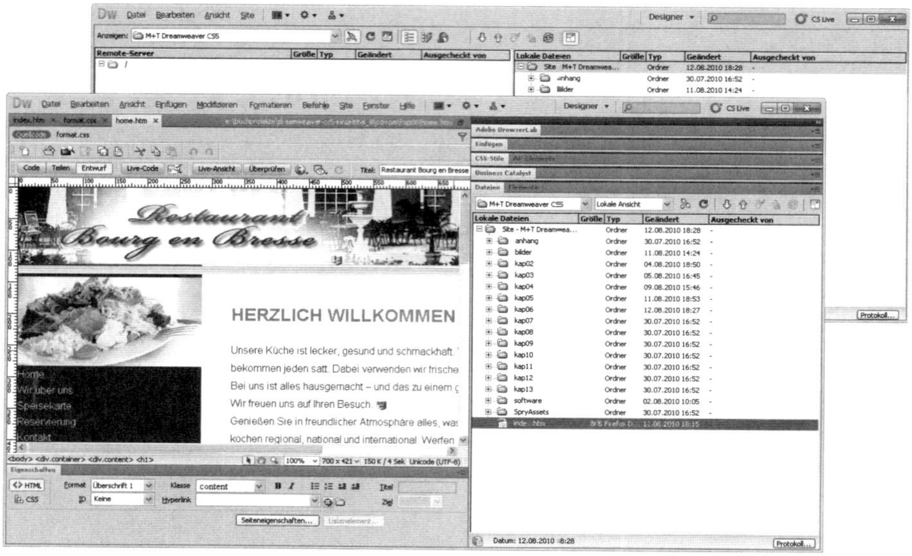

Abbildung 7.1: *Bedienfeld* Dateien *und Sitefenster (hinten) sind professionelle Dateimanager.*

Durch die Site-Definition stehen Ihnen weitere Funktionen zur Verfügung. Beispielsweise können Sie Code oder Text in der kompletten Site suchen und ersetzen (vgl. Kapitel 5.6) oder bestimmte Dateien mit dem so genannten Cloaking vor der Bearbeitung schützen. Befindet sich das Projektverzeichnis in einem Netzwerk und möchten Sie die hierin gespeicherten Dateien zeitgleich mit mehreren Kollegen bearbeiten, wissen Sie durch die Ein- und Auschecken-Funktion immer, wer gerade an welcher Webseite arbeitet.

Tipp Ausführliche Informationen über Projektplanung und die effiziente Koordination der am Projekt beteiligten Mitarbeiter erhalten Sie in meinem aktuellen Handbuch (vgl. Anhang).

7.1 Lokale Site definieren

Im letzten Workshop haben Sie eine neue Webseite mit vordefiniertem CSS-Layout erstellt und in einem neuen Arbeitsverzeichnis gespeichert. Damit Sie Bilder und andere Dateien über das Bedienfeld Dateien bzw. das maximierte Sitefenster leichter verwalten und in das Dokument integrieren können, teilen Sie Dreamweaver den genauen Speicherort dieses Projektes mit. Das Bedienfeld Dateien verfügt über einen integrierten Dateibrowser, mit dem Sie außer der aktuellen Site auch die lokale Festplatte und das Netzwerk durchstöbern. Zudem können Sie hier Dateien und Verzeichnis anlegen und damit das Projekt planen und strukturieren.

1. Wählen Sie in der Menüleiste Site / Neue Site. Diesen Befehl finden Sie auch im Menü Site rechts neben der Menüleiste (Abbildung 7.2).

Hinweis Bei kleinem Programmfenster, platziert Dreamweaver den Button gemeinsam mit den beiden benachbarten Schaltflächen über der Menüleiste.

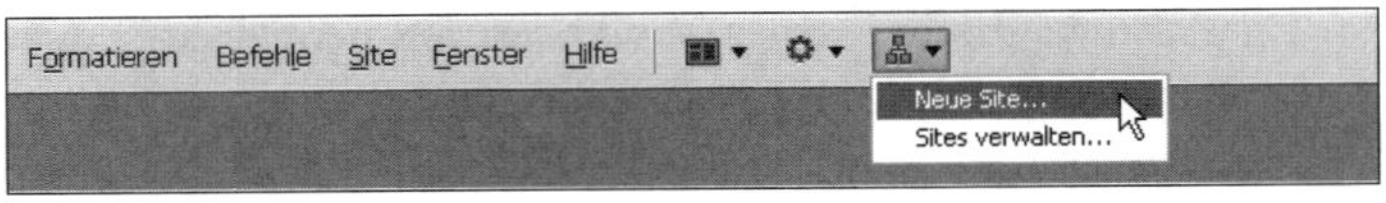

Abbildung 7.2: *Das Menü* SITE *befindet sich neben der Menüleiste.*

2. Im Dialogfenster SITE-DEFINITION befinden Sie sich zunächst in der Kategorie SITE (Abbildung 7.3). Diese ist am linken Dialogfensterrand grau markiert.

   Geben Sie einen beliebigen SITE-NAMEN in das obere Textfeld ein und überschreiben Sie den Platzhalter *Unbenannte Site X*. Wählen Sie einen möglichst eindeutigen Namen, so dass Sie später gleich wissen, um welchen Webauftritt es sich handelt (z. B. *Restaurant Bourg en Bresse*).

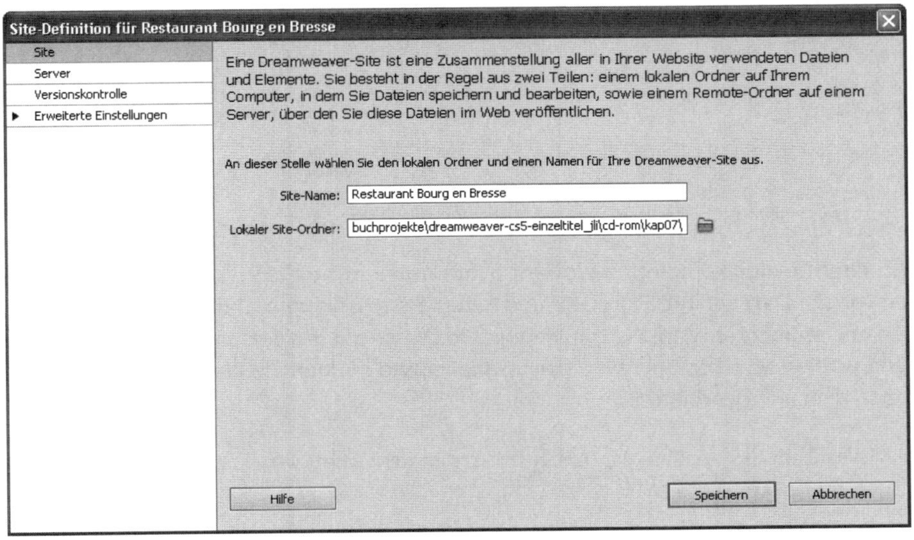

Abbildung 7.3: *Site-Definition mit lokalen Informationen*

3. Anschließend definieren Sie den LOKALEN SITE-ORDNER. Das ist Ihr Arbeitsverzeichnis.

   - Entweder geben Sie den Pfad manuell in das Textfeld ein.
   - Oder Sie klicken auf den Button und wählen das gewünschte Verzeichnis im geöffneten Dialogfenster aus (Abbildung 7.4). Das Dialogfenster zeigt nur Verzeichnisse, keine einzelnen Dateien zur Auswahl an.

     Haben Sie den lokalen Stammordner bestimmt, klicken Sie auf die Schaltfläche AUSWÄHLEN. Der Pfad wird in das vorherige Dialogfenster übernommen.
   - Muss ein neuer Ordner erstellt werden, klicken Sie im Dialogfenster STAMMORDNER WÄHLEN auf den Button und geben dann den Verzeichnisnamen ein (vgl. Kapitel 2.8, Arbeitsschritt 2). Auf diese Weise legen Sie neue Projekte an, für die es noch kein Verzeichnis gibt. Abschließend kehren Sie über die Schaltfläche AUSWÄHLEN zurück in die Site-Definition.

Im Rahmen dieses Workshops haben Sie bereits ein solches Projektverzeichnis (z. B. *restaurant*) angelegt und eine erste Webseite hierin gespeichert. Auf der DVD finden Sie das hier verwendete Workshop-Verzeichnis *kap07*.

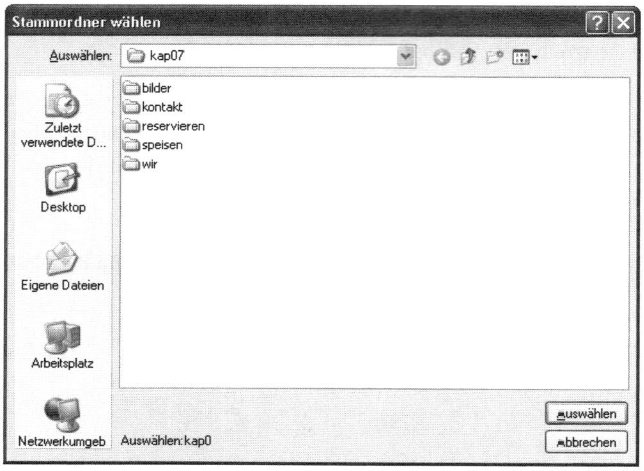

Abbildung 7.4: *Das Arbeitsverzeichnis bestimmen*

TIPP Arbeiten Sie den kompletten Workshop mit, kopieren Sie alle Verzeichnisse und Dateien von der DVD auf Ihre Festplatte und heben Sie den Schreibschutz auf. Hierzu klicken Sie mit der rechten Maustaste im Bedienfeld DATEIEN auf das entsprechende Verzeichnis und wählen SCHREIBSCHUTZ DEAKTIVIEREN. Anschließend können Sie die Beispieldateien untersuchen und bearbeiten.

4. Wechseln Sie in die ERWEITERTEN EINSTELLUNGEN, gelangen Sie zunächst in die Kategorie LOKALE INFO.
5. Geben Sie den Pfad des STANDARD-BILDERORDNERS an.

   Ziehen Sie später Bilder von Ihrem Desktop oder aus dem Explorer in ein aktives Dokument (vgl. Kapitel 5.4.4), fügt Dreamweaver das Bild automatisch in diesen Ordner ein.

   Geben Sie ein vorhandenes Verzeichnis wie zuvor beschrieben an oder legen Sie einen neuen Ordner an.

   - Da in unserem Workshop ein solches Verzeichnis innerhalb des lokalen Stammordners noch nicht existiert, drücken Sie zuerst auf den Button und legen im dann geöffneten Dialogfenster einen neuen Ordner an. Dieser soll hier *bilder* heißen.

HINWEIS Wie Sie die in eine Webseite bereits eingebundenen Bilder verschieben und dabei den Code automatisch aktualisieren, erfahren Sie in Kapitel 7.5.

6. Standardmäßig werden HYPERLINKS RELATIV ZUM DOKUMENT erstellt. Es wird also nicht die komplette Webadresse hinterlegt, sondern ein relativer Pfad, der vom aktuellen Dokument ausgeht. Diese Einstellung behalten wir hier bei (Abbildung 7.5).

HINWEIS

Beachten Sie, dass STAMMORDNER- bzw. siterelative Hyperlinks lokal nicht funktionieren. Die unterschiedlichen Hyperlink-Arten lernen Sie in Kapitel 8 kennen.

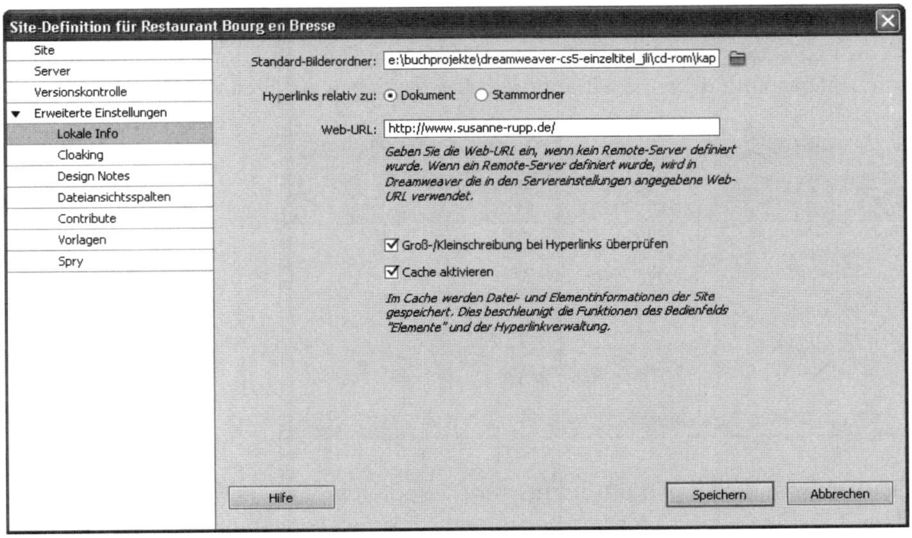

Abbildung 7.5: *Lokale Informationen festlegen*

7. Geben Sie den WEB-URL ein. Das ist die HTTP-Adresse, unter der Ihre Website später im Web aufgerufen werden kann (z. B. *http://www.susanne-rupp.de*). Dreamweaver kann dadurch Links innerhalb der Site überprüfen, die absolute URLs verwenden.

8. Erstellen Sie eine Site, die auf einem Unix-Server veröffentlicht werden soll, aktivieren Sie das Kontrollkästchen GROSS-/KLEINSCHREIBUNG BEI HYPERLINKS ÜBERPRÜFEN. Damit erkennt Dreamweaver bei der Hyperlink-Prüfung Unterschiede zwischen Verweis und Dateinamen. Beispielsweise ist *home.htm* nicht identisch mit *Home.htm*.

9. Aktivieren Sie den CACHE, erhöhen Sie die Geschwindigkeit automatischer Dreamweaver-Funktionen, wie etwa die Hyperlink-Aktualisierung oder das Suchen und Ersetzen bestimmter Textstellen. Der Cache speichert site-relevante Datei- bzw. Elementinformationen und erleichtert dadurch die Siteverwaltung.

ACHTUNG

Nur wenn der Cache aktiviert ist, funktioniert das Bedienfeld ELEMENTE.

10. Klicken Sie auf OK, um das Dialogfenster zu schließen.

Dreamweaver erstellt nun den Cache, falls Sie diese Option aktiviert haben.

In der Site-Definition können Sie weitere Informationen speichern, die für bestimmte Aufgaben, wie beispielsweise den Datentransfer, interessant sind. Diese lernen Sie an entsprechender Stelle noch kennen.

Die neue Site wird automatisch im Bedienfeld DATEIEN geöffnet.

Falls Ihr Projekt bereits aus einigen Dokumenten und Verzeichnissen besteht, sind diese im Bedienfeld DATEIEN aufgelistet. In Abbildung 7.6 sind bereits die Verzeichnisse und Dateien enthalten, die wir auf den nächsten Seiten erstellen werden.

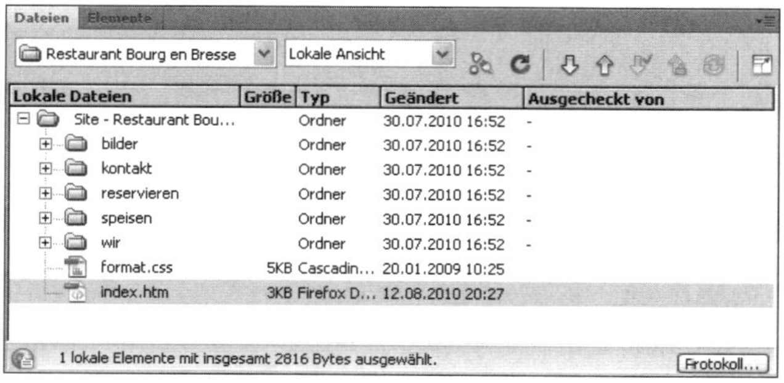

Abbildung 7.6: *Die Site ist im Bedienfeld DATEIEN geöffnet.*

HINWEIS Der Name der definierten Site erscheint im Dialogfenster SITES VERWALTEN, über das Sie jederzeit die definierten Sites bearbeiten und entfernen können (vgl. Kapitel 7.6). Auch neue Sites können Sie hierüber erstellen.

7.2 Datei- und Verzeichnisstruktur bezeichnen

Die Homepage (*index.htm*), also die Startseite Ihres Webauftritts, ist immer direkt im Stammverzeichnis gespeichert. Diese Datei wird im Browser automatisch geladen, auch wenn der User den Dateinamen nicht angegeben hat.

- Heißt Ihre Datei noch anders, benennen Sie diese im Bedienfeld DATEIEN um, indem Sie den Dateinamen anklicken und dann überschreiben (vgl. Kapitel 7.5.2).

Legen Sie rechtzeitig die Site-Struktur mit einer sinnvollen Verwaltung der einzelnen Dokumente in unterschiedlichen Ordnern fest:

Achten Sie bei der Benennung weiterer Verzeichnisse jeweils auf einen eindeutigen Namen. Speichern Sie themenverwandte Seiten im gleichen (Unter-) Verzeichnis ab. In der Praxis hat sich dabei eine Bezeichnung entsprechend den Kategorien der Menüleiste bewährt. In unserem Restaurant-Beispiel könnten diese Ordner *wir*, *speisen*, *reservieren* und *kontakt* heißen. Wie Sie diese anlegen, erfahren Sie im nächsten Kapitel.

Möchten Sie in einer solchen Rubrik weitere Bilder veröffentlichen, kann es sinnvoll sein, diese nicht im zentralen *bilder*-Ordner, sondern in einem entsprechenden Unterverzeichnis zu speichern. Sie finden sich dann besser zurecht. Erstellen Sie für jede Kategorie ein entsprechendes Verzeichnis, kann der zentrale *bilder*-Ordner dann nur noch die allgemeinen Bilder beherbergen, die immer wieder auf den Webseiten benötigt werden. Hierzu zählen das Logo, einzelne Hintergrundbilder oder Listenelemente.

Überlegen Sie sich, wo Sie am besten Flash-Dateien und andere Elemente ablegen.

Benennen Sie Dateinamen entsprechend (z. B. *kontakt.htm*, *anfahrt.htm*). Einige Webdesigner bevorzugen eine Durchnummerierung der Dateinamen. Diese erschwert jedoch das schnelle Öffnen der entsprechenden Datei. Wer weiß schon auf Anhieb, was sich hinter *0815.htm* verbirgt. Möchten Sie dennoch auf dieses System nicht verzichten, sollten Sie Zahlen und Begriffe im Namen kombinieren (z. B. *0815_speisen.htm*).

Zudem sollten Sie wissen, dass Suchmaschinen ebenfalls Dateinamen auswerten. Sind hier wesentliche Schlüsselbegriffe enthalten, können Sie die Relevanz und damit das Ranking Ihrer Seite in den Suchergebnissen verbessern. Statt *kontakt.htm* können Sie das Dokument dann beispielsweise auch als *kontakt-restaurant.htm* speichern. Ausführliche Informationen über Suchmaschinen-Marketing finden Sie in meinem Google-Buch (vgl. Anhang).

TIPP

Da einige Server zwischen Groß- und Kleinschreibung unterscheiden, gehen Sie auf Nummer Sicher, wenn Sie alle Verzeichnis- und Dateinamen klein schreiben.

Erstellen Sie ein Verzeichnis *originale* außerhalb der Site. Speichern Sie hier alle Original-Dokumente (Word, Powerpoint, Flash, Fireworks, etc.) in diesem Ordner. Dieser wird nur lokal verwendet und später nicht auf den Server kopiert.

7.3 Vorhandene Dateien duplizieren

Erstellen Sie neue Webseiten, ist es häufig einfacher, wenn Sie eine bereits bestehende duplizieren und als Vorlage verwenden. Anschließend ersetzen Sie die darin platzierten Inhalte durch neue.

Speichern Sie das Dokument in einem anderen Verzeichnis, aktualisiert Dreamweaver automatisch die Verweise zu Bildern und anderen Dateien.

1. Öffnen Sie das Bedienfeld DATEIEN über FENSTER / DATEIEN in der Menüleiste oder drücken Sie F8, falls Sie es geschlossen haben.

2. Wenn Sie hier auf den Button EINBLENDEN UND LOKALE SITE SOWIE REMOTE-SITE ANZEIGEN klicken, maximieren Sie die Darstellung und wechseln in das Sitefenster (Abbildung 7.7).

   Standardmäßig werden hier links die Remote- und rechts die bekannte lokale Site angezeigt (vgl. Kapitel 14.3). Da wir noch keine Verbindung zum Webserver definiert haben, sehen Sie im Moment nur die lokal gespeicherten Verzeichnisse und Dateien.

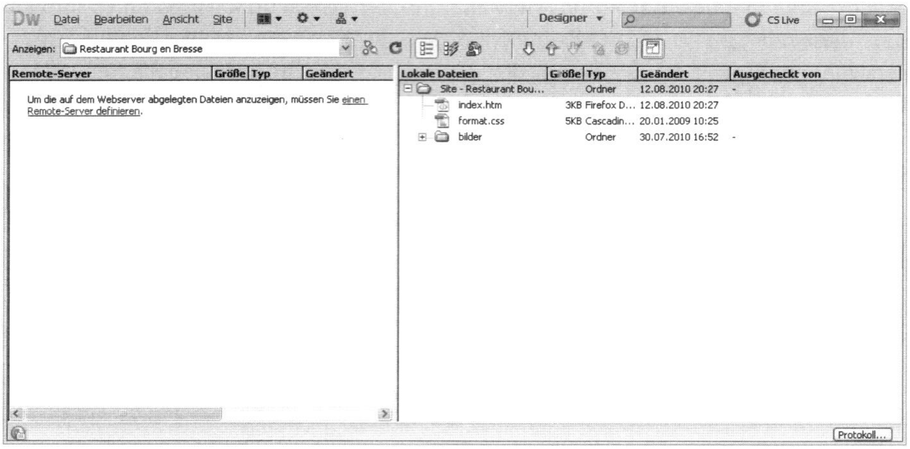

Abbildung 7.7: *Das Sitefenster listet Verzeichnisse und Dateien auf.*

3. Überprüfen Sie, dass im linken Menü ANZEIGEN die richtige Site ausgewählt ist (*Restaurant Bourg en Bresse*). Haben Sie mehrere Sites definiert, stehen diese hier zur Auswahl (Abbildung 7.8).

   Zudem können Sie über das Menü zu lokalen Datenträgern wechseln und anschließend Ihre Festplatte nach einer bestimmten Datei oder einem spezifischen Verzeichnis durchsuchen. Das Sitefenster ist dann nicht mehr zweigeteilt.

HINWEIS Die benötigte Site bestimmen Sie ebenfalls im linken Menü des minimierten Bedienfelds DATEIEN.

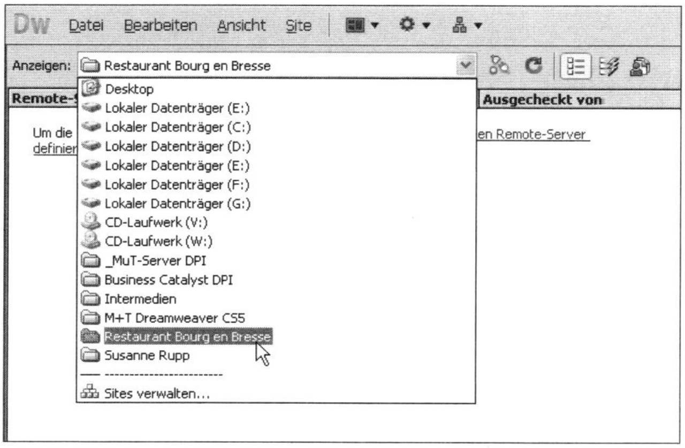

Abbildung 7.8: *Site im Sitefenster auswählen*

4. Klicken Sie mit der rechten Maustaste auf die Datei (z. B. *index.htm*), die Sie duplizieren möchten.

5. Wählen Sie im Kontextmenü den Befehl Bearbeiten / Duplizieren. Alternativ drücken Sie [Strg] + [D].

   Die neue Datei bekommt den gleichen Dateinamen, vorangestellt ist der Vermerk *Kopie von ....*

6. Benennen Sie die Datei um, indem Sie diese markieren und dann einmal anklicken. Alternativ wählen Sie im Kontextmenü Bearbeiten / Umbenennen oder Sie drücken [F2].

   Vergeben Sie einen neuen Dateinamen und bestätigen Sie mit [↵]. In unserem Beispiel nennen wir die Datei *speisen.htm*. Hier werden wir später die Speisekarte veröffentlichen (Kapitel 9).

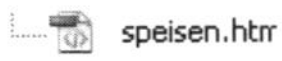

   Die Dateiendung *.html* müssen Sie auf jeden Fall beibehalten! Sie können lediglich die Kurzform *.htm* verwenden.

Ebenso duplizieren Sie ausgewählte Verzeichnisse. Dabei behalten die darin enthaltenen Dokumente den Dateinamen bei.

Aufsteiger

Um ein einheitliches Seitenlayout zu realisieren, sollten Sie bei komplexen Sites mit Vorlagen arbeiten. In Vorlagen können einheitliche Layout-Elemente für die Bearbeitung gesperrt werden. Dazu gehören beispielsweise das Logo und der Link zum Impressum, die auf allen Seiten an der gleichen Stelle sein sollten.

Eine Datei öffnen Sie im Bedienfeld Dateien oder im Sitefenster mit einem Doppelklick. Das Dokument wird dann im Entwurfsfenster geöffnet. Das zuvor geöffnete Sitefenster wird dadurch automatisch geschlossen und Dreamweaver zeigt das Bedienfeld Dateien an.

- Ersetzen Sie den Text im Inhaltscontainer, dem die Klasse `.content` zugewiesen ist, durch einen Platzhalter (Abbildung 7.9).

Abbildung 7.9: *Platzhalterinhalt in der duplizierten Seite*

Möchten Sie ohne eine Datei zu öffnen zum Arbeitsbereich mit dem Dokumentfenster zurückkehren, drücken Sie im geöffneten Sitefenster auf den Button . Im Bedienfeld DATEIEN stehen Ihnen die gleichen Funktionen wie im Sitefenster zur Verfügung.

HINWEIS

Schreibgeschützte, gesperrte Dateien sind im Bedienfeld durch ein Schloss gekennzeichnet. Möchten Sie später die Datei unter dem gleichen Namen speichern, müssen Sie beim Öffnen den Schreibschutz im Dialogfenster aufheben (Abbildung 7.10).

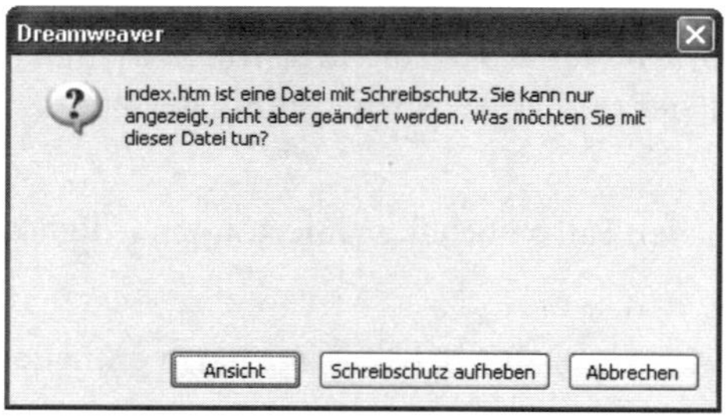

Abbildung 7.10: *Schreibschutz für die Bearbeitung aufheben*

7.4 Neue Dateien und Verzeichnisse anlegen

Möchten Sie schnell die grobe Struktur der Site vorgeben, legen Sie neue Verzeichnisse und leere HTML-Seiten entweder im Bedienfeld DATEIEN oder im Sitefenster an. Anschließend können Sie Hyperlinks in der schon bestehenden Seite einfacher definieren (vgl. Kapitel 8).

1. Klicken Sie mit der rechten Maustaste auf das Verzeichnis, in dem Sie einen weiteren Ordner erstellen möchten. Wählen Sie das Stammverzeichnis, wenn das neue Verzeichnis hier eingegliedert werden soll (Abbildung 7.11).

   Wählen Sie im nun offenen Kontextmenü den Befehl NEUER ORDNER. Ganz schnell geht's mit [Strg] + [⇧] + [N].

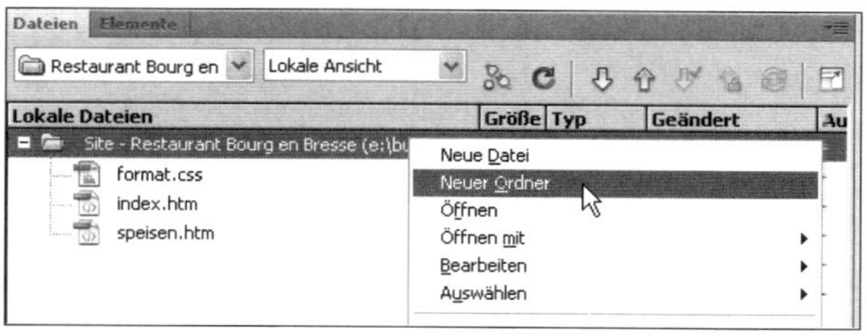

Abbildung 7.11: *Ein neues Verzeichnis über das Kontextmenü erstellen*

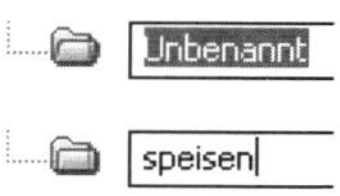

2. Dreamweaver legt das neue Verzeichnis an. Überschreiben Sie den Standardnamen *Unbenannt* und bestätigen Sie mit [↵].
3. Wiederholen Sie die vorherigen Arbeitsschritte, um die übrigen, in Kapitel 7.2 festgelegten Verzeichnisse anzulegen (vgl. Abbildung 7.13).

Alle Spaltenüberschriften im Sitefenster sind gleichzeitig Schaltflächen. Klicken Sie darauf, ordnet Dreamweaver die Dateien entsprechend an (Abbildung 7.12). An dieser Stelle können Sie auch die Spaltenbreite ändern.

Tipp

Abbildung 7.12: *Spaltenbreite und Sortierung anpassen*

4. Erstellen Sie analog dazu in jedem Verzeichnis eine leere HTML-Datei als Platzhalter. Hierzu wählen Sie aus diesem Kontextmenü den Befehl NEUE DATEI.

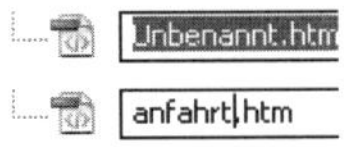

5. Geben Sie dem neuen Dokument einen Namen, indem Sie *Unbenannt.html* bzw. *Unbenannt.htm* überschreiben. Bestätigen Sie mit [↵].

In den Voreinstellungen (BEARBEITEN / VOREINSTELLUNGEN) definieren Sie in der Kategorie NEUES DOKUMENT die gewünschte STANDARDERWEITERUNG des STANDARDDOKUMENTS. Geben Sie hier *.htm* ein, wenn Sie die Kurzform verwenden möchten.

Hinweis

6. Wiederholen Sie die Arbeitsschritte 4 und 5, um die übrigen Dateien anzulegen.

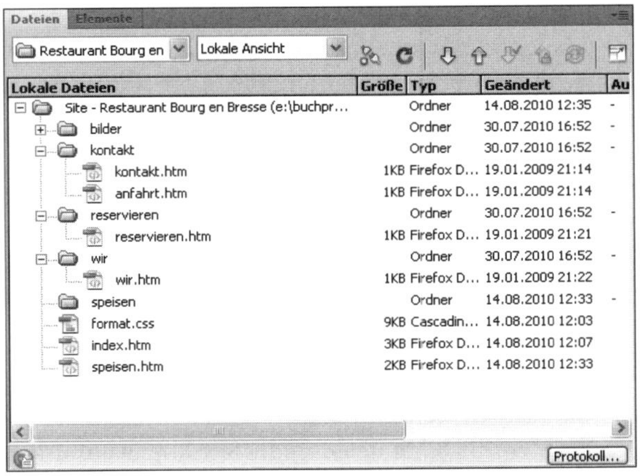

Abbildung 7.13: *Neue Verzeichnisse und Dateien anlegen*

Öffnen Sie ein neu angelegtes Web-Dokument, erkennen Sie in der Codeansicht, dass das Dokument nicht vollkommen leer ist. Es beinhaltet bereits die HTML-Basisstruktur mit den Tags `<html>`, `<head>` und `<body>`.

Benötigen Sie einzelne ausgewählte Dateien oder Ordner nicht mehr, wählen Sie im Kontextmenü den Befehl BEARBEITEN / LÖSCHEN oder drücken Sie [Entf]. Bestätigen Sie im Dialogfenster mit OK. Dadurch vermeiden Sie verwaiste Dateien, zu denen es in anderen Dokumenten der Site keine Hyperlinks gibt.

DVD

Auf der DVD habe ich das Site-Verzeichnis *kap07* mit den benötigten Dateien angelegt. Dabei ist die Homepage des vorherigen Workshops als *index.htm* im Stammverzeichnis der Site gespeichert.

In meinem Beispiel befinden sich die Bilder und das Style Sheet jedoch noch in einem anderen Ordner (*bilder*) außerhalb der Site. Wie Sie diese in die Site integrieren erfahren Sie jetzt...

7.5 Dateien in andere Verzeichnisse verschieben

Sind nicht alle benötigten Dateien in das Site-Verzeichnis eingebunden, können diese online nicht angezeigt werden, da das andere lokale Verzeichnis nicht auf dem Server vorhanden ist. Daher müssen auch alle Bilder innerhalb der Site gespeichert sein.

7.5.1 Externe Dateien in die Site integrieren

In diesem Abschnitt erfahren Sie exemplarisch, wie Sie benötigte Bilder in die Site kopieren und den HTML-Quelltext entsprechend anpassen. Dazu arbeiten Sie entweder im Bedienfeld DATEIEN oder im Sitefenster.

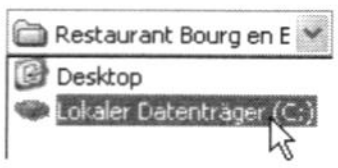

Öffnen Sie im Fenster einen LOKALEN DATENTRÄGER, erkennen Sie lokale Sites gut an der grünen Farbe der Icons. Der Site-Name ist hinter dem jeweiligen Stammverzeichnis vermerkt.

1. Markieren Sie nun das Verzeichnis oder die Datei, welche Sie in die lokale Site übernehmen möchten. Mehrere Elemente wählen Sie mit gedrückter [Strg]- bzw. [⇧]-Taste aus.
2. Klicken Sie dann mit der rechten Maustaste auf eine Markierung und wählen Sie im geöffneten Kontextmenü BEARBEITEN / KOPIEREN aus oder drücken Sie [Strg] + [C].
3. Wechseln Sie in das Site-Verzeichnis, in das Sie die Dateien aus der Zwischenablage einfügen möchten und wählen Sie analog zum vorherigen Arbeitsschritt BEARBEITEN / EINFÜGEN oder drücken Sie [Strg] + [V].
4. Da Dreamweaver Verweise nicht automatisch anpasst, müssen Sie diese Arbeit manuell in den einzelnen Webseiten erledigen. Haben Sie beispielsweise einen Ordner mit Bilddateien in die Site kopiert, müssen Sie die Bildverweise im Dokument anpassen. Hierzu markieren Sie das entsprechende Bild in der geöffneten Webseite (hier: *index.htm*).

```
<img
src="../logo.gif"
```

5. Kopieren Sie die fehlerhafte QUELLE im Bedienfeld EIGENSCHAFTEN.

   Im Codefenster kopieren Sie den Bildverweis im src-Attribut mit [Strg] + [C] in die Zwischenablage (siehe Randspalte).

6. Öffnen Sie das Dialogfenster SUCHEN UND ERSETZEN mit [Strg] + [F] oder wählen Sie BEARBEITEN / SUCHEN UND ERSETZEN. Falls die Bildquelle nicht im Feld SUCHEN ange-

zeigt wird, klicken Sie hier hinein und kopieren Sie den Bildverweis mit [Strg] + [V] aus der Zwischenablage.

7. Bestimmen Sie die übrigen Suchparameter (Abbildung 7.14):
   - Bestimmen Sie im Eigenschafteninspektor die korrekte Quelle und kopieren Sie diese. Alternativ arbeiten Sie wie zuvor beschrieben im Codefenster.
   - Fügen Sie die richtige Quelle in das Feld ERSETZEN des Dialogfensters SUCHEN UND ERSETZEN.
   - Wird das Bild mehrmals verwendet, wählen Sie im Menü SUCHEN IN *Gesamte aktuelle lokale Site.*
   - Im Menü SUCHEN stellen Sie *Quellcode* ein.
8. Drücken Sie auf die gewünschte Schaltfläche und ersetzen Sie den gefundenen Code entsprechend. Ausführliche Informationen über dieses Dialogfenster erhalten Sie in Kapitel 5.6.

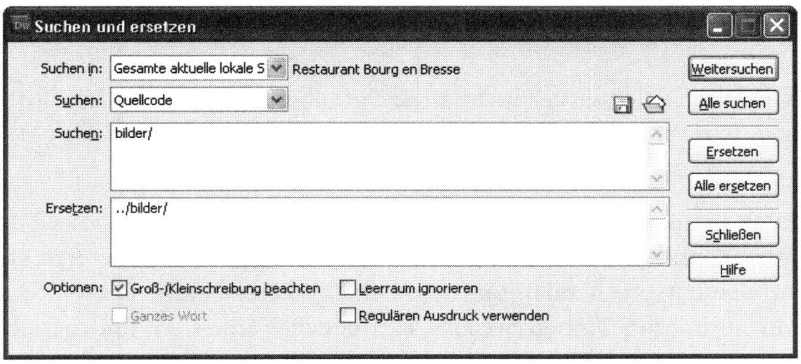

Abbildung 7.14: *Verknüpfungen manuell aktualisieren*

AUFSTEIGER

Wer sich mit HTML auskennt, kann auch die Verzeichnisstruktur in mehreren Dokumenten gleichzeitig ändern (Abbildung 7.14). Informationen über unterschiedliche Pfadangaben finden Sie in Kapitel 8.1.

7.5.2 Dateien innerhalb der Site verschieben

Unproblematisch ist das Verschieben einzelner Dokumente oder kompletter Verzeichnisse innerhalb der Site. Auch hierbei arbeiten Sie im Bedienfeld DATEIEN oder im Sitefenster.

1. Verschieben Sie eine Datei oder einen Ordner mit gedrückter linker Maustaste an die gewünschte Position innerhalb der aktuell geöffneten Site.

   Möchten Sie mehrere Dateien bzw. Verzeichnisse gleichzeitig verschieben, markieren Sie diese zuvor mit gedrückter [⇧]- oder [Strg]-Taste.

   In unserer Beispielseite verschieben Sie die Datei *speisen.htm* in das Verzeichnis *speisen.*

2. Dreamweaver öffnet nun standardmäßig das Dialogfenster DATEIEN AKTUALISIEREN (Abbildung 7.15).

   Klicken Sie auf AKTUALISIEREN, damit Verweise auf Bilder oder andere Dateien (z. B. CSS oder HTML) aktualisiert werden. Die aufgelisteten Dateien werden dann automatisch geändert. In unserem Beispiel ist dies die noch zu erstellende Speisekarte.

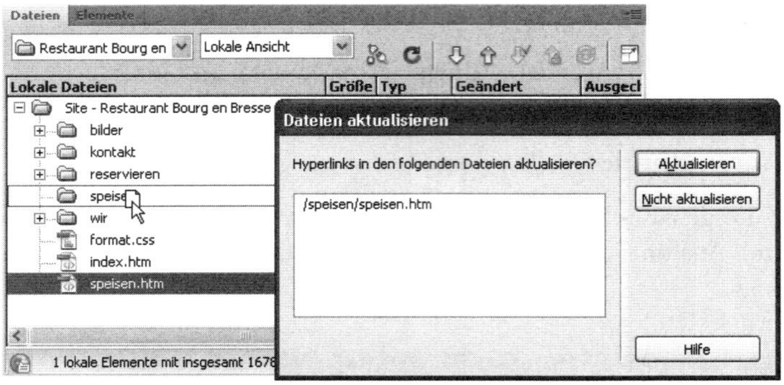

Abbildung 7.15: *Dateien aktualisieren und Verweise anpassen*

Wird das Dialogfenster nicht angezeigt, überprüfen Sie die Voreinstellungen (Strg + U). In der Kategorie ALLGEMEIN muss im Menü HYPERLINKS BEIM VERSCHIEBEN VON DATEIEN AKTUALISIEREN die Option NACHFRAGEN eingestellt sein.

Auch wenn Sie Dateien oder Verzeichnisse im Bedienfeld DATEIEN oder im Sitefenster umbenennen, stimmen Verweise nicht mehr. Zum Umbenennen klicken Sie zweimal auf den entsprechenden Eintrag in einem dieser beiden Fenster. Der Name erscheint nun umrahmt. Tippen Sie jetzt den neuen Namen ein und bestätigen Sie mit ↵. Dreamweaver erkennt das und aktualisiert die betroffenen Dokumente ebenfalls. Auch hierzu erscheint das Dialogfenster DATEIEN AKTUALISIEREN.

ACHTUNG

Haben Sie versehentlich im Dialogfenster DATEIEN AKTUALISIEREN auf NICHT AKTUALISIEREN geklickt, können Sie den Verweis auch nachträglich ändern. Wie das geht, erfahren Sie in Kapitel 8.7.2.

7.5.3 Style Sheet aktualisieren

Kopieren Sie auch vorhandene, in einem anderen Verzeichnis gespeicherte Stilregeln in die aktuelle Site. In Webseiten ändern Sie bereits bestehende Verknüpfung zu einem Style Sheet entweder über die Suchen-und-Ersetzen-Funktion oder im Bedienfeld CSS-STILE (⇧ + F11):

1. Klicken Sie am unteren Bedienfeldrand auf den Button STYLESHEET ANFÜGEN.
2. Geben Sie die gewünschte CSS-Datei im Feld DATEI/URL an (Abbildung 7.16). Diese können Sie über die Schaltfläche DURCHSUCHEN auswählen.

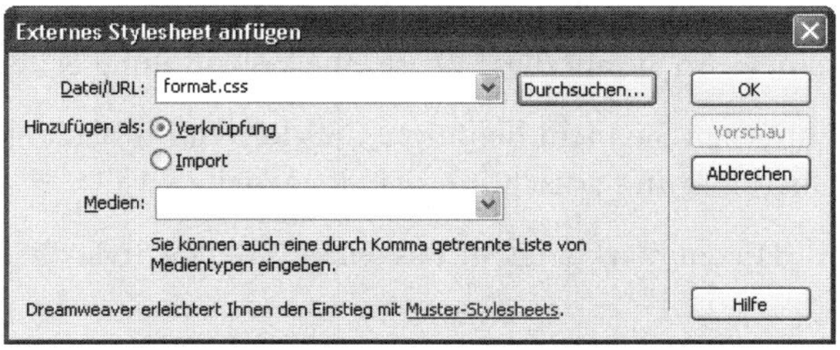

Abbildung 7.16: *Style Sheet anfügen*

3. Damit im head-Bereich eine `link`-Verknüpfung auf die CSS-Datei integriert wird, ist standardmäßig die Option VERKNÜPFUNG aktiviert.

```
<link href="format.css"
 rel="stylesheet" type="text/css" />
```

Alternativ verwenden Sie die IMPORT-Direktive darunter. Anders als bei der vorherigen Variante handelt es sich hierbei nicht um eine HTML-, sondern um eine CSS-Syntax:

```
@import url("format.css");
```

4. Damit das Style Sheet nur für die Wiedergabe auf einem bestimmten Wiedergabegerät verwendet wird, geben Sie dieses im Menü MEDIEN an. Tabelle 7.1 erklärt die Werte im Menü, das die Randspalte zeigt.

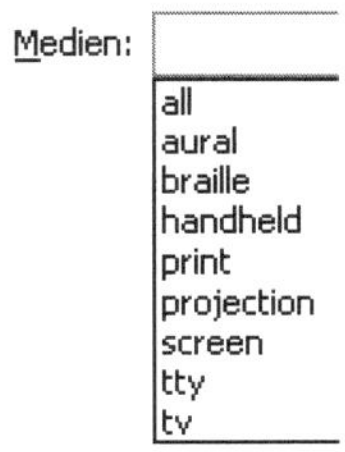

Damit können Sie beispielsweise für den Papierausdruck bestimmte Regeln zusätzlich in eine Webseite einbinden. Ausführliche Informationen hierzu finden Sie in meinem Handbuch.

Ohne Angabe interpretieren alle Wiedergabegeräte die definierten Style-Sheet-Regeln. Dies ist identisch mit dem Wert `all`, den folgendes Attribut definiert:

```
media="all"
```

Tabelle 7.1: *Attribute für die Medienwiedergabe*

Medium	Beschreibung
`all`	für alle Medien
`aural`	Bildschirmlesegeräte, computergesteuerte Sprachausgabe
`braille`	Braille-Zeile
`handheld`	elektronische Organizer, PDAs und andere tragbaren Kleinstcomputern
`print`	Drucker (Ausdruck auf Papier)
`projection`	Beamern, u. ä.
`screen`	Bildschirmanzeige
`tty`	Textausgabe mit fester Zeichenbreite (z. B. Fernschreiber)
`tv`	Fernseher und ähnliche Ausgabegeräte mit geringer Auflösung und mangelhafter Scroll-Unterstützung

5. Bestätigen Sie Ihre Angaben mit OK.

Selbstverständlich muss die Webseite noch nicht mit einem Style Sheet verbunden sein, wenn Sie auf diese Weise eine Verknüpfung erstellen.

Entfernen Sie nicht benötigte CSS-Regeln im Bedienfeld CSS-STILE, behalten Sie den Überblick und erleichtern sich die Arbeit.

- Hierzu markieren Sie das entsprechende Style Sheet und klicken Sie auf .

7.6 Vorhandene Websites verwalten

Eine vorhandene Site-Definition können Sie jederzeit ändern, löschen oder sogar duplizieren, um sie als Grundlage für eine weitere Site zu verwenden. Kernstück der Site-Verwaltung ist das Dialogfenster SITES VERWALTEN.

1. Wählen Sie in der Menüleiste SITE / SITES VERWALTEN. Diesen Befehl finden Sie auch im Menü SITE am oberen Programmrand.
2. Markieren Sie im Dialogfenster die Site, die Sie bearbeiten möchten (Abbildung 7.17).

Abbildung 7.17: *Sites verwalten, bearbeiten und neu erstellen*

3. Klicken Sie auf die Schaltfläche NEU, wenn Sie eine neue Site definieren möchten. Dabei können bereits erste Dateien und Verzeichnisse vorhanden sein. Sie können aber auch von Vorne, also bei Null anfangen.

   Drücken Sie auf die Schaltfläche BEARBEITEN, wenn Sie die links markierte, vorhandene Site ändern möchten. Das Dialogfenster SITE-DEFINITION erscheint (vgl. Kapitel 7.1). Drücken Sie die Schaltfläche OK, wenn Sie mit der Bearbeitung fertig sind.

   Drücken Sie im Dialogfenster SITES VERWALTEN auf DUPLIZIEREN, wenn Sie für die neue Site die Definition der ausgewählten Site verwenden möchten. Diese müssen Sie dann nur noch anpassen.

   Klicken Sie auf ENTFERNEN, um die Site aus der Liste zu löschen. Es erscheint eine Dialogbox, die sicherheitshalber nochmals fragt, ob Sie die Site wirklich löschen wollen. Dreamweaver entfernt dann die Site aus der Übersicht im Dialogfenster. Dateien werden dabei nicht gelöscht. Sie können jederzeit die Site wieder neu definieren.

Site-Informationen können Sie zudem EXPORTIEREN und damit Ihren Mitarbeitern zur Verfügung stellen. Diese müssen Sie anschließend im gleichen Dialogfenster IMPORTIEREN.

4. Bestätigen Sie im Dialogfenster SITES VERWALTEN Ihre Einstellungen mit FERTIG. Sie kehren in das Start- oder Dokumentfenster zurück und Dreamweaver öffnet automatisch das Bedienfeld DATEIEN mit der angelegten Site.

HINWEIS

Auf der DVD habe ich abschließend etwas aufgeräumt und die Site-Definition auf den gesamten DVD-Inhalt ausgeweitet. Da wir das *bilder*-Verzeichnis noch häufiger benötigen, habe ich es wieder zurück verschoben. Das Verzeichnis gibt es jetzt wieder nur einmal, nämlich im neuen Stammordner.

7.7 Kleine Erfolgskontrolle

22. Was können Sie im maximierten Bedienfeld DATEIEN nicht?
    a. Dateien verschieben
    b. Ordner erstellen
    c. Bilder erstellen
23. Wo öffnen Sie das Kontextmenü?
    a. In der Menüleiste
    b. Mit einem rechten Mausklick auf ein Seiten- oder Programmelement
    c. In Dreamweaver gibt es dieses Menü nicht.

8 Hyperlinks erstellen und bearbeiten

Das lernen Sie neu:

- Hyperlinks einfügen
- Sprungziele definieren
- Benannte Anker setzen
- E-Mail-Verweise einsetzen
- Imagemaps erstellen
- Hyperlinks aktualisieren und überprüfen
- Navigationsbuttons mit CSS formatieren

Im Web spielen Hyperlinks eine tragende Rolle. Mit diesen Links klicken wir uns von einem Dokument zum nächsten, springen zu einer bestimmten Stelle in einer Webseite, laden PDF- und andere Dateien herunter (z. B. DOC, GIF, JPG) oder versenden E-Mails. Dabei werden unterschiedliche Protokolle (*http://*, *mailto:*, *ftp://*) verwendet.

Das Internet-Adressformat bezeichnet man auch als URL, der generell folgende allgemeine Struktur aufweist:

```
Dienst://Server.Domain.TopLevelDomain/Verzeichnis/Datei
```

In diesem Workshop werden Sie sehen, wie einfach es ist, unterschiedliche Hyperlinks in Ihre Seiten einzubauen. Dabei werden Sie Links zu allen möglichen Dokumenten innerhalb und außerhalb der bestehenden Site setzen. Sie erfahren, wie Sie schnell und einfach Ihre Links in Dreamweaver verwalten und mit CSS formatieren.

8.1 Arten von Hyperlinks

Ein Hyperlink kennzeichnet im HTML-Code das a-Tag. Dabei bestimmt das `href`-Attribut das jeweilige Ziel, wobei es vier verschiedene Arten von Verweisen gibt, die unterschiedliche Vorteile bieten. Bevor wir zur Tat schreiten, sollten Sie diese kennen und wissen, wann man welchen Hyperlink-Typ sinnvoll einsetzt.

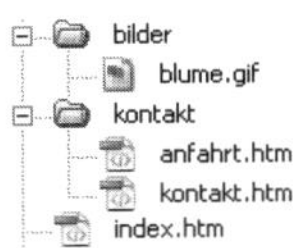

- **Relative Links** verweisen auf andere Dokumente in der gleichen Site. Ausgangspunkt ist dabei das aktuelle Dokument, in dem der Verweis definiert wird.

  Befindet sich die Zieldatei in einem übergeordneten Verzeichnis, wird dieses durch die Zeichenfolge `../` angegeben. Diese spiegelt die Hierarchie der Webdokumente wider. `../../` bedeutet also, dass das Zieldokument zwei Ebenen über dem aktuellen zu finden ist. Das Bild in der Randspalte verdeutlicht dies: *anfahrt.htm* und *kontakt.htm* sind im gleichen Verzeichnis gespeichert. Ein Verweis auf das übergeordnete Dokument *index.htm* erfordert jedoch einen Ordner-Wechsel:

```
<a href="../index.htm">Link</a>
```

Analog dazu ist das GIF-Bild in beiden Dokumenten *anfahrt.htm* und *kontakt.htm* eingebunden:

```
<img src="../bilder/blume.gif" />
```

- **Stammrelative Pfadnamen** verweisen ebenfalls auf Zieldokumente innerhalb der gleichen Site. Hier bildet der Stammordner auf dem Webserver die Basis.

  Diese Linkart beginnt immer mit dem Schrägstrich (/) (engl. slash) und eignet sich vor allem für große Sites, bei denen die Dateien bei Aktualisierungen häufig hin- und hergeschoben werden.

  ```
  <a href="/index.htm">Link</a>
  ```

  Diese Variante bietet sich auch an, wenn Ihre Website auf mehreren Servern verteilt ist. Da der Link auf einen Stammordner verweist, können Sie häufig Dateien verschieben, ohne dass Sie den Link aktualisieren müssen.

ACHTUNG Stammrelative Hyperlinks funktionieren nicht, wenn Sie die Seite lokal (offline) im Webbrowser aufrufen.

- **Absolute Links** geben den kompletten Pfadnamen, also den kompletten URL an:

  ```
  <a href="http://www.susanne-rupp.de/index.htm">Link</a>
  ```

  Diese verweisen in der Regel auf externe Sites, die auf einem anderen Webserver gespeichert sind. Theoretisch können Sie solche Links auch innerhalb Ihrer Site verwenden. Da dann jedoch nicht alle Dreamweaver-Funktionen nutzbar sind und weil dies mit unnötiger Schreibarbeit verbunden ist, sollten Sie dies nur im Ausnahmefall tun.

- **Benannte Anker** verbinden zu einer bestimmten Stelle im gleichen Dokument.

  Dabei besteht der Hyperlink aus zwei Teilen: Zum einen markieren Sie das Ziel mit dem `name`-Attribut im `a`-Element. Dieses Zielmarke ist im Browser nicht sichtbar und umschließt auch keine Seiteninhalte. Diese Marke bezeichnet man als Anker.

  ```
  <a name="top"></a>
  ```

  Zum anderen verweist der eigentliche Hyperlink auf diesen gesetzten Anker. Vor dem Ankernamen steht die Raute:

  ```
  <a href="#top">Link</a>
  ```

  Mit solchen Verweisen können User beispielsweise vom Seitenende an den Seitenanfang springen oder zu bestimmten Abschnitten innerhalb eines alphabetisch geordneten Glossars (vgl. Kapitel 8.4).

Dieses Verweisziel kann auch in einer anderen Seite liegen und die vorherigen Hyperlinkarten kombinieren:

```
<a href="../index.htm#top">Link</a>
```

8.2 Neue Hyperlinks einfügen

Unabhängig davon, um welchen Typ von Hyperlink es sich handelt, werden Sie Hyperlinks meistens im Bedienfeld EIGENSCHAFTEN definieren. Auf den folgenden Seiten erfahren Sie wie das geht und welche Arbeitsvarianten es auch noch gibt.

8.2.1 Links im Bedienfeld EIGENSCHAFTEN erstellen

Zunächst definieren wir die Hyperlinks für die Navigationsleiste auf der Homepage unseres Restaurants (*index.htm*). Hierbei handelt es sich um relative Verweise auf site-interne Dokumente:

Relative Verweise

1. Markieren Sie das Element (z. B. Bild oder Text), das Sie verlinken möchten.

   Im gezeigten Beispiel markieren wir zunächst den Text *Home* in der Navigationsleiste (Abbildung 8.1). Die Navigationsleiste sollte stets auf allen Webseiten die gleichen Hauptelemente enthalten. Auch wenn die Homepage gerade geöffnet ist, sollte der Link funktionieren. Der User kann die Darstellung dann zurücksetzen, was besonders bei interaktiven Funktionen sinnvoll ist.

2. Öffnen Sie das Bedienfeld EIGENSCHAFTEN (FENSTER / EIGENSCHAFTEN oder [Strg] + [F3]).

   Abhängig vom ausgewählten Element sieht der Inspektor anders aus:

   - Haben Sie einen Text markiert, finden Sie das HYPERLINK-Feld im Modus HTML.
   - Bei einem Bild befindet sich das Textfeld direkt unter der Quelldatei.

3. Geben Sie das Zieldokument im Feld HYPERLINK an. Verlinken Sie auf eine Webseite innerhalb der aktuellen Site, können Sie die Datei auch über den Button DATEI SUCHEN auswählen.

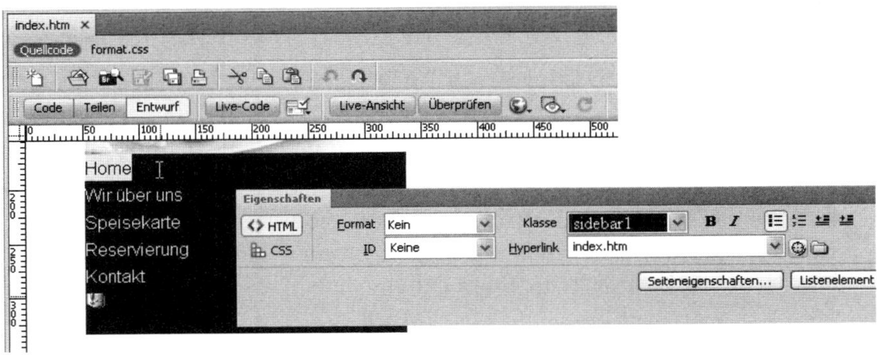

Abbildung 8.1: *Einen Text-Hyperlink definieren*

4. Für die Dateiauswahl öffnet Dreamweaver das Dialogfenster DATEI AUSWÄHLEN. Markieren Sie das Zieldokument (Abbildung 8.2). An den Standard-Einstellungen brauchen Sie hier nichts zu ändern:

   - Wählen Sie die gewünschte Datei im lokalen DATEISYSTEM aus.

     Mit der Option DATENQUELLEN integrieren Sie Bilder aus Datenbanken dynamisch in die Webseite. Wie das geht und wie Sie mit MySQL-Datenbanken arbeiten steht ausführlich in meinem Handbuch für fortgeschrittene Anwender (vgl. Anhang).

   - Um einen relativen Pfad anzugeben, überprüfen Sie das Menü RELATIV ZU. Hier muss die Option DOKUMENT eingestellt sein.

     Für einen stammrelativen Hyperlink wählen Sie die Option STAMMORDNER.

Abbildung 8.2: Datei für das Hyperlinkziel auswählen

5. Bestätigen Sie mit OK. Der Inspektor zeigt den im Code eingefügten Verweis an. Standardmäßig werden Hyperlinks unterstrichen und in einer blauen Farbe dargestellt. Da für die ausgewählte Webseite bereits CSS-Regeln vordefiniert sind, wird der Link hellgrau angezeigt.

   Wie Sie das Erscheinungsbild mit CSS ändern, erfahren Sie in Kapitel 8.8.

6. Wiederholen Sie die vorherigen Arbeitsschritte für die übrigen Texteinträge in der Navigationsleiste.

   Alternativ können Sie relative Hyperlinks auch über das Icon AUF DATEI ZEIGEN definieren (Abbildung 8.3). Hierzu ziehen Sie das Icon mit gedrückter linker Maustaste auf das entsprechende Zieldokument im geöffneten Bedienfeld DATEIEN. Befindet sich diese Datei in einem noch geschlossenen Ordner, öffnet Dreamweaver diesen automatisch, wenn Sie einige Zeit mit dem Mauszeiger darüber verweilen.

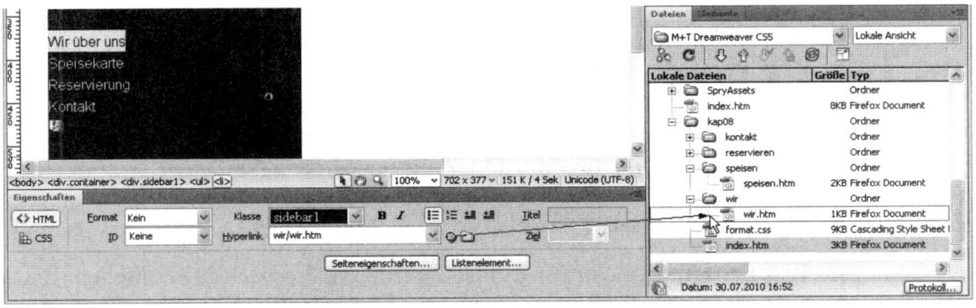

Abbildung 8.3: *Relativen Link mit Auf Datei zeigen erstellen*

Absolute Verweise

Einen externen, absoluten Hyperlink geben Sie ebenfalls im Feld Hyperlink des Bedienfelds Eigenschaften an:

1. Dabei nennen Sie die vollständige Web-Adresse (Abbildung 8.4). Diese muss das Protokoll, den Dienst, die Domain und die Top-Level-Domain (TLD) enthalten.
2. Bestätigen Sie Ihre Eingabe mit [↵]. Wie alle anderen Links werden auch diese Verweise im Browser standardmäßig unterstrichen und blau dargestellt.

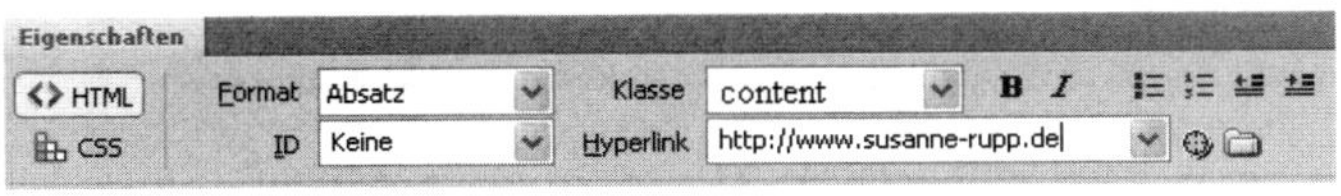

Abbildung 8.4: *Absoluten Hyperlink definieren*

Tipp

Setzen Sie einen Text-Hyperlink, finden Sie die zuletzt verwendeten Links im Menü des Feldes Hyperlink (Abbildung 8.5). Öffnen Sie dieses und wählen Sie aus der Liste den Link aus, den Sie noch einmal verwenden möchten. Sie ersparen sich damit unnötige Tipparbeit.

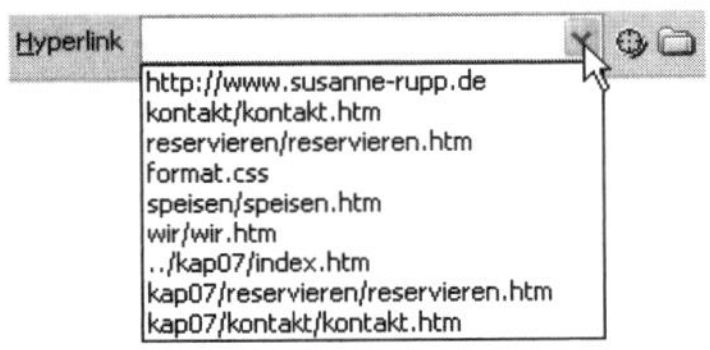

Abbildung 8.5: *Menü mit bereits definierten Hyperlinks*

8.2.2 Informationen für barrierefreie Links angeben

Text-Hyperlinks können Sie auch gemeinsam mit einem neuen Text erstellen. Ist der ausgewählte Text bereits vorhandenen, wird er automatisch in das Dialogfenster übernommen.

Wenn Sie eine barrierefreie Webseite entwickeln, also eine Webseite für behinderte Menschen, können Sie im hier vorgestellten Fenster wichtige Informationen eintragen. Bei öffentlichen Institutionen sind diese Angaben gefordert.

1. Setzen Sie den Cursor an die Stelle, an der Sie den Hyperlink einfügen möchten, oder markieren Sie den vorhandenen Text für den Hyperlink.

2. Klicken Sie im Bedienfeld EINFÜGEN (Kategorie ALLGEMEIN) auf den Button oder wählen Sie EINFÜGEN / HYPERLINK. Das Dialogfenster HYPERLINK erscheint (Abbildung 8.6).
3. Geben Sie im Feld TEXT den Text ein, der im Dokument als Hyperlink erscheinen soll. Ein zuvor ausgewählter Text wird hier angezeigt.
4. Geben Sie das Zieldokument im Feld HYPERLINK an.

   Da unsere Beispielseite keine Frames einsetzt, müssen Sie kein ZIEL festlegen. Hierzu finden Sie weitere Informationen in Kapitel 8.3.

Abbildung 8.6: *Hyperlink mit Zusatzinformationen erstellen*

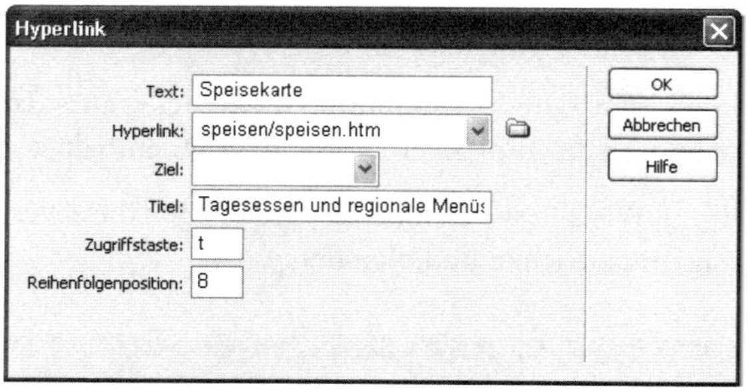

5. Geben Sie einen TITEL mit weiteren Informationen für den Hyperlink an. Diese Zusatzinformationen werden sehbehinderten Menschen von Bildschirmlesegeräten vorgelesen. Weil zudem Suchmaschinen diese Information auswerten, sollten Sie hier wichtige Schlüsselbegriffe einsetzen.

   Mit der ZUGRIFFSTASTE kann der Hyperlink über die Tastatur ausgewählt werden. Dabei muss der User gleichzeitig die [Alt]- (Windows) bzw. [Ctrl]-Taste (Macintosh, Safari) drücken. In Opera verwenden Nutzer [⇧] + [Esc]. Geben Sie ein geeignetes Zeichen an, dass eventuell im Titel oder im benachbarten Text erklärt wird.

   Auch mit der [↹]-Taste können Links angesteuert werden. Geben Sie in das Feld REIHENFOLGENPOSITION den Tabulator-Index an. Dabei bezieht sich der Wert nicht auf die Häufigkeit, mit der diese Taste gedrückt werden muss, sondern auf die Reihenfolge der ansteuerbaren Links auf der Webseite.
6. Klicken Sie auf OK. Die im Feld TEXT eingetragenen Zeichen werden automatisch zusammen mit dem Hyperlink in Ihr geöffnetes Dokument eingefügt.

HINWEIS Im Internet finden Sie weitere Informationen über barrierefreie Webseiten. Einige interessante Quellen sind im Anhang aufgelistet.

8.2.3 Hyperlink entfernen

Einen Hyperlink entfernen Sie, indem Sie den Eintrag im Feld HYPERLINK des Eigenschafteninspektors markieren und dann auf die [Entf]-Taste drücken.

Alternativ entfernen Sie das komplette öffnende und schließende a-Element im Codefenster.

8.3 Ziel im Browserfenster festlegen

Nachdem Sie den Hyperlink eingefügt haben, bestimmen Sie, wie das zu ladende Ziel-Dokument geöffnet werden soll. Ziele sind besonders bei Frames wichtig. In unserem Beispieldokument verwenden wir keine Frames und so können Sie auf deren Definition bei unserem fiktiven Restaurant verzichten. Für die Aktualisierung älterer Webseiten benötigen Sie dies zuweilen noch.

1. Markieren Sie zunächst im Entwurfsfenster den Hyperlink.
2. Bestimmen Sie im Menü ZIEL des Bedienfelds EIGENSCHAFTEN, wo das Zieldokument geladen werden soll:

   Dabei gibt es drei Zieldefinitionen, die Sie auch bei »einfachen« Webseiten einsetzen können:

   - `_blank`: Das verlinkte Dokument wird in einem neuen Browserfenster geöffnet. Parallel dazu bleibt weiterhin das bisher genutzte Browserfenster mit der verweisenden Webseite offen.

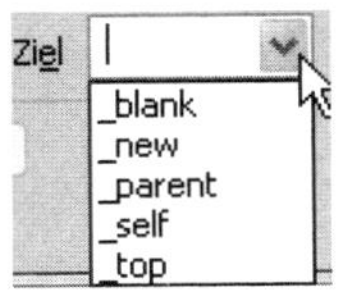

   - `_new`: Dieses Ziel ist vergleichbar mit `_blank`. Allerdings wird das Zieldokument immer im gleichen Browserfenster geladen und die Anzahl der geöffneten Browserfenster bleibt übersichtlich.
   - `_self`: Das Zieldokument ersetzt den Inhalt des aktuellen Fensters. Da dies die Standardeinstellung in nahezu allen Browsern ist, müssen Sie dieses Ziel nicht explizit definieren.

   Die folgenden beiden Ziele sind dagegen nur sinnvoll, wenn sich das verweisende Dokument in einem Frameset befindet:

   - `_parent`: Lädt das Zieldokument im übergeordneten Frameset. Das Browserfenster wird hierbei nicht gewechselt.
   - `_top`: Das Zieldokument ersetzt das Frameset und ist alleine sichtbar. Auch hier bleibt das aktuelle Browserfenster unverändert.

Das Ziel wird mit dem `target`-Attribut in das a-Tag eingefügt:

```
<a href="index.htm" target="_top">Home</a>
```

Merksatz

Ein Frameset zeigt mehrere Dokumente im geöffneten Browserfenster gleichzeitig an und bestimmt deren Anordnung und Größe. Theoretisch können Sie beliebig viele Webseiten in ein Frameset integrieren. Auch mehrere, ineinander verschachtelte Framesets sind möglich.

Beispielsweise wurde häufig die Navigation in einem separaten Frame geladen. Die in diesem Dokument enthaltenen Hyperlinks steuern dann die Anzeige im benachbarten Inhalts-Frame. Ein Frame ist also eine Position innerhalb des Framesets, an der bestimmte Dokumente angezeigt werden.

Das Frameset als eine Art Kontrollinstanz agiert im Hintergrund und hält die dargestellten Dokumente zusammen. Das Frameset wird auch als »übergeordneter Frame« bezeichnet und ein Frame als »untergeordneter Frame«.

Frames gelten mittlerweile als veraltet und haben nur noch Bedeutung bei Aktualisierungen. Entwickeln Sie standardkonforme Seitenlayouts mit CSS.

8.4 Benannter Anker für konkrete Dokument-Ziele

Gestalten Sie lange Dokumente übersichtlich und gliedern Sie deren Inhalte in logisch zusammengehörende Bereiche. Kann der User die unterschiedlichen Inhalte über eine Liste direkt anspringen, lassen Sie ihn mit Sprungmarken auch von unten an den Anfang des Dokuments wechseln.

Hyperlinks sprechen auch benannte Anker in anderen Dokumenten an. Anker werden häufig auf Übersichtsseiten, in Lexika oder, wie in unserem Beispiel, in einer umfangreichen Speisekarte eingesetzt:

1. Öffnen Sie die Datei *speisen.htm* im Verzeichnis *speise*. Hier erstellen wir nun die Speisekarte für das Restaurant.
2. Importieren Sie den hierzu benötigten Text in den CSS-Container, dem die Klasse `.content` zugewiesen ist.

DVD

Der Wortlaut ist in der Datei *speisekarte.doc* im Verzeichnis *kap08* gespeichert.

Die hierin platzierten Aufzählungspunkte *Vorspeisen*, *Hauptgerichte*, *Desserts* sollen mit den entsprechenden Stellen weiter unten im Dokument verlinkt werden.

Dabei besteht ein benannter Anker aus zwei Teilen (Abbildung 8.7):

- Einer Textmarke, dem eigentlichen Anker (A), und
- dem Hyperlink zu diesem definierten Verweisziel (B).

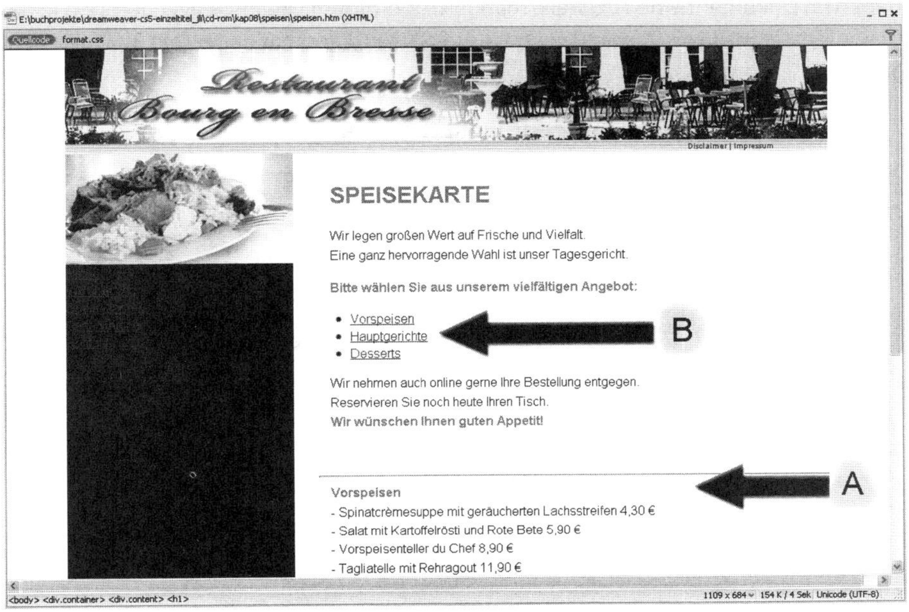

Abbildung 8.7: *Die Speisekarte enthält drei Bereiche.*

A: Benannten Anker definieren

3. Legen Sie zuerst die Stelle fest, die durch den Link später angesteuert werden soll (A). Setzen Sie den Cursor beispielsweise vor das Wort *Vorspeisen* im unteren Teil des Dokuments.
4. Klicken Sie im Bedienfeld EINFÜGEN auf den Button (Kategorie ALLGEMEIN) oder wählen Sie EINFÜGEN / BENANNTER ANKERPUNKT oder drücken Sie [Strg] + [Alt] + [A]. Das Dialogfenster BENANNTER ANKER erscheint.
5. Tippen Sie den Namen des Ankers in das Feld (Abbildung 8.8). Dieser sollte ein kleingeschriebenes Wort oder eine Zahl sein.

Abbildung 8.8: *Benannten Anker definieren*

6. Klicken Sie auf OK. Der benannte Anker wird in das Dokument eingefügt. In unserem Beispiel befindet sich dieser dann vor der markierten Textstelle. Das war der erste Teil der Arbeit.

   Ist das visuelle Hilfsmittel UNSICHTBARE ELEMENTE sowohl im Menü ANSICHT als auch in den Voreinstellungen aktiviert (vgl. Kapitel 2.4), zeigt das Icon die Position des benannten Ankers im Entwurfsfenster an.

Hinweis Haben im Dokument eine Textstelle markiert, übernimmt Dreamweaver den Text in das Dialogfenster Benannter Anker. Klicken Sie auf OK, wird der markierte Text im Dokument entfernt.

B: Hyperlink definieren

7. Jetzt erstellen Sie den Link zu diesem benannten Anker: Markieren Sie den Text *Vorspeisen* in der Aufzählung am Seitenanfang (B).

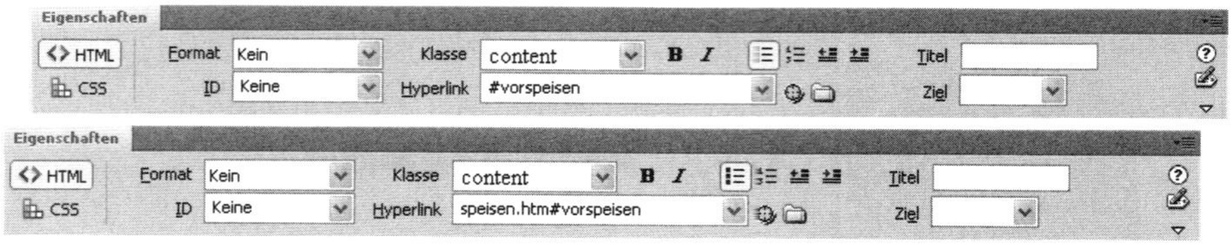

Abbildung 8.9: *Anker im gleichen (oben) und in einem anderen Dokument (unten)*

8. Im Bedienfeld Eigenschaften geben Sie den Namen des Ankers im Feld Hyperlink ein (Abbildung 8.9). Setzen Sie davor die Raute #.

- Da sich das Ziel innerhalb des gleichen Dokuments befindet, genügt diese Angabe. Alternativ ziehen Sie den Zeiger auf das unsichtbare Icon.
- Befindet sich der benannte Anker in einem anderen Dokument, geben Sie im Textfeld Hyperlink zunächst den Namen dieser Datei ein. Ist diese innerhalb der aktuellen Site gespeichert, benutzen Sie wie gewohnt die Buttons oder für die Auswahl. Haben Sie die beiden Dokumentfenster schwebend nebeneinander angeordnet, können Sie das Icon auf den benannten Anker im anderen Dokument ziehen (Abbildung 8.10).

Den Anker geben Sie ohne Leerzeichen direkt hinter dem Dateinamen ein.

Tipp Benannte Anker können Sie mit allen Hyperlink-Arten kombinieren. Lediglich E-Mail-Verweise stellen eine Ausnahme dar.

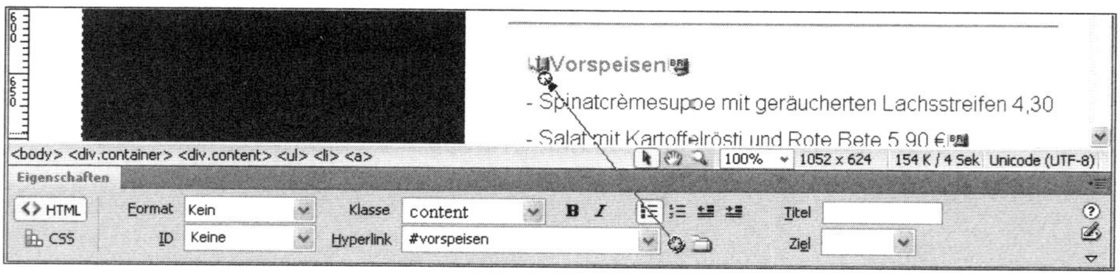

Abbildung 8.10: *Auf benannten Anker zeigen und Hyperlink setzen*

9. Wählen Sie im Menü Ziel des Inspektors ggf. das Fenster, in dem sich die Datei öffnen soll.

10. Testen Sie den Hyperlink im Webbrowser oder in der Live-Ansicht.

Hierzu aktivieren Sie Ansicht / Live-Ansicht-Optionen / Hyperlinks fortlaufend aufrufen. Sie können dann in der Live-Ansicht wie in einem Webbrowser navigieren. Die Symbolleiste Browser-Navigation zeigt den URL des angeklickten Hyperlinks bzw. der im Dokumentfenster geladenen Webseite an (Abbildung 8.11).

Hinweis

Die Symbolleiste Browser-Navigation öffnen Sie über Ansicht / Symbolleisten / Browser-Navigation.

Abbildung 8.11: *Symbolleiste Browser-Navigation enthält Funktionen eines Webbrowsers.*

8.5 E-Mail-Verweise festlegen

Hinterlegen Sie Ihre E-Mail-Adresse auf der Webseite, damit User Kontakt mit Ihnen aufnehmen können. Klickt ein Besucher auf die verlinkte E-Mail-Adresse, öffnet sich dessen Mail-Programm, in das er dann seine Nachricht eintragen kann.

1. Falls Sie eine bereits vorhandene Textstelle verlinken möchten, markieren Sie diese.

   In unserer Beispielseite verweisen wir mit dem Restaurant-Namen in der Fußleiste der Homepage und der bereits vorhandenen Unterseite *speisen.htm* auf die E-Mail-Adresse.

2. Klicken Sie im Bedienfeld Einfügen auf den Button oder wählen Sie in der Menüleiste Einfügen / E-Mail-Verknüpfung.

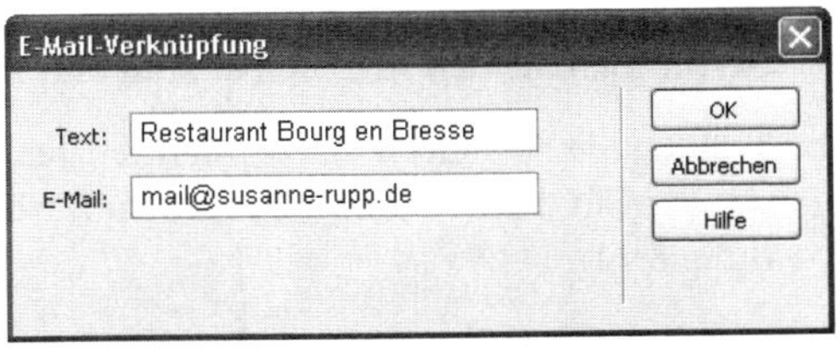

Abbildung 8.12: *E-Mail-Verknüpfung definieren*

3. Geben Sie den gewünschten Text in das entsprechende Feld des Dialogfensters E-Mail-Verknüpfung (Abbildung 8.12). Falls Sie zuvor einen vorhandenen Text markiert haben, wird dieser hier angezeigt. Ändern Sie ihn ggf. im Feld Text.

4. Tippen Sie die E-Mail-Adresse in das Feld E-Mail.

5. Klicken Sie auf OK, um das Dialogfenster zu schließen und den Link in das Dokument einzufügen. Nach dem aktuellen Dokument-Layout wird dieser Link unterstrichen dargestellt.

Die E-Mail-Verknüpfung können Sie auch direkt im Bedienfeld Eigenschaften in dem Textfeld Hyperlink festlegen. Hierbei geben Sie vor der E-Mail-Adresse noch *mailto:* ein (Abbildung 8.13). Beachten Sie, dass zwischen dem Doppelpunkt und der E-Mailadresse kein Leerzeichen stehen darf.

Abbildung 8.13: *E-Mail-Verweis im Inspektor definieren*

HINWEIS Für diesen Workshop ändern Sie bitte die Fußleiste in allen bereits bestehenden Dokumenten mit einem Inhalt (*index.htm, speisen.htm*).

8.6 Imagemaps: Links auf Bildbereichen

Eine Imagemap ist ein Bild, das in einzelne Bildbereiche (Hotspots) aufgeteilt ist. Diese Hotspots sind jeweils zu unterschiedlichen Dokumenten verlinkt. Dabei können Sie verschiedene Hyperlink-Typen angeben, auch E-Mail-Verknüpfungen.

Mit einer Imagemap kann unser Restaurant beispielsweise interessante Sehenswürdigkeiten auf einer Karte präsentieren und diese dann mit weiteren Informationen verlinken. Und so geht's:

1. Öffnen Sie die Seite *anfahrt.htm* im Verzeichnis *kontakt*. Ist dieses Dokument bei Ihnen noch nicht vorhanden, speichern Sie eine neue, leere HTML-Seite unter diesem Dateinamen.

2. Fügen Sie das Bild *karte.gif* in die Seite ein, indem Sie es beispielsweise aus dem geöffneten Bedienfeld DATEIEN in das Entwurfsfenster ziehen.

   Die Datei finden Sie auf der DVD im Kapitelverzeichnis *kap08/kontakt/bilder*.

3. Bestimmen Sie den Alternativtext in den Eingabehilfen.

4. Wählen Sie das Bild im Dokumentfenster aus und geben Sie im Bedienfeld EIGENSCHAFTEN in das Feld MAP den Namen für die Imagemap ein (z. B. *karte*, vgl. Abbildung 8.14).

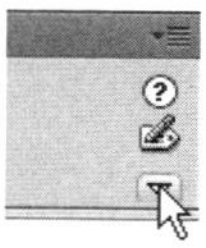

   Um diese Einstellungen zu sehen, müssen Sie gegebenenfalls das Bedienfeld EIGENSCHAFTEN noch erweitern. Hierzu drücken Sie in der rechten unteren Ecke des Inspektors auf den Pfeil (vgl. Randspalte).

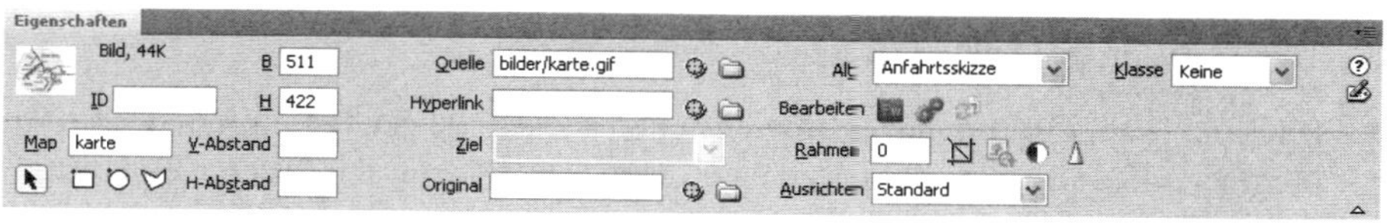

Abbildung 8.14: *Der Inspektor zeigt Bildeigenschaften und Map-Werkzeuge.*

5. Unter dem MAP-Namen finden Sie Werkzeuge für das Zeichnen einzelner Hotspots:

   Klicken Sie auf das Rechteck, den Kreis oder das Polygon. Ziehen Sie den Zeiger mit gedrückter linker Maustaste über das Bild (Abbildung 8.15). Um ein Polygon zu erstellen, klicken Sie einmal für jeden Eckpunkt.

Hotspots sind nur in Dreamweaver farblich hinterlegt. In einigen Browsern (z. B. Internet Explorer) werden diese nach dem Anklicken zeitweise umrahmt.

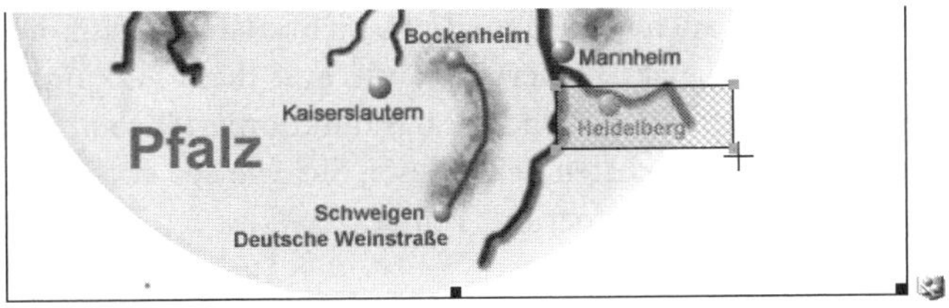

Abbildung 8.15: *Einen rechteckigen Hotspot zeichnen*

6. Anschließend bestimmen Sie die Eigenschaften des Hotspots im Inspektor (Abbildung 8.16):
   - Hyperlink: Sie können absolute und relative Hyperlinks oder E-Mail-Verweise definieren
   - Ziel: Das Zieldokument kann in einem bestimmten Browserfenster oder in einem hier angegebenen Frame geladen werden (vgl. Kapitel 8.3).
   - Alt.: Der Alternativ-Text sollte aussagekräftig sein und das Zieldokument grob beschreiben.

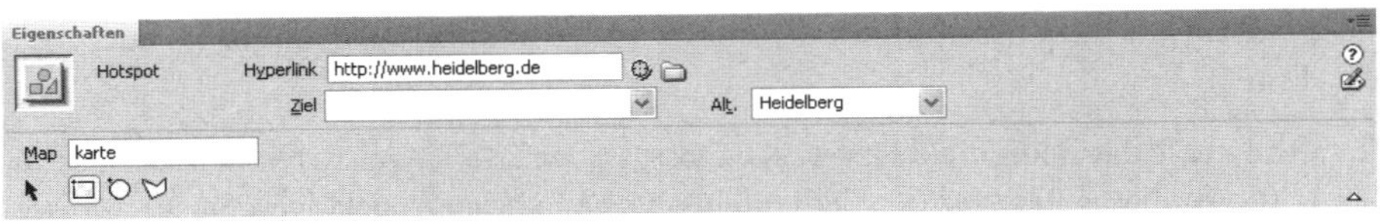

Abbildung 8.16: *Eigenschaften eines Hotspots*

7. Wiederholen Sie die Schritte 5 und 6, um weitere Hotspots im gleichen Bild anzulegen und deren Eigenschaften zu definieren.

Aktivieren Sie das Pfeil-Werkzeug im Eigenschafteninspektor, um nachträglich die Position oder die Größe eines Hotspots zu ändern. Das Pfeil-Werkzeug wird nur bei ausgewähltem Bild angezeigt.

- Markieren Sie den Hotspot und ziehen Sie ihn mit gedrückter Maustaste an die gewünschte, andere Stelle über dem Bild.
- Packen Sie einen Eckpunkt an, um die Größe oder Form des Spots zu ändern.

Einen einzelnen Hotspot definiert das `area`-Tag. Alle Hotspots werden mit dem `map`-Tag über das Bild (`<img>`) gelegt.

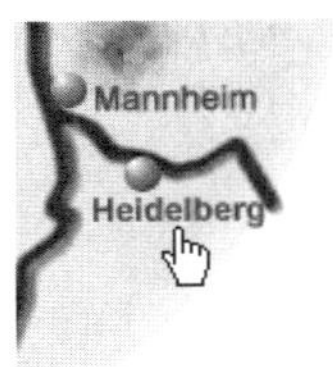

Bewegen Sie im Browser die Maus über einen solchen Hotspot-Bereich, erkennen Sie einen Link an dieser Stelle. Der Mauszeiger verändert sich wie gewohnt.

8.7 Links aktualisieren und überprüfen

Sobald Sie den Dateinamen ändern oder eine Datei verschieben, stimmen neben den Bildverweisen auch viele Hyperlinks nicht mehr, die auf dieses Dokument verweisen. Glücklicherweise aktualisiert Dreamweaver diese Verknüpfungen automatisch, wenn Sie eine Site definiert haben. Wie das funktioniert, haben Sie bereits in Kapitel 7.5.2 erfahren. Auf den nächsten Seiten lesen Sie, wie das auch manuell geht. Doch zunächst betrachten wir den Hyperlink-Prüfer.

8.7.1 Hyperlink-Prüfer einsetzen

Sie können in Dreamweaver ganz gezielt Dateien überprüfen und damit vorhandene Fehler aufstöbern und beheben. Dabei kontrollieren Sie Hyperlinks sowohl im aktuell geöffneten Dokument, in der gesamten lokalen Site als auch in ausgewählten Dateien des geöffneten Site-Verzeichnisses.

1. Falls Dreamweaver Hyperlinks in einem aktuellen Dokument überprüfen soll, öffnen Sie dieses zuerst.

   Soll eine bestimmte Site durchsucht werden, wählen Sie diese im Bedienfeld Dateien aus (im oberen linken Menü).

   Haben Sie hier bestimmte Dateien oder Ordner markiert, können Sie die Überprüfung auf diese beschränken. Zum Markieren benutzen Sie die Strg- oder ⇧-Taste.

2. Öffnen Sie das Bedienfeld Hyperlink-Prüfer über Fenster / Ergebnisse in der Menüleiste. In dieses Register der Bedienfeldgruppe Ergebnisse gelangen Sie auch rasch, wenn Sie F7 drücken.

3. Klicken Sie auf den Button Hyperlinks überprüfen am linken Bedienfeldrand.

4. Bestimmen Sie im daraufhin geöffneten Menü, wo Dreamweaver nach fehlerhaften Hyperlinks suchen soll (Abbildung 8.17).

   Klicken Sie beispielsweise auf Hyperlinks in aktuellem Dokument überprüfen. Der Hyperlink-Prüfer listet anschließend alle fehlerhaften Links auf.

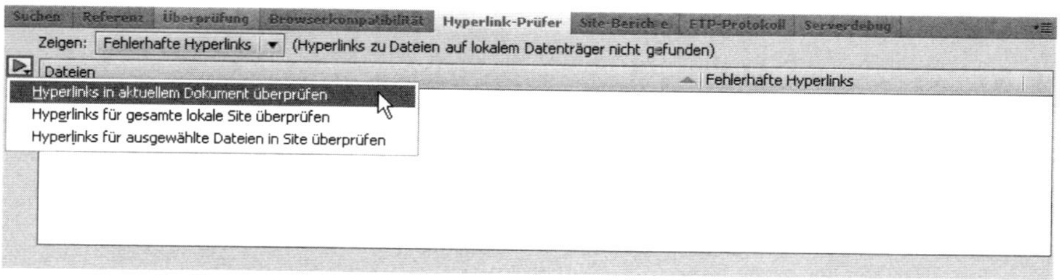

Abbildung 8.17: *Hyperlink-Prüfer im aktuell geöffneten Dokument verwenden*

5. Doppelklicken Sie im Hyperlink-Prüfer auf den Dateinamen und ändern Sie den im Dokumentfenster hervorgehobenen, fehlerhaften Hyperlink (Abbildung 8.18). Wird dieser mehrfach verwendet, fragt Dreamweaver, ob jedes Vorkommen geändert werden soll.

   Alternativ klicken Sie im Bedienfeld auf den fehlerhaften Hyperlink. Drücken Sie auf den dann eingeblendeten Button Datei suchen und wählen Sie die richtige Ziel-Datei aus. Kennen Sie den korrekten Pfad- und Verzeichnisnamen, können Sie diesen auch manuell in dieses Feld eintragen.

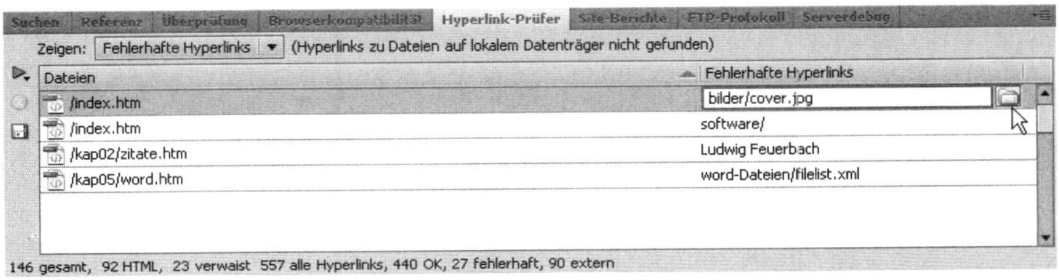

Abbildung 8.18: *Gefundene Link-Fehler bearbeiten*

Neben siteinternen fehlerhaften Hyperlinks kann Dreamweaver im Hyperlink-Prüfer auch Externe Hyperlinks auflisten (vgl. Abbildung 8.19). Auch bei bestehender Internetverbindung wird dabei nicht überprüft, ob die Verweise korrekt sind. Das müssen Sie selbst überprüfen, indem Sie den Verweis in das Adressfeld Ihres Browsers eingeben. Mit Copy & Paste geht das sehr schnell. Alternativ starten Sie die Live-Ansicht, aktivieren Ansicht / Live-Ansicht-Optionen / Hyperlinks fortlaufend aufrufen und klicken im Dokumentfenster auf den Hyperlink. Dreamweaver lädt dann das Zieldokument (vgl. Kapitel 8.4).

Zudem listet das Bedienfeld mit dieser Einstellung vorhandene E-Mail-Verweise auf.

Auf Wunsch zeigt das Bedienfeld auch alle Verwaisten Dateien an (vgl. Abbildung 8.19). Das sind Dokumente, ohne ankommenden Hyperlink. Damit sind diese Dateien nicht in die Site eingebunden und können nur über die direkte Adresseingabe im Browser geladen werden. Diese Dokumente können jedoch ebenfalls von Suchmaschinen indiziert sein und durch andere siteexterne Dokumente aufgerufen werden.

Verwaiste Dateien werden nur für die gesamte Site oder einen Unterordner gesucht.

- Wählen Sie die gewünschte Such-Option im Menü Zeigen des Hyperlink-Prüfers aus (Abbildung 8.19).

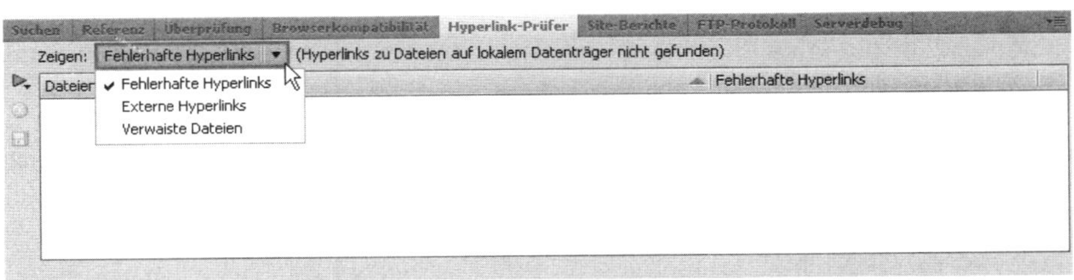

Abbildung 8.19: *Suche nach verschiedenen Link-Fehlern und verwaisten Dateien*

8.7.2 Links ändern

Haben Sie einen Dateinamen geändert oder ein Dokument in ein anderes Verzeichnis verschoben, ohne entsprechende Verweise zu aktualisieren, haben Sie zunächst ein Problem…

Mit der folgenden Funktion ist dieses schnell behoben.

1. Wählen Sie in der Menüleiste SITE / HYPERLINK FÜR GANZE SITE ÄNDERN. Das Dialogfenster HYPERLINK FÜR GANZE SITE ÄNDERN erscheint (Abbildung 8.20).
2. Die ursprüngliche Zieldatei kommt in das obere Textfeld. Darunter geben Sie den neuen, aktuellen Verweis ein. Wenn Sie den jeweiligen Link nicht manuell eingeben, wählen Sie die entsprechende Datei über den Button DATEI SUCHEN aus.

Abbildung 8.20: *Hyperlink in der Site ändern*

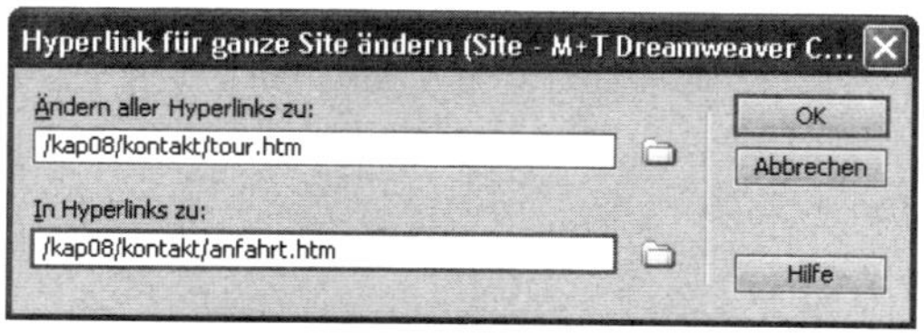

3. Klicken Sie auf OK.

   Anschließend listet das Dialogfenster DATEIEN AKTUALISIEREN alle gefundenen Dateien auf (Abbildung 8.21). Dieses Dialogfenster kennen Sie bereits aus Kapitel 7.5.2.

Abbildung 8.21: *Dateien aktualisieren*

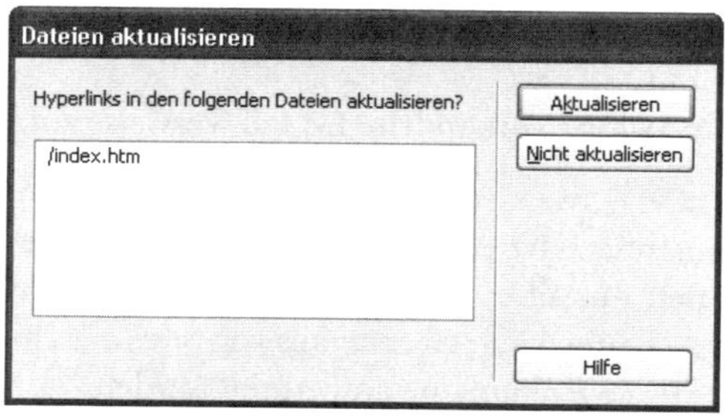

4. Drücken Sie auf die Schaltfläche AKTUALISIEREN, ändert Dreamweaver die aufgelisteten Dokumente.

   Wollen Sie nicht alle gefundenen Dateien bearbeiten, verlassen Sie das Dialogfenster mit NICHT AKTUALISIEREN und führen Sie die Änderungen gegebenenfalls manuell durch. Die Funktion SUCHEN UND ERSETZEN unterstützt Sie dabei. Das Dialogfenster hierzu öffnen Sie schnell mit Strg + F.

HINWEIS Achten Sie auf eine eindeutige Benennung der Webdokumente. Auch einige Suchmaschinen werten den Dateinamen aus. Dieser sollte zentrale Schlüsselbegriffe enthalten, die auch im Inhalt des Webdokuments verwendet werden.

8.8 CSS-Eigenschaften für Hyperlinks hervorheben

Das Erscheinungsbild der Hyperlinks auf der Seite stört Sie bestimmt schon etwas länger. Jetzt ändern wir dieses und passen es dem vorgegebenen Seitendesign an (Abbildung 8.22).

Allgemeine Einstellungen nehmen Sie in den Seiteneigenschaften vor. Möchten Sie zudem Verweise für bestimmte Seitenelemente separat definieren und dadurch beispielsweise eine Navigationsleiste aufbauen, arbeiten Sie im Bedienfeld CSS-Stile bzw. in der CSS-Regel-Definition.

Abbildung 8.22: *Design-Vorlage für alle Dokument der Site*

8.8.1 Seiteneigenschaften für Links festlegen

Da wir mit CSS arbeiten, genügt es, wenn wir die Regeln für eine Seite festlegen und diese dann in die externe CSS-Datei verschieben. Hierzu öffnen wir die Homepage unseres Restaurants im Stammordner (*index.htm*). In Kapitel 8.5 haben Sie den Restaurant-Namen in der Fußleiste verlinkt. Dieser wird nun unterstrichen und mit einer Standardfarbe im Browser dargestellt. Diese allgemeinen Linkeinstellungen ändern Sie folgendermaßen:

1. Wählen Sie Modifizieren / Seiteneigenschaften.
2. Wechseln Sie in die Kategorie Hyperlinks (CSS).

HINWEIS Bearbeiten Sie eine Seite, in der Hyperlink-Attribute mit HTML festgelegt sind, werden diese in der Kategorie ERSCHEINUNGSBILD (HTML) angezeigt. Diese können Sie hier bearbeiten oder löschen und dann in der Kategorie ÜBERSCHRIFTEN (CSS) mit CSS standardkonform definieren.

3. Geben Sie Schriftart und -größe an, in der die Hyperlinks erscheinen sollen (Abbildung 8.23, vgl. Kapitel 3). Machen Sie hier keine Angaben, werden Hyperlinks entsprechend dem allgemeinen Erscheinungsbild dargestellt. Über die Buttons dahinter können Sie zudem einen Stil (**B** fett, *I* kursiv) bestimmen.

4. Darunter weisen Sie jedem Hyperlink-Status eine charakteristische Farbe über die entsprechenden Farbwähler zu. Diese werden gemäß den Aktionen des Users angezeigt. Definieren Sie bis zu vier unterschiedliche Farben (Abbildung 8.23). In der Randspalte ist die jeweilige CSS-Pseudoklasse vermerkt, die Dreamweaver dann automatisch als Selektor einfügt.

`a:link`
- FARBE FÜR HYPERLINKS: Nachdem die Webseite im Browser geladen ist, erscheint der Hyperlink standardmäßig in dieser Farbe. Ohne Angabe stellen die meisten Browser Hyperlinks blau dar. Damit die Linkfarbe mit der in der Kategorie ERSCHEINUNGSBILD (CSS) festgelegten TEXTFARBE übereinstimmt, geben Sie denselben Wert hier an.

`a:visited`
- BESUCHTE HYPERLINKS: Diese Farbe wird angezeigt, wenn der Besucher die verlinkte Zielseite schon einmal im Browser geladen hat. Sind besuchte Links anders eingefärbt als normale, kann der User diese besser voneinander unterscheiden.

`a:hover`
- ROLLOVER-HYPERLINKS: Der Link verändert seine Farbe während der Besucher mit dem Cursor darüber fährt.

`a:active`
- AKTIVE HYPERLINKS: Diese Linkfarbe erscheint, während Sie auf den Link klicken. Die Maustaste muss dabei also gedrückt sein.

HINWEIS Sie müssen nicht alle Linkfarben angeben. Soll beispielsweise der Rollover-Effekt nicht erscheinen, lassen Sie das entsprechende Farbfeld leer.

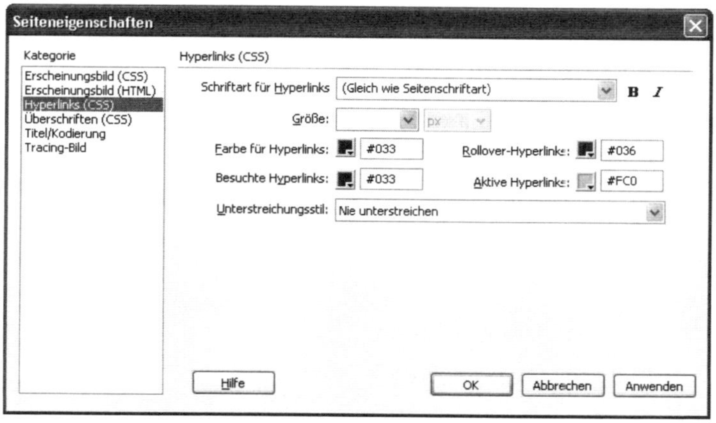

Abbildung 8.23: *CSS-Seiteneigenschaften für Verweise festlegen*

5. Hyperlinks werden standardmäßig im Browser unterstrichen dargestellt. Wählen Sie im Menü UNTERSTREICHUNGSSTIL eine andere Einstellung, werden Links entweder *nie unterstrichen* oder nur bei einem bestimmten Linkstatus so hervorgehoben.

6. Drücken Sie auf ANWENDEN. Der Link in der Fußleiste ist nun nicht mehr vom übrigen Text zu unterscheiden (Abbildung 8.24).

7. Bestätigen Sie mit OK und überprüfen Sie die Einstellungen in der LIVE-ANSICHT. Die Zielseite bzw. das E-Mail-Programm werden jedoch nur in der Browservorschau geladen.

***Abbildung 8.24:** Link in der Fußzeile mit und ohne Unterstreichung*

8.8.2 Pseudoklassen im Entwurfsfenster anzeigen

In der aktuellen Dreamweaver-Version wurde die Symbolleiste STILWIEDERGABE um einige nützliche Buttons erweitert (Abbildung 8.25). Mit diesen können Sie einzelne Hyperlink-Zustände im Entwurfsfenster ansehen und im Bedienfeld CSS-STILE bei Bedarf ändern.

- Klicken Sie in der Symbolleiste STILWIEDERGABE (ANSICHT / SYMBOLLEISTEN) auf einen der fünf rechts platzierten Buttons, wird die entsprechend definiert Pseudoklasse im Entwurfsfenster umgesetzt.

Neben den vier in den Seiteneigenschaften festgelegten CSS-Stilen (für die Selektoren `:link`, `:visited`, `:hover` und `:active`) können Sie hier eine weitere Pseudoklasse anzeigen lassen, nämlich den Selektor `:focus`.

Dieser CSS-Stil wird im Browser umgesetzt, wenn ein User den Link über die Tastatur ansteuert (z. B. mit der ⇥-Taste). Damit erhält der ausgewählte Hyperlink den Fokus und wird entsprechend der definierten Pseudoklasse angezeigt.

***Abbildung 8.25:** Pseudoklassen im Entwurfsfenster darstellen*

Diese definieren Sie entweder direkt im Codefenster oder Sie arbeiten über das Bedienfeld CSS-STILE:

1. Drücken Sie am unteren Bedienfeldrand auf den Button NEUE CSS-REGEL.
2. Als SELEKTOR-TYP wählen Sie *Zusammengesetzter Ausdruck*.
3. Im Feld SELEKTOR-NAME geben Sie *a:focus* ein.
4. Anschließend bestimmen Sie den gewünschten Speicherort der CSS-Regel.

5. Bestätigen Sie mit OK.
6. Geben Sie die gewünschten Attribute in der CSS-Regel-Definition an. Bestimmen Sie beispielsweise die gewünschte Textfarbe (Color) in der Kategorie Schrift.

Aufsteiger

Barrierefreie, zugängliche Webseiten erfordern die Pseudoklasse `:focus`. Zahlreiche behinderte Menschen navigieren über die Tastatur oder über Spracheingabe und verwenden keine Maus. Mit dieser Pseudoklasse erleichtern Sie ihnen das Erfassen der Website-Informationen.

8.8.3 CSS-Stile ändern und verschieben

Dreamweaver hat die neuen CSS-Regeln als neues Style Sheet in den `head`-Bereich des Dokuments eingefügt (Abbildung 8.26). Dies erkennen Sie gut am Eintrag *<style>* im Bedienfeld CSS-Stile (Fenster / CSS-Stile). Damit Browser Pseudoklassen korrekt interpretieren, müssen diese im Code in der richtigen Reihenfolge stehen:

```
a:link → a:visited → a:focus → a:hover → a:active
```

Hinweis

Der Selektor für das a-Element ist identisch mit der Pseudoklasse `a:link`.

- Überprüfen Sie die Reihenfolge und verschieben Sie einzelne Klassen wenn nötig im Bereich Alle Regeln des Modus Alle an die korrekte Position (Abbildung 8.26).

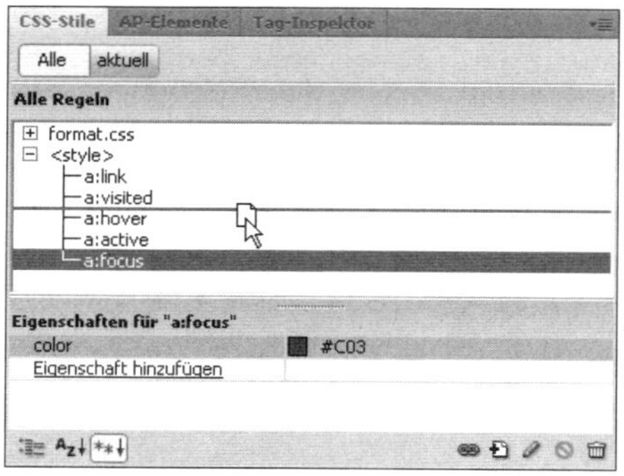

***Abbildung 8.26:** :focus wird unter :visited verschoben*

Wie erwähnt, wirken sich diese Seiteneigenschaften bzw. Pseudoklassen auf alle Hyperlinks im Dokument aus. Darum ist es in der Regel sinnvoll, die Unterstreichung nur für bestimmte Bereiche auszuschalten. Der User sieht dann sofort, wo die Links sind. Irritieren Sie ihn nicht. Design und Layout sollten stets die Benutzeraktion und die Übermittlung der Botschaft unterstützen.

In unserem Beispiel sollen diese CSS-Regeln nur für den Container gelten, dem die Klasse `.footer` zugewiesen ist. Hierzu erweitern Sie den Selektor im Bedienfeld CSS-Stile:

1. Klicken Sie einmal auf den Eintrag *a:link* im Bedienfeld und fügen Sie den Selektor *.footer* davor ein (Abbildung 8.27). Zwischen Klassen- und Pseudoselektor steht ein Leerzeichen.

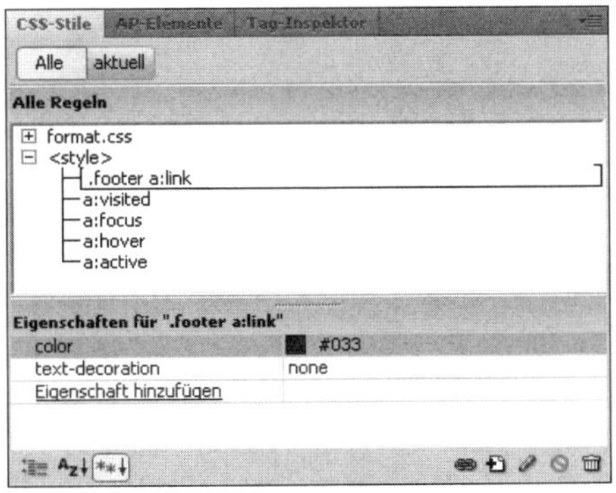

Abbildung 8.27: *Hyperlink nur für bestimmte Elemente formatieren*

AUFSTEIGER

Eine Selektorkombination aus untergeordneten Elementen bezeichnet man als Nachfahrenselektor.

2. Wiederholen Sie den vorherigen Arbeitsschritt mit den übrigen Hyperlink-Regeln.

3. Damit diese Regeln für alle vorhandenen Webseiten gelten, verschieben Sie sie in die bereits vorhandene Datei *format.css*. Diese wird ebenfalls im Bedienfeld CSS-Stile angezeigt. Ändern Sie dabei die Reihenfolge der Pseudoklassen nicht.

4. Anschließend entfernen Sie das verbleibende HTML-Element, indem Sie *<style>* im Bedienfeld markieren und dann auf 🗑 am unteren Fensterrand klicken.

5. Entfernen Sie zudem vordefinierte, nicht mehr benötigte CSS-Regeln für verschiedene Hyperlinks. Damit um verlinkte Bilder kein Rahmen erscheint, sollte der Selektor `a img` mit der Eigenschaft `border: none` erhalten bleiben.

6. Analog zu den vorherigen Arbeitsschritten können Sie für andere Seitenbereiche bzw. deren CSS-Klassen weitere Regeln für verschiedene Hyperlinks definieren.

DVD

Zur Übung formatieren Sie die Hyperlinks in der `content`-Box. Verlinken Sie den Text *Kommen Sie doch einfach mal vorbei…* auf der Homepage mit der Kontaktseite. Öffnen Sie die bereits bestehende Speisekarte (*speisen/speisen.htm*) und definieren Sie neue allgemeine Seiteneigenschaften für Hyperlinks, die sich gut vom übrigen Text abheben. Arbeiten Sie über das Dialogfenster Seiteneigenschaften, verschieben Sie diese dann ebenfalls in die allgemeine Style-Sheet-Datei *format.css*. Das Beispiel zeigt Abbildung 8.28 und ist auf der DVD im Verzeichnis *kap08* gespeichert.

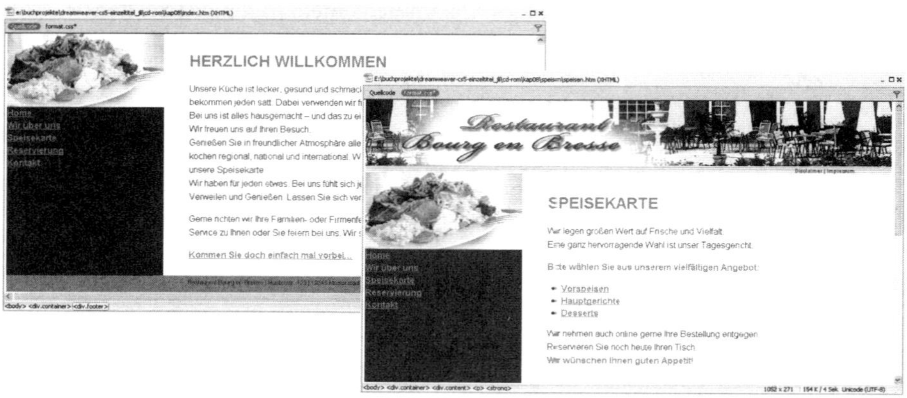

Abbildung 8.28: *Aktueller Zwischenstand*

8.8.4 Navigationsleiste mit CSS formatieren

Kernstück jeder Webseite ist die Navigation, die in unserem Beispiel als ungeordnete Liste (`<ul>`) formatiert ist. Mit CSS bestimmen wir nun das gewünschte Erscheinungsbild. Dabei realisieren wir folgende Funktionalität: Die aktuell geladene Seite (z. B. *Home*) ist farblich sowie mit einem Randbild hervorgehoben. Bewegt der User den Mauszeiger über ein Menüelement, wird dieses mit den gleichen Designelementen betont (vgl. Randspalte). Verlässt der User diesen Bereich wieder, wird die ursprüngliche Darstellung wiederhergestellt.

1. Zunächst klicken Sie in die Liste hinein und drücken dann im Tag-Selektor auf `<ul>`. Die Liste ist nun markiert und wir können eine neue CSS-Regel definieren.

2. Hierzu drücken Sie im Bedienfeld CSS-STILE auf [Symbol].

3. Im Dialogfenster NEUE CSS-REGEL wird *.sidebar1 ul* für den SELEKTOR-NAMEN angezeigt.

   Da Dreamweaver die neuen Regeln in der vorhandenen Datei *format.css* speichern soll, muss diese unter REGEL-DEFINITION ausgewählt sein.

   Bestätigen Sie mit OK.

4. In der CSS-Regel-Definition geben Sie in der Kategorie BOX die Breite in das Feld WIDTH mit *285* Pixel (*px*) ein. Dieser Wert entspricht der Bildbreite.

   Alle Ränder (PADDING) und Abstände (MARGIN) setzen Sie sicherheitshalber auf *0*. Dies ist besonders wichtig, wenn Sie die vordefinierte Regel für den Selektor `ul, ol, dl` entfernt haben, der Ränder ebenfalls zurücksetzt.

   Damit die Listenpunkte nicht mehr angezeigt werden, wählen Sie in der Kategorie LISTE den LIST-STYLE-TYPE *none*. Das Ergebnis dieser in Abbildung 8.29 zusammengefassten Einstellungen sehen Sie in der Randspalte.

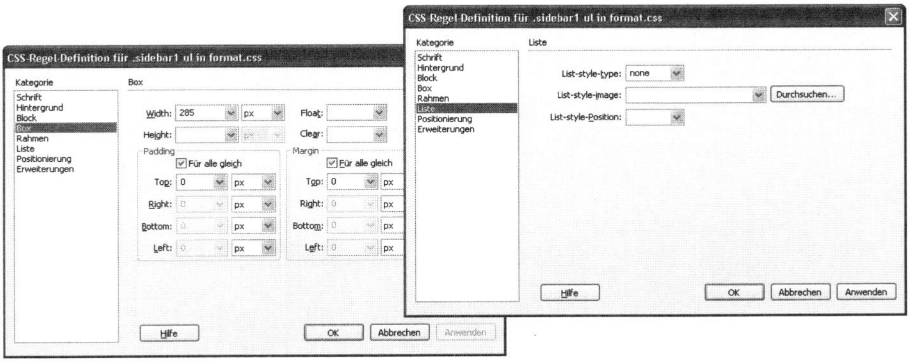

Abbildung 8.29: *Allgemeine Listen-Eigenschaften festlegen*

5. Anschließend formatieren Sie die Hyperlinks. Hierzu markieren Sie für die Navigationsliste <a> im Tag-Selektor. Arbeiten Sie analog zu den Arbeitsschritten 1 bis 3. Dabei zeigt das Dialogfenster NEUE CSS-REGEL den SELEKTOR-NAMEN *.sidebar1 ul li a* an.

6. Definieren Sie folgende CSS-Regeln (vgl. Abbildung 8.30):

- Kategorie SCHRIFT:

  FONT-FAMILY (Schriftart): *Arial, Helvetica, sans-serif*

  FONT-SIZE (Schriftgröße): *1.2 em*

  TEXT-TRANSFORM (Schreibweise): *uppercase* (Großbuchstaben)

  COLOR (Schriftfarbe): *#FFF* (weiß)

  TEXT-DECORATION (Formatierung): *none* (keine Unterstreichung)

- Kategorie BLOCK:

  DISPLAY (Anzeige): *block* (als Blockelement)

MERKSATZ

Das a-Element ist normalerweise ein Inline-Element. Wandeln Sie es mit CSS nicht in ein Blockelement um, würde das Hintergrundbild nicht korrekt angezeigt werden, da der benötigte Platz nicht definiert ist.

- Kategorie BOX:

  HEIGHT (Höhe): *40 px* (Höhe jeder Schaltfläche in der Navigationsleiste)

  PADDING-TOP (oberer Innenabstand): *18 px* (Textabstand zum oberen Rand)

  PADDING-LEFT (seitlicher Innenabstand): *65 px* (Textabstand zum linken Rand)

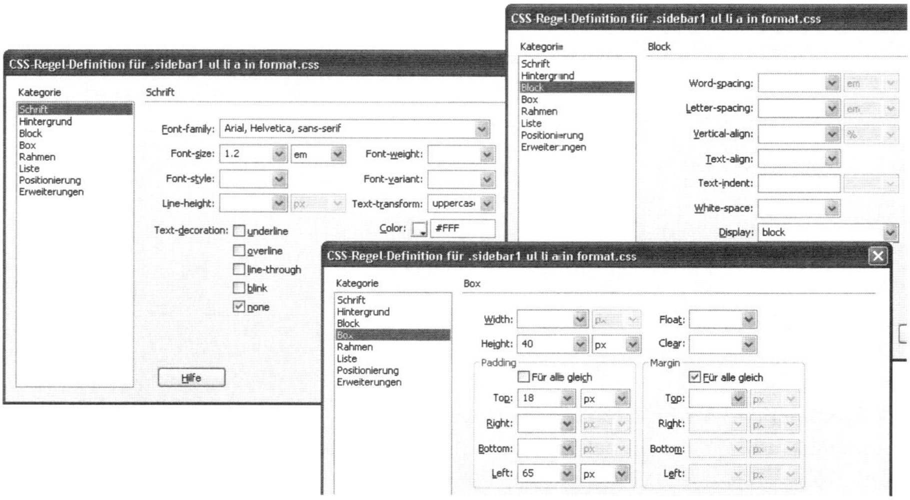

Abbildung 8.30: *CSS-Regel für Hyperlinks in der Navigationsleiste*

7. Damit unter jedem Navigations- bzw. Listenelement eine gestrichelte Linie erscheint, erstellen wir nun eine CSS-Regel für das `li`-Element. Arbeiten Sie analog zu den Arbeitsschritten 1 bis 3. Der SELEKTOR-NAME lautet *.sidebar1 ul li.*

8. Die CSS-Regel enthält in der Kategorie RAHMEN folgende Angaben (Abbildung 8.31):

   BOTTOM (unten): *dashed* (gestrichelt)

   WIDTH (Breite, Rahmenstärke): *2 px*

   COLOR (Farbe): *#CCC* (Grau)

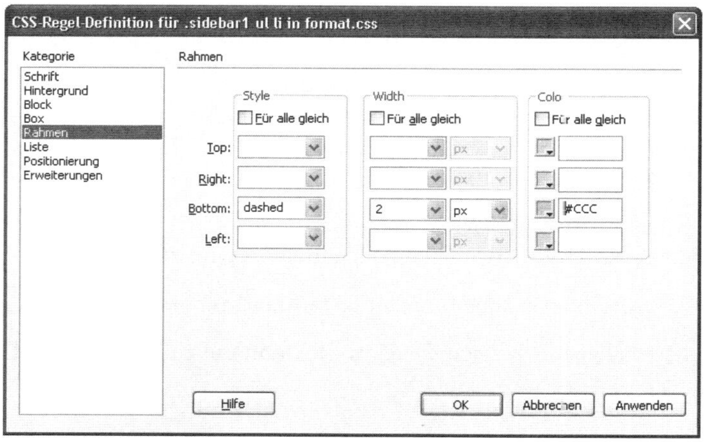

Abbildung 8.31: *Rahmenlinie eines Listenelements einstellen*

9. Damit Bild und Hintergrundfarbe angezeigt werden, wenn der User den Mauszeiger über ein Element bewegt, definieren wir den so genannten Hover-Effekt. Diesen kennen Sie bereits von den Seiteneigenschaften. Damit nur Listenelemente in der `Sidebar1` diesen Hover-Effekt aufweisen, lautet der Selektor-Name `.sidebar1 ul li a:hover`.

   Zusätzlich sollen die gleichen Eigenschaften das Element hervorheben, dem die aktuell geöffnete Seite zugewiesen ist. Hierfür erstellen wir die Klasse `.highlight`. Diesen Selektornamen geben Sie mit einem Komma getrennt hinter dem zuvor festgelegten an.

   Damit müssen Sie folgenden zusammengesetzten Ausdruck im Dialogfenster NEUE CSS-REGEL definieren: *.sidebar1 ul li a:hover, .sidebar1 .hightlight*

   Bestätigen Sie mit OK.

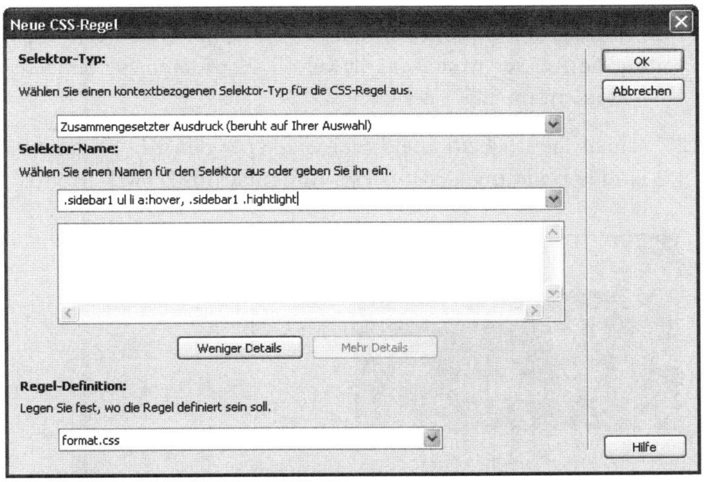

Abbildung 8.32: *CSS-Regel für Hover-Effekt und Element-Markierung*

10. Definieren Sie folgende CSS-Regel in der Kategorie HINTERGRUND (Abbildung 8.33).

    BACKGROUND-COLOR (Hintergrundfarbe): *#37375F* (Blau-Ton)

    BACKGROUND-IMAGE (Hintergrundbild): *../bilder/blume.gif* (finden Sie auf der DVD)

    BACKGROUND-REPEAT (Bildwiederholung, Kacheleffekt): *repeat-y* (senkrechte Wiederholung); Sie könnten auch keine Bildwiederholung mit *no-repeat* angeben.

    BACKGROUND-POSITION (X) (horizontale Bild-Position): *left* (links)

    BACKGROUND-POSITION (Y) (vertikale Bild-Position): *center* (mittig)

    Schließen Sie das Dialogfenster mit OK.

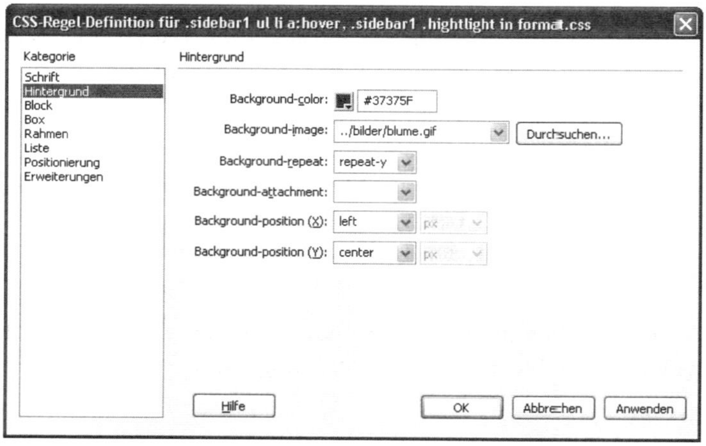

Abbildung 8.33: *Hintergrund-Eigenschaften für Hervorhebungen*

11. Damit das Navigationselement der aktuellen Seite hervorgehoben ist, müssen Sie ihm die Klasse `.highlight` zuweisen: Markieren Sie zunächst das entsprechende `li`-Element im Tag-Selektor.

12. Wählen Sie im Bedienfeld Eigenschaften den Klassennamen im entsprechenden Menü (Abbildung 8.34). Dieses finden Sie im HTML-Modus.

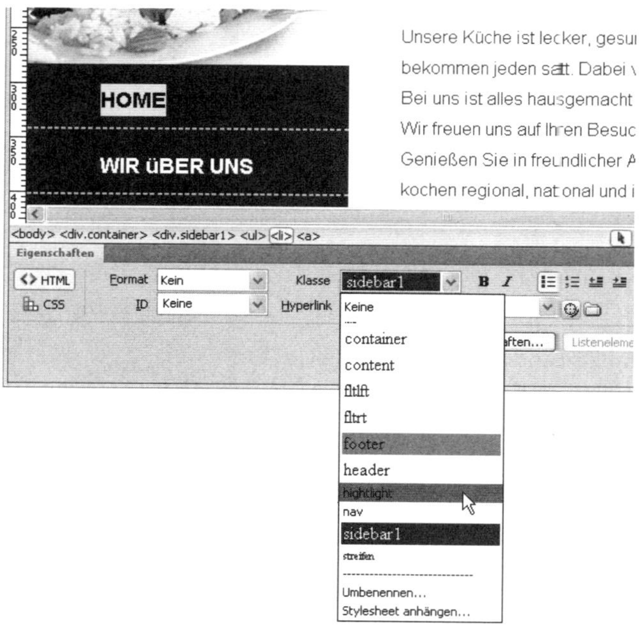

Abbildung 8.34: *Klasse `.highlight` auf Navigationselement anwenden*

13. Damit ist unsere Restaurant-Homepage fertig.

14. Da die Regeln gleichzeitig mit der Speisekarte verknüpft sind (*speisen/speisen.htm*), ist auch hier die Arbeit weitgehend getan. Sie müssen in diesem Dokument lediglich die Markierung in der Menüleiste setzen. Wiederholen Sie dazu Arbeitsschritte 11 und 12., vgl. Abbildung 8.35).

Hacks & Browserweichen

Die bislang erstellten CSS-Regeln werden in allen modernen Browsern richtig umgesetzt. Für ältere Versionen, insbesondere des Internet Explorers, müssen Sie den Code optimieren und so genannte Hacks und Browserweichen definieren. Die Dokumentation würde den Rahmen dieses Buches leider bei Weitem sprengen. Ausführliche Hinweise finden Sie in meinem aktuellen Handbuch zu Dreamweaver CS5 und im CSS-Kompendium (vgl. Anhang).

DVD

Alle Einstellungen sind jetzt in der Datei *format.css* im Verzeichnis *kap08* gespeichert. Auch die beiden Dokumente *index.htm* und *speisen.htm* wurden, wie beschrieben, angepasst. Werden in Ihrer Datei Abstände um die einzelnen Listenelemente angezeigt, setzen Sie alle Ränder für `sidebar1` auf *0*. Abbildung 8.35 zeigt das Ergebnis dieses Workshops am Beispiel der Speisekarte.

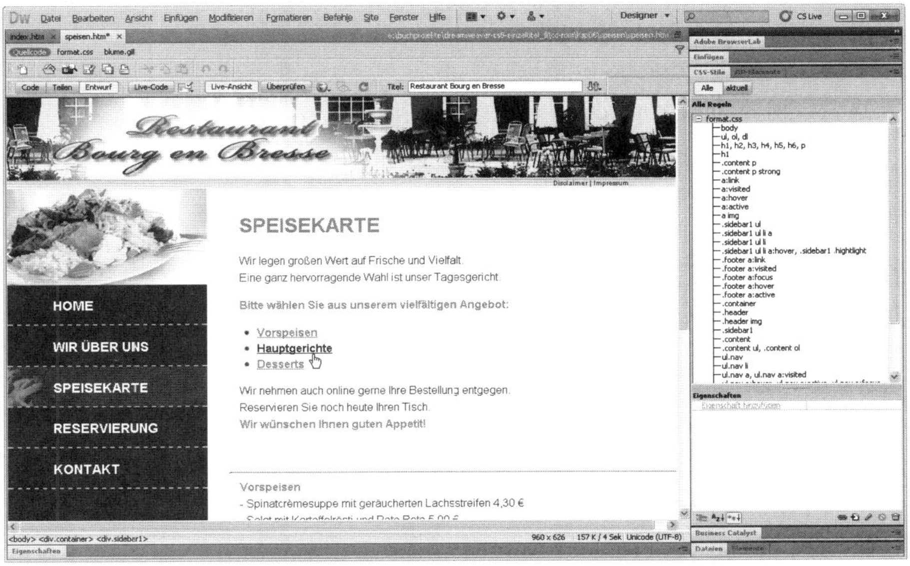

Abbildung 8.35: *Speisekarte mit angewendeten CSS-Regeln*

8.9 Kleine Erfolgskontrolle

24. Was bedeutet `target="_self"`?

    a. Auszeichnung für die beste Webseite

    b. Anleitung für die Erstellung einer Homepage

    c. Das verlinkte Zieldokument ersetzt den Inhalt des aktuellen Fensters.

25. Was ist zu beachten, wenn Sie einen Link innerhalb des gleichen Dokuments setzen wollen?

    a. Anker und Hyperlink müssen gesetzt sein.

    b. Der Hyperlink muss mit *http://* beginnen.

    c. Das ist gar nicht möglich.

26. Ich habe eine Webseite entwickelt und möchte nun auch meine E-Mail-Adresse hinterlegen. Bei welchem Eintrag im Bedienfeld EIGENSCHAFTEN warte ich nicht vergebens?

    a. mailto:mail@susanne-rupp.de

    b. mailto: mail@susanne-rupp.de

    c. http://mail@susanne-rupp.de

    d. mail@susanne-rupp.de

27. Welchen Selektor müssen Sie definieren, damit sich ein Element verändert, wenn der User den Mauszeiger darüber bewegt?

    a. `a:hover`

    b. `a:link`

    c. `a:focus`

9 Tabellen für Daten verwenden

Das lernen Sie neu:

- Tabellen erstellen
- Unterschiedliche Tabellenmodi benutzen
- Inhalte in Zellen einfügen
- Tabellen bearbeiten und formatieren

Das Layout von Webseiten wird häufig durch sichtbare oder unsichtbare Tabellen bestimmt. In den einzelnen Zellen werden Bilder und Texte platziert und entsprechend ausgerichtet. Ursprünglich sind Tabellen jedoch nicht dafür vorgesehen, sondern für die übersichtliche Gliederung von Daten gedacht. Weil das Layout unseres Beispiel-Restaurants auf CSS basiert und wir hier einen sauberen HTML-Quellcode entsprechend allgemeiner Standards realisieren möchten, halten wir uns an diese Regel.

Abbildung 9.1: *Diese Speisekarte ist das Workshop-Ergebnis.*

Eine Tabelle benötigen wir für die Präsentation der Speisekarte, bestehend aus zwei Spalten, in denen das jeweilige Gericht beschrieben und der Preis angegeben ist. In diesem Workshop erstellen Sie neue Tabellen und ändern bereits vorhandene. Dabei besteht jede Tabelle aus:

- Zeilen (horizontale Reihen)
- Spalten (vertikale Reihen)
- Zellen (kleinste Einheit einer Tabelle, die als Schnittmenge je einer bestimmten Zeile und Spalte definiert wird)

9.1 Eine Tabelle erstellen

Öffnen Sie die Webseite *speisen.htm* aus dem letzten Workshop mit der bereits eingefügten Speisekarte. Diese ist auch in *kap08* im Verzeichnis *speisen* auf der DVD gespeichert. Diesen Text soll nun eine Tabelle strukturieren, die Sie folgendermaßen einfügen:

1. Klicken Sie an die Stelle Ihres Dokuments, an der Sie die Tabelle einfügen möchten. Dies kann ober- oder unterhalb des bereits vorhandenen Textes sein.
2. Wählen Sie in der Menüleiste EINFÜGEN / TABELLE, oder klicken Sie auf den Button TABELLE im Bedienfeld EINFÜGEN. Diesen finden Sie sowohl in der Kategorie ALLGEMEIN als auch unter LAYOUT (Abbildung 9.2). Ganz schnell geht's auch mit Strg + Alt + T.

Abbildung 9.2: *Tabelle über das Bedienfeld einfügen*

3. Bestimmen Sie im Dialogfenster TABELLE zunächst die benötigte Anzahl der ZEILEN und SPALTEN (Abbildung 9.3). Diese können Sie nachträglich noch anpassen.
4. Legen Sie darunter die TABELLENBREITE entweder mit einem *Pixel-* oder einem *Prozent-*Wert fest. Dabei ist die Pixelangabe eine feste Größe, die nur von der Bildschirmauflösung abhängt. Geben Sie dagegen eine prozentuale Breite an, passt sich die Tabelle der Breite des Browserfensters bzw. des übergeordneten Container-Elements an.

   In unserem Beispiel wählen wir *100 %*, so dass die Tabelle genauso breit ist wie der `div`-Container, dem die Klasse `.content` zugewiesen ist.
5. Geben Sie als RANDSTÄRKE den Wert *0* ein, wenn der Tabellenrahmen nicht sichtbar sein soll. Ansonsten ist jeder Pixelwert erlaubt.

Randstärke, Abstände in Tabellen sowie weitere Attribute können Sie alternativ auch mit CSS festlegen. Damit sind präzise, standardkonforme Angaben möglich (vgl. Kapitel 9.7.6).

AUFSTEIGER

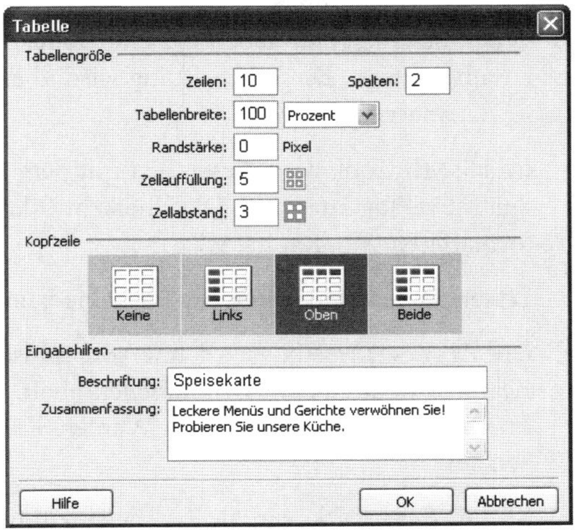

Abbildung 9.3: *Attribute der neuen Tabelle bestimmen*

6. Legen Sie ZELLAUFFÜLLUNG und den ZELLABSTAND der Tabelle fest (vgl. Abbildung 9.4):
   - **Zellauffüllung** definiert die Anzahl der Pixel zwischen dem Inhalt einer Zelle und dem Zellrahmen. Das HTML-Attribut im `table`-Tag lautet `cellpadding`.
   - **Zellabstand** (im Eigenschafteninspektor ZELLRAUM genannt) bestimmt die Zahl der Pixel zwischen den einzelnen Zellen. Im Quelltext wird er mit `cellspacing` definiert.

Zellabstand und Zellraum sind Synonyme für das HTML-Attribut `cellspacing`.

HINWEIS

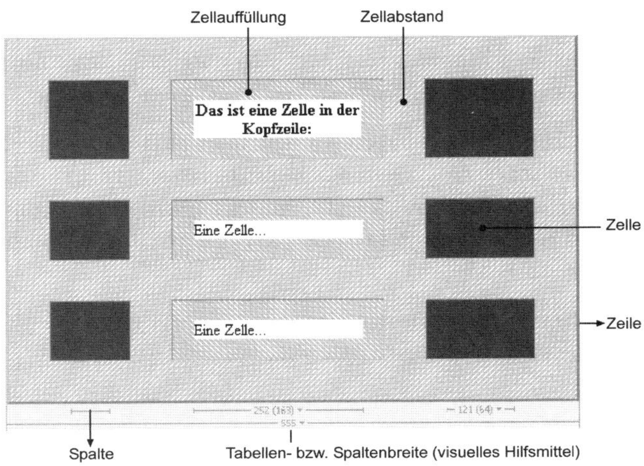

Abbildung 9.4: *Zellauffüllung, -abstand und Elemente einer Tabelle*

7. Wollen Sie eine KOPFZEILE definieren, deren Inhalt hervorgehoben formatiert wird (vgl. Kapitel 9.7.9), klicken Sie auf den gewünschten Symbolbutton im Dialogfenster TABELLE. Die Kopfzeile fasst den jeweiligen Inhalt zusammen und kann sich über Zeilen und Spalten erstrecken.

8. Unter BESCHRIFTUNG geben Sie eine Tabellenüberschrift ein, die den Inhalt grob zusammenfasst. Die Beschriftung wird über der Tabelle und damit außerhalb der Zellen angezeigt.

   Im HTML-Code wird dieser Text mit dem `caption`-Tag direkt unter dem öffnenden `table`-Tag integriert. Die Überschrift können Sie mit einem Style Sheet weiter formatieren (vgl. Kapitel 9.7.6).

   Lassen Sie das Feld leer, wenn Sie keine Überschrift definieren möchten.

9. Die ZUSAMMENFASSUNG wird nur von Bildschirmlesegeräten wiedergegeben, und zwar vor dem eigentlichen Tabelleninhalt. Diesen optionalen Text speichert das Attribut `summary` im `table`-Tag. Wählen Sie einen in den Tabelleninhalt einführenden Text.

10. Klicken Sie auf OK, um die Tabelle einzufügen.

Die angegebenen Attribute können Sie jederzeit im Bedienfeld EIGENSCHAFTEN ändern. Lediglich die Eingabehilfen (BESCHRIFTUNG, ZUSAMMENFASSUNG), können nur im Quelltext bearbeitet werden.

Für unsere Speisekarte benötigen wir eine Tabelle mit zwei Spalten. Die Anzahl der Zeilen passen wir später dem eingefügten Inhalt an und ändern sie im Bedienfeld EIGENSCHAFTEN. Orientieren Sie sich an Abbildung 9.3. Dabei haben Sie zwei Möglichkeiten: Entweder erstellen Sie für *Vorspeisen*, *Hauptgerichte* und *Desserts* jeweils eine separate Tabelle oder Sie definieren eine große, die sich über alle Bereiche erstreckt.

9.2 Visuelle Hilfsmittel im Standardmodus

Die neue Tabelle ist im Entwurfsfenster ausgewählt und schwarz umrahmt. Zudem sind drei Angriffpunkte in der rechten unteren Ecke sichtbar, mit denen Sie die Tabellengröße ändern (vgl. Kapitel 9.7.2).

Im gezeigten Beispiel haben wir den Tabellenrahmen ausgeblendet (RANDSTÄRKE: *0 Pixel* bzw. `border="0"`). Dennoch zeigt Dreamweaver im Entwurfsfenster einen gepunkteten Rahmen als visuelles Hilfsmittel zur Orientierung an (Abbildung 9.5). Damit können Sie Position und Größe der einzelnen Zellen überprüfen und Inhalte leichter platzieren.

- Diesen Tabellenrahmen blenden Sie über ANSICHT / VISUELLE HILFSMITTEL / TABELLENRAHMEN ein und aus.

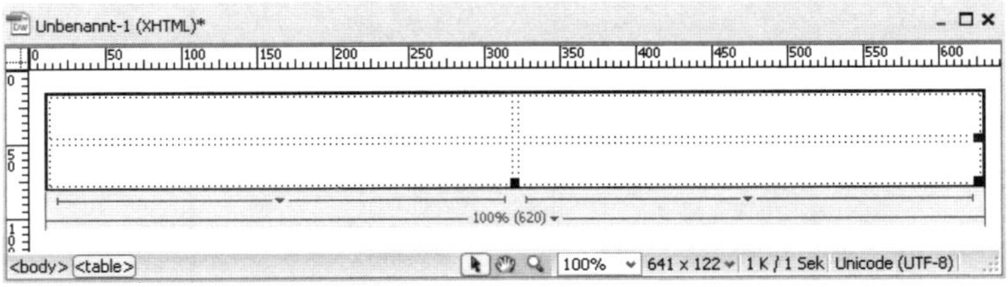

Abbildung 9.5: *Neue Tabelle mit visuellen Hilfsmitteln*

Zudem blendet Dreamweaver das so genannte Tabellenrahmen-Menü ein. Je nach Fenster- und Tabellengröße finden Sie es entweder am unteren oder oberen Tabellenrand. Diese Menüs enthalten Befehle zur Auswahl und Bearbeitung der gesamten Tabelle sowie einzelner Spalten. Diese werden wir im Laufe des Workshops noch einsetzen.

Zudem zeigt dieser Tabellenrahmen die Tabellenbreite an. Bestimmen Sie später die Breite einer einzelnen Spalte, wird diese hier ebenfalls eingeblendet. Den ersten Wert haben Sie festgelegt (*100%*). Der Wert in der Klammer gibt den tatsächlichen Pixelwert an, der von der aktuellen Größe des Dokumentfensters oder dem Zelleninhalt abhängt.

- Das Tabellenrahmen-Menü blenden Sie über ANSICHT / VISUELLE HILFSMITTEL / TABELLENBREITE ein und aus.

Blenden Sie alle visuellen Hilfsmittel aus, zeigt das Entwurfsfenster Tabellen wie in einem Webbrowser. Alternativ verwenden Sie die Live-Ansicht. Sie können die Seite dann schnell in Dreamweaver überprüfen.

9.3 Die erweiterte Ansicht nutzen

Dreamweaver arbeitet normalerweise im Standardmodus. Diesen haben Sie auf den vorherigen Seiten näher kennen gelernt. Wechseln Sie in den erweiterten Tabellenmodus, können Sie beispielsweise Zellen oder Inhalte leichter auswählen. In dieser Ansicht betont Dreamweaver den Tabellenrahmen, auch wenn keine Randstärke angegeben ist. Zudem werden Zellauffüllung und Zellabstand hervorgehoben.

- In den erweiterten Tabellenmodus wechseln Sie entweder, indem Sie ANSICHT / TABELLENMODUS / ERWEITERTER TABELLENMODUS in der Menüleiste wählen (Abbildung 9.6, links).
- Oder indem Sie auf die Schaltfläche ERWEITERT in der Kategorie LAYOUT des Bedienfelds EINFÜGEN drücken (Abbildung 9.6, rechts).
- Oder Sie drücken [Alt] + [F6].

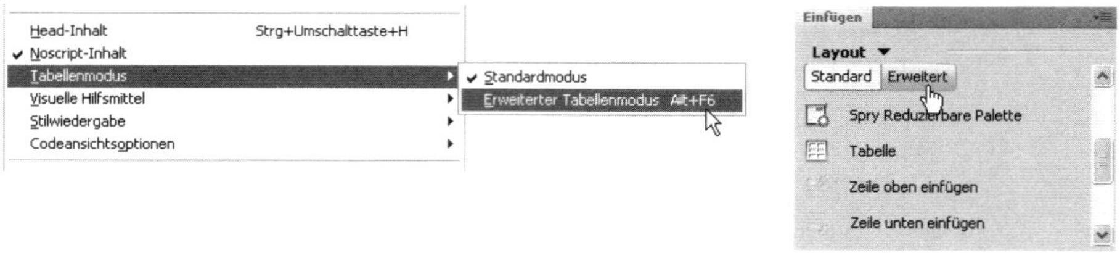

Abbildung 9.6: *In den erweiterten Tabellenmodus wechseln*

Wechseln Sie in den erweiterten Tabellenmodus, erscheint eine Meldung, dass diese Ansicht nicht mit der Browserdarstellung übereinstimmt. Optimierungen sind hier also kaum möglich.

Klicken Sie auf OK und schließen Sie damit dieses Meldefenster.

Abbildung 9.7zeigt die gleiche Tabelle wie Abbildung 9.5. Den erweiterten Tabellenmodus kennzeichnet auch der Anzeigebalken unter dem Dateinamen.

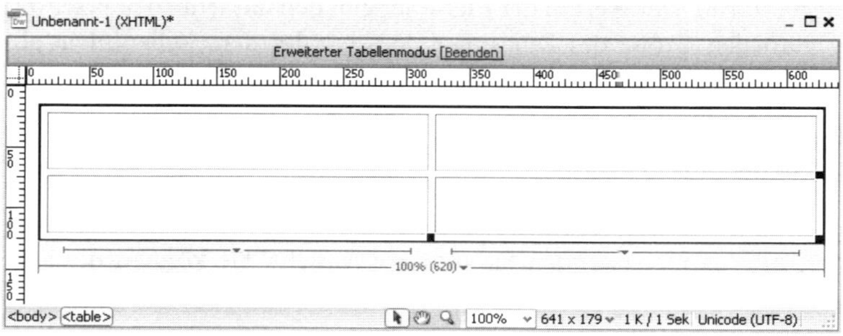

Abbildung 9.7: *Im erweiterten Modus bearbeiten Sie mit den visuellen Hilfen leicht die Tabellenstruktur.*

Auch in der erweiterten Ansicht fügen Sie eine neue Tabelle wie in Kapitel 9.1 beschrieben ein.

HINWEIS

Standardmäßig platziert Dreamweaver in jede neue Zelle ein geschütztes Leerzeichen, damit deren Attribute (z. B. Hintergrundfarbe) in allen Browsern dargestellt werden. Fehlt dieses Leerzeichen und ist eine Zelle vollkommen leer, zeigt Dreamweaver im erweiterten Tabellenmodus einen gestrichelten Rahmen um diese Zelle.

Am oberen Rand des Entwurfsfensters blendet Dreamweaver den Hyperlink [BEENDEN] ein (vgl. Abbildung 9.7). Klicken Sie hierauf, wechseln Sie wieder in den Standardmodus. Alternativ wählen Sie ANSICHT / TABELLENMODUS / STANDARDMODUS oder Sie drücken die Schaltfläche STANDARD im Bedienfeld EINFÜGEN. Auch mit Alt + F6 kehren Sie in die vorherige Ansicht zurück.

HINWEIS

Die auf den folgenden Seiten beschriebenen Arbeitsweisen gelten sowohl für den Standard- als auch für den erweiterten Modus. Falls nicht ausdrücklich erwähnt, stellen die Abbildungen den Standardmodus dar.

9.4 Verschachtelte Tabellen erstellen

Der Inhalt einer Tabellenzelle kann eine weitere Tabelle sein. Man spricht dann von verschachtelten Tabellen. Dabei können Sie so viele Tabellen in eine Zelle einfügen, wie Sie möchten. Die eingefügten Tabellen können wiederum weitere Tabellen enthalten.

- Klicken Sie in die Zelle, in die Sie eine weitere Tabelle einfügen möchten. Arbeiten Sie wie in Kapitel 9.1 beschrieben. Dabei spielt es keine Rolle, ob Sie sich im Standard- oder im erweiterten Modus befinden.

Wie erwähnt, befindet sich in jeder neuen Zelle automatisch ein geschütztes Leerzeichen. Dieses wird beim Einfügen eines Inhaltes entfernt.

In Abbildung 9.8 sehen Sie zwei verschachtelte Tabellen im erweiterten Tabellenmodus. Dabei ist die eingebundene Tabelle markiert.

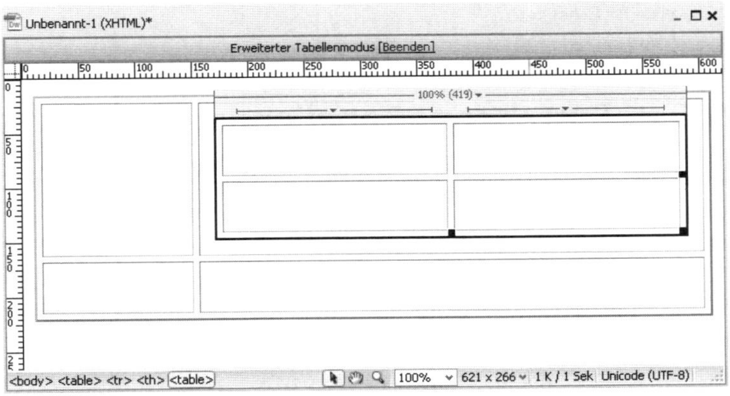

Abbildung 9.8: *Verschachtelte Tabellen*

9.5 Neue Inhalte einfügen

In eine Tabelle können Sie Texte, Bilder oder andere Objekte einbauen. Dabei können Sie sowohl im Standard- als auch im erweiterten Modus arbeiten.

1. Klicken Sie in die Zelle, in die Sie Inhalte einfügen möchten.
2. Geben Sie wie gewohnt den Text ein. Platzieren Sie Bilder oder andere Elemente in den entsprechenden Zellen.

   In unserem Beispiel sind die Inhalte bereits auf der Seite integriert. Verschieben Sie die einzelnen Texte in die entsprechenden Zellen.

Tipp

Drücken Sie die ⇥-Taste, um in die nächste Zelle zu springen. Mit ⇧ + ⇥ gelangen Sie in die vorhergehende Zelle. Sie können dafür auch die Pfeiltasten benutzen.

Die Zeilenhöhe passt sich automatisch dem jeweiligen Zelleninhalt an. Um diesen Effekt zu verdeutlichen, wurde die in Abbildung 9.9 gezeigte Tabelle auf 60 % verkleinert (vgl. Kapitel 9.7.2).

Die Preise in der rechte Spalte sind zentriert angeordnet, wobei das _-Zeichen unschön in die nächste Zeile rutschen kann. Wie Sie Inhalte ausrichten und Umbrüche verhindern, erfahren Sie in Kapitel 9.7.8 und 9.7.10. Objekte, die in Zellen eingefügt wurden, können beliebig formatiert werden.

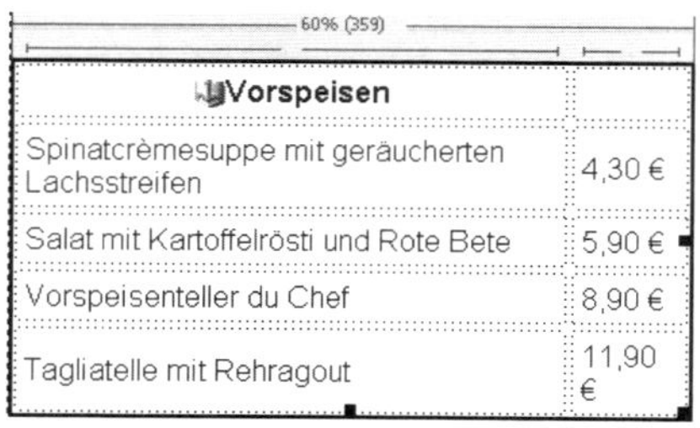

Abbildung 9.9: *Unformatierte Speisekarte*

9.6 Bestehende Tabellendaten importieren

Daten aus anderen Anwendungen werden schnell in Dreamweaver eingefügt und weiterbearbeitet. Während Sie (als Nutzer ab Office 98) direkt eine in Microsoft Excel erstellte *XLS-* bzw. XLSX-Datei importieren können, müssen Dateien aus anderen Anwendungen so abgespeichert werden, dass die Daten durch Kommata, Tabs, Semikolons oder andere Zeichen voneinander getrennt sind. Beispielsweise erfüllen *TXT-* und *CSV-*Dateien diese Anforderung.

Zur Übung erstellen Sie eine neue, leere Webseite, auf der das Restaurant seine Weinkarte präsentiert. Die notwendigen Arbeitsschritte

So importieren Sie eine Excel-Datei:

1. Wählen Sie DATEI / IMPORTIEREN / EXCEL-DOKUMENT.
2. Geben Sie im Dialogfenster EXCEL-DOKUMENT IMPORTIEREN die Excel-Datei an, die Sie importieren möchten (Abbildung 9.10). Auf der DVD finden Sie hierfür die Datei *weinkarte.xls*.
3. Geben Sie im Menü an, welche FORMATIERUNG übernommen werden soll.
4. Klicken Sie auf die Schaltfläche ÖFFNEN. Die Daten werden nun importiert, was je nach Datenmenge etwas dauern kann.

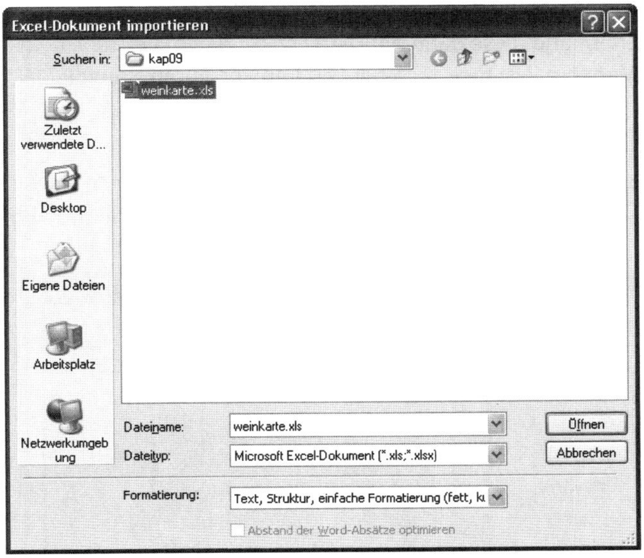

Abbildung 9.10: *Excel-Dokument importieren*

5. Speichern Sie die neue Webseite als *weinkarte.htm* ab (Abbildung 9.11). Das Beispiel finden Sie auf der DVD im Verzeichnis *kap09*.

ACHTUNG

Dreamweaver importiert die Daten automatisch in eine Tabelle. Dabei kann es jedoch passieren, dass die Daten nicht vollständig importiert werden oder durcheinander geraten. Überprüfen Sie auf jeden Fall das Ergebnis, insbesondere Umlaute und Sonderzeichen!

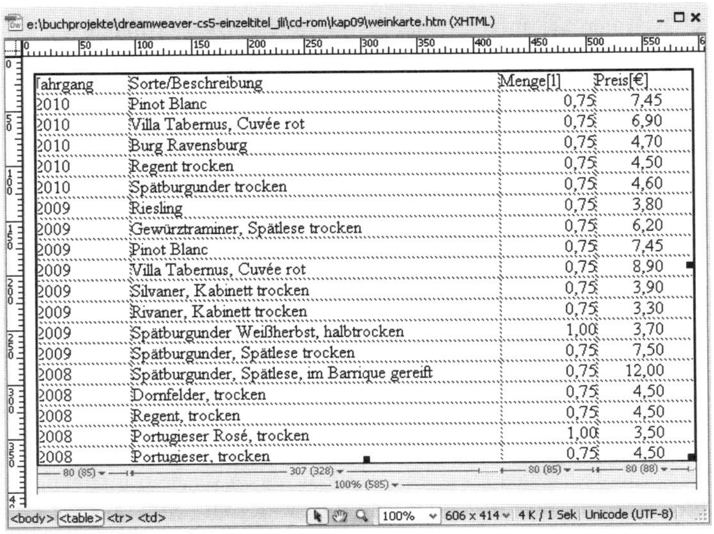

Jahrgang	Sorte/Beschreibung	Menge[l]	Preis[€]
2010	Pinot Blanc	0,75	7,45
2010	Villa Tabernus, Cuvée rot	0,75	6,90
2010	Burg Ravensburg	0,75	4,70
2010	Regent trocken	0,75	4,50
2010	Spätburgunder trocken	0,75	4,60
2009	Riesling	0,75	3,80
2009	Gewürztraminer, Spätlese trocken	0,75	6,20
2009	Pinot Blanc	0,75	7,45
2009	Villa Tabernus, Cuvée rot	0,75	8,90
2009	Silvaner, Kabinett trocken	0,75	3,90
2009	Rivaner, Kabinett trocken	0,75	3,30
2009	Spätburgunder Weißherbst, halbtrocken	1,00	3,70
2009	Spätburgunder, Spätlese trocken	0,75	7,50
2008	Spätburgunder, Spätlese, im Barrique gereift	0,75	12,00
2008	Dornfelder, trocken	0,75	4,50
2008	Regent, trocken	0,75	4,50
2008	Portugieser Rosé, trocken	1,00	3,50
2008	Portugieser, trocken	0,75	4,50

Abbildung 9.11: *Die importierte Weinkarte*

Hinweis

Bei MS-Office-Versionen bis 97 müssen Sie eine TXT- oder CSV-Datei in Excel abspeichern und diese dann mit Datei / Importieren / Tabellendaten in Dreamweaver importieren. Manchmal ist dies auch bei neueren Versionen sinnvoll.

Importieren Sie andere Tabellendaten …

1. … indem Sie in der Menüleiste Datei / Importieren / Tabellendaten wählen. Das Dialogfenster Tabellendaten importieren erscheint (Abbildung 9.12).

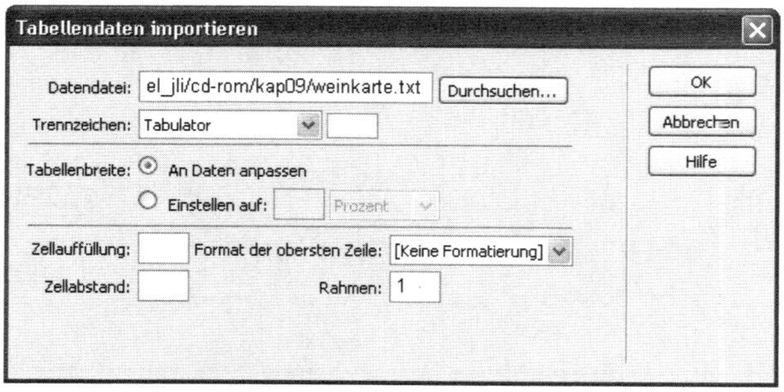

Abbildung 9.12: *Tabellendaten importieren*

2. Geben Sie in das Feld Datendatei das Verzeichnis und den Namen der Datei an, die Sie einfügen möchten. Benutzen Sie die Schaltfläche Durchsuchen, um die Datei auf Ihrem Computer zu suchen.
3. Legen Sie das Trennzeichen fest, das im importierenden Dokument verwendet wird. Wenn Sie statt *Tabulator* (standardmäßig eingestellt) im Menü *Andere* wählen, geben Sie rechts neben dem Menü das in Ihrer Datei verwendete Trennzeichen in das Textfeld ein.
4. Nehmen Sie unter Umständen weitere Formatierungen vor – wie etwa die Bestimmung von Zellauffüllung und Zellabstand.
5. Klicken Sie auf OK, damit Dreamweaver die Daten importiert.

Überprüfen Sie auch diese Daten auf Fehler. Beispielsweise werden manchmal Umlaute nicht wiedergegeben.

Hinweis

Haben Sie eine in Fireworks erstellte HTML-Tabelle in Dreamweaver geöffnet, können Sie diese im externen Programm bearbeiten. Markieren Sie die Tabelle (vgl. Kapitel 9.7.1), ist die entsprechende Quelle im unteren Bereich des Bedienfelds Eigenschaften eingetragen. Fireworks starten Sie dann über die Schaltfläche Bearbeiten.

9.7 Tabellen bearbeiten

Im Bedienfeld Eigenschaften ändern Sie das Aussehen sowohl der gesamten Tabelle als auch von ausgewählten Zellen. In diesem Kapitel verändern wir die Struktur vorhandener Tabellen, fügen neue Zellen hinzu oder entfernen nicht mehr benötigte. Zudem erfahren Sie, wie Sie benachbarte Zellen miteinander verbinden.

9.7.1 Tabellen und Zellen auswählen

Bevor Sie den Aufbau der Tabelle bearbeiten können, müssen Sie das entsprechende Element markieren. Der Inspektor zeigt dann wie üblich die dessen Attribute.

- Eine komplette **Tabelle** markieren Sie, indem Sie den Cursor in eine Zelle setzen und anschließend in der Menüleiste MODIFIZIEREN / TABELLE / TABELLE AUSWÄHLEN bestimmen.

  Diesen Befehl finden Sie auch im Kontextmenü, das Sie mit einem rechten Mausklick öffnen.

  Auch wenn Sie den Tabellenrahmen mit der linken Maustaste anklicken, markieren Sie die gesamte Tabelle. Doch Achtung: Sobald Sie an dem Rahmen ziehen, verändern Sie dabei auch die Größe der Zellen!

  Alternativ wählen Sie im Tabellenrahmen-Menü den Befehl TABELLE AUSWÄHLEN (Abbildung 9.13). Das Tabellenrahmen-Menü wird angezeigt, sobald Sie den Mauszeiger in die Tabelle setzen.

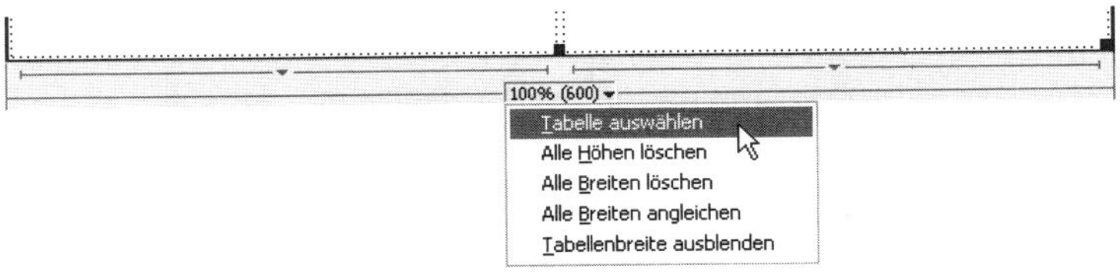

Abbildung 9.13: *Tabelle im Tabellenrahmen-Menü auswählen*

- Platzieren Sie den Mauszeiger über eine **Spalte**, verändert sich dieser zu einem Pfeil (Abbildung 9.14). Gleichzeitig werden Zellen dieser Spalte durch einen roten Rahmen hervorgehoben. Sie können diese Zellen nun durch einen Mausklick auswählen.

  Alternativ wählen Sie Spalte auswählen im Tabellenrahmen-Menü (Abbildung 9.15).

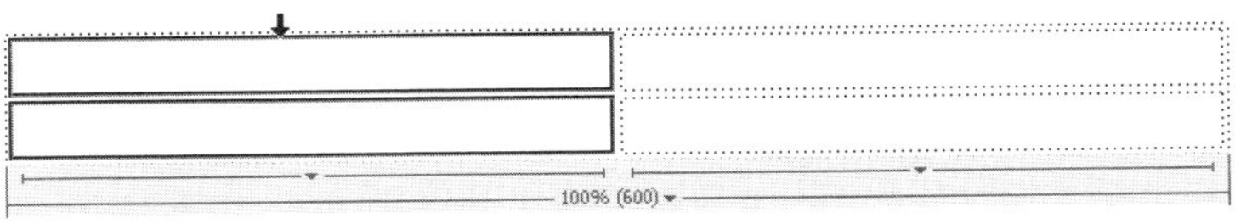

Abbildung 9.14: *Spalte markieren*

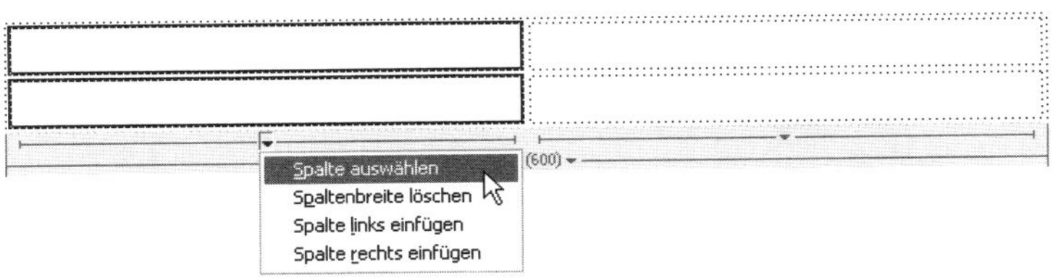

Abbildung 9.15: *Spalte im Tabellenrahmen-Menü auswählen*

- Eine **Zeile** markieren Sie mit einem Mausklick am linken Tabellenrand (Abbildung 9.16).

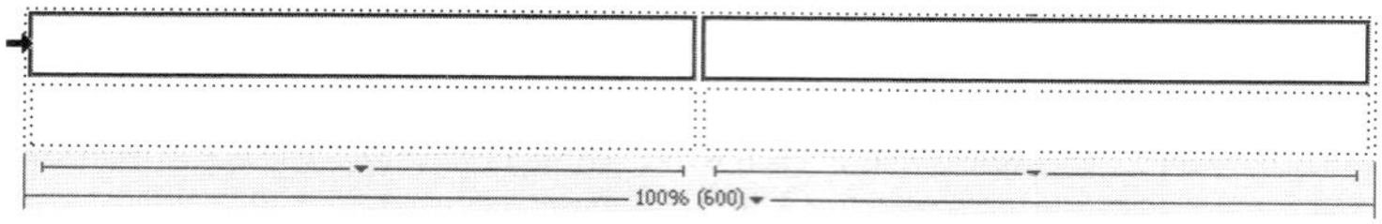

Abbildung 9.16: *Zeile markieren*

- Klicken Sie mit gedrückter [Strg]-Taste in eine **Tabellenzelle**, ist diese ausgewählt. Auf diese Weise markieren Sie auch mehrere Zellen einer Tabelle, die nicht nebeneinander liegen. Eine einzelne Zelle ist bereits markiert, wenn Sie den Mauszeiger darin platzieren.

<table> <tr> <td>

- Fortgeschrittene Anwender markieren eine Tabelle im Tag-Selektor über das angezeigte `table`-Element. Eine Zeile wählen Sie über das `tr`-Tag aus und eine Zelle mit einem Klick auf `<td>`. Aufgrund der Codestruktur können Spalten hier nicht markiert werden.

TIPP

Platzieren Sie die Einfügemarke in eine Zelle und drücken Sie dann die Tastenkombination [Strg] + [A]. Dabei wird zunächst die entsprechende Zelle ausgewählt. Drücken Sie erneut diese Tastenkombination, markieren Sie die Tabelle.

Haben Sie eine Tabelle ausgewählt (Abbildung 9.17), zeigt der Inspektor andere Attribute und Funktionen an als bei einer Spalte, Zeile oder einer markierten Zelle (Abbildung 9.18). Dabei zeigt der Inspektor die entsprechenden Zellenattribute sowohl im Modus HTML als auch in der Ansicht CSS im unteren Bereich an. Im Bereich darüber strukturieren und formatieren Sie Text bzw. Zelleninhalte wie gewohnt.

An der Zuweisen-Schaltfläche links erkennen Sie, welchen ausgewählten Teil der Tabelle Sie nun bearbeiten können. Die Bezeichnung des markierten Objekts steht daneben.

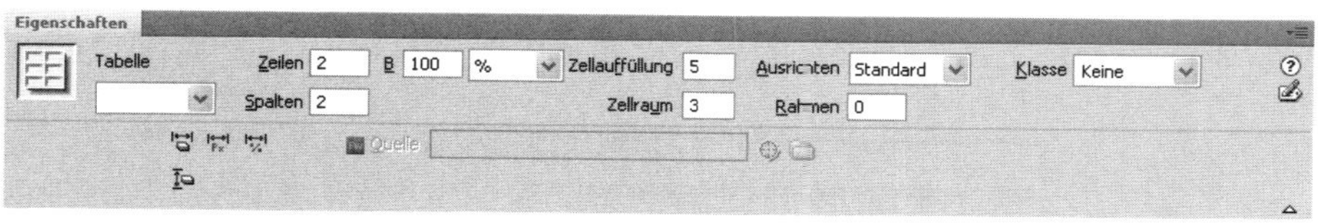

Abbildung 9.17: *Eigenschaften einer markierten Tabelle*

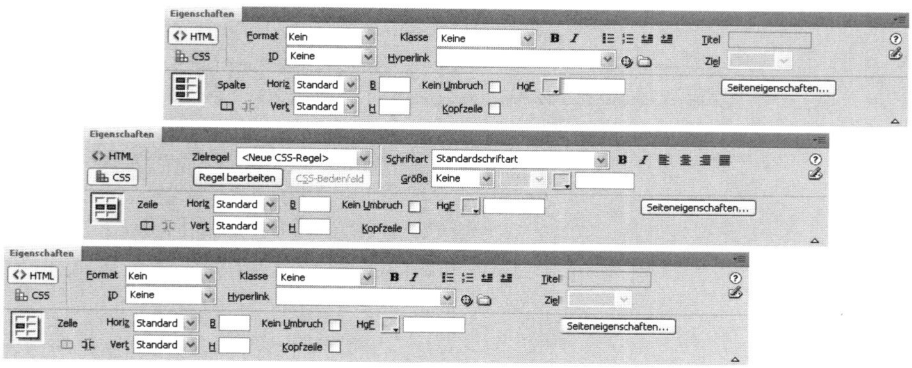

Abbildung 9.18: *Eigenschaften ausgewählter Spalten, Zeilen, Zellen*

9.7.2 Tabellen- und Zellenbreite festlegen

Haben Sie keine Größen angegeben, wächst die Zellen- bzw. Tabellengröße automatisch mit dem Zelleninhalt. Damit Ihr Layout richtig umgesetzt wird, sollten Sie die gewünschte Breite angeben. Dabei können Sie sowohl im Standard- als auch im erweiterten Tabellenmodus arbeiten.

Hinweis

Theoretisch können Sie die Tabellenhöhe mit dem `height`-Attribut definieren. Diese Angabe gehört jedoch nicht zum offiziellen HTML-Standard. Alternativ bestimmen Sie die Höhe mit CSS. Da User jedoch unterschiedliche Schriftgrößen im Browser einstellen können, ist auch hiervon abzuraten. Während sich die Tabelle bei einer großen Schriftgröße anpasst, kann es bei kleineren Zeichen zu ungewollten und unschönen Lücken kommen. Darum sollten Sie auch die Zeilenhöhe nur im Ausnahmefall angeben (vgl. Abschnitt Breiten und Höhen von Spalten bzw. Zellen ändern).

- Mit dem Button Zeilenhöhen löschen im Eigenschafteninspektor entfernen Sie alle Höhenangaben aus der Tabelle (vgl. folgenden Abschnitt).

Die Tabellengröße ändern

Die Speisekarte unseres Restaurants besteht aus einer 100 % breiten Tabelle. Diesen Wert können Sie folgendermaßen bearbeiten und anpassen (vgl. Abbildung 9.9):

1. Markieren Sie die Tabelle, deren Größe Sie ändern möchten.
2. Geben Sie den gewünschten Wert für die Breite in das Feld B des Eigenschafteninspektors ein. Dabei kann es sich um eine feste Pixelgröße oder um einen prozentualen Wert handeln. Stellen Sie dies im Menü hinter dem Textfeld ein.

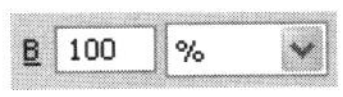

3. Bestätigen Sie mit ↵ oder klicken Sie auf die Zuweisen-Schaltfläche am linken Bedienfeldrand.

Ist ein Bild größer als die definierte Zellgröße oder darf ein langes Wort nicht umbrochen werden, ändert sich die definierte Pixel-Breite einer Tabelle. Achten Sie auf die im Dokumentfenster angezeigte tatsächliche Tabellenbreite in der Klammer des Tabellenrahmen-Menüs.

Das Bedienfeld Eigenschaften enthält Schaltflächen, mit denen Sie schnell die Größe einer Tabelle ändern bzw. vorhandene Breiten- oder Höhenangaben entfernen.

- Spaltenbreiten löschen
- Tabellenbreite in Pixel konvertieren
- Tabellenbreite in Prozent konvertieren
- Zeilenhöhen löschen

Achten Sie dabei auf die Größe des Dokumentfensters bzw. auf den im Tabellenrahmen-Menü angegebenen Pixelwert in der Klammer, wenn Sie eine prozentuale Tabellenbreite in einen Pixelwert umwandeln. Nach der Abbildung in der Randspalte wird die Tabelle damit 669 Pixel breit.

Die Addition der einzelnen Spaltenbreiten sollte die Tabellenbreite ergeben. Stimmen diese Werte nicht überein, passen Sie die Spaltenbreiten an. Hierbei ist es oft einfacher, wenn Sie zuvor alle Breiten mit dem Button löschen.

TIPP Aktivieren Sie Raster und Lineale unter ANSICHT in der Menüleiste, können Sie Breitenangaben besser einschätzen. Damit erleichtern Sie sich die Arbeit, insbesondere wenn Sie noch nicht mit der Pixeleinheit vertraut sind.

Breiten und Höhen von Spalten bzw. Zellen ändern

Ändern Sie im Entwurfsfenster die Breite einer Zelle, passen Sie automatisch die der gesamten Spalte an. Auch die Zeilen- bzw. Zellenhöhe ist hier schnell geändert:

1. Bewegen Sie die Maus über eine vertikale Begrenzungslinie der Zelle oder Spalte, deren Breite Sie ändern wollen. Der Mauszeiger wird zu einem Doppelpfeil (Abbildung 9.19).

   Fahren Sie mit der Maus über eine horizontale Begrenzungslinie, um die Zeilenhöhe zu bearbeiten. Aus den zuvor erläuterten Gründen sollten Sie dies jedoch nur im Ausnahmefall tun.

2. Schieben Sie mit gedrückter linker Maustaste die Begrenzungslinie an die neue Position.

   Dabei zeigt das Tabellenrahmen-Menü die aktuelle Spaltenbreite als Pixelwert an. In Abbildung 9.19 wird die erste Spalte größer, die zweite dagegen kleiner. Bestimmt ein Prozentwert die gesamte Tabellenbreite, wird diese Einheit automatisch auch für die Spaltenbreiten angewendet. Das Tabellenrahmen-Menü zeigt diesen Wert jedoch erst an, wenn Sie die Maustaste loslassen.

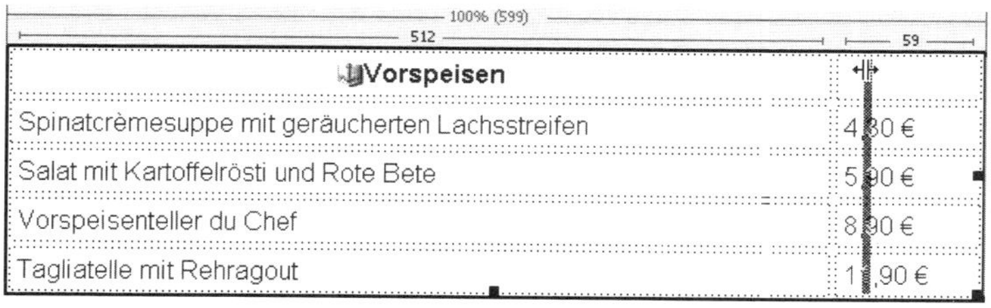

Abbildung 9.19: *Spaltenbreiten benachbarter Zellen ändern*

Ist Ihnen das zu ungenau, verwenden Sie das Bedienfeld EIGENSCHAFTEN:

1. Markieren Sie die zu ändernde Spalte oder klicken Sie in die obere Zelle hinein. Möchten Sie die Zeilenhöhe bearbeiten, markieren die entsprechenden Zellen.

2. Geben den neuen Wert in das entsprechende Feld des Eigenschafteninspektors ein.

   Pixelwerte werden ohne Maßeinheit geschrieben, während Sie bei relativen Werten das Prozentzeichen (%) direkt hinter dem Wert eintragen müssen (Abbildung 9.20).

Achtung

Haben Sie zuvor die Spaltenbreite im Entwurfsfenster geändert, zeigt der Inspektor entsprechende Werte nur an, wenn Sie den Mauszeiger in der jeweiligen (Kopf-)Zelle am Tabellenanfang platzieren. Dreamweaver definiert die Spaltenbreite über einzelne Zellen.

3. Bestätigen Sie mit [↵] oder klicken Sie auf die ZUWEISEN-Schaltfläche (Abbildung 9.20).

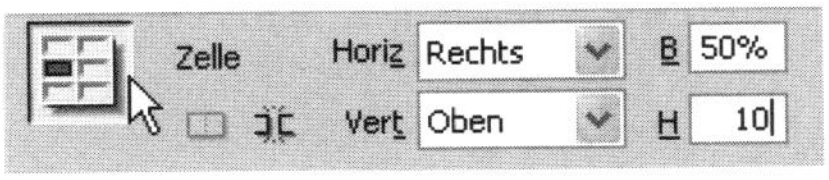

***Abbildung 9.20:** Breite und Höhe einer Zelle im Bedienfeld* EIGENSCHAFTEN *bestimmen*

Im Bedienfeld EIGENSCHAFTEN geben Sie auch die Breite einer einzelnen Zelle an. Fehlt ein entsprechender Wert in den Zellen darüber oder darunter, gilt er automatisch für die gesamte Spalte. Sind unterschiedliche Breiten untereinander angeordneten Zellen zugewiesen, setzen Browser den größten Wert um. Achten Sie auf einen sauberen Quelltext und entfernen Sie nicht benötigte Breiten,...

- ...indem Sie die Tabelle markieren und im Bedienfeld EIGENSCHAFTEN auf den Button SPALTENBREITEN LÖSCHEN klicken.
- Möchten Sie nur die Breitenangaben für die Zellen einer bestimmten Spalte löschen, wählen Sie im entsprechenden Tabellenrahmen-Menü SPALTENBREITE LÖSCHEN.

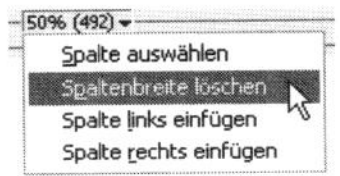

Ist in einer prozentual angelegten Tabelle eine Spalte mit einer festen Pixelbreite enthalten, sollten Sie die Breite in einer anderen Spalte entfernen. Damit passt sich diese Spalte und damit auch die Tabelle dem zur Verfügung stehenden Platz an.

DVD

Die auf der DVD gespeicherte Speisekarte (*speisen.htm*) im Verzeichnis *kap09* enthält mehrere untereinander angeordnete Tabellen (Abbildung 9.21). Haben Sie *Vorspeisen*, *Hauptgerichte* und *Desserts* jeweils in einer separaten Tabelle platziert, passen Sie die unterschiedlichen Spaltenbreiten an. Im gespeicherten Beispiel beträgt die Breite der rechten Spalte 70 Pixel.

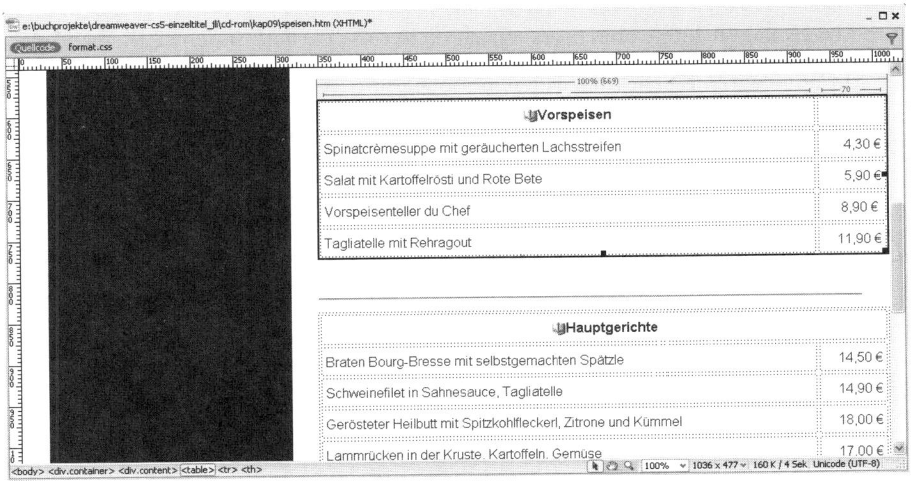

***Abbildung 9.21:** Der aktuelle Stand Ihrer Workshop-Arbeit*

9.7.3 Zellen verbinden

Verbinden Sie zwei oder mehrere Zellen miteinander, erstreckt sich der darin platzierte Inhalt über mehrere Spalten bzw. Zeilen. Beispielsweise kann sich dann die jeweilige Kopfzeile (mit dem Kategoriennamen *Vorspeisen* in der Speisekarte) über die gesamte Tabellenbreite erstrecken (Abbildung 9.23).

1. Markieren Sie die Zellen, die Sie verbinden möchten (Abbildung 9.22).

Abbildung 9.22: *Zu verbindende Zellen markieren*

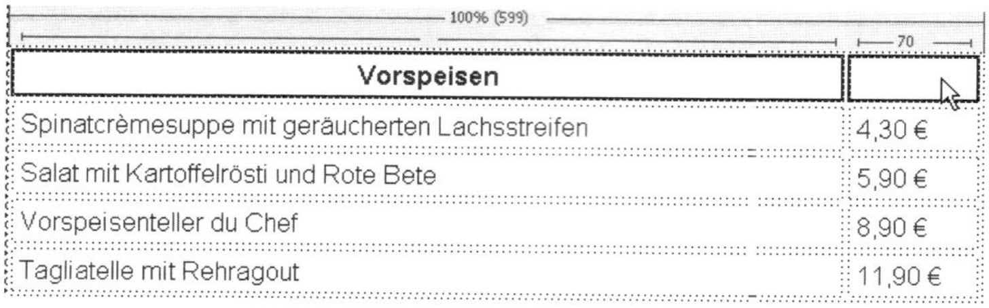

Vorspeisen	
Spinatcrèmesuppe mit geräucherten Lachsstreifen	4,30 €
Salat mit Kartoffelrösti und Rote Bete	5,90 €
Vorspeisenteller du Chef	8,90 €
Tagliatelle mit Rehragout	11,90 €

Zellen verbinden: Strg + Alt + ⇧ + M

2. Klicken Sie im Eigenschafteninspektor auf den Button oder wählen Sie in der Menüleiste Modifizieren / Tabelle / Zelle verbinden. Die ausgewählten Zellen werden daraufhin verbunden, wobei der darin platzierte Inhalt übernommen wird (Abbildung 9.23).

Abbildung 9.23: *Verbundene Zellen enthalten den Inhalt der vorherigen Einzelzellen.*

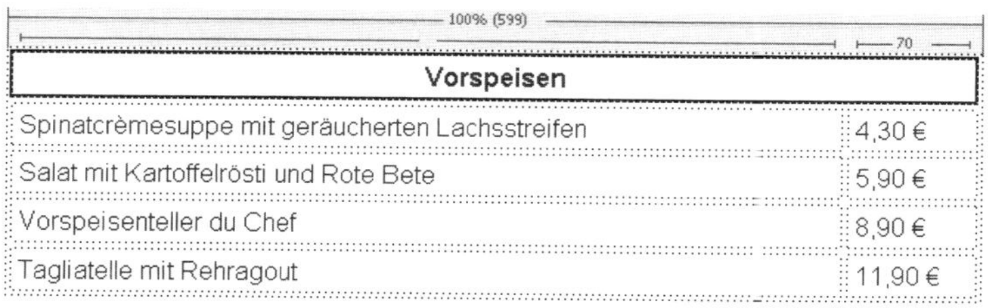

Vorspeisen	
Spinatcrèmesuppe mit geräucherten Lachsstreifen	4,30 €
Salat mit Kartoffelrösti und Rote Bete	5,90 €
Vorspeisenteller du Chef	8,90 €
Tagliatelle mit Rehragout	11,90 €

9.7.4 Zellen teilen

Sie können jede beliebige Zelle innerhalb einer Tabelle horizontal oder vertikal in mehrere Einzelzellen teilen. Dabei muss es sich nicht um eine verbundene Zelle handeln.

1. Klicken Sie in die Zelle, die Sie teilen möchten.

Zellen teilen: Strg + Alt + S

2. Drücken Sie auf den Button im Bedienfeld Eigenschaften oder wählen Sie in der Menüleiste Modifizieren / Tabelle / Zelle teilen.
3. Bestimmen Sie im Dialogfenster, wie Sie die Zelle teilen möchten (Abbildung 9.24). Legen Sie die Anzahl der Zeilen bzw. Spalten fest
4. Bestätigen Sie mit OK. Die Zelle ist nun geteilt. Der Inhalt wird in der linken bzw. oberen Zelle eingefügt.

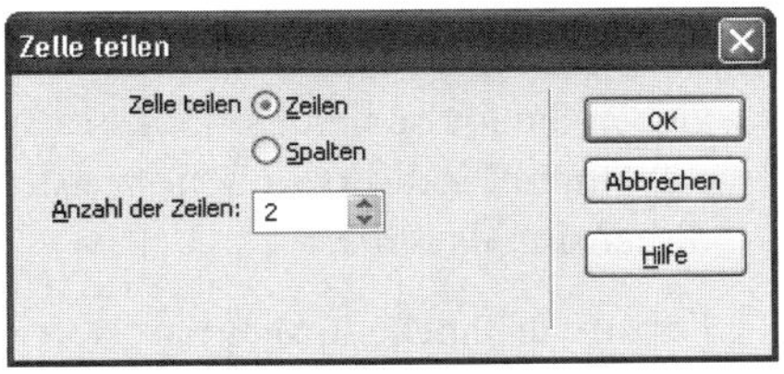

Abbildung 9.24: *Zelle teilen*

9.7.5 Zellauffüllung und Zellraum bestimmen

Die Zellauffüllung und den Zellenabstand (Zellraum) definieren Sie bereits beim Erstellen einer neuen Tabelle. Diese Werte können jederzeit im Bedienfeld EIGENSCHAFTEN geändert werden:

1. Markieren Sie die Tabelle.
2. Tragen Sie die (Pixel-)Werte in die entsprechenden Textfelder des Bedienfelds EIGENSCHAFTEN ein (Abbildung 9.25). Die Einheit geben Sie nicht an.

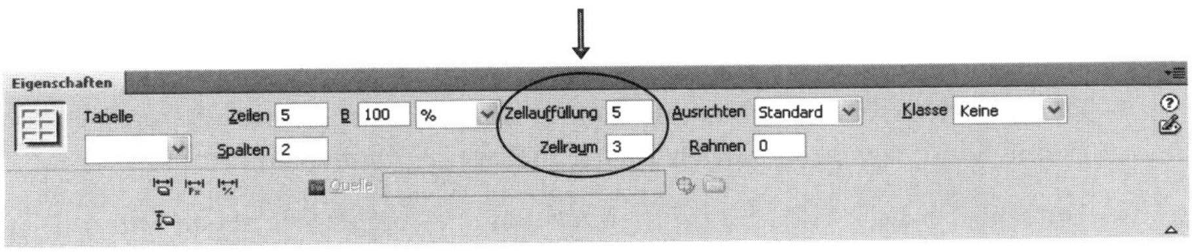

Abbildung 9.25: *Zellauffüllung und Zellraum im Inspektor festlegen*

3. Bestätigen Sie mit [↵] oder klicken Sie auf die ZUWEISEN-Schaltfläche ganz links im Bedienfeld.

ACHTUNG

Wenn Sie keine Werte festlegen, interpretieren nahezu alle modernen Browser und Dreamweaver einen Zellraum von zwei und eine Zellauffüllung von einem Pixel.

Gemäß allgemeinem Code-Standard sollten Sie HTML-Attribute vermeiden. Mit CSS definieren Sie Innenabstände (`padding`) für das `td`-Element. Das `margin`-Attribut ist nicht auf einzelne Zellen, sondern nur auf die komplette Tabelle (`<table>`) anwendbar. Das CSS-Tabellenmodell hat mit der HTML-Struktur nichts gemein und ist detailliert in meinem aktuellen Dreamweaver-Handbuch und im CSS-Kompendium erklärt.

9.7.6 Rahmen, Hintergrundfarbe und andere Attribute

Unsichtbare Tabellen legen häufig das Seitenlayout fest. Auch die Speisekarte zeigt keinen Tabellenrahmen (`border="0"`). Haben Sie bei der Erstellung die RANDSTÄRKE nicht angegeben oder einen falschen Wert genannt, ändern Sie diesen Tabellenrahmen folgendermaßen:

1. Markieren Sie die Tabelle.

2. Geben Sie im Bedienfeld EIGENSCHAFTEN in das Feld RAHMEN die gewünschte Breite mit einem Pixelwert ein. Die meisten Browser interpretieren den Rahmen als dreidimensionale Linie.

   Damit die Tabelle unsichtbar ist, tragen Sie als Rahmenbreite den Wert *0* ein.

ACHTUNG

Ist die Tabelle nun auch in Dreamweaver verschwunden, aktivieren Sie in der Menüleiste ANSICHT / VISUELLE HILFSMITTEL / TABELLENRAHMEN. Der gestrichelte Rahmen verdeutlicht dann wieder die Kontur der einzelnen Zellen.

Als wichtiges Gestaltungselement können Sie das Aussehen des Rahmens auch mit CSS festlegen. Um diese Regeln flexibel einsetzen zu können, definieren wir eine CSS-Klasse mit den gewünschten Attributen:

1. Drücken Sie im Bedienfeld CSS-STILE (FENSTER / CSS-STILE) auf den Button NEUE CSS-REGEL.
2. Das Dialogfenster NEUE CSS-REGEL kennen Sie bereits (vgl. Kapitel 3.4.2):
   - Als SELEKTOR-TYP wählen Sie die *Klasse*.
   - Der SELEKTOR-NAME beginnt mit einem Punkt, gefolgt von weiteren Zeichen (keine Sonderzeichen). Geben Sie beispielsweise *.rahmen* ein.
   - Unter REGEL-DEFINITION bestimmen Sie den Speicherort der neuen Stilregel.

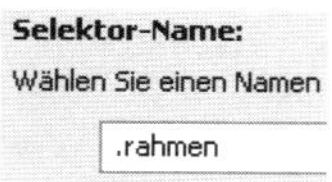

3. Drücken Sie auf OK, öffnet Dreamweaver die CSS-REGEL-DEFINITION.
4. Wechseln Sie hier in die Kategorie RAHMEN.
5. Geben Sie die gewünschten Attribute an (Abbildung 9.26). Ausführliche Informationen hierzu finden Sie in Kapitel 4.7.3.

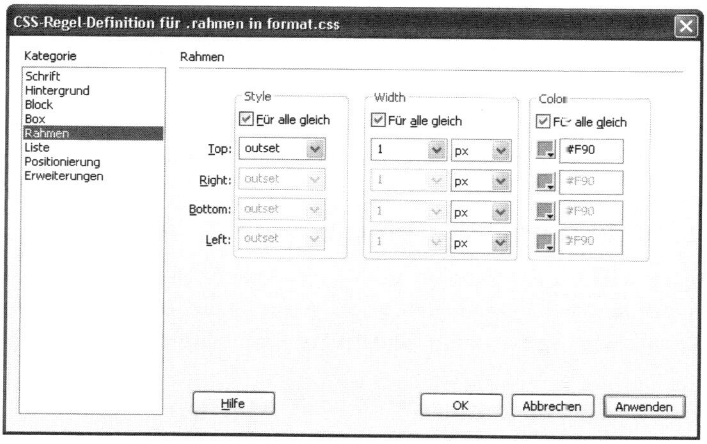

Abbildung 9.26: *Rahmen in der CSS-Regel-Definition formatieren*

6. Definieren Sie ggf. weitere Eigenschaften in den anderen Kategorien des Dialogfensters, wie etwa die HINTERGRUND-Farbe.
7. Bestätigen Sie mit OK.
8. Jetzt weisen Sie die CSS-Regel dem gewünschten Seitenelement zu. Dabei können Sie den Rahmen entweder auf die komplette Tabelle oder auf ausgewählte Zellen anwenden. Markieren Sie das gewünschte Element wie in Kapitel 9.7.1 beschrieben.
9. Wählen Sie die Klasse *.rahmen* im Menü KLASSE des Bedienfelds EIGENSCHAFTEN aus (Abbildung 9.27).

   Haben Sie eine Zelle markiert, finden Sie dieses Menü im Modus HTML. Im Modus CSS wählen Sie die Klasse im Menü ZIELREGEL aus.

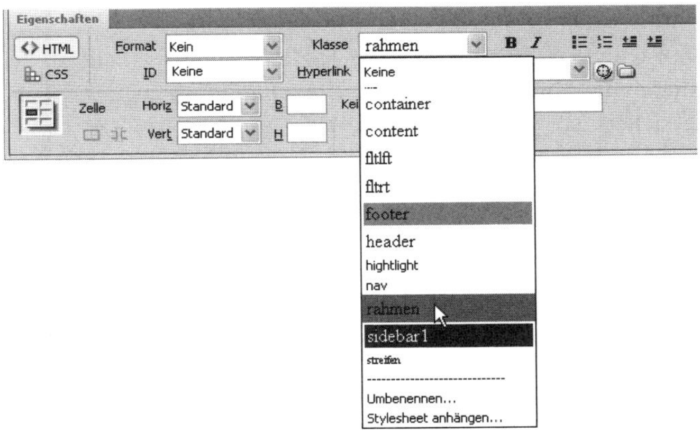

Abbildung 9.27: *CSS-Klassen mit definiertem Rahmen-Stil zuweisen*

Auch wenn Sie die HTML-Rahmenstärke auf 0 gesetzt haben, wird der mit CSS definierte Rahmen angezeigt. Haben Sie sowohl in HTML als auch in CSS einen Rahmen festgelegt, überprüfen Sie das Ergebnis in unterschiedlichen Browsern. Verzichten Sie im Zweifelsfall auf den HTML-Rahmen. Die CSS-Klasse können Sie auch einer ausgewählten Tabellenzeile zuweisen. Haben Sie jedoch den HTML-Rahmen ausgeblendet, wird dieser nicht anzeigt. Dagegen werden andere Attribute, wie etwa die Hintergrundfarbe, dargestellt.

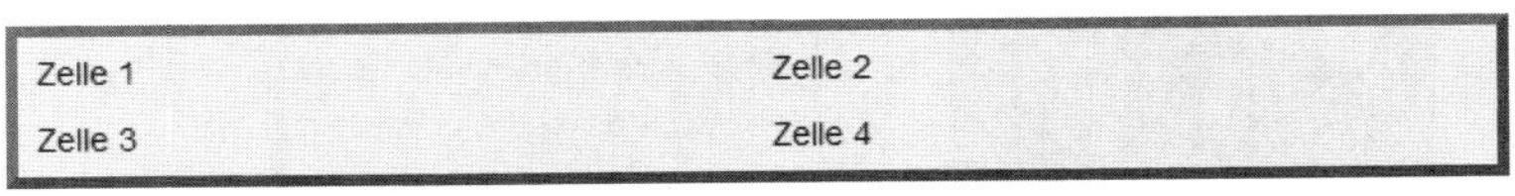

Abbildung 9.28: *Auf Tabelle angewendete Klasse*

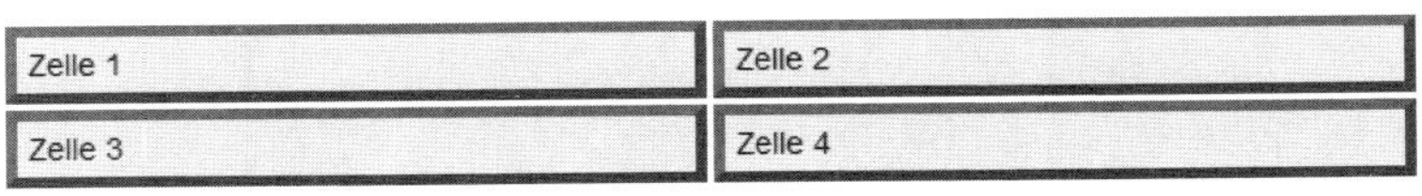

Abbildung 9.29: *Auf Zellen angewendete Klasse*

Diese CSS-Klasse können Sie nun auch auf andere Elemente anwenden, wie beispielsweise Bilder oder Absätze bzw. das p-Element (Abbildung 9.30).

Abbildung 9.30: *Klassen sind universell einsetzbar.*

DVD

Die gezeigten Beispiele sind auf der DVD im Verzeichnis *kap09* im Dokument *tabellenrahmen.htm* gespeichert.

Zur Übung definieren Sie eine CSS-Regel für die Tabelle(n) der Speisekarte. Weisen Sie diesen das Hintergrundbild *hintergrundbild.jpg* zu, das ebenfalls im Verzeichnis *kap09* gesichert ist (vgl. Abbildung 9.31).

Verwenden Sie den Tag-Selektor nur, wenn Sie das Bild für alle Tabellen einsetzen möchten. Ansonsten definieren Sie eine Klasse oder einen ID-Selektor für eine bestimmte Tabelle.

Das Ergebnis finden Sie in der Datei *speisen.htm*.

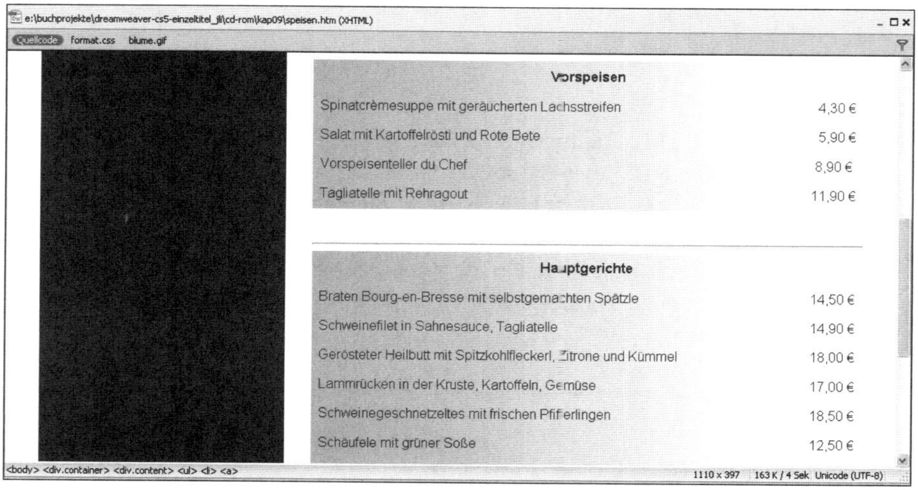

Abbildung 9.31: *Das Hintergrundbild hebt einzelne Tabellen hervor.*

9.7.7 Hintergrundfarbe mit HTML bestimmen

Im vorherigen Abschnitt haben Sie gesehen, dass mit dem Rahmen gleichzeitig weitere Attribute festgelegt werden können. Ist Ihnen die separate Definition einer CSS-Regel zu umständlich, können Sie die Hintergrundfarbe für ausgewählte Zellen, Zeilen oder Spalten auch mit HTML festlegen:

1. Markieren Sie die Zellen, die Sie einfärben möchten.
2. Klicken Sie im unteren Teil des erweiterten Bedienfelds EIGENSCHAFTEN auf den Farbwähler HGF und wählen Sie die gewünschte Farbe aus. Alternativ tragen Sie den Farbwert in das Feld ein.

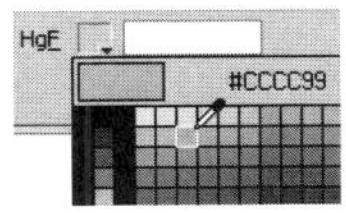

Bestimmt CSS die Hintergrundfarbe oder das Hintergrundbild für die gesamte Tabelle, setzen Sie diese Formatierung für einzelne Zellen im Inspektor außer Kraft.

9.7.8 Tabelle und Zelleninhalte ausrichten

Die komplette Tabelle können Sie in Relation zum übergeordneten Element bzw. dem Browserrand auf der Webseite ausrichten. Hierzu markieren Sie diese und wählen dann im Menü AUSRICHTEN des Eigenschafteninspektors die gewünschte Option: LINKS, ZENTRIERT oder RECHTS. Machen Sie keine Angabe, richtet Dreamweaver Ihre Tabelle am linken Rand aus. Bei einer 100%-breiten Tabelle ist diese Angabe sinnlos.

Den Inhalt von Zellen richten Sie im Bedienfeld EIGENSCHAFTEN horizontal oder vertikal aus:

1. Markieren Sie die Zellen, deren Inhalte Sie vertikal oder horizontal ausrichten möchten.
2. Wählen Sie aus dem Menü (HORIZ) für die horizontale Ausrichtung *Links*, *Zentriert* oder *Rechts*.

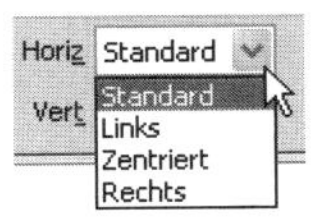

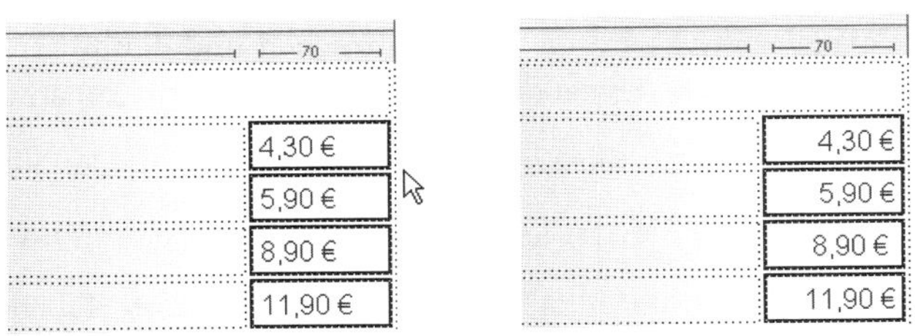

Abbildung 9.32: *Zelleninhalt ausrichten*

Alternativ definieren Sie im Modus CSS des Bedienfelds EIGENSCHAFTEN ein Style Sheet für die (horizontale) Absatzausrichtung mit den entsprechenden Button  (vgl. Kapitel 3.4.2).

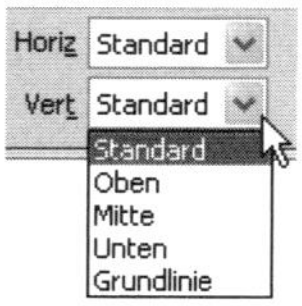

3. Um den Inhalt einer Zelle vertikal auszurichten, klicken Sie auf das entsprechende Menü (VERT).

9.7.9 Eine Kopfzeile definieren

In der Kopfzeile geben Sie der Tabelle einen Titel und beschreiben den Inhalt der dazugehörenden Zellen (z. B. *Vorspeisen, Hauptgerichte, Desserts*). Häufig ist die erste Tabellenzeile als Kopfzeile definiert. Auch die linke Randspalte kann als Kopfzeile angelegt werden.

1. Markieren Sie die Zellen, die Sie als Kopfzeile definieren möchten.
2. Aktivieren Sie im Inspektor das Kontrollkästchen KOPFZEILE (Abbildung 9.33).

Abbildung 9.33: *Kopfzeile festlegen*

Die meisten Browser stellen den Text in einer Kopfzeile fett und zentriert dar. Mit CSS realisieren Sie ein einheitliches bzw. individuelles Erscheinungsbild und formatieren den darin platzierten Inhalt.

Damit alle Kopfzeilen einheitlich mit CSS definiert werden, erstellen Sie ein Style Sheet für das `th`-Tag. Anschließend definieren Sie das gewünschte Erscheinungsbild in der CSS-Regel-Definition.

DVD

Auf der DVD ist das in der Datei *speisen.htm* bzw. im angehängten Style Sheet *format.css* (*kap09*) umgesetzt. Alternativ formatieren Sie den Text-Inhalt der entsprechenden Zellen wie in Kapitel 3.4.2 beschrieben.

9.7.10 Keinen Umbruch darstellen

Normalerweise wird der Text umbrochen und damit der Zellenbreite angepasst. Mit der Option KEIN UMBRUCH schalten Sie diese Funktion aus.

1. Markieren Sie die Zelle, Spalte oder Zeile, in der kein Umbruch stattfinden soll.

2. Aktivieren Sie das Kontrollkästchen KEIN UMBRUCH im Bedienfeld EIGENSCHAFTEN.

Zur Dokumentation habe ich wieder die bekannte Tabelle auf 60 % verkleinert. Der längere Text in der linken Zelle unterhalb der Kopfzeile wird umbrochen (Abbildung 9.34, links).

Klicken Sie in diese hinein und aktivieren Sie die Option KEIN UMBRUCH, wird der Text in einer Zeile präsentiert. Wie Sie im Tabellenrahmen-Menü erkennen, werden Spaltenbreiten ignoriert (Abbildung 9.34, rechts). Allerdings wird versucht, die gesamte Tabellenbreite weitgehend zu erhalten. Dies führt zu einem unschönen Zeilenumbruch in der rechten Preisspalte. Darum sollten Sie für solche Spalten ebenfalls den automatischen Umbruch ausschalten. Verzichten Sie ggf. auf diese Option für die Spalte links davon, um nicht das gesamte Seitenlayout zu zerstören.

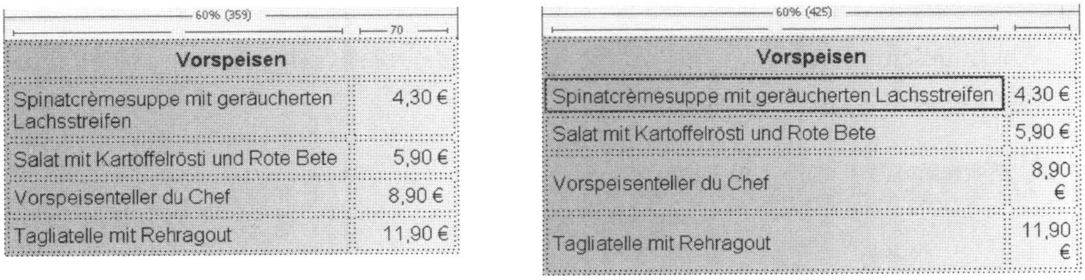

Abbildung 9.34: *Das Abschalten des Umbruches führt oft zu Umbrüchen in anderen Spalten.*

9.7.11 Zellen hinzufügen und entfernen

Beim Erstellen einer neuen Tabelle legen Sie die Anzahl der Zellen häufig nur grob fest. Stellt sich später heraus, dass Sie weitere oder weniger Spalten bzw. Zeilen benötigen, ist das kein Problem:

1. Markieren Sie die Tabelle. Im Bedienfeld Eigenschaften lesen Sie nun die Anzahl vorhandener Zeilen und Spalten ab (Abbildung 9.35).

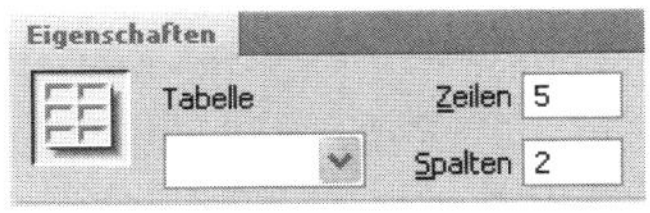

Abbildung 9.35: *Der Inspektor zeigt die aktuelle Tabellengröße an.*

2. Um die Anzahl der Zeilen zu ändern, geben Sie einen neuen Wert in das Feld Zeilen ein.
3. Die Anzahl der Spalten ändern Sie im Feld darunter.
4. Bestätigen Sie mit ↵ oder klicken Sie auf die Zuweisen-Schaltfläche am linken Bedienfeldrand.

Dreamweaver fügt die Zeilen unten an die Tabelle an, Spalten kommen rechts hinzu.

Analog dazu werden Zellen entfernt. Dabei kürzt Dreamweaver ebenfalls von rechts und von unten. Ein in diesen Zellen platzierter Inhalt geht dabei verloren.

Zeilen und Spalten an einer bestimmten Stelle einfügen

Zeilen oder Spalten können Sie auch innerhalb der Tabelle an einer bestimmten Stelle einfügen.

1. Klicken Sie in die Zelle, neben der die Sie neue Zeilen oder Spalten einfügen möchten.
2. Wählen Sie nun in der Menüleiste Modifizieren / Tabelle / Zeilen oder Spalten einfügen.

3. Bestimmen Sie im Dialogfenster, ob Dreamweaver weitere ZEILEN oder SPALTEN in die Tabelle einfügen soll (Abbildung 9.36).

   Geben Sie im Feld darunter die benötigte ANZAHL ein.

   Abschließend bestimmen Sie, ob die neuen Zellen OBER- oder UNTERHALB der aktuellen Markierung eingefügt werden.

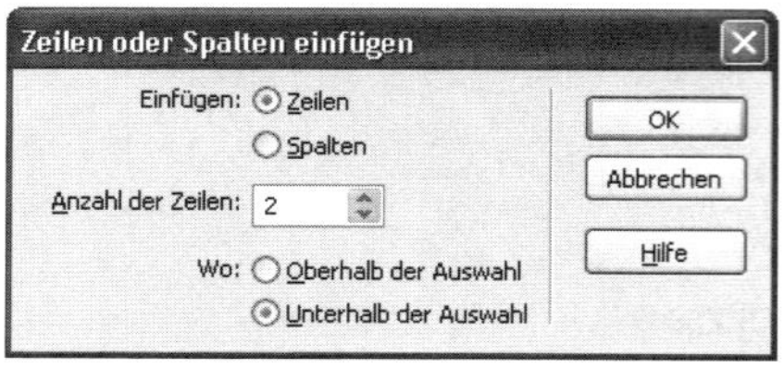

Abbildung 9.36: *Neue Zellen einfügen*

4. Klicken Sie auf OK.

AUFSTEIGER

Öffnen Sie das Kontextmenü mit einem rechten Mausklick in die Tabelle. Hier finden Sie sämtliche Befehle aus der Menüleiste.

Alternativ können Sie die Buttons in der Kategorie LAYOUT des Bedienfelds EINFÜGEN verwenden (Abbildung 9.37).

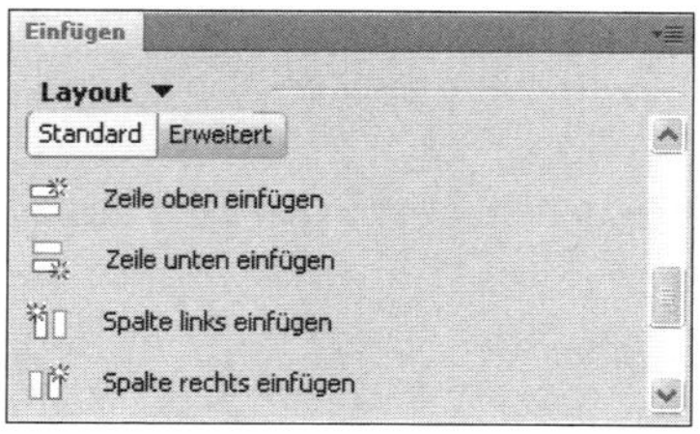

Abbildung 9.37: *Zellen über das EINFÜGEN-Fenster integrieren*

Zellen innerhalb der Tabelle löschen

Einzelne Zellen können Sie nur durch Verbinden aus der Tabelle »entfernen« (vgl. Kapitel 9.7.3). Komplette Zeilen oder Spalten löschen Sie dagegen folgendermaßen:

1. Markieren Sie die Zeile(n) oder Spalte(n), die Sie entfernen wollen oder klicken Sie in eine entsprechende Zelle.
2. Wählen Sie in der Menüleiste MODIFIZIEREN / TABELLE/ ZEILE LÖSCHEN bzw. MODIFIZIEREN/ TABELLE / SPALTE LÖSCHEN.

   Dreamweaver entfernt die nicht mehr benötigten Zellen. Darin platzierte Inhalte gehen verloren.

9.8 Tabellendaten sortieren

Umfangreiche Tabellen werden schnell unübersichtlich. Sortieren Sie die Daten in einer bestimmten Reihenfolge, finden sich User besser zurecht. Dabei funktioniert der Sortierbefehl nur in Tabellen, die keine verbundenen Zellen enthalten. Bevor Sie also loslegen, müssen Sie solche Zellen zuerst teilen (vgl. Kapitel 9.7.4).

1. Platzieren Sie den Mauszeiger in der Tabelle, die Sie sortieren möchten.
2. Wählen Sie BEFEHLE / TABELLEN SORTIEREN (Abbildung 9.38).

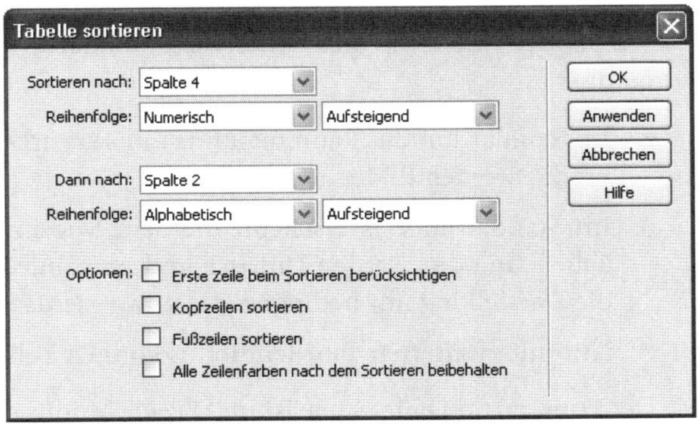

Abbildung 9.38: *Tabelle sortieren*

3. Bestimmen Sie im oberen Menü die Spalte, die Dreamweaver zuerst sortieren soll (SORTIEREN NACH).

   Darunter legen Sie die gewünschten Sortierkriterien fest. Bestimmen Sie eine *alphabetische* oder *numerische* REIHENFOLGE in *ab-* oder *aufsteigender* Abfolge.

   In den Menüs darunter legen Sie eine weitere Spalte fest, die nach der ersten entsprechend sortiert wird (DANN NACH).

   Standardmäßig werden Kopf- und Fußzeilen beim Sortieren nicht berücksichtigt. Mit den OPTIONEN darunter ändern Sie dies. Hier können Sie auch festlegen, dass Zeilenfarben nicht an den Inhalt gebunden sind und ihre Position beibehalten.

4. Drücken Sie auf ANWENDEN, sehen Sie eine Vorschau im Entwurfsfenster. Sind Sie mit dem Ergebnis zufrieden, bestätigen Sie mit OK.

9.9 Kleine Erfolgskontrolle

28. Was ist der Unterschied zwischen Zellraum und Zellauffüllung?

    a. Den Zellraum bestimmen Breite und Höhe einer Zelle. Die Zellauffüllung ist die Rahmenstärke.

    b. Während der Zellraum den Abstand zwischen den Zellen beschreibt, bezieht sich die Zellauffüllung auf den Abstand des Zelleninhaltes zum Rahmen.

    c. Zellraum beschreibt den Abstand zwischen Tabellen, wobei die Zellauffüllung den Abstand zum Rest der Seite definiert.

29. Was ist der Unterschied zwischen dem Standard- und dem erweiterten Tabellenmodus?

    a. Im Standardmodus kann man nur mit Text arbeiten. Im erweiterten Tabellenmodus werden Bilder gezeichnet.

    b. Im Standardmodus erscheint die Seite wie im Webbrowser. Im erweiterten Tabellenmodus werden Umrisse und Abstände in der Tabelle betont, weshalb die Darstellung nur bedingt mit der Browserdarstellung vergleichbar ist.

    c. Nur im erweiterten Tabellenmodus können Zelleninhalte formatiert werden.

30. Der Hintergrund einer Zelle ist im HTML-Modus des Inspektors grün eingefärbt. Außerdem ist ein Hintergrundbild für die Tabelle mit CSS bestimmt. Zusätzlich sind alle Zellen gelb eingefärbt. Auf welchem Hintergrund steht denn jetzt der Text in der Zelle?

    a. Auf dem Hintergrundbild der Tabelle

    b. Auf Gelb

    c. Auf Grün

10 Formulare für Feedback

Das lernen Sie neu:

- Formular erstellen
- Formularelemente einsetzen
- Formulare verarbeiten und Daten versenden

Über Formulare können Besucher Ihrer Site ein Feedback abgeben, einen Tisch im Restaurant bestellen, im Online-Shop einkaufen, sich für bestimmte Veranstaltungen anmelden oder einfach nur eine Frage an Sie stellen. Mit Formularen machen Sie Ihre Website interaktiv.

In diesem Kapitel erfahren Sie, wie Sie Formulare mit unterschiedlichen Formularelementen erstellen. Dabei erweitern wir unsere Beispielwebsite um eine Seite für die Tischreservierung.

10.1 Vorbereitung: Dokument anlegen

Ist die Speisekarte aus dem letzten Workshop noch offen? Prima, dann speichern Sie diese zunächst unter dem Dateinamen *speisen.htm* im Verzeichnis *speisen*. Wir verwenden die bereits vorhandene HTML-Struktur mit der Navigation als Grundlayout für die neue Webseite.

1. Anschließend sichern Sie diese noch als *reservieren.htm* im Verzeichnis *reservieren*. Dabei überschreiben Sie die in Kapitel 7.4 angelegte leere Datei. Aus diesem Dokument erstellen wir auf den nächsten Seiten das Formular für die Tischreservierung im Restaurant. Bestätigen Sie die beiden Dialogfenster mit JA (Abbildung 10.1).

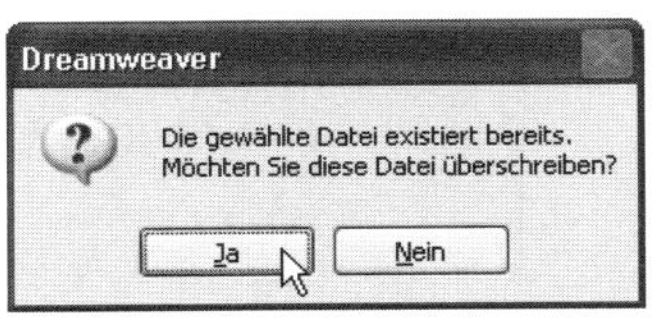

Abbildung 10.1: *Datei überschreiben und vorhandene Links aktualisieren*

2. Entfernen Sie hierfür die Speisekarte und ändern Sie die Überschrift in *Reservierung*.

3. Anschließend passen Sie die Navigationsleiste wie in Kapitel 8.8.4 beschrieben an.

Abbildung 10.2: *Doppelte Markierung in der Navigation entfernen*

4. Zudem entfernen Sie die Klasse `.highlight` für das `li`-Element des Buttons *Speisekarte*, indem Sie dieses im Tag-Selektor markieren und dann im HTML-Modus des Bedienfelds EIGENSCHAFTEN im Menü KLASSE die Option *Keine* wählen (Abbildung 10.2).

   Das Ergebnis sehen Sie dann in Abbildung 10.3. Hier ist das visuelle Hilfsmittel CSS-LAYOUT-KONTUREN eingeblendet.

Abbildung 10.3: *Leere Seite für den Workshop verwenden*

Seite mit vorhandenem Style Sheet verknüpfen:

Selbstverständlich können Sie auch mit einem neuen Dokument arbeiten. Dies ist jedoch nur sinnvoll, wenn Sie die Container eines vordefinierten CSS-Layouts weitgehend beibehalten und keine weiteren Boxen hinzukommen. Ansonsten wäre der Arbeitsaufwand wesentlich größer, da Sie erneut alle Container anlegen bzw. formatieren müssten.

Im Folgenden verknüpfen wir ein neues Dokument mit einem bereits vorhandenen Style Sheet, so dass auf entsprechende Seitenelemente die gleichen Design-Regeln wie auf anderen, bereits vorhandenen Seiten angewendet werden.

1. Wählen Sie Datei / Neu oder drücken Sie auf den Button Neu in der Symbolleiste Standard. Strg + N
2. Bestimmen Sie Seitentyp und Layout. Diese sollten mit denen der bereits vorhandenen Seiten übereinstimmen (Abbildung 10.4).
3. Wählen Sie im Menü Layout-CSS *Verknüpfen mit bestehender Datei.*

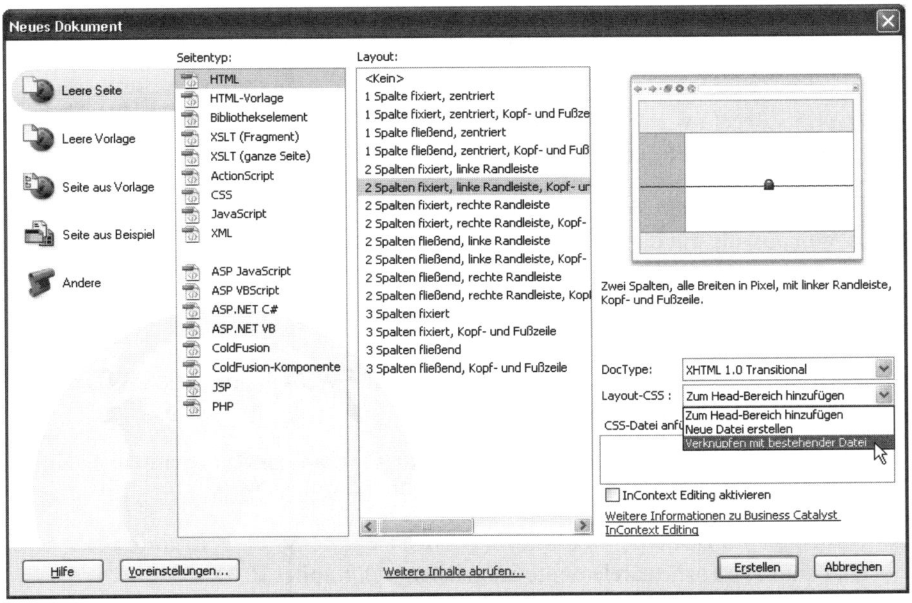

Abbildung 10.4: *Neues Dokument anlegen und mit vorhandenem Style Sheet verknüpfen*

4. Anschließend drücken Sie auf und wählen die gewünschte Style Sheet-Datei im Dialogfenster unter Datei/URL aus (Abbildung 10.5).

   Im Menü Medien können Sie das Anzeigemedium bestimmen. Für die Bildschirmdarstellung wählen Sie *screen*. Wählen Sie hier nichts aus, gelten die Stilregeln standardmäßig für alle Wiedergabemedien.

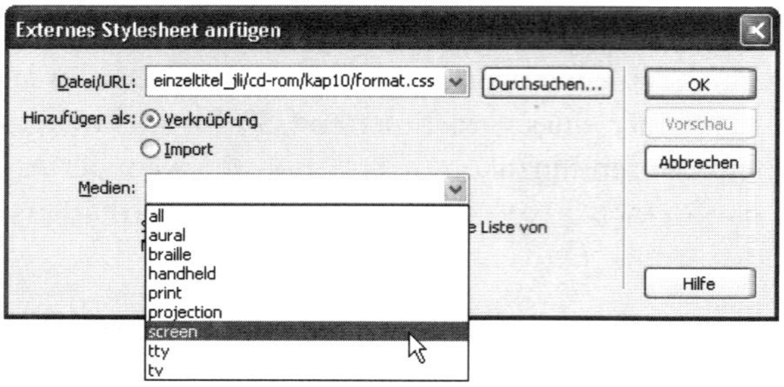

Abbildung 10.5: *Style Sheet anfügen*

5. Bestätigen Sie mit OK, wird die CSS-Datei in das Feld CSS-Datei anfügen übertragen.

   Wiederholen Sie den vorherigen Arbeitsschritt, wenn Sie weitere CSS-Dateien mit dem neuen HTML-Dokument verknüpfen möchten.

Hinweis Weitere Informationen über die Verknüpfung von CSS-Dateien erhalten Sie in Kapitel 7.5.3.

6. Abschließend drücken Sie im Dialogfenster Neues Dokument auf die Schaltfläche Erstellen.

   Die CSS-Regeln werden automatisch auf die neue Seite angewendet. Diese enthält bereits alle notwendigen Container mit entsprechenden Platzhaltern.

Achtung Wenn Sie das angehängte Style Sheet bearbeiten, wirken sich Änderungen auf alle Webseiten aus, die mit dieser CSS-Datei verbunden sind.

10.2 Ein Formular erstellen

Ein Formular können Sie sowohl in eine bestehende Webseite integrieren als auch in ein leeres HTML-Dokument einfügen.

1. Setzen Sie den Cursor an die Stelle im Dokument, an der das Formular beginnen soll. Dies wäre in unserem Beispiel unter der Überschrift *Reservierung*.
2. Öffnen Sie im Bedienfeld Einfügen (Fenster / Einfügen) die Kategorie Formulare. Hier sind alle Formularelemente aufgelistet (vgl. Kapitel 10.3).
3. Klicken Sie auf den Button Formular. Den entsprechenden Befehl finden Sie in der Menüleiste unter Einfügen / Formular / Formular. Dreamweaver fügt das Formular ins Dokument ein.

Im Entwurfsfenster markiert die rote Linie das noch leere Formular. Die einzelnen Elemente fügen wir auf den nächsten Seiten ein. Sollten Sie diese Linie nicht sehen, aktivieren Sie das Kontrollkästchen Formularbegrenzer in der Kategorie Unsichtbare Elemente im Dialogfenster Voreinstellungen (Bearbeiten / Voreinstellungen). Überprüfen Sie auch, ob die unsichtbaren Elemente unter Ansicht / Visuelle Hilfsmittel aktiviert sind.

Wenn Sie in das Formular hineinklicken, erkennen Sie im Tag-Selektor, dass Dreamweaver automatisch die ID `form1` für das `form`-Element vergeben hat. Damit ist das Formular eindeutig identifizierbar. Integrieren Sie auf der Webseite ein weiteres Formular, bei dem die Daten beispielsweise an eine andere Adresse gesendet werden, erhält dieses automatische die ID mit der nächsten Nummer (`form2`, `form3`, etc.).

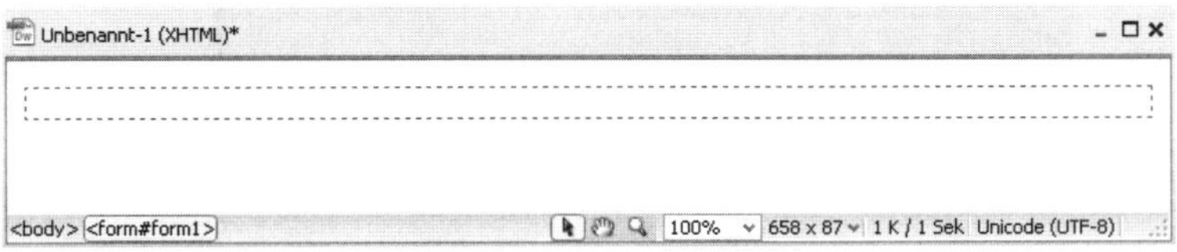

Abbildung 10.6: *Im Entwurfsfenster zeigt der Rahmen die Position des Formulars.*

HINWEIS

Standardmäßig erstreckt sich ein Formular über die ganze Breite des zur Verfügung stehenden Platzes. Mit Hilfe einer Tabelle oder CSS-Regel schränken Sie dessen Größe ein. Das entsprechende WIDTH-Attribut definieren Sie entweder in der Kategorie BOX oder unter POSITIONIERUNG der CSS-Regel-Definition. Außerdem strukturieren Sie damit Ihr Formular.

Ist das Formular markiert, können Sie im Bedienfeld EIGENSCHAFTEN bestimmen, wie und wohin die eingegebenen Daten versendet werden. Weitere Informationen zu diesem Thema erhalten Sie in Kapitel 10.4

10.3 Formularelemente einfügen

Sämtliche Formularelemente, wie beispielsweise Textfelder, Kontrollkästchen, Optionsschalter oder Schaltflächen, finden Sie in der Kategorie FORMULARE des Bedienfelds EINFÜGEN. Diese Elemente integrieren Sie folgendermaßen in ein vorhandenes Formular:

1. Klicken Sie innerhalb des roten Formular-Rahmens an die Stelle, an der Sie das Element einfügen möchten.
2. Drücken Sie im EINFÜGEN-Fenster auf das Formularelement, das Sie integrieren möchten. Alle Formularelemente finden Sie auch in der Menüleiste unter EINFÜGEN / FORMULAR.

Formularelemente können Sie auch in Ihre Seite einfügen, ohne dass Sie zuvor ein Formular angelegt haben. In einem Meldefenster fragt Dreamweaver, ob das `form`-Tag dabei in den Quelltext eingefügt werden soll. Klicken Sie auf JA, damit Sie die benötigten Informationen zum Versenden der Formulardaten definieren können (vgl. Kapitel 10.4). Da später alle vom User eingetragenen Informationen durch Drücken der entsprechenden Schaltfläche versendet werden sollen, müssen sich alle Formularelemente im gleichen Formular befinden. Wenn Sie zuerst das Formular anlegen, stellen Sie sicher, dass nicht versehentlich mehrere Einzelformulare in der Seite enthalten sind.

Abbildung 10.7 zeigt ein Formular, in das eine Tabelle eingefügt wurde. In dieser Tabelle sind alle möglichen Formularelemente aufgelistet. Die Reihenfolge entspricht der Anordnung in der Kategorie FORMULARE des Bedienfelds EINFÜGEN.

DVD

Die Datei *formularelemente.htm* finden Sie auf der DVD im Verzeichnis *kap10*.

Bei den unterschiedlichen Spry-Elementen handelt es sich um visuelle JavaScript-Effekte, die Benutzereingaben im Browser überprüfen können. Exemplarisch binden wir hier die Spry-Überprüfung für ein Textfeld ein.

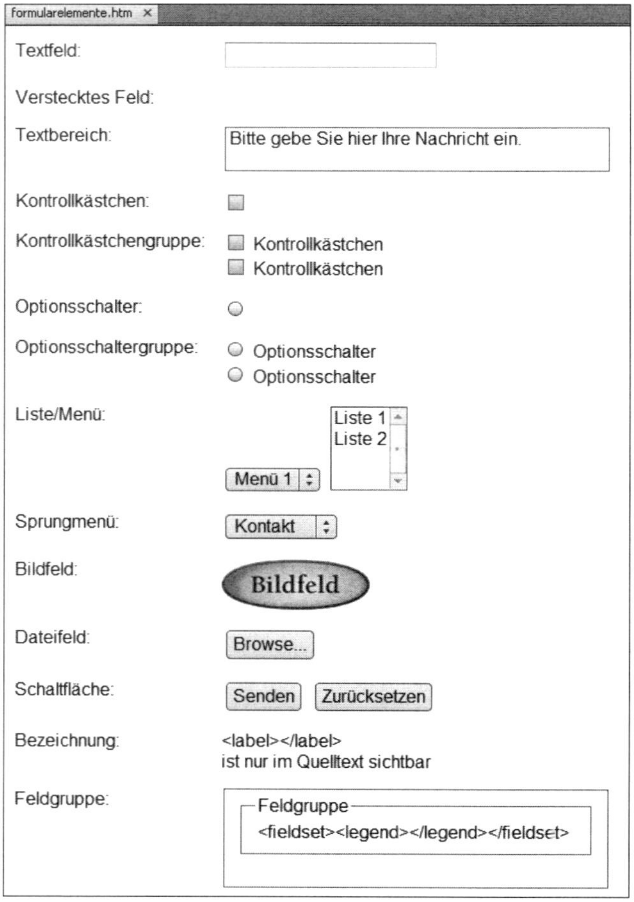

Abbildung 10.7: *Formularelemente in der Live-Ansicht*

HINWEIS

Ein Formular kann alle HTML-Elemente (z. B. Texte, Bilder, Absätze, Tabellen) enthalten. Allerdings können Sie kein Formular in ein Formular stellen. Zwei oder mehr getrennte Formulare auf einer Seite sind dagegen zulässig.

Auf den folgenden Seiten erstellen wir das Formular für die Tischreservierung im Restaurant. Dabei können Sie die einzelnen Elemente in einer Tabelle anordnen und damit die Seite strukturieren. Soll auch diese Kontaktseite auf CSS basieren, fügen Sie die einzelnen Elemente zunächst untereinander in einzelne Absätze ein. Das sieht zunächst nicht besonders ansprechend aus. In Kapitel 10.5 definieren wir dann das Style Sheet für Spaltendarstellung und Design.

Abbildung 10.8: *Die Tischreservierung erfolgt über ein Formular.*

10.3.1 Textfelder für die Zeichen-Eingabe einfügen

Textfelder werden in Formularen häufig eingesetzt. User können außer Buchstaben auch Zahlen und andere Zeichen entsprechend der Seitenkodierung eintragen. Es gibt ein- und mehrzeilige Textfelder sowie Textfelder zur Kennwort-Eingabe. Dabei können Sie den Typ eines vorhandenen Elements schnell im Inspektor ändern.

Einzeilige Textfelder für wenige Zeichen verwenden

In unserem Beispiel werden diese einzeiligen Felder für die Angabe der Uhrzeit, der Personenanzahl sowie der Kontaktdaten benötigt.

1. Klicken Sie auf den Button TEXTFELD im Bedienfeld EINFÜGEN.
2. Dreamweaver öffnet standardmäßig die EINGABEHILFEN (Abbildung 10.9). Hier tragen Sie wichtige Informationen über das Textfeld für Bildschirmlesegeräte ein.
   - Möchten Sie das Formularelement mit einem Style Sheet oder einem Skript gezielt formatieren, geben Sie eine ID an. Auch das `label`-Tag bezieht sich auf diese (s. u.). Lassen Sie dieses Feld leer, vergibt Dreamweaver automatisch einen durchnummerierten Wert. Auf diese Weise können Sie später die empfangenen Informationen eindeutig dem Formularelement zuordnen.

- Unter Beschriftung tragen Sie den Namen für das Formularelement ein. Dieser Text ist im Browser sichtbar. Das erste Textfeld soll die gewünschte *Uhrzeit* abfragen.

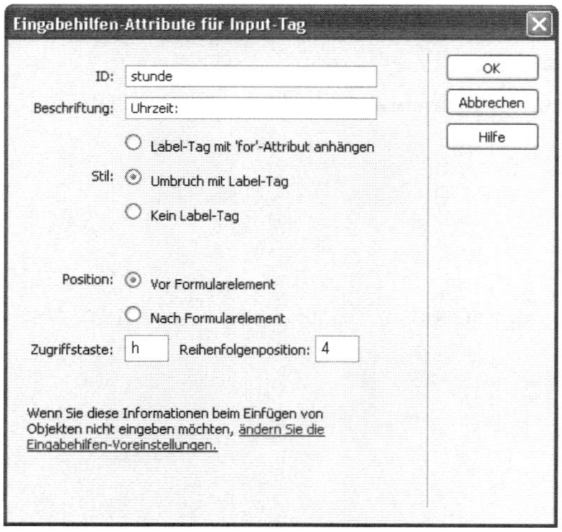

Abbildung 10.9: *Eingabehilfe für das Textfeld angeben*

- Das `label`-Tag stellt einen logischen Bezug zwischen Beschriftung und Formularelement her. Dabei bestimmen Sie unter Stil wie dieses Tag in den Quelltext eingebunden wird:

  Label-Tag mit 'for'-Attribut anhängen gilt als benutzerfreundlicher als die Option darunter, da der Beschriftungstext in einem Rechteck angezeigt wird und Benutzer auch auf diesen klicken können, um das Formularelement zu aktivieren. Allerdings gibt es Unterschiede zwischen den einzelnen Browsern.

  Da die Uhrzeit jedoch in zwei Textfeldern mit verschiedenen IDs angegeben wird, ist die Beschriftung nicht eindeutig einem Element zuzuordnen. Deshalb wählen Sie hierfür die Option Umbruch mit Label-Tag.

Aufsteiger

Entwickeln Sie eine Webseite für Menschen, die aufgrund einer Behinderung eine andere Form der Informationsvermittlung benötigen (so genanntes barrierefreies Webdesign), sollten Sie dem Formular bzw. den einzelnen Formularelementen Beschriftungen bzw. Legenden zuweisen. Dieser `label`-Text wird von den Bildschirmlesegeräten interpretiert. Labels können Sie auch nachträglich einfügen, indem Sie das Formular oder das Element markieren und im Bedienfeld Einfügen auf den Button Bezeichnung klicken. Im Anhang sind einige Online-Quellen zum Thema Barrierefreiheit aufgelistet.

- Geben Sie die Position der Beschriftung an. Diese kann vor oder nach dem Formularelement stehen.
- Drückt der User die angegebene Zugriffstaste, wird das Formularelement ausgewählt. Geben Sie beispielsweise *h* an, muss der User im Internet Explorer Alt + H drücken. Vermeiden Sie jedoch gängige Tastaturkürzel für allgemeine Funktionen.

- Unter Reihenfolgenposition geben Sie an, in welcher Abfolge die einzelnen Elemente mit der ⇥-Taste ausgewählt werden können. Diesen Tabulator-Index sollten Sie auch für andere Formularelemente und Hyperlinks in der Webseite bestimmen.

Hinweis

Informationen über Zugriffstaste und Reihenfolgenposition finden Sie auch in Kapitel 8.2.2.

3. Klicken Sie auf OK, wird das Formularelement in die Webseite eingefügt. Im Code steht hierfür das `input`-Tag, das übrigens auch für andere Formularelemente, wie beispielsweise Optionsfelder und Kontrollkästchen, verwendet wird.

Hinweis

Benötigt Ihre Webseite Eingabehilfe-Informationen nicht, klicken Sie auf die Schaltfläche Abbrechen. Anschließend geben Sie die Beschriftung in das Dokumentfenster ein.

4. Markieren Sie das Textfeld, in dem Sie im Entwurfsfenster hineinklicken, und legen Sie die gewünschten Attribute im Bedienfeld Eigenschaften fest. Dabei wird die ID links unter Textfeld angezeigt (Abbildung 10.10):
   - Zeichenbreite: Geben Sie die Anzahl der sichtbaren Zeichen ein. Möchten Sie eine prozentuale Textfeldbreite bestimmen, platzieren Sie das %-Zeichen direkt hinter dem Wert. Wie Sie die Breite standardkonform mit CSS festlegen, erfahren Sie in Kapitel 10.5.
   - Zeichen max.: Beschränken Sie die Anzahl der eingebbaren Zeichen, haben Sie eine bessere Kontrolle über die Eingabe des Users. Beispielsweise sollte die Stunde mit höchsten zwei Zeichen angegeben werden.

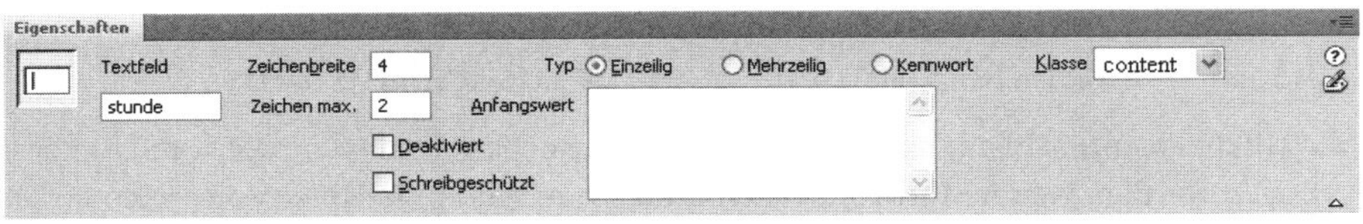

Abbildung 10.10: *Eigenschaften eines Textfelds*

   - Geben Sie einen Anfangswert an, erscheint dieser nach dem Laden der Seite in dem Textfeld. Füllt der User das Textfeld aus, soll er gleichzeitig diese Information überschreiben. Allerdings denken viele, sie dürften hier nicht hineinschreiben oder überschreiben diesen Text nicht. Besser, Sie geben eine Erklärung des Textfeldes davor oder dahinter ab.

Aufsteiger

Die Optionen Deaktiviert und Schreibgeschützt sollten Sie nur in Verbindung mit einem entsprechenden Skript verwenden, da Sie damit die Usereingaben verhindern.

Damit ist das erste Textfeld fertig. Wiederholen Sie die vorherigen Arbeitsschritte zunächst für die Abfrage der Minute. Da diese direkt hinter der Stunde eingetragen wird, benutzen Sie das gleiche `label`-Tag und geben in den Eingabehilfen hierfür Kein Label-Tag an. Für die übrigen Elemente verwenden Sie dann das `for`-Attribut.

Hinweis

Im Inspektor ändern Sie schnell den Typ des Textfeldes. Fragt ein einzeiliges Feld sensible Daten, wie etwa ein Passwort ab, aktivieren Sie unter Typ die Option Kennwort. Dabei erscheinen im Browser Sternchen oder Punkte statt der eingegebenen Zeichen.

Soll der User eine bestimmte Art von Daten in das Feld eintragen, können Sie mit einem Spry-Textfeld diese Eingabe überprüfen. Wie das geht, erfahren Sie in Kapitel 10.3.8.

Mehrzeilige Textfelder für umfangreichen Text einsetzen

Ein einzeiliges Textfeld wandeln Sie im Bedienfeld Eigenschaften unter Typ schnell in ein mehrzeiliges Textfeld um.

- Um direkt ein mehrzeiliges Textfeld anzulegen, klicken Sie im Bedienfeld Einfügen auf den Button Textbereich.

Die Eingabehilfen kennen Sie bereits (vgl. Abbildung 10.9). In unserem Beispiel wird ein solches Feld für die Übermittlung von Nachrichten benötigt.

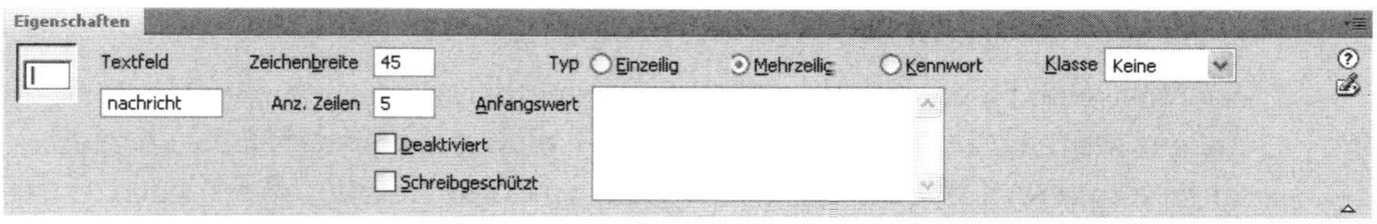

Abbildung 10.11: *Eigenschaften eines mehrzeiligen Textfelds*

Im Bedienfeld Eigenschaften wird die Anzahl der Zeilen (Anz. Zeilen) durch die Textfeldhöhe bestimmt. Bei der Dateneingabe werden die Zeilen automatisch umbrochen. Scrollbalken werden sichtbar, wenn der User mehr Zeichen eingibt als in die sichtbaren Zeilen passen.

10.3.2 Versteckte Formularfelder für zusätzliche Infos

Versteckte Formularfelder benötigen Sie, wenn Sie neben den Daten, die vom User eingetragen werden, weitere Informationen erhalten möchten. Beispielsweise können Sie mit einem versteckten Feld (und einem Skript) die Bildschirmauflösung ermitteln oder Daten von einer Webseite in eine andere übertragen. Weitere Informationen hierzu finden Sie in meinem Handbuch für fortgeschrittene Anwender (vgl. Anhang).

Ein verstecktes Formularfeld ist im Browserfenster nicht sichtbar.

1. Klicken Sie auf den Button Verstecktes Feld im Bedienfeld Einfügen (Kategorie Formulare).

   Haben Sie die visuellen Hilfsmittel aktiviert (Ansicht / Visuelle Hilfsmittel / Unsichtbare Elemente) sehen Sie im Entwurfsfenster das Symbol Versteckte Formularfelder. Dieses muss in den Voreinstellungen (Kategorie Unsichtbare Elemente) ebenfalls aktiviert sein.

2. Geben Sie im Bedienfeld Eigenschaften einen eindeutigen Namen für das Feld an. Überschreiben Sie ggf. den englischen Standardnamen *hiddenField.*

3. Geben Sie dahinter den gewünschten Wert ein. Möchten Sie beispielsweise gemeinsam mit den übrigen Formulardaten den URL der Seite übermitteln, geben Sie diesen hier ein. Damit behalten Sie auch bei zahlreichen Kontaktformularen den Überblick (Abbildung 10.12).

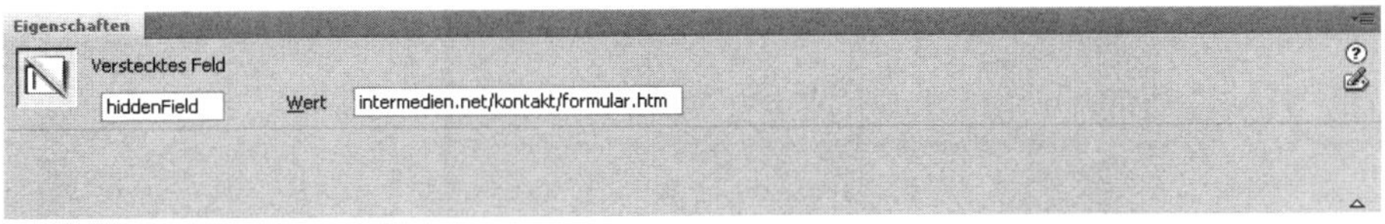

Abbildung 10.12: *Eigenschaften eines versteckten Felds*

Achtung

Inhalte aus versteckten Feldern werden nur mit dem MIME-Kodierungstyp *multipart/ form-data* korrekt übertragen. Weitere Informationen hierzu erhalten Sie in Kapitel 10.4.

10.3.3 Kontrollkästchen für mehrere Angaben

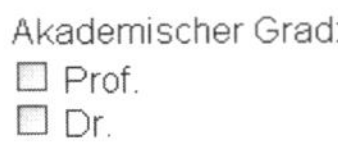

Soll der Benutzer mehrere Kriterien auswählen, werden in einem Formular Kontrollkästchen eingesetzt. Im gezeigten Beispiel kann der User damit seinen akademischen Grad angeben.

1. Klicken Sie im Bedienfeld Einfügen (Kategorie Formulare) auf den Button Kontrollkästchen, wenn Sie ein einzelnes Element einfügen möchten.

   Benötigen Sie dagegen mehrere Kontrollkästchen, wie im gezeigten Beispiel, klicken Sie auf Kontrollkästchengruppe.

2. Das bekannte Dialogfenster für die Eingabehilfe wird nur beim Einfügen eines einzelnen Kontrollkästchens geöffnet. Hinterlegen Sie wie in Kapitel 10.3.1 beschrieben die hier erforderlichen Angaben und klicken Sie dann auf OK. Das Kontrollkästchen wird eingefügt.

   Bei einer Kontrollkästchengruppe erscheinen Eingabehilfen dagegen nicht. Stattdessen wird das Dialogfenster Kontrollkästchengruppe geöffnet, in dem Sie zunächst den Namen eingeben (Abbildung 10.13). Der Name ist im Browser nicht sichtbar.

Hinweis

Allen Kontrollkästchen dieser Gruppe wird der gleiche Name zugewiesen. Mit diesem Bezeichner werden sie als Bestandteil dieser Gruppe identifiziert. Zur eindeutigen Identifikation eines Kontrollkästchens hängt Dreamweaver an den Namen den Unterstrich mit fortlaufender Nummer und speichert diesen Wert als ID.

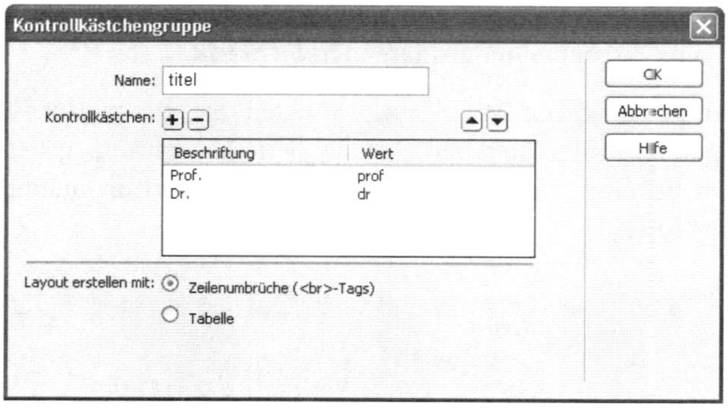

Abbildung 10.13: *Kontrollkästchengruppe definieren*

3. Im Bereich Kontrollkästchen überschreiben Sie zunächst die Standard-Beschriftung für jedes einzelne Element und geben dahinter dessen Wert an. Dieser wird später per E-Mail übermittelt, wenn der User das Kontrollkästchen aktiviert hat. Verzichten Sie auf Umlaute, Leer- und Sonderzeichen. Da Dreamweaver standardmäßig den Dokumenttyp (DocType) *XHTML 1.0 Transitional* verwendet, sollten Sie die Kleinschreibung verwenden.
   - Benötigten Sie weitere Kontrollkästchen, klicken Sie auf [+].
   - Möchten Sie überflüssige Elemente entfernen, markieren Sie diese und klicken dann auf [−].
   - Die Reihenfolge ändern Sie mit den Pfeiltasten. Dabei verschieben Sie ausgewählte Elemente entweder nach oben [▲] oder nach unten [▼].

Tipp Mit der [Tab]-Taste wechseln Sie schnell von einem Feld in das nächste.

4. Die Kontrollkästchen einer Gruppe werden standardmäßig untereinander platziert. Dabei bestimmen entweder Zeilenumbrüche oder eine Tabelle das Layout.
5. Klicken Sie auf OK, wird die Kontrollkästchengruppe in das Dokument eingefügt.

Aufsteiger Die Beschriftung eines Kontrollkästchens innerhalb der Gruppe wird automatisch mit dem Stil Umbruch mit Label-Tag integriert (vgl. Kapitel 10.3.1). Dies können Sie nur manuell im Code ändern.

Sollen die Kontrollkästchen einer Gruppe nebeneinander stehen, entfernen Sie entsprechende Zeilenumbrüche [BR] oder die Layout-Tabelle.

Damit ein Kontrollkästchen standardmäßig ausgewählt ist, markieren Sie es und aktivieren im Bedienfeld Eigenschaften den entsprechenden Anfangsstatus (Abbildung 10.14).

Hier können Sie auch nachträglich noch den aktivierten Wert des ausgewählten Elements ändern. Dieser Wert wird an den Server bzw. an Sie per E-Mail übermittelt, wenn der User das Kontrollkästchen aktiviert hat und das Formular versendet.

Den Namen eines Elements können Sie im Bedienfeld ganz links unter KONTROLLKÄSTCHEN noch ändern. Dabei sollten alle Elemente einer Gruppe den gleichen Namen haben.

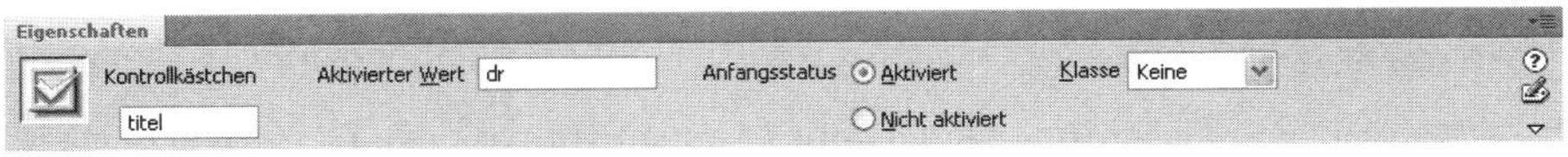

Abbildung 10.14: *Eigenschaften eines Kontrollkästchens bestimmen*

10.3.4 Optionsschalter für die Auswahl einer Vorgabe

Anders als bei den Kontrollkästchen kann innerhalb einer Optionsschaltergruppe immer nur eine vordefinierte Option ausgewählt werden. Beispielsweise kann der User in einer entsprechenden Gruppe die passende Anrede wählen. Markiert er die Anrede *Frau*, hebt er automatisch die Markierung der Option *Herr* auf. Diese **Ja-Nein-Zuweisung** realisieren Sie, indem Sie allen Buttons dieser Gruppe den gleichen Namen geben.

Unabhängig davon können Optionsschalter mit unterschiedlichen Namen gleichzeitig im Browser ausgewählt werden. Alternativ können Sie hier auch Kontrollkästchen verwenden. Das ist reine Geschmackssache und Sie entscheiden, ob Sie lieber runde oder eckige Elemente haben möchten.

1. Klicken Sie im Bedienfeld EINFÜGEN auf den Button OPTIONSSCHALTER, wenn Sie ein einzelnes Element einfügen möchten.

   Drücken Sie dagegen auf den Button OPTIONSSCHALTERGRUPPE, um eine Gruppe mehrerer Optionsschalter in die Seite zu integrieren. Diese benötigen wir im Reservierungsformular des Restaurants.

2. Füllen Sie das Dialogfenster für die Eingabehilfe aus (vgl. Kapitel 10.3.1) und klicken Sie auf OK. Der Optionsschalter wird eingefügt.

   Bei einer Optionsschaltergruppe erscheinen Eingabehilfen nicht. Stattdessen öffnet Dreamweaver das Dialogfenster Optionsschaltergruppe, in dem Sie zunächst deren NAMEN eingeben (Abbildung 10.15).

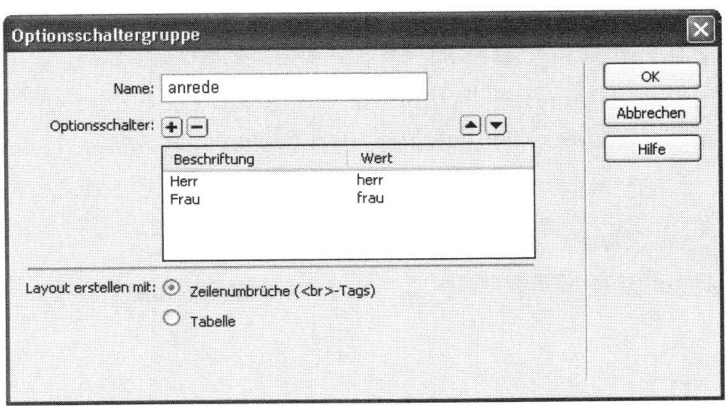

Abbildung 10.15: *Optionsschaltergruppe mit zwei Elementen erstellen*

3. Definieren Sie für jeden Optionsschalter eine BESCHRIFTUNG und einen WERT. Die Beschriftung ist im Browser sichtbar. Den Wert sehen Sie als Information, wenn Sie die Angaben Ihres Besuchers empfangen (z. B. per E-Mail). Überschreiben Sie den bereits vorhandenen Text. Arbeiten Sie analog zum vorherigen Kapitel.
4. Bestätigen Sie mit OK, fügt Dreamweaver die Optionsschaltergruppe ein.
5. Fügen Sie die Beschriftung der Gruppe (*Anrede*) vor das erste Element (*Herr*) ein. Zuvor wechseln Sie in die Code-Ansicht und platzieren die Einfügemarke vor dem `label`-Tag des ersten Optionsschalters.
6. Damit standardmäßig bereits ein Element aktiviert ist, markieren Sie es und wählen dann im Bedienfeld EIGENSCHAFTEN den entsprechenden ANFANGSSTATUS (Abbildung 10.16).

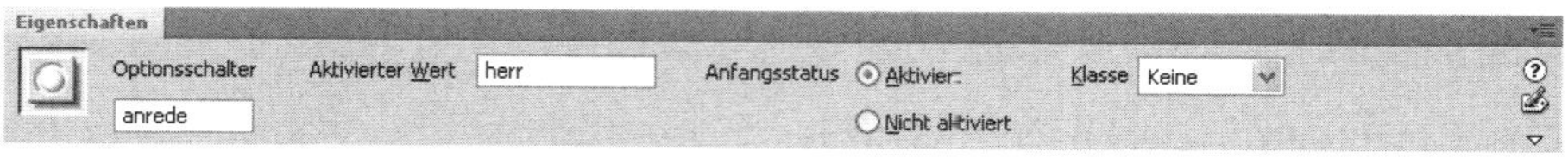

Abbildung 10.16: *Eigenschaften eines ausgewählten Optionsschalters einstellen*

Dies ist in unserem Beispiel sinnvoll, wenn Sie wissen, dass fast nur Männer das Formular ausfüllen werden. Weibliche User können diese Markierung dann durch die Aktivierung eines anderen Optionsschalters aufheben.

HINWEIS

Die Gruppe können Sie jederzeit erweitern: Hierzu platzieren Sie die Einfügemarke an der entsprechenden Stelle und drücken dann auf den Button OPTIONSSCHALTER. Anschließend weisen Sie diesem Element im Bedienfeld EIGENSCHAFTEN den gleichen Namen wie den übrigen Gruppenelementen zu.

10.3.5 Auswahllisten und Menüs

Menüs und Listen präsentieren mehrere Auswahlkriterien auf engstem Raum. Während in einem aufgeklappten Menü immer nur eine Auswahl möglich ist, können in Listen mehrere Optionen ausgewählt werden (Abbildung 10.17). Die einzelnen Listenpunkte markiert der User dann durch gleichzeitiges Drücken der Strg- bzw. ⇧-Taste. Dabei kann die Auswahlliste entweder als ein- oder mehrzeiliges Listenfeld angelegt sein.

Für die Tischreservierung im Restaurant benötigen wir drei unterschiedliche Menüs für die Auswahl des gewünschten Besuchsdatums.

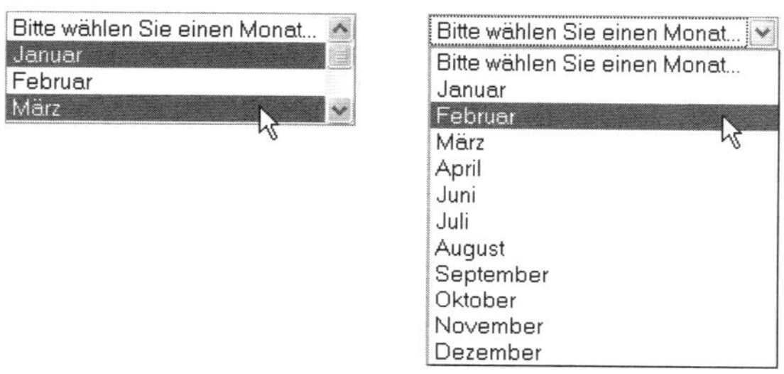

Abbildung 10.17: *Liste und Menü (rechts)*

Neben diesen einfachen Auswahlmenüs gibt es noch die so genannten Sprungmenüs, die Navigationselemente enthalten. Damit wählt der User wie bei einem Hyperlink das gewünschte Ziel aus. Auf den folgenden Seiten erfahren Sie im Exkurs mehr darüber.

Ein einfaches Menü erstellen

Auch wenn Sie eine Liste definieren möchten, müssen Sie zuerst ein Menü einfügen. Im Inspektor nehmen Sie dann die entsprechenden Änderungen vor.

1. Klicken Sie im Bedienfeld EINFÜGEN auf den Button AUSWÄHLEN (LISTE/MENÜ) .
2. Füllen Sie das Dialogfenster für die Eingabehilfe aus (vgl. Kapitel 10.3.1) und klicken Sie auf OK.
3. Markieren Sie das eingefügte Menü und klicken Sie im Bedienfeld EIGENSCHAFTEN auf den Button [Listenwerte...]. Das Dialogfenster LISTENWERTE wird geöffnet (Abbildung 10.18).
4. Geben Sie an der Stelle des blinkenden Cursors die Beschriftung des ersten Listenelements ein.

   Ordnen Sie dieser ELEMENTBEZEICHNUNG einen WERT zu. Den WERT sehen Sie als Information, wenn Sie das Formular empfangen, das vom User abgeschickt wurde (z. B. per E-Mail).

   Um weitere Elemente einzugeben, klicken Sie auf den Button [+] oder springen schneller mit der [Tab]-Taste weiter.

   Wenn Sie einen Eintrag löschen wollen, markieren Sie diesen und klicken Sie anschließend auf [−].

   Mit [▲] und [▼] ändern Sie die Reihenfolge der Liste.

   In unserem Beispiel benötigen wir zunächst ein Menü mit den Tagen eines Monats (1-31; Abbildung 10.18).
5. Wenn Sie fertig sind, klicken Sie auf OK. Wie Sie weitere Eigenschaften bestimmen, erfahren Sie im nächsten Abschnitt.

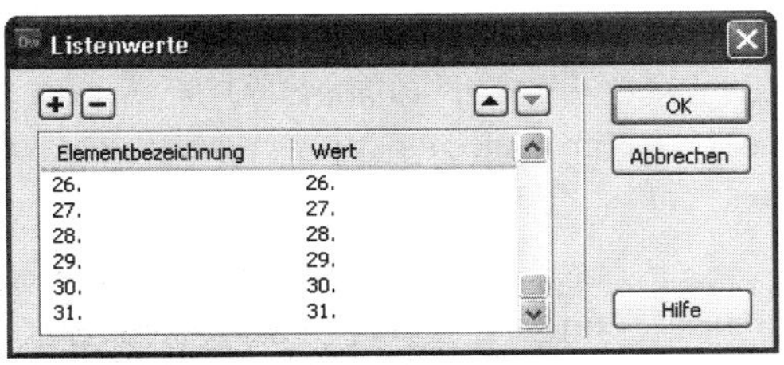

Abbildung 10.18: *Listenwerte für den Tag festlegen*

6. Wiederholen Sie die vorherigen Arbeitsschritte und erstellen Sie ein weiteres Menü für die Angabe des Monats und ein weiteres für das Jahr.

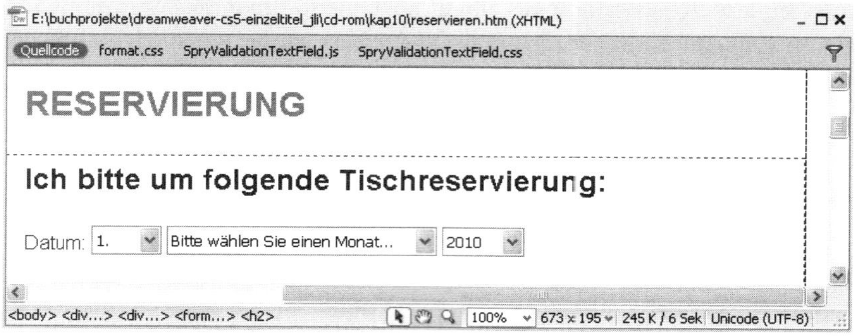

Abbildung 10.19: *Menüs für die Auswahl des Datums*

Menü in Liste umwandeln und Eigenschaften festlegen

Überprüfen Sie die Einstellungen im Bedienfeld EIGENSCHAFTEN. Abbildung 10.20 zeigt die Einstellungen für das erste Menü, über das Besucher den Tag auswählen können. Analog dazu definieren Sie die Menü-Attribute für Monat und Jahr.

- Benötigen Sie statt des MENÜS eine LISTE, aktivieren Sie im Inspektor den gewünschten TYP.
- Soll in der Liste bzw. im Menü bereits ein Eintrag ZUERST AUSGEWÄHLT sein, markieren Sie diesen im unteren Bereich des Bedienfelds EIGENSCHAFTEN. Da es sich hierbei um ein häufig ausgewähltes Kriterium handeln sollte, erleichtern Sie dem User damit die Arbeit. Der Benutzer kann diesen Eintrag selbstverständlich ändern.
- Haben Sie eine Liste erstellt, aktivieren Sie das Kontrollkästchen MEHRERE ZULASSEN, wenn der User einige vorgegebene Einträge auswählen darf.
- Legen Sie die HÖHE der Liste fest. Dieser Wert gibt an, wie viele Einträge gleichzeitig sichtbar sind.

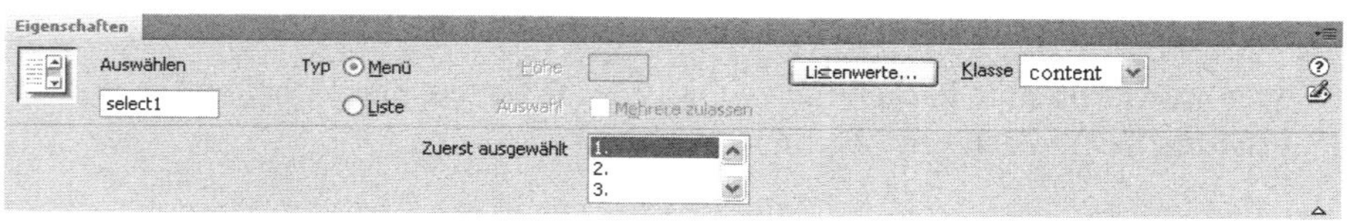

Abbildung 10.20: *Eigenschaften eines Menüs bestimmen*

TIPP Soll der User einen erklärenden Listen- bzw. Menüeintrag nicht auswählen können, geben Sie im Dialogfenster LISTENWERTE den WERT *disabled* ein. Im Quelltext wird damit das `<option>`-Tag durch das Attribut `disabled` ergänzt (Listing 10.1).

Listing 10.1: *Nicht auswählbare Option*

```
<option value="disabled " selected="selected">
  Bitte wählen Sie einen Monat...
</option>
```

Exkurs: Sprungmenü mit Verweisen

Klickt der User auf einen bestimmten Eintrag in einem Menü oder in einer Liste, kann ein festgelegtes Dokument geöffnet oder eine E-Mail erstellt werden. Liste und Menü sind hierbei als Sprungmenü angelegt worden und erfüllen damit die gleiche Funktion wie ein Hyperlink. Das dazu notwendige JavaScript erstellt Dreamweaver automatisch.

Zur Verdeutlichung fügen wir unter die in Kapitel 8 erstellte Imagemap ein Sprungmenü mit den gleichen Verweisen ein. In Formularen werden Sprungmenüs nicht eingesetzt, da sie keine Daten übermitteln.

1. Hierzu öffnen Sie bitte die entsprechende Datei *tour.htm* und platzieren die Einfügemarke unter dem Bild.
2. Klicken Sie im Bedienfeld EINFÜGEN auf den Button SPRUNGMENÜ. Das Dialogfenster SPRUNGMENÜ EINFÜGEN erscheint.
3. Geben Sie in das Feld TEXT die im Browser sichtbare Elementbezeichnung ein (Abbildung 10.21).
4. Anschließend bestimmen Sie den URL, der über dieses Menüelement aufgerufen werden soll (WENN AUSGEWÄHLT, GEHE ZU). Dabei können Sie ein siteinternes Dokument über die Schaltfläche DURCHSUCHEN auswählen.
5. Bestimmen Sie im Menü ÖFFNE URLS IN das Browserfenster (bzw. den Frame), in dem das Zieldokument geladen werden soll (vgl. Kapitel 8.3). *Hauptfenster* öffnet die Datei im gleichen Fenster. Bei Frames sind hier weitere Optionen möglich.

   Ihre Eingaben übernimmt Dreamweaver automatisch in das obere Feld MENÜOBJEKTE.
6. Um weitere Elemente einzugeben, klicken Sie auf den Button [+].

   Wenn Sie einen markierten Eintrag löschen wollen, klicken Sie auf [−].

   Mit [▲] und [▼] ändern Sie die Reihenfolge der einzelnen Linkelemente im Menü.
7. Aktivieren Sie die Option SCHALTFLÄCHE 'GEHE ZU' HINTER MENÜ EINFÜGEN, wenn der User den Sprung erst bestätigen muss. Ansonsten wird der Button nicht angezeigt und die Zieldatei wird sofort geladen. Ist eine E-Mail-Adresse angegeben, startet das Mailprogramm.

   Falls Sie eine Aufforderung zur Menüauswahl verwenden möchten (z. B. *Bitte wählen Sie...*), aktivieren Sie das Kontrollkästchen ERSTES OBJEKT NACH URL-ÄNDERUNG AUSWÄHLEN.
8. Klicken Sie auf OK. Dreamweaver fügt das Sprungmenü in die Webseite ein.

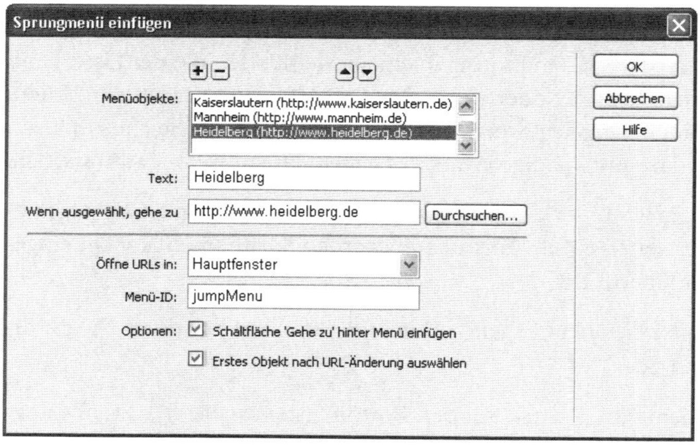

Abbildung 10.21: *Sprungmenü mit Navigationselementen zusammenstellen*

9. Im Bedienfeld Eigenschaften definieren Sie nur das Aussehen bzw. den Typ des Sprungmenüs. Wählen Sie zwischen Menü und Liste. (vgl. Kapitel 10.3.5).

DVD

Auf der DVD finden Sie die aktuelle Datei *tour.htm* mit dem Sprungmenü im Verzeichnis zu diesem Kapitel (*kap10*).

10.3.6 Dateifeld für die Datenübertragung einfügen

Enthält eine Webseite ein Dateifeld, können User ihre Festplatte nach Dateien durchsuchen und per Datei-Upload an den Server übertragen. Beispielsweise können Kunden erklärende PDF-Dokumente oder Zeichnungen mit den übrigen Formulardaten übermitteln.

Dabei besteht ein Dateifeld aus einem leeren Textfeld, in dem die Datei angegeben wird und einem Button, über den der User diese auswählen kann.

- Mit dem Button fügen Sie ein Dateifeld in das Entwurfsfenster ein. Auch hier können Sie entsprechende Eingabehilfen definieren.

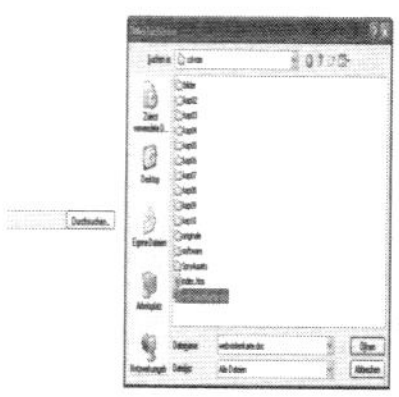

Abbildung 10.22: *Datei für den Upload auswählen*

Achtung

Wegen des Dateifeldes muss die Methode des Formulars (vgl. Kapitel 10.4) auf POST gesetzt werden. Die ausgewählte Datei wird gemeinsam mit den übrigen Formulardaten an die angegebene Adresse verschickt, sobald der User auf die Senden-Schaltfläche klickt (vgl. Kapitel 10.3.9).

10.3.7 Feldgruppen für eine übersichtliche Struktur

Feldgruppen gliedern lange, unübersichtliche Formulare. Dabei liegt ein Rahmen um den ausgewählten Bereich, den Sie mit CSS formatieren können. Darüber befindet sich eine Überschrift, die jedoch nichts mit den in Kapitel 2.6.1 definierten Headlines zu tun hat.

Auf der Reservierungsseite kann eine Feldgruppe beispielsweise die persönlichen Daten des Besuchers zusammenfassen (Abbildung 10.23).

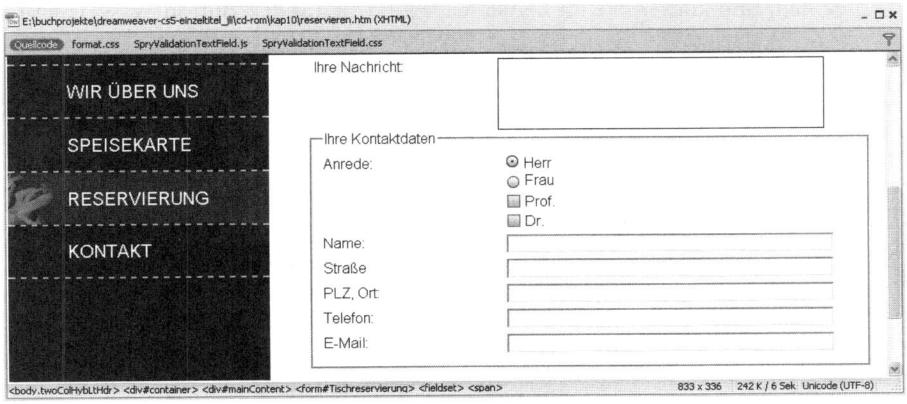

Abbildung 10.23: *Feldgruppe für einen bestimmten Bereich einfügen*

HINWEIS

Wie Sie einzelne Formularelemente ausrichten, erfahren Sie in Kapitel 10.5.

1. Markieren Sie den Bereich Ihres Formulars, der umrahmt werden soll. Im gezeigten Beispiel sind dies Anrede, Name und Anschrift sowie Telefonnummer des Restaurant-Kunden.
2. Drücken Sie im Bedienfeld EINFÜGEN auf den Button FELDGRUPPE.
3. Geben Sie im Dialogfenster FELDGRUPPE die Beschriftung (ÜBERSCHRIFT) ein (z. B. *Ihre Kontaktdaten*, Abbildung 10.24).

Abbildung 10.24: *Legende für den Kontaktbereich festlegen*

4. Klicken Sie auf OK. Die Feldgruppe umfasst nun die zuvor ausgewählten Formularelemente.

ACHTUNG

Ist das Formular in einer Tabelle platziert, bezieht sich die Feldgruppe stets auf die gesamte Tabelle. Ausgewählten Tabellenzellen können Sie keine Legende zuweisen.

10.3.8 Spry-Überprüfung: Textfeld einfügen

Im Bedienfeld EINFÜGEN finden Sie sowohl in der Kategorie FORMULARE als auch unter SPRY zahlreiche Elemente, bei denen die Benutzereingaben im Browser überprüft werden (Abbildung 10.25). Exemplarisch fügen wir hier ein Spry-Textfeld in die Tischreservierung ein, bei dem die korrekte Eingabe der E-Mail-Adresse überprüft wird. Macht der User keine oder eine falsche Angabe, erscheint eine entsprechende Meldung im Browserfenster.

1. Platzieren Sie die Einfügemarke an der Stelle, an der Sie das Spry-Element einfügen möchten, und klicken Sie im Bedienfeld EINFÜGEN auf den Button SPRY-ÜBERPRÜFUNG - TEXTFELD .

Abbildung 10.25: *Spry-Elemente in den Kategorien FORMULARE und SPRY überprüfen auch Benutzereingaben.*

2. Geben Sie die Informationen in den Eingabehilfen an und bestätigen Sie mit OK. Dreamweaver fügt das Textfeld ein. Dieses besteht aus zwei Teilen:
   - Das blaue Register zeigt Typ und Namen des Elements an. Wenn Sie hierauf klicken, ist das Spry-Textfeld ausgewählt (Abbildung 10.26). Das Bedienfeld EIGENSCHAFTEN zeigt die Attribute des Spry-Elements (Abbildung 10.27).

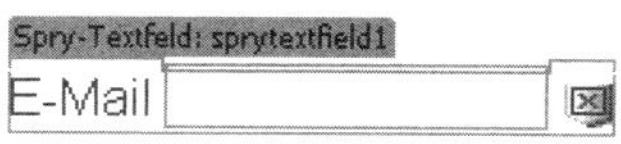

Abbildung 10.26: *Spry-Textfeld im Entwurfsfenster (Zustand: Anfänglich)*

   - Markieren Sie stattdessen das Textfeld selbst, zeigt der Inspektor die bekannten Attribute (vgl. Kapitel 10.3.1).

3. Markieren Sie das Spry-Element und definieren Sie die Funktionalität für die Überprüfung der Benutzereingabe im Eigenschafteninspektor: Geben Sie im Menü TYP an, dass eine *E-Mail-Adresse* in das Feld eingegeben werden soll (Abbildung 10.27).

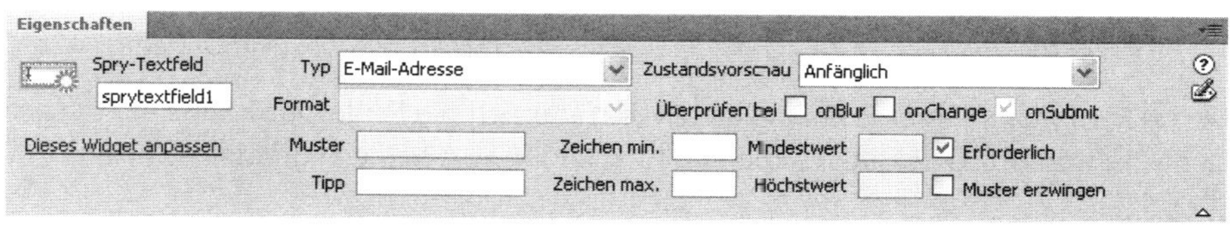

Abbildung 10.27: *Eigenschaften des Spry-Textfelds*

4. Standardmäßig wird die Eingabe mit dem Drücken der Senden-Schaltfläche überprüft. Darum ist das Kontrollkästchen onSubmit ausgewählt und geschützt.

   Aktivieren Sie zusätzlich onBlur, wird die Eingabe bereits kontrolliert, wenn der Benutzer den Mauszeiger vom aktivierten Textfeld weg bewegt. Eine Dateneingabe ist hierbei nicht erforderlich.

   Mit onChange wird das Feld dagegen nur überprüft, wenn der Benutzer einen Inhalt in das Textfeld eingegeben oder geändert hat.

5. Mit dem Menü Zustandsvorschau steuern Sie die interaktive Darstellung des Spry-Elements im Entwurfsfenster. Diese hängt später vom Verhalten bzw. von den Eingaben des Benutzers ab:

   - *Anfänglich*: Dieser Status gibt die Seite direkt nach dem Aufruf im Browser wieder. Eine Interaktion hat hier noch nicht stattgefunden.
   - *Erforderlich*: Will der User das Formular versenden, ohne seine E-Mail-Adresse angegeben zu haben, erscheint die im Entwurfsfenster gezeigte Meldung (*Es muss ein Wert angegeben werden.*). Diesen Text können Sie jetzt im Dokumentfenster ändern (Abbildung 10.28). Das Textfeld wird mit einem roten Hintergrund dargestellt.

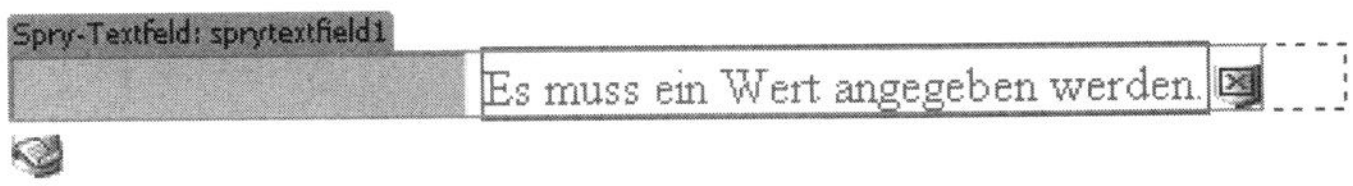

***Abbildung 10.28:** Textmeldung bei fehlender Angabe*

   - *Ungültiges Format*: Der User hat bei dieser Anzeige eine falsche E-Mail-Adresse eingetragen. Auch hier wird das Textfeld rot hervorgehoben.
   - *Gültig*: Dieser Status zeigt keinen Text ein. Stattdessen ändert sich die Hintergrundfarbe des Textfelds, standardmäßig auf Grün.

Hinweis

Die Darstellung von Spry-Textfeld und Fehlermeldung sind mit CSS formatiert. Das angehängte Style Sheet können Sie im Bedienfeld CSS-Stile bearbeiten. Am besten arbeiten Sie hier im Modus Aktuell und stellen im Entwurfsfenster dann die Zustandsvorschau ein, die Sie bearbeiten möchten.

6. Speichern Sie die Datei, öffnet Dreamweaver das Dialogfenster Abhängige Dateien kopieren (Abbildung 10.29).

   Bestätigen Sie mit OK, werden ein Style Sheet und eine für die Funktionalität erforderliche JavaScript-Datei im Verzeichnis *SpryAssets* gespeichert. Dieses Verzeichnis wird automatisch angelegt.

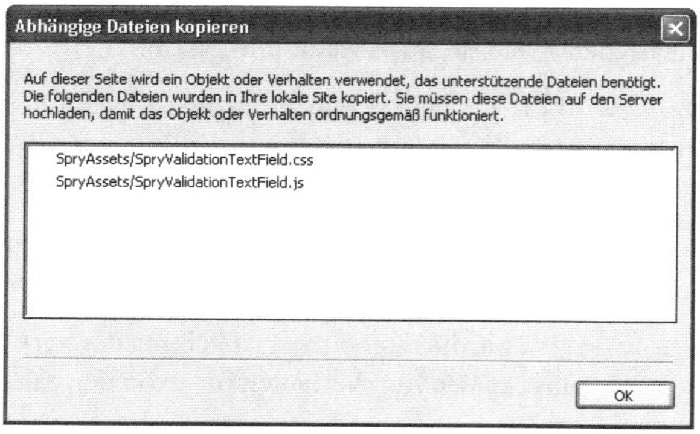

Abbildung 10.29: *Abhängige Dateien speichern*

Über das Dokumentfenster wechseln Sie schnell in die eingebundenen, abhängigen Dateien. Dabei handelt es sich um Dokumente, die nur in der Code-Ansicht geöffnet und bearbeitet werden können. Das Style Sheet wird zudem im Bedienfeld CSS-STILE dargestellt.

Abbildung 10.30: *Abhängige Dateien sind in der Leiste aufgelistet.*

10.3.9 Buttons zum Senden und Löschen der Daten

Damit die Tischreservierung beim Restaurant ankommt, benötigt das Formular noch einen Button zum Verschicken der eingegebenen Daten. In den meisten Formularen finden Sie rechts daneben eine weitere Schaltfläche, mit Benutzer die eingegebenen Informationen entfernen können. Diese Anordnung sollten Sie nicht ändern. Anwender haben sich mittlerweile daran gewohnt und Abweichungen von dieser Konvention sorgen eher für Irritation und gelten nicht als benutzerfreundlich.

Schaltflächen können entweder als Text- oder als Bildbuttons definiert sein.

Textbuttons erstellen

Textbuttons basieren ausschließlich auf HMTL. Diese fügen Sie folgendermaßen in die Webseite ein:

1. Platzieren Sie den Cursor an die Stelle Ihres Formulars, an der Sie die Schaltfläche einfügen möchten.
2. Klicken Sie im Bedienfeld EINFÜGEN auf den Button SCHALTFLÄCHE .
3. In den Eingabehilfen genügt die Angabe von ID, Zugriffstaste und Reihenfolgenposition. Die Beschriftung erfolgt über das Bedienfeld EIGENSCHAFTEN.

   Bestätigen Sie mit OK, fügt Dreamweaver die Schaltfläche in das Dokument ein.
4. Die im Browser sichtbare Beschriftung des Buttons bestimmt der im Eigenschafteninspektor angegebene WERT (Abbildung 10.31). Diesen Text können Sie hier ändern.

5. Dahinter geben Sie die Funktion der markierten Schaltfläche an:
   - Zum Versenden der Formulardaten muss die Aktion Abschicken definiert sein.
   - Sollen dagegen Daten entfernt werden, aktivieren Sie die Option Zurücksetzen. Passen Sie ggf. den Wert (*Zurücksetzen*) entsprechend an.
   - Steuert ein JavaScript die Aktion, aktivieren Sie die Option Keine.

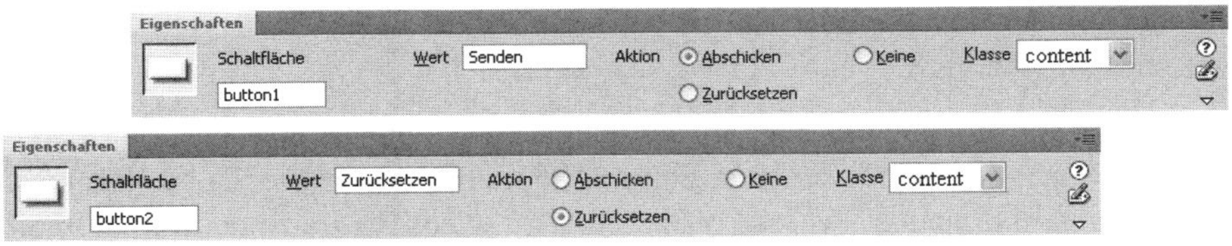

Abbildung 10.31: *Eigenschaften eines Senden- und Löschen-Buttons*

Für die Tischreservierung fügen wir zwei Textbuttons ein. Das Ergebnis finden Sie in der Datei *reservieren.htm* im Verzeichnis *kap10*. Das Erscheinungsbild von Textbuttons können Sie mit CSS ändern. Definieren Sie eine Klasse oder einen ID-Stil mit den gewünschten Attributen (vgl. Kapitel 10.5).

DVD

Bildbuttons erstellen

Auch eingefügte Grafiken können Sie mit Schaltflächen-Funktionen belegen:

1. Setzen Sie den Cursor in den Formularrahmen Ihres Dokuments.
2. Klicken Sie im Bedienfeld Einfügen auf Bildfeld.
3. Bestimmen Sie die Bildquelle und klicken Sie auf OK.
4. Füllen Sie das Dialogfenster für die Eingabehilfe aus (vgl. Kapitel 10.3.1) und klicken Sie auf OK.

Der Bildbutton wird in das Dokument eingefügt. Dabei wird diesem Formularelement die Funktion zugewiesen, die als Aktion für das Formular hinterlegt ist (siehe Kapitel 10.4).

Abbildung 10.32: *Eigenschaften eines Bildfelds*

Nicht alle Browser stellen Bild-Schaltflächen richtig dar. Testen Sie Aussehen und Funktion!

ACHTUNG

Einen Bildbutton *bildfeld.gif* finden Sie eingebunden in der Übersichtsseite *formularelemente.htm* im Kapitelverzeichnis *kap10* auf der DVD.

DVD

10.4 Formulare verarbeiten

Den Inhalt des Formulars haben Sie in den letzten Kapiteln festgelegt. Nun müssen Sie noch bestimmen, wie die eingegebenen Daten verarbeitet werden sollen. Häufig wird hierzu eine Anwendung geschrieben, die dem Server entsprechende Anweisungen liefert. Die Daten können aber auch ganz einfach per E-Mail an Sie verschickt werden. Auch für die Tischreservierung wählen wir hier diese Methode.

1. Markieren Sie das Formular, indem Sie entweder auf die rote Linie im Dokumentfenster oder auf `<form>` im Tag-Selektor klicken.
2. Überprüfen Sie den Formularnamen im Bedienfeld EIGENSCHAFTEN und überschreiben Sie ggf. den Standardnamen *form1* (Abbildung 10.33). Wichtig ist, dass diese ID nur einmal auf der Webseite verwendet wird. Wenn die Daten per E-Mail an Sie geschickt werden, wissen Sie auf diese Weise immer, welches Formular der User ausgefüllt hat.

   Im Restaurantbeispiel wäre die ID *Tischreservierung* sinnvoll. Ausführlichere Informationen ermitteln Sie besser in einem versteckten Formularfeld (vgl. Kapitel 10.3.2).

Abbildung 10.33: *Formulareigenschaften bestimmen.*

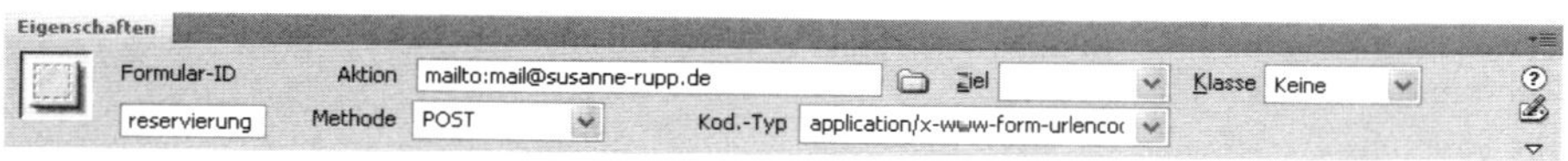

3. Bestimmen Sie die auszuführende AKTION. Hinterlegen Sie hier Ihre E-Mail-Adresse. Stellen Sie *mailto:* ohne Leerzeichen nach dem Doppelpunkt davor!
4. Bestimmen Sie die auszuführende Methode. Da wir die Daten per E-Mail verschicken, entscheiden wir uns für POST. Diese Methode ist auch bei einem Dateifeld erforderlich (vgl. Kapitel 10.3.6).

HINWEIS

POST: Die Methode stellt Daten auf dem Server-Rechner bereit. Das Skript interpretiert diese dann wie eine Benutzereingabe, die auf der Kommandozeile vorgenommen wurde. Die Formulardaten werden in die HTTP-Anforderung eingebettet.

GET: Die Daten werden an den angegebenen URL geschickt und dort gespeichert. Ein Skript verarbeitet den Inhalt.

5. Verwenden Sie als KOD.-TYP (MIME-Kodierungstyp) die Einstellung *application/x-www-form-urlencoded.*

   Haben Sie jedoch ein Feld zum Übertragen einer Datei erstellt, müssen Sie hier *multipart/form-data* als MIME-Typ angeben.
6. Testen Sie das Formular im Webbrowser!

Im Internet Explorer informiert ein Dialogfenster den Nutzer, dass die Daten per E-Mail verschickt werden. Klickt er auf ABBRECHEN, werden die Daten nicht übermittel.

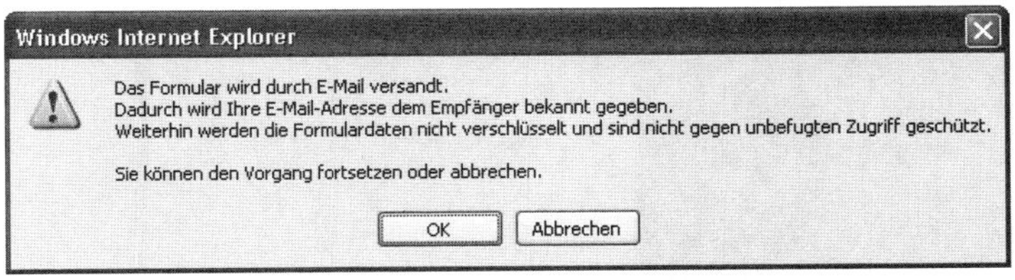

Abbildung 10.34: *Meldung im Internet Explorer*

Außerdem werden per E-Mail verschickte Formulardaten häufig in einer separaten Datei im Anhang versendet (**.att*). Diese öffnen Sie in einem einfachen Texteditor. Wundern Sie sich nicht über die Verknüpfungszeichen und die Kodierung von Sonderzeichen und Umlauten.

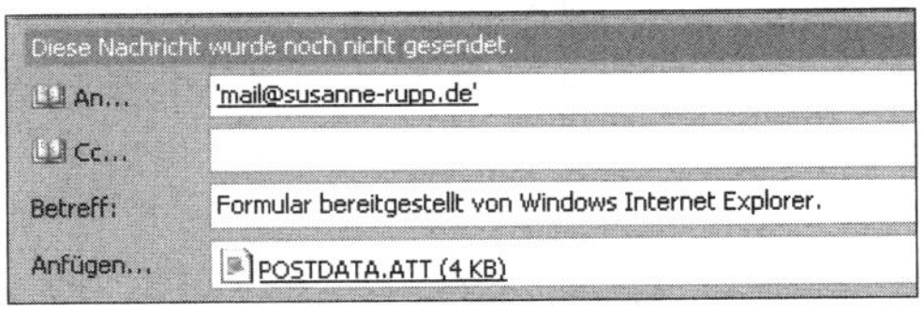

Abbildung 10.35: *Versand der Formulardaten in einer ATT-Datei*

Diese Probleme können Sie nur umgehen, wenn Formulardaten nicht auf dem Rechner des Users, sondern direkt auf dem Server verarbeitet werden. Hierzu muss auf dem Server ein entsprechendes Skript installiert sein. Klären Sie mit Ihrem Provider, ob ein solches vorhanden ist und ob Sie darauf Zugriff haben.

Alternativ schreiben Sie in Dreamweaver Ihr eigenes Skript, beispielsweise mit PHP. Allerdings würde dies den Rahmen dieses Buches bei Weitem sprengen. Weitere Informationen erhalten Sie dazu im aktuellen Handbuch für fortgeschrittene Anwender (vgl. Anhang).

TIPP

Für den User ist eine Bestätigungsseite sehr hilfreich. Er weiß dann, dass seine Formulardaten verschickt worden sind. Den Aufruf der Seite erledigt ein Skript auf dem Server. Erkundigen Sie sich bei Ihrem Administrator nach den Details. Fortgeschrittene Anwender können diese Seite auch selbst in Dreamweaver erstellen.

10.5 Formulare mit CSS gestalten

Noch stehen alle Formularelemente in den einzelnen Absätzen wirr untereinander (Abbildung 10.36). Auf den folgenden Seiten ordnen Sie die Elemente übersichtlich in Spalten an, ohne eine HTML-Tabelle zu verwenden. Ebenso werden Sie mit CSS die Textfeldbreite einheitlich bestimmen und damit für ein ausgewogenes Seitendesign sorgen.

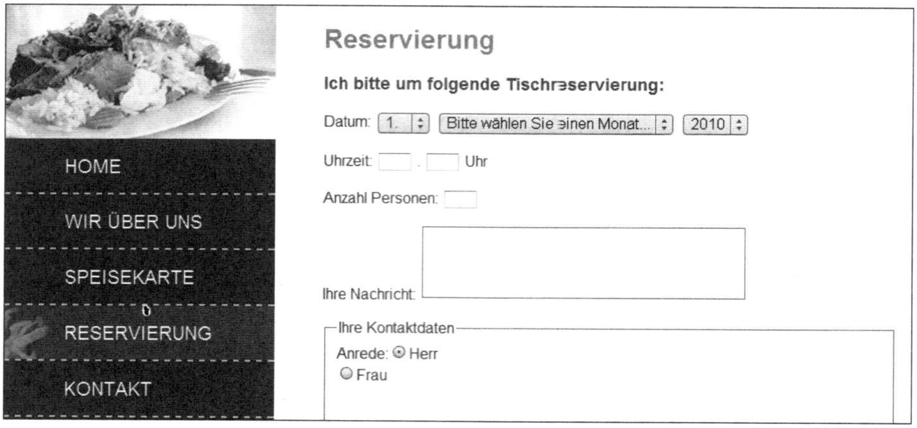

Abbildung 10.36: *Noch sind die Elemente chaotisch angeordnet.*

10.5.1 Spaltenlayout entwickeln

Zunächst realisieren wir das zweispaltige Layout. Hierzu wird die Beschriftung links ausgerichtet und das entsprechende Textfeld in einem bestimmten Abstand daneben platziert:

1. Drücken Sie im Bedienfeld CSS-Stile auf und legen Sie die Klasse *.spalte1* in der bereits vorhandenen externen CSS-Datei *format.css* an.
2. In der Kategorie Box der CSS-Regel-Defintion bestimmen Sie die Breite (Width) der ersten, linken Spalte (Abbildung 10.37). Im gezeigten Beispiel wählen Sie *200 Pixel*. Im Menü Float bestimmen Sie mit *left* die linksbündige Ausrichtung.

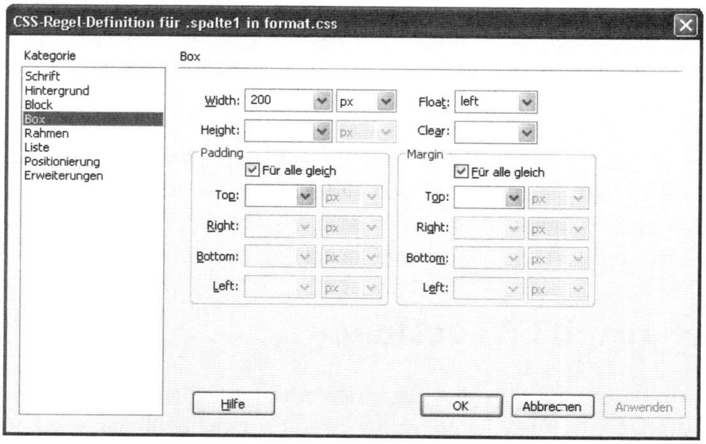

Abbildung 10.37: *Breite der linken Spalte bestimmen*

3. Drücken Sie auf OK.
4. Anschließend weisen Sie die CSS-Klasse der Bezeichnung zu, die mit dem `for`-Attribut einem Formularelement eindeutig zugewiesen werden kann. Dies sind die Textfelder (z. B. *Anzahl Personen* oder die Kontaktdaten).

Hierzu drücken Sie auf `<label>` im Tag-Selektor und wählen im Bedienfeld Eigenschaften die Klasse *.spalte1* aus. Im HTML-Modus benutzen Sie hierzu das Menü Klasse, im CSS-Modus das Menü Zielregel.

5. Anschließend definieren Sie eine weitere Klasse (*.spalte2*) für Optionsschalter und Kontrollkästchen, die durch einen Zeilenumbruch nicht in einer Zeile mit der Beschriftung stehen.
6. Auch hier wählen Sie in der Kategorie Box der CSS-Regel-Definition Float *left*. Den Abstand zur vorherigen Spalte geben Sie mit Margin *left* an. Tragen Sie hier den Wert *200 Pixel* ein.
7. Anschließend weisen Sie die Klasse den Formularelementen mit der Bezeichnung *Frau*, *Prof.* und *Dr.* zu, die nicht in der ersten Zeile eines Absatzes stehen.
8. Die Uhrzeit erfassen zwei Textfelder, die ein `label`-Tag umschließt. Die beiden Klassen führen hier nicht zum gewünschten Ergebnis. Definieren Sie eine neue CSS-Regel für die ID `#stunde`. In der Kategorie Box der CSS-Regel-Definition geben Sie den linken Außenabstand (Margin *left*) mit 144 Pixel an. Schließen Sie das Dialogfenster, wird die CSS-Regel automatisch auf das Textfeld angewendet.
9. Definieren Sie einen Inline-Stile für den Optionsschalter mit dem `label` *Herr* und verzichten Sie hier auf die Anwendung einer Klasse. Die Abstände passen dann besser. Geben Sie folgenden Code in das entsprechende `input`-Element ein:

   ```
   style="margin-left:141px;"
   ```

   Damit überschreiben Sie andere Stilregeln, die bereits auf das Element angewendet werden.
10. Wenden wir uns jetzt noch dem Datum zu. Auch hier definieren wir eine neue CSS-Regel für das erste Menü mit der ID `select1`, das den Tag erfasst. Für Margin *left* geben Sie 146 Pixel an. Da Browser die Abstände bei Textfeldern und Menüs unterschiedlich darstellen, können Sie hier nicht den gleichen Wert wie in Arbeitsschritt 8 wählen.

Tipp

Abschließend können Sie noch wie gewohnt Zeilenhöhe bzw. vertikale Abstände bestimmen und den Text oder die Feldgruppe (`fieldset`) formatieren. Damit in die Textfelder eingegebene Zeichen mit der gleichen Schriftart wie der übrige Text dargestellt werden, definieren Sie eine CSS-Regel für die Elemente `input` und `textarea`. In der CSS-Regel-Definition bestimmen Sie die entsprechenden Einstellungen in der Kategorie Schrift.

10.5.2 Breite unterschiedlicher Textfelder anpassen

Stehen ein- und mehrzeilige Textfelder untereinander, sind diese auch bei identischer Zeichenbreite häufig nicht gleich groß. Mit CSS sind prozentuale Breitenangaben möglich, die sich auf die Seitenbreite bzw. auf die Breite des übergeordneten Elements (`div`-Container, Tabellenzelle, Ebene, u. ä.) beziehen.

1. Erstellen Sie eine neue CSS-Klasse über das Bedienfeld CSS-STILE. Diese nennen wir hier *.textfeld*.
2. In der CSS-Regel-Definition hinterlegen Sie die gewünschte Breite (*350 Pixel*) in die Kategorie BOX. Basiert Ihre Seite auf prozentualen Breitenangaben, sollten Sie hier einen geeigneten Prozentwert wählen. Dieser steht in Relation zum übergeordneten Element.
3. Bestätigen Sie mit OK.
4. Nun müssen Sie die neue CSS-Definition noch dem ausgewählten Textfeld zuweisen. Benutzen Sie hierzu wie gewohnt das Bedienfeld EIGENSCHAFTEN.
5. Wiederholen Sie den vorherigen Arbeitsschritt für alle Textfelder in der Webseite.

TIPP

Mit dieser Klasse können Sie auch den Rahmen der Textfelder verändern und interessante Effekte erzielen. Ausführliche Informationen über CSS-Rahmen finden Sie in Kapitel 4.7.3.

Abbildung 10.38: *Das Workshop-Ergebnis sieht jetzt so aus.*

DVD

Die fertige Seite für die Tischreservierung ist auf der DVD im Ordner *kap10* unter *reservieren.htm* gespeichert. Darin ist das Style Sheet *format.css* eingebunden.

10.6 Kleine Erfolgskontrolle

31. Ein Formular enthält eine Kontrollkästchen- und eine Optionsschaltergruppe. In welcher Gruppe können Sie mehrere Elemente auswählen?

    a. In der Kontrollkästchengruppe

    b. In der Optionsschaltergruppe

32. Was ist der Unterschied zwischen einer Liste und einem Menü?

    a. Die Liste muss mindestens drei Auswahlkriterien enthalten.

    b. Bei einer Liste können mehrere Werte ausgewählt werden.

    c. Beim Menü können Sie die Höhe angegeben.

33. Was ist eine Feldgruppe?

    a. Mehrere Optionsschalter, die eine Optionsschaltergruppe bilden

    b. Begrenzungslinie beim Fußballspiel

    c. Element zur thematischen Gliederung eines Formulars

34. Welche Aussage ist richtig?

    a. Eine Formularaktion funktioniert nur online.

    b. Mit den einzelnen Formularelementen sind unterschiedliche Formularaktionen verbunden.

    c. Die Formularaktion beinhaltet die Methode, nach der das Formular verarbeitet wird.

11 AP-Elemente für dreidimensionale Effekte

Das lernen Sie neu:

- AP-Elemente erstellen und positionieren
- Das Bedienfeld AP-ELEMENTE verwenden
- Verschachtelte Ebenen erstellen
- AP-Elemente positionieren und ausrichten
- Elemente übereinander mit dem Z-Index anordnen
- Hintergrund und Sichtbarkeit bestimmen
- Überlauf und Ausschnitt angeben

Mit absolut positionierten `div`-Containern erzielen Sie durch das Überlagern anderer Elemente dreidimensionale Effekte auf Ihrer Webseite. Diese Container bezeichnet man auch als Layer, Ebenen oder CSS-P-Elemente. Darauf kann eine komplette Webseite basieren. In diesem Workshop lernen Sie also ein anderes Verfahren der Layoutgestaltung kennen, das Sie gut mit den bereits vorhandenen Containern kombinieren können.

11.1 AP-Elemente erstellen und verwalten

Auf den folgenden Seiten erweitern wir die in Kapitel 8 erstellte Imagemap (*tour.htm*). Dabei sollen an geeigneter Stelle Bilder und weitere Informationen über der entsprechenden Region eingeblendet werden. Ebenen können Sie sowohl im Standard- als auch im erweiterten Modus des Entwurfsfensters erstellen.

Sollen die Ebenen nicht überlappen, aktivieren Sie in der Menüleiste MODIFIZIEREN / ANORDNEN / AP-ELEMENTÜBERLAPPUNGEN VERHINDERN. Alternativ aktivieren Sie das Kontrollkästchen im Bedienfeld AP-ELEMENTE (s. u.).

1. Klicken Sie in der Kategorie LAYOUT des Bedienfelds EINFÜGEN auf den Button AP DIV ZEICHNEN.
2. Ziehen Sie mit gedrückter linker Maustaste den Umriss des AP-Elements im Entwurfsfenster auf. Der Cursor verwandelt sich dabei in ein Fadenkreuz.

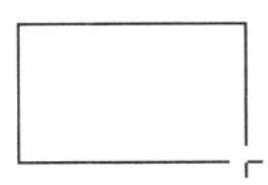

3. Lassen Sie die Maustaste los. Die Ebene ist erstellt. Das `div`-Element ist mit der ID `apDiv1` in den Quelltext integriert. Die CSS-Regel mit den Angaben zur Boxgröße und zur Positionierung steht im `head`-Bereich des Dokuments.

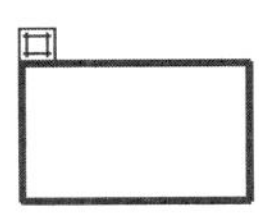

4. Wiederholen Sie die Arbeitsschritte, um weitere AP-Elemente zu erstellen. Für diesen Workshop benötigen wir insgesamt drei Ebenen. Dabei wird jeweils die gleiche ID mit fortlaufender Nummer vergeben (`apDivX`).

Ebenen mit Standardeigenschaften können Sie auch über EINFÜGEN / LAYOUTOBJEKTE / AP DIV in die Webseite einfügen. Alternativ ziehen Sie den Button AP DIV ZEICHNEN mit gedrückter Maustaste aus dem Bedienfeld in das Entwurfsfenster. Die Eigenschaften dieser Standardebene sind in der Kategorie AP-ELEMENTE der VOREINSTELLUNGEN (BEARBEITEN / VOREINSTELLUNGEN) hinterlegt (Abbildung 11.1). Die einzelnen Attribute können Sie nachträglich für eingefügte Ebenen in den Bedienfeldern EIGENSCHAFTEN oder CSS-STILE ändern. Weitere Informationen finden Sie in Kapitel 11.3.

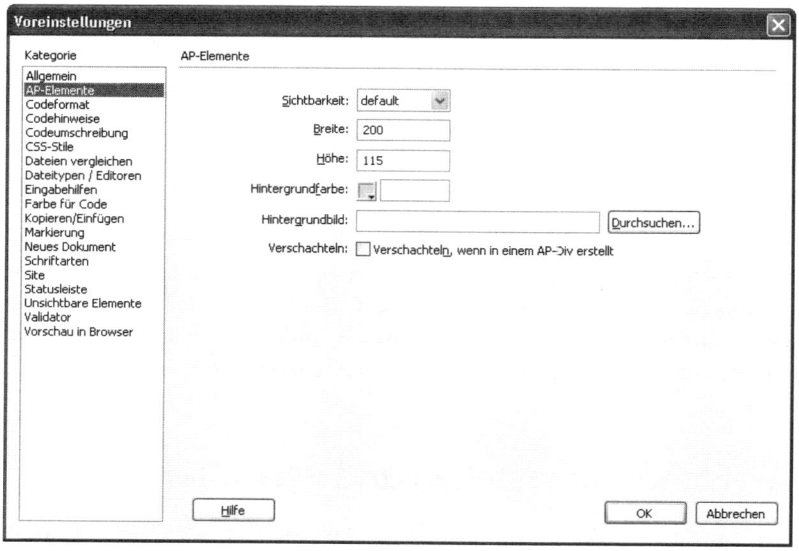

Abbildung 11.1: *Voreinstellungen für AP-Elemente festlegen*

Das unsichtbare Icon zeigt an, dass eine Ebene erstellt wurde. Damit dieser Ankerpunkt sichtbar ist, müssen Sie in der Menüleiste ANSICHT / VISUELLE HILFSMITTEL / UNSICHTBARE ELEMENTE aktiviert haben. Außerdem müssen Sie in der Kategorie UNSICHTBARE ELEMENTE der VOREINSTELLUNGEN (BEARBEITEN / VOREINSTELLUNGEN) das Kontrollkästchen ANKERPUNKTE FÜR AP-ELEMENTE aktivieren.

HINWEIS Wie Sie überflüssige Ebenen entfernen, erfahren Sie in Kapitel 11.3.1.

11.1.1 Das Bedienfeld AP-ELEMENTE verwenden

Die einzelnen, im Dokument platzierten Ebenen sind im Bedienfeld AP-ELEMENTE aufgelistet. Wenn Sie ein neues AP-Element erstellen, rücken die bereits vorhandenen eine Position in der Liste nach unten. Damit wird der Z-Index, der die Stapelreihenfolge bestimmt, stets um eins erhöht.

Ist das Kontrollkästchen aktiviert, schließen Sie Überlappungen für eine neu zu erstellende Ebene mit bereits vorhandenen aus (vgl. Kapitel 11.1).

- Öffnen Sie das Bedienfeld AP-ELEMENTE über FENSTER / AP-ELEMENTE in der Menüleiste oder drücken Sie [F2].

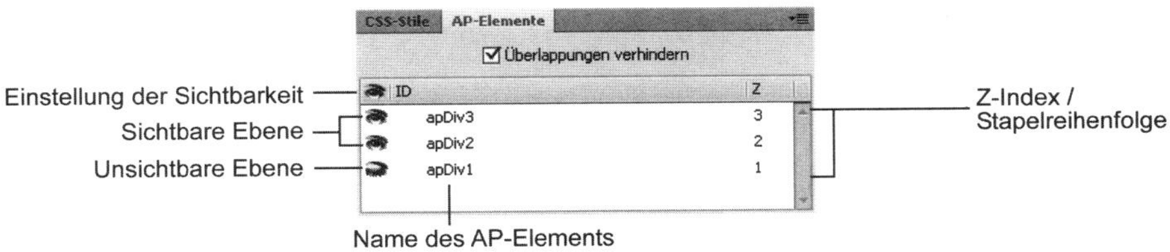

Abbildung 11.2: *Bedienfeld AP-ELEMENTE mit drei Ebenen*

Im Bedienfeld AP-ELEMENTE bestimmen Sie, ob eine Ebene sichtbar ( ) oder zunächst verborgen ist ( ). Hier bestimmen Sie auch die Reihenfolge bzw. Anordnung einzelner Layer und fassen diese bei Bedarf in Gruppen zusammen.

Die Breite der einzelnen Spalten können Sie über die Kopfzeile verändern (Abbildung 11.3). Dabei verwandelt sich der Cursor in einen Doppelpfeil.

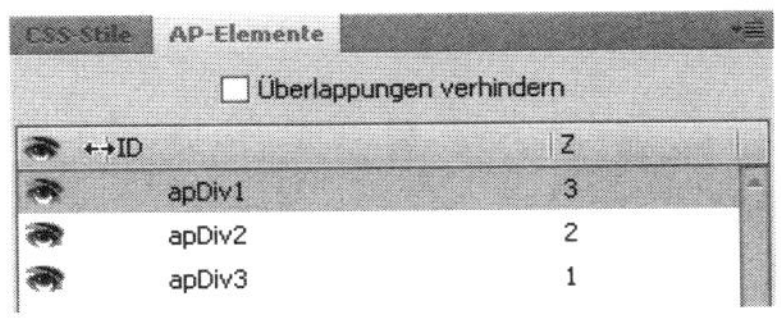

Abbildung 11.3: *Spaltenbreite im Bedienfeld ändern*

11.1.2 AP-Elemente gruppieren

Integrieren Sie ein AP-Element in ein anderes, entsteht eine Ebenen-Gruppe. Position und Sichtbarkeit der verschachtelten Ebene sind von der übergeordneten Ebene abhängig. Dabei können untergeordnete Elemente über den Rand der übergeordneten Ebene herausragen und sogar an einer ganz anderen Stelle im Dokument positioniert sein.

So erstellen Sie eine Ebenengruppe:

- Eine untergeordnete Ebene erstellen Sie, indem Sie den Button AP DIV ZEICHNEN mit gedrückter linker Maustaste aus dem Bedienfeld EINFÜGEN in die vorhandene Ebene ziehen.

In Abbildung 11.4 wurden Unterebenen in die Container *apDiv1* und *apDiv2* eingefügt. Die erste Gruppe wird im Bedienfeld vollständig angezeigt. In diesem Beispiel ist die Ebene *apDiv4* als Unterebene angelegt. Dagegen müssen Sie auf den Pfeil ▶ neben *apDiv2* klicken, damit die hierin eingebundenen Ebenen aufgelistet werden. Die Darstellung im Entwurfsfenster wird dadurch nicht beeinflusst.

Abbildung 11.4: *Verschachtelte Ebenen*

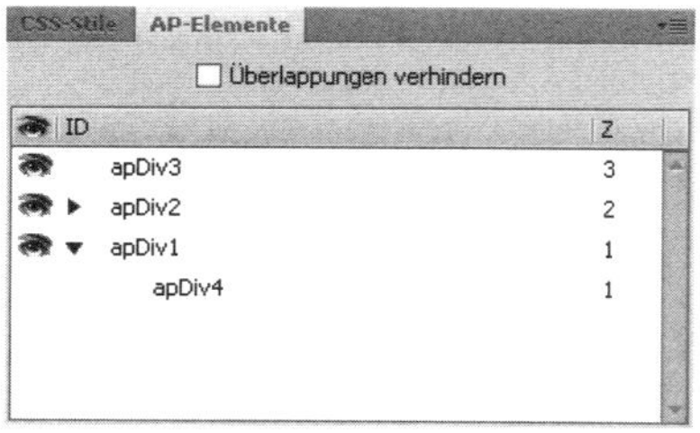

Anders als in den Vorgänger-Versionen von Dreamweaver können Ebenen nun nicht mehr im Bedienfeld AP-ELEMENTE an eine neue Position innerhalb der Stapelreihenfolge verschoben werden. Damit sind auch keine Verschachtelungen mehr über dieses Bedienfeld möglich.

So lösen Sie eine Verschachtelung:

- Verschieben Sie im Entwurfsfenster eine untergeordnete Ebene, bleibt diese weiterhin in das übergeordnete AP-Element eingebunden. Um diese Verschachtelung aufzuheben, öffnen Sie das Codefenster. Verschieben Sie das eingebundene `div`-Tag an eine andere Position außerhalb der es umgebenden `div`-Elemente (vgl. Listing 11.1 und Listing 11.2). Beide Ebenen sind nun voneinander unabhängig.

Listing 11.1: *apDiv2 ist eine untergeordnete Ebene.*

```
<div id="apDiv1">
  <div id="apDiv2"></div>
</div>
```

Listing 11.2: *Beide Ebene sind voneinander unabhängig.*

```
<div id="apDiv1"></div>
<div id="apDiv2"></div>
```

Je nachdem, welche Eigenschaften Sie der Ebene zugewiesen haben, kann es passieren, dass sich die Position der Ebene ändert (vgl. Kapitel 11.3).

HINWEIS

Wenn Sie statt übereinander gestapelter Layer verschachtelte Ebenen anlegen möchten, aktivieren Sie in den Voreinstellungen (BEARBEITEN / VOREINSTELLUNGEN) in der Kategorie AP-ELEMENTE das Kontrollkästchen VERSCHACHTELN, WENN IN EINEM AP-DIV ERSTELLT. Während des Zeichnens setzen Sie diese Einstellung vorübergehend außer Kraft, wenn Sie die [Alt]-(Windows) bzw. [⌥]-Taste (Macintosh) drücken.

11.2 Inhalte einfügen

Um Inhalte in eine Ebene einzufügen, klicken Sie im Dokumentfenster in das entsprechende AP-Element. In diesen so aktivierten Layer fügen Sie wie gewohnt Texte, Bilder, Tabellen und andere Seitenelemente ein. Diese Elemente können Sie wie gewohnt formatieren.

Auf der DVD finden Sie für diesen Workshop im Verzeichnis *kap11* unterschiedliche Bilder (*pfalz.jpg, mannheim.jpg, schweigen.jpg*). Bitte fügen Sie jeweils ein Bild und einen erklärenden Text in eine Ebene ein. Dabei ist die Größe des jeweiligen AP-Elements zunächst unerheblich. In Kapitel 11.3.9 bestimmen Sie, wie Browser zu großen Inhalt darstellen.

DVD

Abbildung 11.5: *Bilder und Texte liegen in Ebenen über der Imagemap.*

11.3 Eigenschaften von AP-Elementen

Position und Größe einer Ebene sind im Entwurfsfenster schnell geändert. Genauere Angaben und weitere Attribute bestimmen Sie in den Bedienfeldern EIGENSCHAFTEN (Abbildung 11.6), AP-ELEMENTE und CSS-STILE.

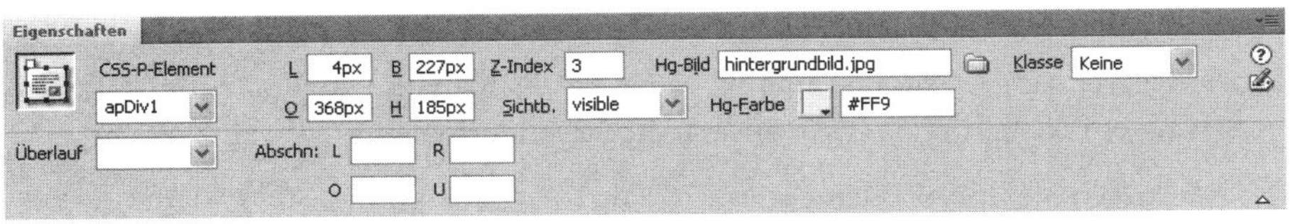

Abbildung 11.6: *Eigenschaften einer ausgewählten Ebene überprüfen und ändern*

11.3.1 Eine Ebene markieren und entfernen

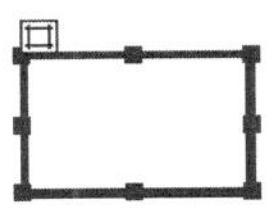

Bevor Sie ein AP-Element bearbeiten können, müssen Sie es auswählen. Markieren Sie eine Ebene, indem Sie …

- auf den Namen im Bedienfeld AP-ELEMENTE klicken;
- auf den Ebenen-Rahmen im Entwurfsfenster klicken;
- auf den Markierungsgriff einer Ebene klicken;
- auf das Ebenen-Icon klicken (vgl. Kapitel 11.1);

- in die Ebene mit gedrückter [⇧]-Taste klicken;
- auf das Element `<div>` im Tag-Selektor klicken.

Das Bedienfeld EIGENSCHAFTEN zeigt nun die Attribute des ausgewählten AP-Elements an (vgl. Abbildung 11.6). Dieses wird hier als CSS-P-Element bezeichnet.

Klicken Sie mit gedrückter [⇧]-Taste im Dokumentfenster oder im Bedienfeld AP-ELEMENTE nacheinander in mehrere Ebenen, werden diese gleichzeitig markiert.

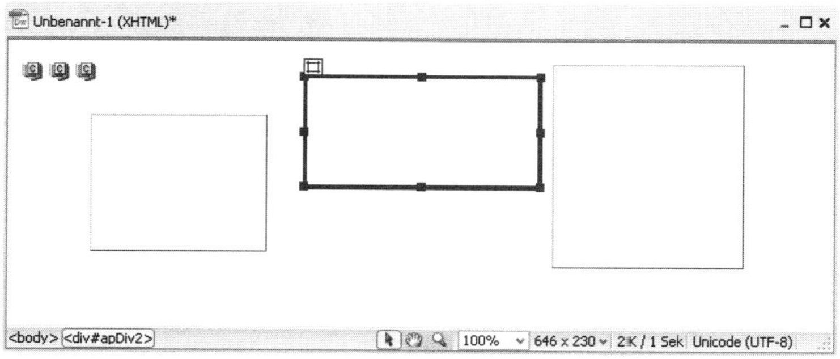

Abbildung 11.7: *Die mittlere Ebene ist ausgewählt.*

Ebene entfernen Löschen Sie eine ausgewählte Ebene, indem Sie die [Entf]- oder [←]-Taste drücken. Dabei können Sie entweder im Entwurfsfenster oder im Bedienfeld AP-ELEMENTE arbeiten.

Die der ID zugeordneten CSS-Regeln im `head`-Bereich des Webdokuments oder in einem externen, verknüpften Style Sheet werden dadurch nicht entfernt. Bereinigen Sie den Code entweder im Bedienfeld CSS-STILE oder direkt im Quelltext.

11.3.2 ID und CSS-Regel ändern

Dreamweaver vergibt standardmäßig einen ID-Namen mit fortlaufender Nummer (`apDiv1`, `apDiv2`, `apDivX`). Diesen ändern Sie folgendermaßen:

1. Markieren Sie das AP-Element (vgl. Kapitel 11.3.1).

2. Überschreiben Sie den Standardnamen im Bedienfeld EIGENSCHAFTEN unter CSS-P-ELEMENT. Benutzen Sie nur alphanumerische Zeichen. Leerzeichen, Schrägstriche und allein stehende Zahlen sind nicht zulässig. Benutzen Sie stattdessen den Binde- oder den Unterstrich.

   Mit der ID ändert Dreamweaver auch den Selektor der dafür erstellten CSS-Regel.

HINWEIS Die ID benötigen wir in Kapitel 12. Hier blenden wir Ebenen mit JavaScript ein und aus. Vergeben Sie für jedes AP-Element eine aussagekräftige ID: *mannheim, pfalz, schweigen*.

11.3.3 Der Z-Index für die Stapelreihenfolge

Der Z-Index legt fest, ob eine Ebene über einer anderen platziert oder darunter angeordnet wird. Eine Ebene mit einem höheren Z-Wert liegt über der mit dem niedrigeren. Im Bedienfeld AP-Elemente sind die Z-Werte absteigend sortiert. Die oberste Ebene wird auch im Dokument- bzw. im Browserfenster vor allen anderen angezeigt.

In Abbildung 11.8 liegt die Ebene **gruen** mit dem Z-Index 3 über dem AP-Element **rot** mit dem Index 2 und über dem Layer **blau** mit dem Wert 1.

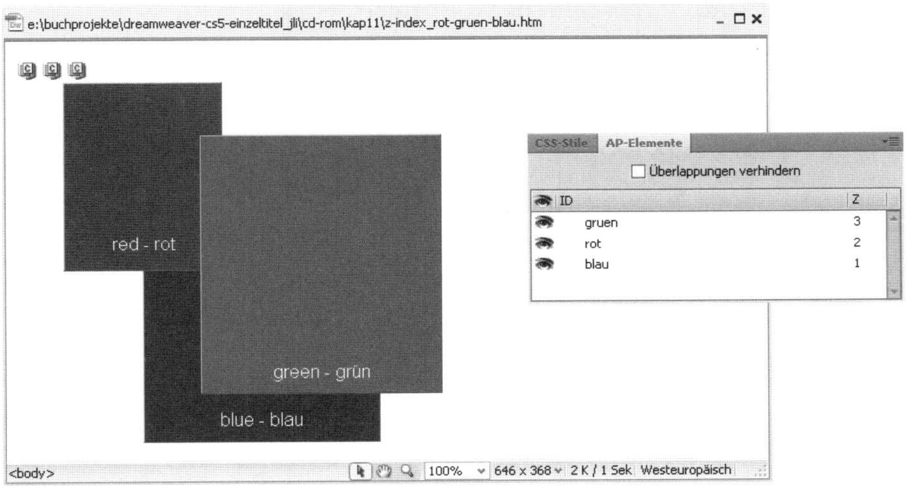

Abbildung 11.8: *Überlappende AP-Elemente mit unterschiedlichen Z-Indizes*

Gefällt Ihnen die Anordnung der drei sich überlagernden Bild-Ebenen über der Imagemap nicht, ändern Sie deren Stapelreihenfolge:

1. Doppelklicken Sie im Bedienfeld AP-Elemente auf den Z-Wert des entsprechenden Layers. Dieser wird dann farblich hervorgehoben.

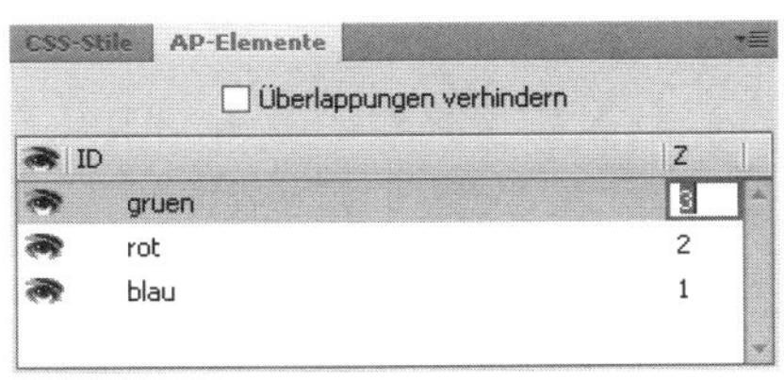

Abbildung 11.9: *Z-Wert überschreiben und Reihenfolge ändern*

2. Überschreiben Sie den Wert (Abbildung 11.9):
   - Damit die Ebene im Stapel nach oben rückt, erhöhen Sie ihn.
   - Mit einem kleineren Wert wird sie dagegen von überlagernden Ebenen verdeckt.

Damit wird der im Bedienfeld EIGENSCHAFTEN ebenfalls angezeigte Z-Index automatisch angepasst (s. Randspalte). Alternativ können Sie dieses Attribut auch hier ändern.

Der Z-Index kann positiv oder negativ sein. Je höher der Wert, desto höher liegt die Ebene an der Spitze des Stapels.

Haben mehrere Ebenen den gleichen Z-Wert, wird deren Reihenfolge durch die Ebenendefinition im HTML-Quelltext bestimmt. In Listing 11.3 haben beide Ebenen den Z-Index 1. Dabei überlagert die zuletzt im Code genannte Ebene die andere Ebene(n). Da der blaue Layer (`div id="blau"`) in Listing 11.3 vor dem roten (`div id="rot"`) angegeben wird, steht die rote Ebene im Vordergrund.

Listing 11.3: *Zwei Ebenen mit gleichem Z-Index*

```
<div id="blau" style="z-index: 1;"> </div>
<div id="rot" style="z-index: 1;"> </div>
```

11.3.4 Die Größe ändern

Wählen Sie einen Layer im Dokumentfenster aus, erkennen Sie die gleichen Griffe wie bei einem Bild. Hiermit ändern Sie die Größe dieser Ebene. Wenn Sie an den Eck-Griffen ziehen, passen Sie Höhe und Breite gleichzeitig an.

ACHTUNG

Das Seitenverhältnis einer Ebene wird beim Ziehen an den Eckgriffen nicht gewahrt!

Wenn Sie im Bedienfeld AP-ELEMENTE das Überlappen von Ebenen ausschließen, können Sie die Größe einer Ebene nur so weit ändern, bis sie an den Rand einer anderen Ebene stößt.

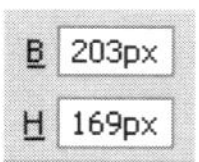

Soll eine Ebene eine konkrete Größe haben, tragen Sie diese Werte in die Felder B (Breite) und H (Höhe) des Bedienfelds EIGENSCHAFTEN ein. Dreamweaver fügt als Einheit automatisch *px* – für Pixel – dahinter an. Sie können aber auch *pc* (Picas), *pt* (Punkte), *in* (Inches bzw. Zoll), *mm* (Millimeter), *cm* (Zentimeter) oder *%* (prozentual zur übergeordneten Ebene bzw. zur Seite) angeben. Zwischen Wert und Maßeinheit darf kein Leerzeichen stehen.

Breite und Höhe können Sie auch für mehrere AP-Elemente gleichzeitig ändern und diese aneinander anpassen:

1. Markieren Sie nacheinander die Ebenen, indem Sie bei gedrückter [⇧]-Taste in die jeweilige Ebene hineinklicken. Wählen Sie zuletzt das Element aus, dessen Größe die anderen übernehmen sollen! Die Angriffspunkte sind hier blau gefüllt, bei den anderen dagegen weiß (Abbildung 11.10).
2. Wählen Sie unter MODIFIZIEREN / ANORDNEN entweder AUF GLEICHE BREITE EINSTELLEN oder AUF GLEICHE HÖHE EINSTELLEN. Auf diese Weise wurde in Abbildung 11.10 die Höhe des linken Containers auf die beiden rechten übertragen.

   Alternativ geben Sie die gewünschte Größe im Bedienfeld EIGENSCHAFTEN ein. Diese wird dann von allen Ebenen übernommen.

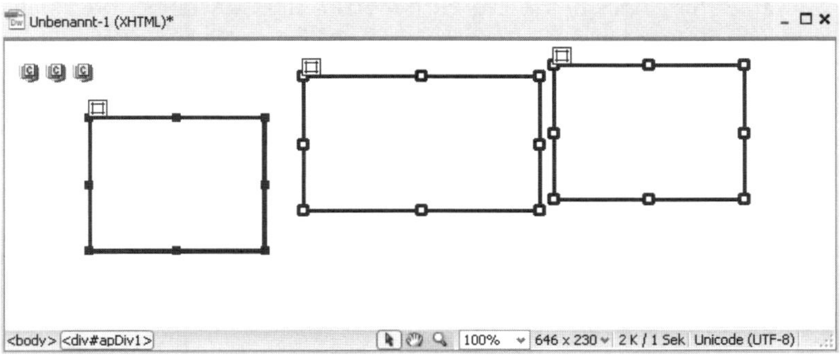

Abbildung 11.10: *Container mit gleichen Höhen*

HINWEIS Für unseren Workshop passen Sie jetzt die Ebenengröße dem jeweiligen Inhalt an. Möchten Sie auf diese Arbeit verzichten, definieren Sie einen sichtbaren Überlauf. Wie das geht, steht in Kapitel 11.3.9.

11.3.5 Ebenen positionieren

Eine ausgewählte Ebene können Sie im Entwurfsfenster an jeder beliebigen Stelle platzieren – ganz unabhängig davon, welches Seitenelement (z. B. Imagemap) Sie hier bereits platziert haben.

1. Markieren Sie die Ebene, die Sie verschieben möchten.
2. Schieben Sie die Ebene mit gedrückter linker Maustaste an die gewünschte Position.

   Benutzen Sie die Pfeiltasten, verschieben Sie die Ebene um jeweils ein Pixel.

ACHTUNG Möchten Sie eine Ebene über oder unter eine andere schieben, muss im Bedienfeld AP-ELEMENTE das Kontrollkästchen ÜBERLAPPUNGEN VERHINDERN deaktiviert sein.

   Alternativ tragen Sie den neuen X- und Y-Wert in die Felder L (links) und O (oben) des Bedienfelds EIGENSCHAFTEN ein.

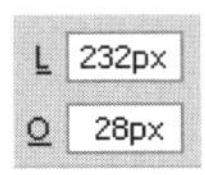

Die Positionswerte beziehen sich bei verschachtelten Layern auf die übergeordnete Ebene; sonst auf die obere, linke Ecke der gesamten Seite.

Legen Sie keine Einheit fest, interpretiert Dreamweaver die Angabe in Pixel. Um andere Einheiten zu verwenden, müssen Sie neben dem Wert die Maßeinheit angeben (vgl. Kapitel 11.3.4). Zwischen Wert und Einheit darf kein Leerzeichen stehen!

Ist in den SEITENEIGENSCHAFTEN ein Tracing-Bild hinterlegt (vgl. Kapitel 6.2.1), können Sie AP-Elemente besser an der richtigen Stelle platzieren, wenn visuelle Hilfsmittel ausgeschaltet sind. Diese benötigen nämlich auch entsprechenden Platz und können das Layout verzerren. Gleichzeitig erleichtern Gitternetz und Hilfslinien das genaue Anlegen und Platzieren der AP-Elemente (vgl. folgenden Abschnitt).

- Wählen Sie Ansicht / Visuelle Hilfsmittel / Alles ausblenden oder wählen Sie in der Symbolleiste Dokument den entsprechenden Befehl über den Button Visuelle Hilfsmittel (Abbildung 11.11).

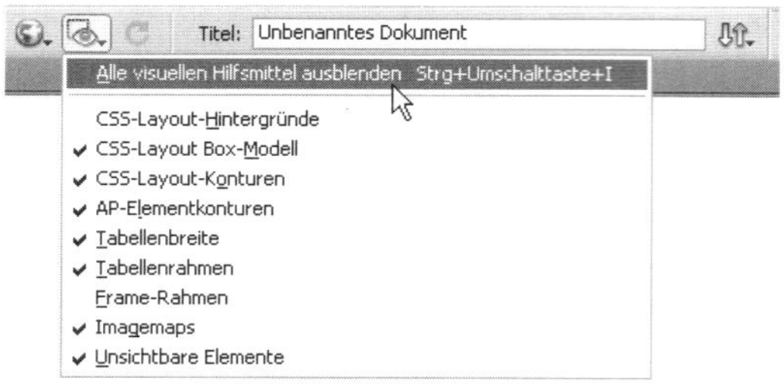

Abbildung 11.11: *Visuelle Hilfsmittel ausblenden*

DVD

Liegen die drei Ebenen mit den eingebundenen Bildern noch nicht an der geeigneten Stelle über der Sitemap, ändern Sie dies jetzt bitte. Auf der DVD finden Sie das Beispiel *tour.htm* in *kap11* (Abbildung 11.12).

Möchten Sie die Elemente an einer bestimmten Seite zueinander ausrichten, lesen Sie weiter…

Abbildung 11.12: *Ebenen speichern Bilder über der Imagemap*

11.3.6 AP-Elemente ausrichten

Wenn Sie AP-Elemente in Relation zueinander ausrichten, bildet die zuletzt markierte Ebene die Basis für die Ausrichtung der anderen.

1. Markieren Sie zwei oder mehr Ebenen, die Sie zueinander ausrichten möchten.
2. Wählen Sie die gewünschte Ausrichtung unter Modifizieren / Anordnen (siehe Randspalte).

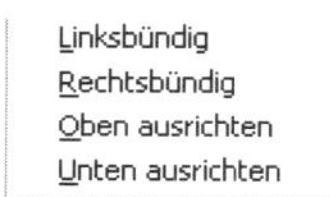

In Abbildung 11.13 sind alle drei AP-Elemente unten ausgerichtet.

Abbildung 11.13: *Unten ausgerichtete AP-Elemente*

ACHTUNG

Verschieben Sie den übergeordneten Layer von verschachtelten Ebenen, ändern auch die integrierten Ebenen ihre Position.

Am Raster ausrichten

Im Entwurfsfenster können Sie AP-Elemente am Raster ausrichten (vgl. Kapitel 6.2.1):

1. Wählen Sie ANSICHT / RASTER / RASTEREINSTELLUNGEN (Abbildung 11.14).

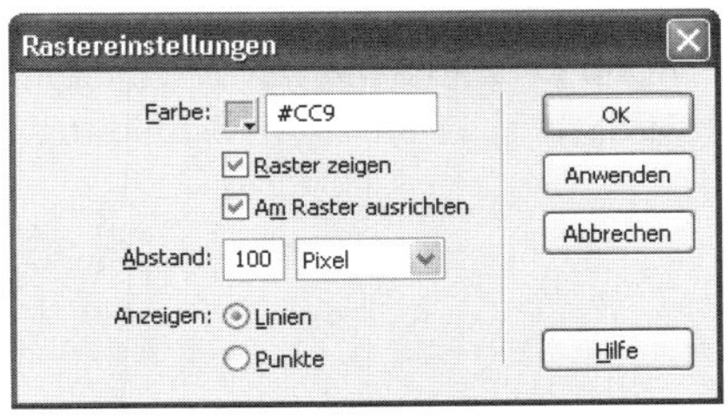

Abbildung 11.14: *Rastereinstellungen festlegen*

2. Bestimmen Sie die Maßeinheit (ABSTAND) für das Gitternetz. Das Raster wird entweder durch *Linien* oder durch *Punkte* dargestellt. Ändern Sie bei Bedarf diese ANZEIGE.
3. Aktivieren Sie die Kontrollkästchen RASTER ZEIGEN und AM RASTER AUSRICHTEN.
4. Klicken Sie auf OK.
5. Verschieben Sie im Entwurfsfenster die zu positionierende Ebene an die gewünschte Position. Die Ebene springt nun in den nächsten Einrastpunkt.

An Hilfslinien ausrichten

Haben Sie Hilfslinien erstellt, richten Sie die ausgewählte Ebene daran aus, indem Sie in der Menüleiste ANSICHT / HILFSLINIEN / AN HILFSLINIEN AUSRICHTEN aktivieren. Sperren Sie zuvor die Hilfslinien (ANSICHT / HILFSLINIEN / HILFSLINIEN SPERREN), damit diese nicht versehentlich verschoben werden.

HINWEIS

Das Ausrichten an Gitternetz- und Hilfslinien funktioniert auch, wenn diese visuellen Hilfsmittel nicht sichtbar sind. Die Sichtbarkeit steuern Sie über ANSICHT / RASTER und ANSICHT / HILFSLINIEN.

11.3.7 Hintergrundfarbe und -bild bestimmen

Ist für ein AP-Element kein Hintergrund definiert, erscheint die Ebene transparent. Abhängig von den darunter liegenden Elementen kann dann ein Ebenentext schwer lesbar sein. Dies vermeiden Sie durch eine geeignete Hintergrundfarbe. Sie können auch einem AP-Element ein Hintergrundbild zuweisen:

1. Markieren Sie das AP-Element.

2. Legen Sie die Farbe für den Hintergrund im Bedienfeld EIGENSCHAFTEN fest (HG-FARBE). Arbeiten Sie wie in Kapitel 3.3.3 beschrieben.

   Ein Hintergrundbild geben Sie im Feld HG-BILD des Inspektors an.

Mit CSS-Stilen weisen Sie dem Hintergrundbild weitere Attribute zu und vermeiden beispielsweise den Kacheleffekt:

3. Hierzu wechseln Sie in das Bedienfeld CSS-STILE (⇧ + F11).
4. Doppelklicken Sie auf das ID-Element, dessen Attribute Sie konkreter bestimmen möchten (z. B. *#apDiv1*). Da die Position einer Ebene durch CSS bestimmt ist, müssen Sie die bereits vorhandene Regel nur erweitern.
5. Definieren Sie die gewünschten Eigenschaften in der Kategorie HINTERGRUND der CSS-Regel-Definition (Abbildung 11.15).

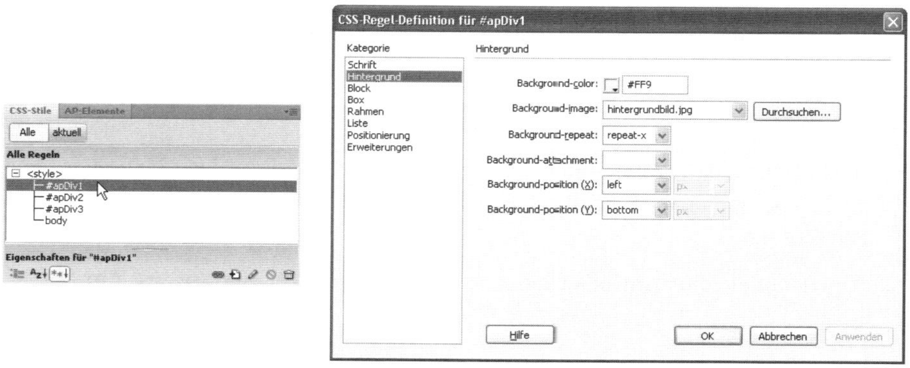

Abbildung 11.15: *CSS-Regel für ein AP-Element definieren*

11.3.8 Sichtbarkeit einstellen

Gerade bei verschachtelten oder überlappenden Ebenen ist es häufig eine große Hilfe, andere AP-Elemente zunächst auszublenden. Dadurch können Sie sich auf ausgewählte Ebenen und Seitenelemente konzentrieren und diese zuerst bearbeiten. Damit die Ebene im Browser dann sofort sichtbar ist, blenden Sie diese vor dem Speichern wieder ein.

Verborgene Ebenen können aber auch erst durch eine bestimmte Aktion des Benutzers angezeigt werden. Beispielsweise wird eine unsichtbare Ebene nach dem Laden der Seite zunächst nicht dargestellt. Erst wenn der Benutzer eine bestimmte Aktion durchführt und etwa auf eine Schaltfläche klickt, wird die verborgene Ebene sichtbar.

In Kapitel 12 werden wir die über der Imagemap angeordneten AP-Elemente ausblenden und eine JavaScript-Funktion definieren, mit der diese Ebenen sichtbar werden, wenn der User auf einen Hotspot klickt.

AUFSTEIGER

Das geschlossene Auge im Bedienfeld AP-ELEMENTE symbolisiert die verborgene Ebene. Das offene Auge steht für eine sichtbare Ebene. Ist kein Symbol vorhanden, übernimmt Dreamweaver die Eigenschaften der übergeordneten Ebene bzw. die Standardeinstellung des Browsers (= sichtbar).

So ändern Sie die Sichtbarkeit einer oder mehrer Ebenen:

- Klicken Sie im Bedienfeld AP-ELEMENTE so lange in die linke Spalte neben der entsprechenden Ebenen-ID, bis der gewünschte Status erscheint.
- Wenn alle Ebenen sichtbar oder verborgen sein sollen, klicken Sie auf das Auge in der darüber liegenden Leiste (Abbildung 11.16).

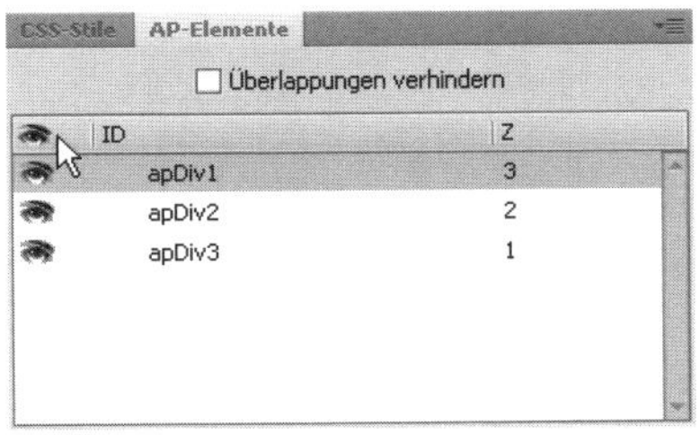

Abbildung 11.16: *Sichtbarkeit bestimmen*

- Wählen Sie aus dem Menü SICHTB. im Inspektor eine Option:

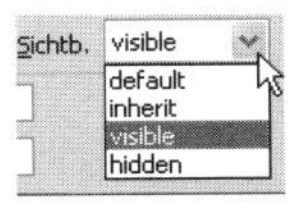

  - *default*: Die meisten Browser interpretieren dies als *inherit*.
  - *inherit*: Die Ebene übernimmt die Eigenschaften des übergeordneten AP-Elements.
  - *visible*: Sichtbare Ebene
  - *hidden*: Verborgene Ebene

11.3.9 Überlauf des Inhalts

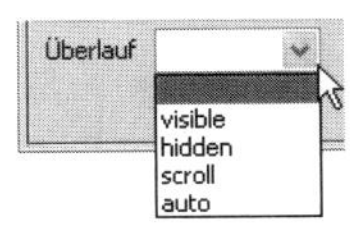

Im unteren Teil des Eigenschafteninspektors definieren Sie im Menü ÜBERLAUF, wie sich die Ebene verhalten soll, wenn der darin platzierte Inhalt über die Grenzen des Layers hinausgeht. Dieser Bereich kann sichtbar (*visible*), verborgen (*hidden*) oder mit Scrollbalken (*scroll*) einsehbar sein. Soll der Scrollbalken nur dann anzeigt werden, wenn diese tatsächlich erforderlich sind, verwenden Sie die Option *auto*. Wenn Sie keine Angabe machen, wird im Browser standardmäßig der gesamte Inhalt gezeigt.

Dreamweaver stellt Scrollbalken nur in der Live-Ansicht dar (Abbildung 11.17). In der Entwurfsansicht wird der zu große Inhaltsbereich stattdessen nicht angezeigt.

- Haben Sie die Boxgröße nicht angepasst, sind in unserem Workshop-Beispiel sicherlich einige AP-Elemente kleiner als das darin platzierte Bild mit dem Text. Damit dennoch der komplette Inhalt sichtbar ist, wählen Sie die Option *visible* (vgl. Abbildung 11.17 links).

Abbildung 11.17: *Überlauf: visible, hidden, scroll (v. l. n. r.)*

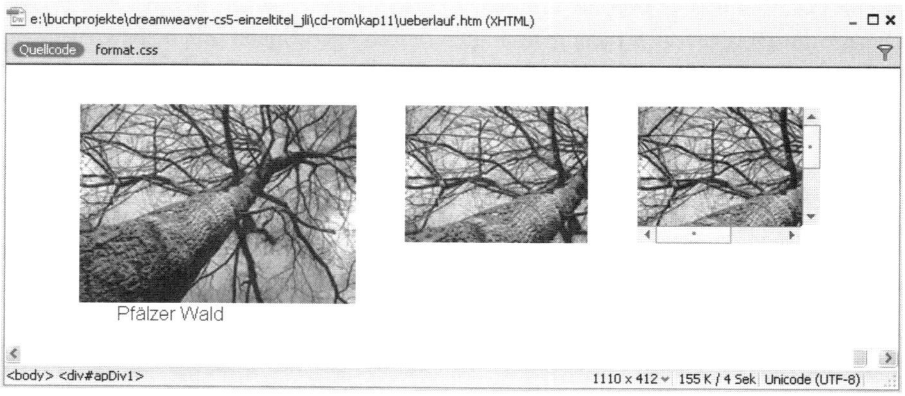

ACHTUNG

Hintergrundbild und Hintergrundfarbe werden bei einer zu kleinen Ebene nicht bzw. nicht vollständig dargestellt!

Überprüfen Sie die Darstellung in unterschiedlichen Browsern und Browserversionen. Beispielsweise unterstützen Opera 5 und 6 die Scroll-Option nicht; ältere IE-Versionen setzen das `visible`-Attribut nicht richtig um.

11.3.10 Ausschnitt festlegen

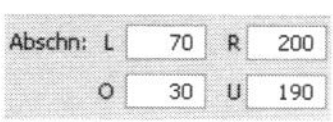

Soll nur ein bestimmter Bereich einer ausgewählten Ebene sichtbar sein, geben Sie dies im unteren Teil des Bedienfelds EIGENSCHAFTEN an:

- Tragen Sie Werte für den Beschnitt einer Ebene in die Felder ABSCHN. ein.

  Hierbei legen Sie die linken (L), oberen (O), rechten (R) und unteren (U) Koordinaten fest. Gemessen wird jeweils von der oberen bzw. der linken Ebenenkante aus (vgl. Abbildung 11.18). Der Koordinatenraum der Ebene definiert also ein Rechteck.

Abbildung 11.18: *Sichtbaren Bereich festlegen*

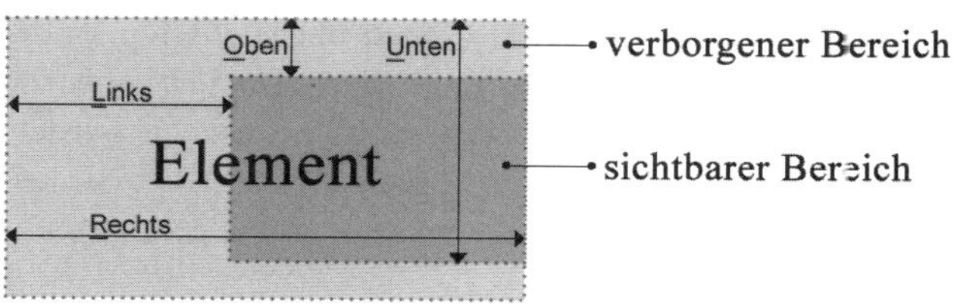

Auch wenn der abgeschnittene Bereich nicht sichtbar ist, wird er nicht entfernt. Abbildung 11.19 zeigt links das Original und rechts die beschnitten Ebene.

Abbildung 11.19: *Bereich über den Code abschneiden (rechts)*

11.4 Ebenen in der CSS-Regel-Definition

Bisher haben wir die meisten Attribute von AP-Elementen entweder direkt im Entwurfsfenster oder in den Bedienfeldern Eigenschaften und AP-Elemente festgelegt. Anfänger kommen mit dieser Arbeitsweise in der Regel schnell zum gewünschten Ergebnis.

Alle Eigenschaften finden Sie auch im Dialogfenster CSS-Regel-Definition, in dem Sie auch weitere Einstellungen angeben können. Beispielsweise haben Sie In Kapitel 11.3.7 bereits Einstellungen für den Hintergrund festgelegt.

AP-Elemente werden standardmäßig mit einem `div`-Container eingebunden, der mehrere Seiteninhalte aufnimmt. Daneben können Sie auch jedes andere Blockelement absolut auf der Webseite positionieren. Überschriften, Absätze oder Bilder werden so an die gewünschte Position gesetzt. Dabei bezieht sich die angegebene Position auf die obere linke Ecke des übergeordneten Elements bzw. der Webseite selbst.

1. Eine vorhandene CSS-Regel bearbeiten Sie, indem Sie im Bedienfeld CSS-Stile zunächst auf deren Namen doppelklicken oder am unteren Fensterrand auf den Button Stile bearbeiten drücken (Abbildung 11.20).

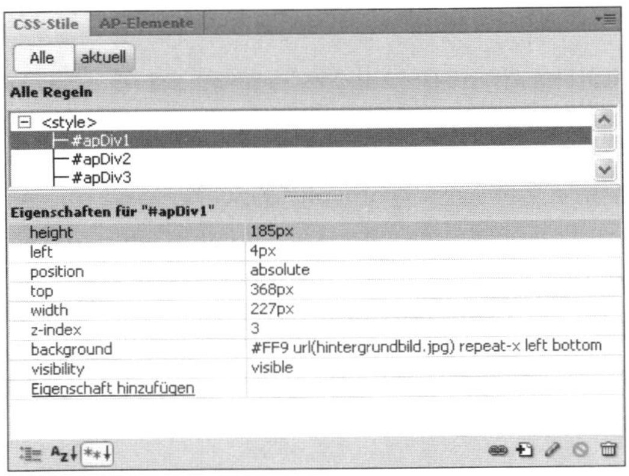

Abbildung 11.20: *CSS-Stile für eine Ebene*

Möchten Sie eine neue Regel definieren, drücken Sie auf den Button NEUE CSS-REGEL und geben die gewünschten Einstellungen für den Selektor an (vgl. Kapitel 3.4.2).

2. Wechseln Sie in die Kategorie POSITIONIERUNG der CSS-Regel-Definition und hinterlegen Sie hier die gewünschten Attribute (Abbildung 11.21, Tabelle 11.1). Diese gelten nicht nur für AP-Elemente.

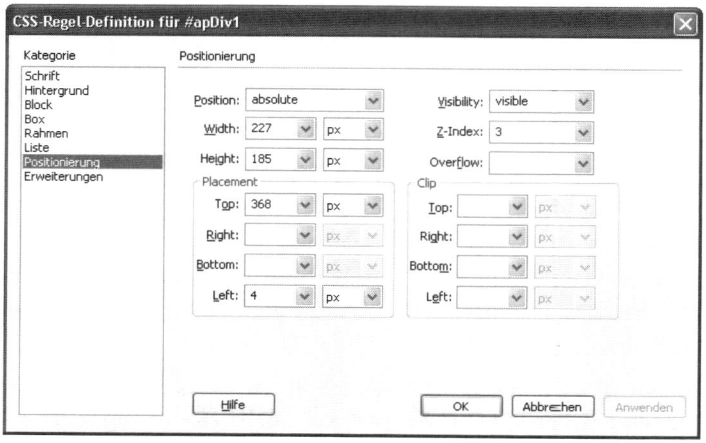

Abbildung 11.21: *CSS-Regel-Definition einer Ebene*

Tabelle 11.1: *Attribute für die Positionierung von Elementen*

Attribut	Beschreibung	Kapitelverweis
POSITION	Position	Kapitel 11.3.5
WIDTH	Breite	Kapitel 11.3.4
HEIGHT	Höhe	
VISIBILITY	Sichtbarkeit	Kapitel 11.3.8
Z-INDEX	Z-Index, Stapelreihenfolge	Kapitel 11.3.3
OVERFLOW	Überlauf	Kapitel 11.3.9
PLACEMENT: TOP, RIGHT BOTTOM, LEFT	Platzierung, Ausrichtung	Kapitel 11.3.5 und 11.3.6
CLIP: TOP, RIGHT BOTTOM, LEFT	Sichtbarer Ausschnitt	Kapitel 11.3.10

Entfernen Sie für ein AP-Element im Menü POSITION die Option *absolute* oder wählen Sie eine andere Positionierungsart, wandeln Sie die Ebene in einen einfachen `div`-Container um. Damit entfernt Dreamweaver den entsprechenden Eintrag aus dem Bedienfeld AP-ELEMENTE, obwohl die CSS-Regel für das ID-Element weiterhin vorhanden ist und angewendet wird. Der entsprechende Eintrag im Bedienfeld CSS-STILE bleibt erhalten. Ausführliche Informationen über weitere Positionierungsarten finden Sie im aktuellen Handbuch für fortgeschrittene Anwender (vgl. Anhang).

HINWEIS

Das Seitenlayout der Restaurant-Seiten basiert auf ausgerichteten `float`-Containern, für die keine Position angegeben ist.

Die fertige Seite *tour.htm* mit den AP-Elementen über der Sitemap finden Sie im Verzeichnis *kap11* auf der DVD.

11.5 Kleine Erfolgskontrolle

35. Was ist eine Ebene?
    a. Container für unterschiedliche Seitenelemente
    b. Grafikelement für eine Webseite
    c. Tabelle auf der Webseite
36. Was ist der Z-Index?
    a. Wert, der die Größe eines Elements festlegt
    b. X- / Y-Wert für eine bestimmte Position eines Elements
    c. Wert für die Stapelreihenfolge bzw. die Anordnung einzelner Elemente
37. Was definiert der Überlauf?
    a. Das Aussehen einer Ebene, deren Inhalt größer als die Ebene ist.
    b. Das Scrollen innerhalb der Webseite.
    c. Die Koordinaten für den abgeschnittenen, nicht sichtbaren Bereich einer Ebene.
38. Welche Elemente können Sie absolut positionieren?
    a. Bilder
    b. Tabellen
    c. `div`-Container
    d. Absätze

12 Verhalten für interaktive Webseiten

Das lernen Sie neu:

- Das Bedienfeld VERHALTEN einsetzen
- JavaScript-Funktionen definieren
- Verschiedene Ereignisse zuweisen
- AP-Elemente ein- und ausblenden
- Aussehen eines neuen Browserfensters festlegen

JavaScript

In Dreamweaver integrieren Sie schnell und einfach interaktive Elemente in Ihre Webseite. Je nachdem, welche Aktivitäten der User dann im Browser ausführt bzw. welches Ereignis eintritt, werden bestimmte Aktionen auf der Seite ausgeführt. Verantwortlich dafür ist eine JavaScript-Funktion, die Sie in Dreamweaver auch ohne entsprechende Programmierkenntnisse erstellen. Verhaltensweisen können Sie allen Objekten der Webseite, wie beispielsweise Ebenen, Bildern und Hyperlinks, zuweisen.

Ein solches interaktives Element haben Sie bereits mit dem Spry-Textfeld kennen gelernt (Kapitel 10.3.8). Auch das Sprungmenü basiert auf JavaScript (Kapitel 10.3.5 – Exkurs). In diesem Workshop animieren wir zunächst die in der vorherigen Übung erstellten AP-Elemente. Diese sollen nur angezeigt werden, wenn der User auf den entsprechenden Hotspot klickt. Anschließend integrieren wir diese Webseite über ein Popup-Fenster in die Site.

12.1 Das Bedienfeld VERHALTEN einsetzen

Objekt + Ereignis = Aktion

Mit dem Bedienfeld VERHALTEN im TAG-INSPEKTOR weisen Sie einem bestimmten Ereignis eine konkrete Aktion zu. Dreamweaver stellt Ihnen eine Palette von Verhaltensweisen zur Verfügung und erstellt automatisch die damit verbundenen JavaScript-Befehle. Auch bereits definierte Verhaltensweisen zeigt dieses Bedienfeld zur Bearbeitung an.

- Das Bedienfeld VERHALTEN öffnen Sie über FENSTER / VERHALTEN oder drücken Sie [⇧] + [F4] (Abbildung 12.1).

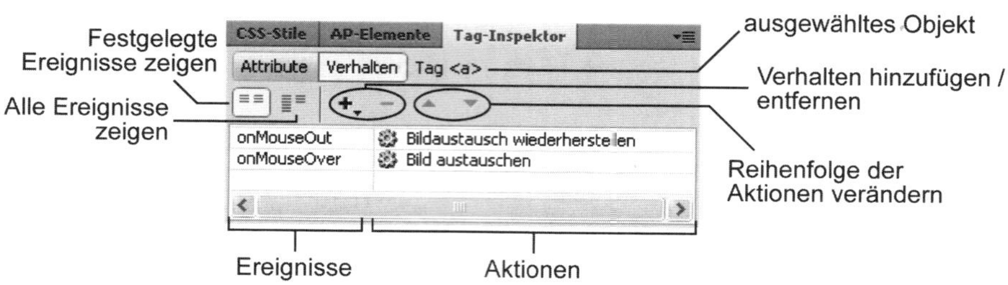

Abbildung 12.1: *Das Bedienfeld* VERHALTEN

Sind einem ausgewählten Element bereits eine oder mehrere Verhaltensweisen zugewiesen, listet das Bedienfeld diese auf. Dabei stehen Ereignisse links und die entsprechenden Aktionen rechts. Die Ereignisse sind alphabetisch angeordnet. Sind mehrere Aktionen einem Ereignis zugeordnet, erscheinen diese in der Reihenfolge, in der sie vom Browser abgearbeitet werden. In der Titelleiste dieses Fensters sehen Sie das ausgewählte HTML-Tag.

Bild-Rollover In Abbildung 12.1 sind die aufgelisteten Ereignisse und Aktionen mit dem `img`-Tag, also mit einem Bild, verknüpft. Dabei löst der aktuelle Hyperlink-Status (<a>) folgende Aktion aus: Sobald der User die Maus über das verlinkte Bild bewegt (*onMouseOver*), wird das Bild durch ein anderes ausgetauscht. Verlässt der Mauszeiger diesen Bereich wieder (*onMouseOut*), erscheint das ursprüngliche Bild. Solche Bild-Rollover werden häufig in Navigationsleisten eingesetzt. Da nicht alle Browser JavaScript unterstützen und User diese Funktionen deaktivieren können, werden Navigationselemente zunehmend mit CSS realisiert (vgl. Kapitel 8.8.2).

HINWEIS Auch einzelne Grafiken außerhalb einer Navigationsleiste können Sie für Rollover-Effekte verwenden: Wählen Sie EINFÜGEN / GRAFIKOBJEKTE / ROLLOVER-BILD oder drücken Sie auf ROLLOVER-BILD in der Kategorie ALLGEMEIN des Bedienfelds EINFÜGEN (im BILDER-Menü).

Im folgenden Abschnitt erfahren Sie, wie Sie selbst neue Verhaltsweisen definieren. Im Anschluss daran zeige ich Ihnen, wie einfach Sie vorhandene Ereignisse und Aktionen ändern.

12.1.1 Verhalten erstellen: Ebenen ein- / ausblenden

Ein Verhalten weisen Sie entweder dem gesamten Dokument (also dem `body`-Tag) oder einzelnen Seiten-Elementen zu.

In unserer Beispielsseite definieren Sie dieses Verhalten für die einzelnen Hotspots über einem Bild. Klickt der User auf einen entsprechenden Bildbereich, soll das dazugehörende Bild angezeigt werden. Diese Fotos haben wir im letzten Workshop jeweils in ein AP-Element integriert (Abbildung 12.2).

1. Öffnen Sie auf der DVD im Ordner *kap12* die Datei *tour.htm* aus dem letzten Workshop.
2. Markieren Sie im Dokumentfenster das Element, dem Sie die Aktion zuweisen möchten. Wenn Sie dem gesamten Dokument ein Verhalten zuweisen möchten, klicken Sie auf `<body>` im Tag-Selektor.

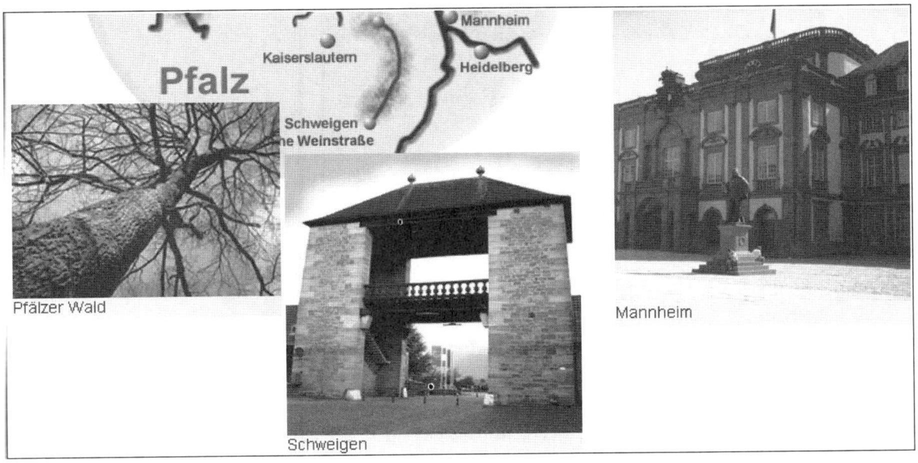

Abbildung 12.2: *Diese Bilder sollen nicht immer zu sehen sein.*

Wir markieren hier jedoch zunächst den Hotspot für die Pfalz. Dieser ist nun farblich hervorgehoben und die Angriffspunkte sind sichtbar.

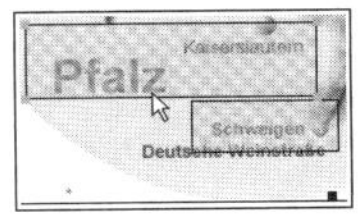

3. Klicken Sie im Bedienfeld VERHALTEN auf den Button VERHALTEN HINZUFÜGEN +. Das Aktionen-Menü erscheint (siehe Randspalte).

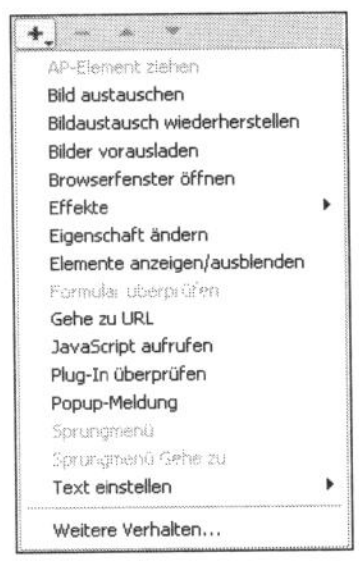

4. Wählen Sie die gewünschte Aktion aus. Im Aktionen-Menü sind nur die Aktionen aktiv und mit einem Mausklick auswählbar, die im aktuellen Dokument auch ausgeführt werden können.

   Zum Ein- und Ausblenden einer Ebene wählen Sie ELEMENTE ANZEIGEN/AUSBLENDEN. Ein entsprechendes Dialogfenster erscheint.

5. Legen Sie die gewünschten Parameter für die ausgewählte Aktion fest:

   In unserem Beispiel listet das Dialogfenster alle erkannten AP-Elemente auf (Abbildung 12.3). Diese habe ich zuvor noch schnell im Eigenschafteninspektor umbenannt, da die Standardnamen *apDiv1* etc. nicht schnell einem bestimmten Element zugeordnet werden können (vgl. Kapitel 11.3.2).

   - Damit die Ebene *pfalz* eingeblendet wird, markieren Sie das `div`-Element und klicken dann auf die Schaltfläche EINBLENDEN darunter. Hinter dem Namen steht nun *(Einblenden)*.
   - Markieren Sie die nächste Ebene (*mannheim*) und drücken Sie auf Ausblenden. Im Browser soll später nur eine Ebene sichtbar sein.
   - Blenden Sie auch noch die dritte Ebene *schweigen* aus.
   - Die Standardeinstellung für die *Map* müssen Sie nicht ändern. Diese soll von dem Skript nicht erfasst werden.

6. Bestätigen Sie mit OK.

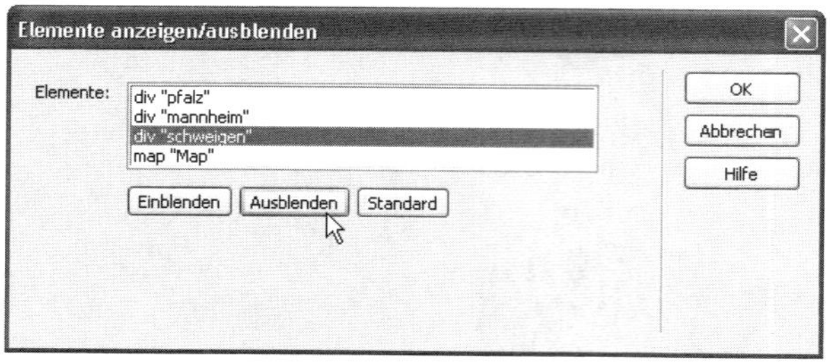

Abbildung 12.3: *Elemente ein- und ausblenden*

7. Wiederholen Sie die Arbeitsschritte 4 bis 6 für die beiden anderen Hotspots, welche die Sichtbarkeit der übrigen Ebenen steuern sollen. Dabei werden stets andere `div`-Elemente ein- bzw. ausgeblendet.
8. Wechseln Sie jetzt in die Live-Ansicht oder starten Sie die Browservorschau mit [F12]. Es funktioniert nicht? Richtig! Sie müssen nämlich noch alle Ebenen ausblenden. Diese sollten nach dem Laden der Seite noch nicht dargestellt werden.
9. Wechseln Sie wieder in die Entwurfsansicht und öffnen Sie das Bedienfeld AP-ELEMENTE (FENSTER / AP-ELEMENTE oder [F2]).
10. Blenden Sie im Bedienfeld alle Ebenen aus (vgl. Kapitel 11.3.8, Abbildung 12.4).

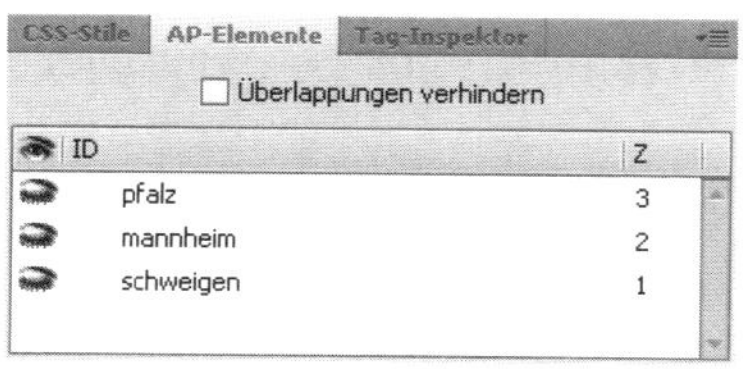

Abbildung 12.4: *Alle AP-Elemente ausblenden*

11. Überprüfen Sie nochmals die Funktionalität (Abbildung 12.5).

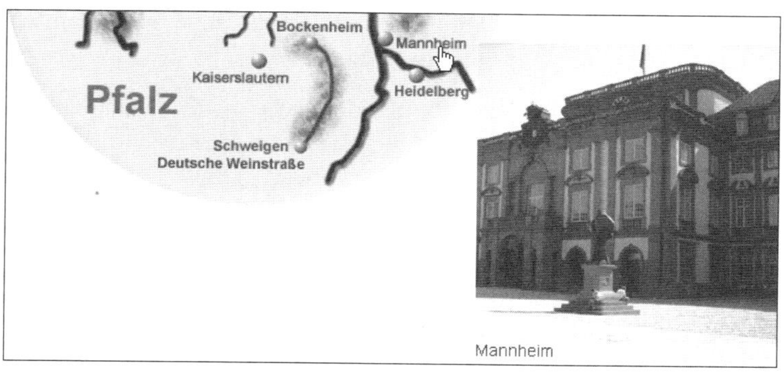

Abbildung 12.5: *Nur ein Element wird angezeigt.*

HINWEIS Das hier gezeigte Beispiel zeigt auch den sinnvollen Einsatz sich überlappender AP-Elemente, da der Platz für das jeweils angezeigte Bild nur einmal benötigt wird.

12.1.2 Ereignisse ändern

Die Sichtbarkeit der AP-Elemente steuern im gezeigten Beispiel Hotspots bzw. Hyperlinks. Diese haben wir aber bereits mit externen Webseiten verknüpft. Wenn Sie auf den entsprechenden Bereich klicken, werden diese URLs immer noch geladen.

Die Ebenen werden dagegen nur angezeigt, wenn Sie den Mauszeiger über den Hotspot bewegen, aber nicht darauf klicken.

Verantwortlich dafür ist das Ereignis `onMouseOver`. Markieren Sie einen der Hotspots, sehen Sie im Bedienfeld VERHALTEN, dass dieses Ereignis mit der definierten Aktion verknüpft ist (Abbildung 12.6).

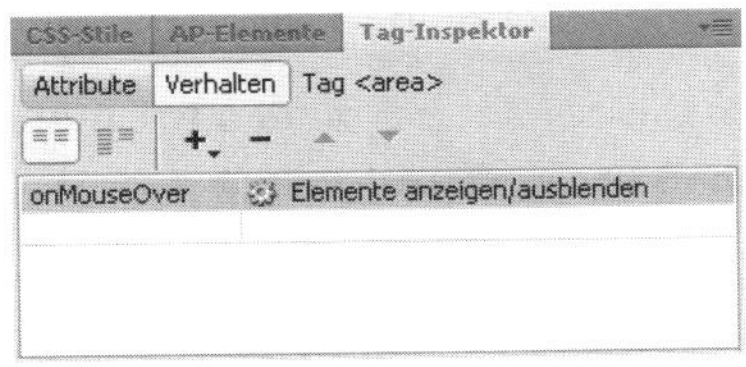

Abbildung 12.6: *Ereignisse und Aktionen für einen Hotspot*

1. Möchten Sie ein anderes Ereignis verwenden, klicken Sie auf den entsprechenden Eintrag im Bedienfeld VERHALTEN.
2. Anschließend wählen Sie im Menü das gewünschte Ereignis aus (Abbildung 12.7). Diese entsprechen den im Quelltext hinterlegten Attributen. Die wichtigsten erklärt Tabelle 12.1.

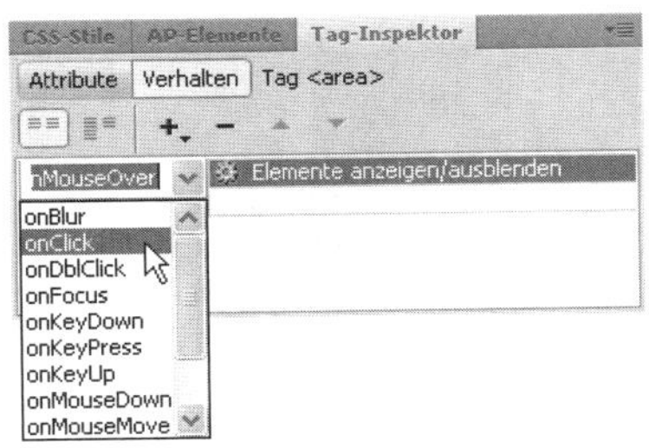

Abbildung 12.7: *Das auslösende Ereignis ändern*

Einem Ereignis können Sie mehrere Aktionen zuweisen. Um die Reihenfolge der Aktionen zu verändern, markieren Sie diese und klicken Sie dann auf die Pfeiltasten ▲ ▼ im Bedienfeld VERHALTEN. Die Reihenfolge von Aktionen kann nur innerhalb eines Ereignisses verändert werden. Definierte Ereignisse sind immer alphabetisch im Bedienfeld VERHALTEN angeordnet.

Ereignis	Beschreibung / Auslöser der Aktion
`onClick`	Der Benutzer klickt auf das Element.
`onDblClick`	Der Benutzer klickt zweimal hintereinander auf das Objekt.
`onFocus`	Der Benutzer aktiviert das Objekt (z. B. Textfeld).
`onMouseOut`	Die Maus verlässt das Element.
`onMouseOver`	Die Maus befindet sich über dem Element.

Tabelle 12.1: *Beschreibung zentraler JavaScript-Ereignisse*

12.2 Weitere Anwendungsbeispiele

Auf den folgenden Seiten lernen Sie weitere JavaScript-Funktionen kennen, mit denen Sie die Anzeige und Darstellung von Browserfenstern steuern. Diese Skripte binden wir an geeigneter Stelle in unsere Restaurant-Website ein.

12.2.1 Browserfenster öffnen

Mit JavaScript können Sie Webseiten in einem separaten Browserfenster öffnen und dabei die Größe dieses Fensters festlegen. Zudem können Sie sichtbare und damit vom User verwendbare Browserelemente bestimmen. Hierzu zählen beispielsweise die Menü- oder Statusleiste.

In diesem Kapitel binden wir nun die Karte mit der Imagemap und den Rollover-Bildern in die Website ein:

1. Öffnen Sie die Seite *kontakt.htm* in *kap12* auf der DVD. Der Inhalt entspricht weitgehend der online veröffentlichten Webvisitenkarte (Kapitel 4).
2. Markieren Sie das Element, über das der User das neue Fenster öffnen soll. In unserem Beispiel markieren Sie den Text >>> *zur Karte* am unteren Seitenrand (vgl. Abbildung 12.8).

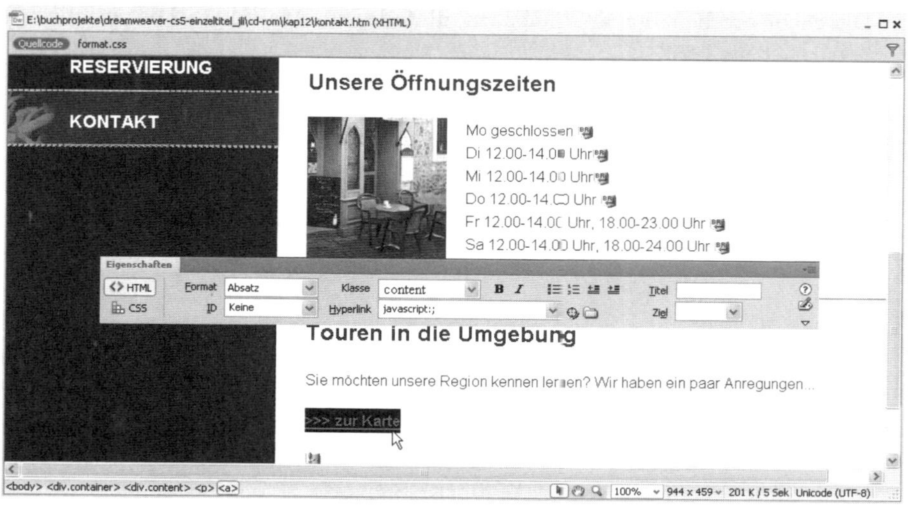

Abbildung 12.8: *Null-Hyperlink für den Text definieren*

3. Anschließend definieren Sie im Bedienfeld EIGENSCHAFTEN im Modus HTML einen so genannten Null-Hyperlink, der kein konkretes Zieldokument anspricht. Dieses wird durch das Skript noch bestimmt. Geben Sie `javascript:;` in das Feld HYPERLINK ein (vgl. Abbildung 12.8).
4. Wählen Sie BROWSERFENSTER ÖFFNEN im Aktionen-Menü des Bedienfelds VERHALTEN (Abbildung 12.9).

5. Bestimmen Sie im Dialogfenster den URL des Zieldokuments. In unserem Beispiel ist das die Seite mit der Karte (*tour.htm*).
6. Bestimmen Sie darunter die Fenstergröße und aktivieren Sie die ATTRIBUTE, die im Fenster angezeigt werden sollen.
7. Bestätigen Sie mit OK.

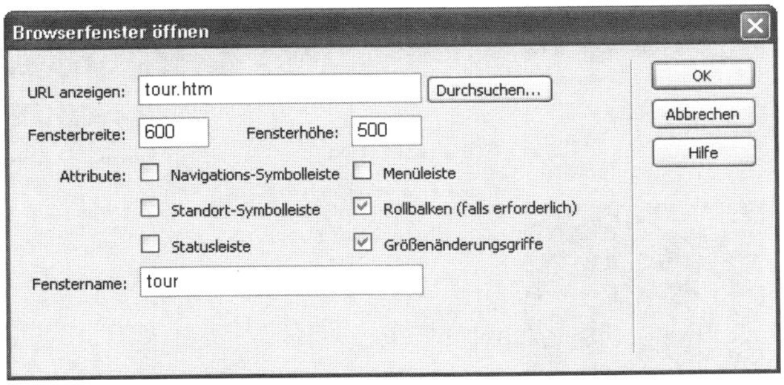

Abbildung 12.9: *Attribute des neuen Browserfensters einstellen*

8. Überprüfen Sie das mit dem Textlink verknüpfte Ereignis im Bedienfeld VERHALTEN (*onClick*) und testen Sie Hyperlink und Skript im Browser.

   Alternativ verwenden Sie hierzu die Live-Ansicht. Damit hier ein Link funktioniert, aktivieren ANSICHT / LIVE-ANSICHT-OPTIONEN / HYPERLINKS FORTLAUFEND AUFRUFEN.

Abbildung 12.10: *Das Aussehen des neuen Browserfensters bestimmt ein Skript.*

AUFSTEIGER

Zur Übung erstellen Sie nun ein Popup-Fenster für die in Kapitel 9 erstellte Weinkarte. Diese soll über einen neuen Link in der Speisekarte geöffnet werden (Abbildung 12.11). Das Ergebnis *speisen.htm* finden Sie auf der DVD im Verzeichnis *kap12*.

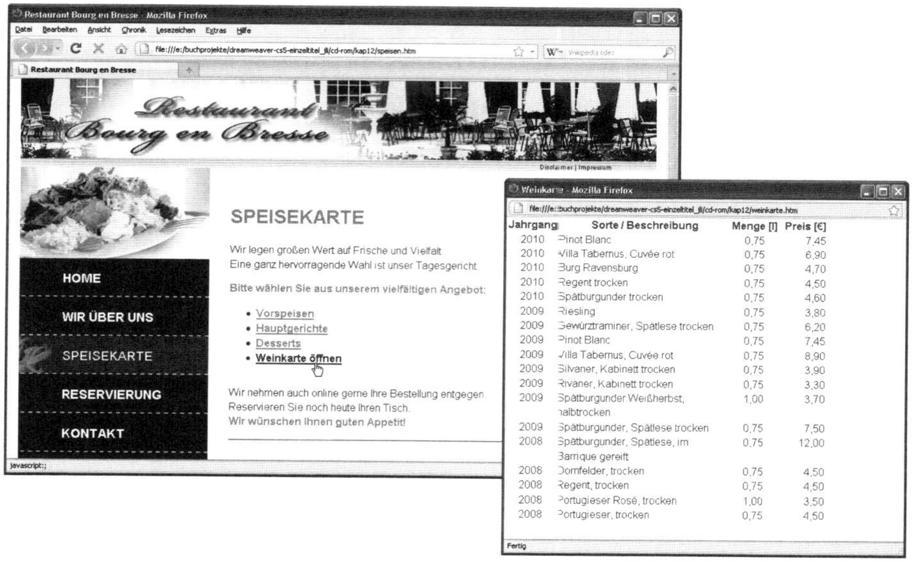

Abbildung 12.11: *Die Weinkarte öffnet in einem Popup-Fenster.*

12.2.2 Fenster schließen

window.close()

User können das zusätzlich geöffnete Browserfenster wie gewohnt über das Icon rechts oben schließen. Benutzerfreundlicher ist jedoch, wenn Sie einen entsprechenden Hyperlink zusätzlich anbieten:

1. Fügen Sie unter die Weinkarte und unter der Imagemap den Text *Fenster schließen* ein und markieren Sie diesen.
2. Im Inspektor geben Sie *javascript:;* in das Feld HYPERLINK ein.
3. Wählen Sie JAVASCRIPT AUFRUFEN im Aktionen-Menü des Bedienfelds VERHALTEN.
4. Geben Sie *window.close()* in das Textfeld ein (Abbildung 12.12).
5. Bestätigen Sie mit OK und testen Sie das Skript im Browserfenster.

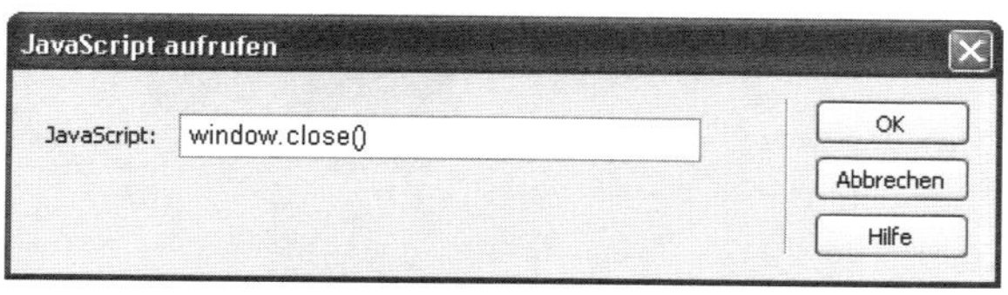

Abbildung 12.12: *Fenster schließen*

12.2.3 Popup-Fenster erstellen

Ein vordefiniertes Popup-Fenster enthält die von Ihnen festgelegte Text-Information. Dieses Fenster wird geöffnet, sobald ein bestimmtes Ereignis eingetreten ist, beispielsweise direkt nachdem die Webseite geladen worden ist. Erst wenn der User diese Mitteilung mit OK bestätigt, wird das Fenster geschlossen.

Unser Restaurant-Besitzer möchte, dass eine solche Meldung auf eine Vernissage am kommenden Freitag aufmerksam macht.

1. Öffnen Sie die Homepage (*index.htm*) und markieren Sie das `body`-Element im Tag-Selektor.
2. Wählen Sie POPUP-MELDUNG im Aktionen-Menü [+] des Bedienfelds VERHALTEN.
3. Geben Sie im Dialogfenster den Text ein, der später im Fenster erscheinen soll (Abbildung 12.13).

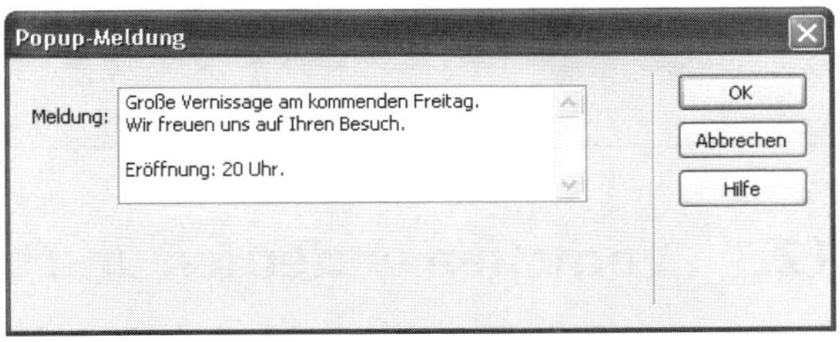

Abbildung 12.13: *Text für das Popup-Fenster eingeben*

4. Bestätigen Sie MIT OK.
5. Überprüfen Sie im Bedienfeld VERHALTEN das Ereignis, das die Aktion auslöst. Da das Ereignis automatisch eintritt, nachdem die Webseite geladen ist, muss hier *onLoad* stehen (Abbildung 12.14).

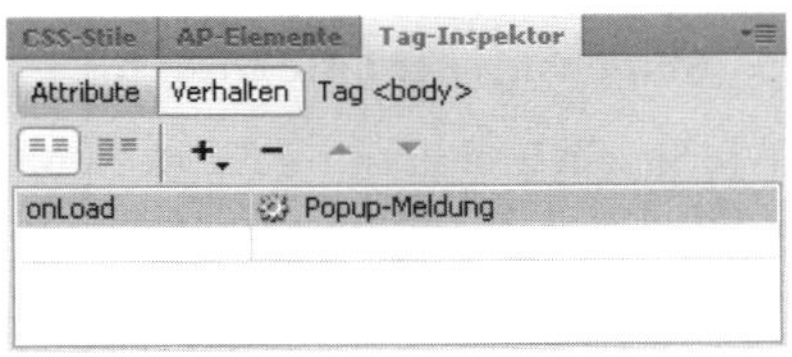

Abbildung 12.14: *onLoad startet das Skript nach dem Ladevorgang.*

HINWEIS

Einige Browser, wie beispielsweise Firefox, ignorieren die angegebenen Zeilenumbrüche (Abbildung 12.15).

Abbildung 12.15: *Popup-Fenster auf der Homepage*

12.3 Verhalten entfernen und bearbeiten

Skript entfernen Werden einzelne Verhaltensweisen nicht mehr benötigt, entfernen Sie diese aus dem Bedienfeld VERHALTEN und damit aus dem Code der aktuellen Webseite:

1. Wählen Sie im Dokumentfenster das Objekt aus dessen Verhaltensweise entfernt werden soll.
2. Markieren Sie im Bedienfeld VERHALTEN die entsprechende Verhaltensweise.
3. Klicken Sie auf den Button [-]. Das Ereignis und die damit verbundene Aktion werden aus der Liste entfernt.

Aktionen bearbeiten Wie Sie ein Ereignis und die Reihenfolge von Aktionen verändern, haben Sie bereits in Kapitel 12.1.2 erfahren. Ebenso können Sie Aktionen oder deren Parameter verändern und neu bestimmen:

1. Doppelklicken Sie auf den Eintrag im Bedienfeld VERHALTEN.

   Oder markieren Sie den Eintrag und drücken Sie dann die [↵]-Taste.
2. Dann verändern Sie die Parameter im geöffneten Dialogfenster.

Weitere Verhaltensweisen erläutert das aktuelle Dreamweaver-Handbuch für fortgeschrittene Anwender. Hier ist beispielsweise erläutert, wie Sie eine Drucken-Funktion entwickeln und die Webseite mit einem Style Sheet für den Ausdruck auf Papier optimieren.

HINWEIS

Wählen Sie WEITERE VERHALTEN im Aktionen-Menü [+] des Bedienfelds VERHALTEN. Die Adobe Exchange-Website wird im primären Browser geladen, von der Sie weitere Verhaltensweisen downloaden können.

12.4 Kleine Erfolgskontrolle

39. Was ist ein Ereignis?

    a. Zustand eines Seitenelements

    b. Hyperlink in einem Navigationsbutton

    c. Eine neu erstellte Ebene

40. Ein AP-Element soll eingeblendet werden, wenn der User auf ein anderes Element klickt. Welches Ereignis müssen Sie festlegen?

    a. `onFocus`

    b. `onClick`

    c. `onMouseOver`

13 Abschluss-Workshop

Die Website des Restaurants ist jetzt fast fertig. In diesem abschließenden Workshop sorgen wir für den Feinschliff. Es fehlen noch Informationen für die Seite *Wir über uns*, der Schatten um den Inhaltscontainer und das Impressum mit dem Disclaimer. Möchten Sie die Seite dann noch in mehreren Sprachen anbieten, benötigen Sie noch die entsprechenden Flaggen an geeigneter Position.

Bitte versuchen Sie auf den folgenden Seiten die Aufgabenstellung zunächst selbstständig zu erledigen. Kommen Sie damit nicht zurecht, lesen Sie in der Anleitung nach, wie's geht. Alles, was hier besprochen wird, kennen Sie bereits aus den vorherigen Workshop-Einheiten. Testen Sie Ihr Wissen.

Alle Dateien finden Sie im Verzeichnis *kap13* auf der DVD. Die für Aufgabe 2 benötigten Bilder sind im allgemeinen *bilder*-Verzeichnis gespeichert. DVD

13.1 Aufgabe 1: Inhalte einbinden

Importieren Sie den Inhalt der Datei *wir.doc* in das leere Dokument *wir.htm* aus dem Verzeichnis *kap12*. Integrieren Sie Navigationsleiste und andere Seitenelemente in diese Seite. Abbildung 13.1 zeigt das Ergebnis.

Abbildung 13.1: *Wir über uns*

Lösungsvorschlag:

1. Öffnen Sie eine bereits fertige Webseite (z. B. *speisen.htm*) und speichern Sie diese als *wir.htm*. Damit sind bereits wichtige HTML-Elemente vorhanden und bestehende CSS-Stile werden entsprechend der Regeldefinition wie auf anderen Seiten angewendet.
2. Entfernen Sie überflüssige Inhalte.
3. Markieren Sie das Navigationselement *Wir über uns* (`<li>`) und wählen Sie die Klasse *hightlight* im Bedienfeld EIGENSCHAFTEN. Für das andere, noch hervorgehobene Listenelement wählen Sie hier *Keine*.
4. Platzieren Sie die Einfügemarke an der Stelle, wo der bereits vorhandene Text eingefügt werden soll.
5. Wählen Sie DATEI / IMPORTIEREN / WORD-DOKUMENT und geben Sie im Dialogfenster das Dokument *wir.doc* an. Bestätigen Sie mit ÖFFNEN.
6. Formatieren Sie den importierten Text entsprechend den bisherigen Seiten.
7. Speichern Sie die Webseite.

13.2 Aufgabe 2: Schatten im Hintergrund

Im ursprünglichen Layout gibt es noch einen Schatten um den Inhaltsbereich (vgl. Abbildung 5.1). Durch diesen abgesofteten Rahmen erhält die gesamte Seite eine gewisse Tiefe und gleichzeitig einen Halt. Im Moment ist bei breiteren Monitoren die Grenze zwischen Text und rechter Seite fließend. Mit dem Rahmen wirkt die Seite ausgeglichen und harmonisch. Sie benötigen folgende Bilder aus dem allgemeinen *bilder*-Verzeichnis:

- *rahmen_oben.gif* ist für das obere horizontale Rahmenteil.
- *rahmen_seite.gif* beinhaltet den linken und rechten Rahmen.
- *rahmen_unten.gif* ist für das untere horizontale Rahmenteil.

Hinweis

Nur wenn die seitlichen Rahmenteile getrennt von den oberen und unteren Bereichen definiert werden, passt sich der komplette Rahmen dem Inhalt an. Dies ist wichtig, da der Textumfang auf den einzelnen Webseiten variiert.

Lösungsvorschlag:

`rahmen_oben`

1. Zunächst erstellen Sie den **oberen Rahmen**. Hierzu platzieren Sie die Einfügemarke vor dem bereits vorhandenen `div`-Container, der alle Seitenelemente beinhaltet und damit den Inhalt zentriert. Dieser Box ist die CSS-Klasse `container` zugewiesen.

   - Hierzu markieren Sie im Tag-Selektor das `div`-Element und drücken dann die ←-Taste.
   - Anschließend fügen Sie einen neuen `div`-Container ein, indem Sie auf den Button Div-Tag einfügen im Bedienfeld Einfügen drücken (Kategorie Allgemein oder Layout), oder indem Sie in der Menüleiste Einfügen / Layoutobjekte / Div-Tag wählen.
   - Definieren Sie im Eigenschafteninspektor eine ID für diese Box (z. B. `rahmen_oben`).

   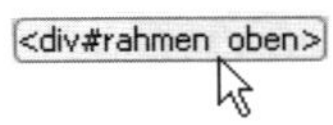

2. Markieren Sie das Element im Tag-Selektor und definieren Sie eine neue CSS-Regel. Statt eines ID-Selektors können Sie alternativ auch eine CSS-Klasse definieren.
3. Im Hintergrund wird die Grafik *rahmen_oben.gif* angezeigt.
4. Die Box ist genauso hoch wie dieses Bild (*54px*) und *990 Pixel* breit. Damit erstreckt sich die Box über den oberen Bereich des sichtbaren Inhalts.
5. Zentrieren Sie diese Box genauso wie den Inhaltscontainer: Geben Sie für Margin Top und Bottom den Wert *0* ein und setzen Sie Right und Left auf *auto*.
6. Verwenden Sie eine *relative* Position, damit die noch einzufügenden Flaggen in dieser Box absolut ausgerichtet werden können (Aufgabe 3).

   Seiteneigenschaften

7. Den **seitlichen Rahmen** definieren Sie in den Seiteneigenschaften: Geben Sie hier das Hintergrundbild *rahmen_seite.gif* an und wiederholen Sie es vertikal (*repeat-y*).
8. Zentrieren Sie dieses Hintergrundbild unter Background-Position (*center*).

TIPP

Bindet Dreamweaver die neue CSS-Regel für das `body`-Element in den `head`-Bereich ein, verschieben Sie es in die bereits vorhandene externe CSS-Datei *format.css*. Fassen Sie alle Regeln zusammen, die für das gleiche Element gelten.

Abbildung 13.2: *Der Übergang zwischen oberem und seitlichem Rahmen ist perfekt.*

`rahmen_unten`

9. Für den **Rahmen unten** benötigen Sie ebenfalls einen neuen `div`-Container außerhalb der bereits bestehenden. Erstellen Sie die CSS-Regel für die ID `rahmen_unten`. Alternativ können Sie auch hier mit einer CSS-Klasse arbeiten.

10. Geben Sie das Hintergrundbild *rahmen_unten.gif* an. Es soll nicht wiederholt werden (*no-repeat*). Positionieren Sie das Bild links oben in der Box (BACKGROUND-POSITION(X): *center*, BACKGROUND-POSITION(Y): *top*).

11. Die Box muss höher sein als das Hintergrundbild, da ansonsten der seitliche Rahmen darunter wieder angezeigt wird. Ich habe 200 Pixel gewählt.

Abbildung 13.3: *Ein Schatten befindet sich am unteren Seitenrand.*

13.3 Aufgabe 3: Flaggen einfügen

Integrieren Sie die beiden Flaggen für die englische und französische Sprachversion über dem Inhaltsbereich. In Ihrem eigentlichen Webauftritt sollten Sie dies nur tun, wenn es tatsächlich die entsprechende Übersetzung gibt. Ansonsten würden diese Flaggen für Verwirrung sorgen.

Lösungsvorschlag:

1. Fügen Sie die beiden Bilder *francais.gif* und *english.gif* in den Container ein. Vergeben Sie hierfür die IDs `flagge1` und `flagge2`.
2. Definieren Sie je ein Style Sheet für diese IDs.
3. Positionieren Sie beide Bilder absolut und legen Sie einen Abstand von 18 Pixel zum oberen Rand fest.

ACHTUNG

Nur wenn Sie den Container `rahmen_oben` relativ positionieren (vgl. Aufgabe 2), werden die darin platzierten Elemente richtig ausgerichtet. Ansonsten bezieht sich die absolute Position auf den Seitenrand.

4. Die linke Flagge (hier *francais.gif*) ist *18 Pixel* vom linken Boxrand entfernt platziert, die rechte *56*.
5. Verlinken Sie die einzelnen Buttons Ihrer Site mit der entsprechenden Sprachversion. Darauf verzichten wir in diesem Workshop.

Abbildung 13.4: *Die Sprachauswahl wird links oben angezeigt.*

Alle CSS-Regeln sind in der Datei *format.css* in *kap13* auf der DVD gespeichert und auf die darin enthaltenen Webdokumente angewendet. Diese HTML-Dateien wurden entsprechend ergänzt.

DVD

13.4 Aufgabe 4: Impressum und Disclaimer

Das Impressum ist gesetzlich für alle nicht privaten Seiten vorgeschrieben. Auch wenn Sie Bannerwerbung auf Ihren privaten Seite platzieren oder an einem Partnerprogramm teilnehmen, benötigen Sie ein Impressum.

Es muss einfach zu finden und direkt zugänglich sein. Sie können es auf der Kontaktseite einbinden oder auf einer separaten Seite veröffentlichen. Zu den erforderlichen Angaben nach § 5 Telemediengesetz (TMG) zählen:

- Name und Anschrift
- E-Mail, Telefon, Fax
- Bei Kapitalgesellschaften: Höhe und Form des Stammkapitals
- Bei einem Eintrag in das Handels-, Vereins-, Partnerschafts- oder Genossenschaftsregister geben Sie die Registernummer an.
- Berufe mit staatlich anerkanntem Befähigungsnachweis (Rechtsanwalt, Sachverständige, Ärzte) müssen neben der gesetzlichen Berufsbezeichnung auch den Staat nennen, in dem die Bezeichnung verliehen worden ist. Außerdem ist die zuständige Kammer anzugeben. Ärzte, Notare, Anwälte und andere behördlich zugelassenen Berufe müssen die zuständige Aufsichtsbehörde angeben.
- Gelten eine Gebührenordnung oder standesrechtliche Regelungen von Berufsgruppen, nennen Sie diese.
- Geben Sie die Umsatzsteuer- (UStId) oder Wirtschaftsidentifikationsnummer an.

Ausführliche Informationen finden Sie im jeweiligen Gesetzestext. Zudem sollten Sie eine Datenschutzerklärung abgeben, wenn Sie Formulare einsetzen oder eine Serverstatistik betreiben. Shopbetreiber sollten ihre allgemeinen Geschäftsbedingungen (AGB) veröffentlichen.

Generell dürfen Sie auf allgemein zugängliche Webseiten verlinken. Allerdings können Sie den darauf platzierten Inhalt nicht beeinflussen und aus Zeitgründen auch nicht regelmäßig kontrollieren. Daher sollten Sie sich in einem Disclaimer davon distanzieren. Verweisen Sie auf Unterseiten, kann dies laut der Rechtsprechung in einzelnen Ländern problematisch sein. Bei Verweisen sollte auf der Zielseite stets der Urheber bzw. die Quelle erkennbar sein.

Fragen Sie im Zweifelsfall einen Fachanwalt um Rat.

- Erstellen Sie Impressum und Disclaimer für das Restaurant auf einer neuen Seite. Verlinken Sie die E-Mail-Adresse.
- Verlinken Sie den entsprechenden Text rechts oben auf der Seite darauf. Verwenden Sie benannte Anker. Integrieren Sie auch einen zusätzlichen Link auf der Kontaktseite.
- Einen unvollständigen Beispieltext finden Sie auf der DVD in der Datei *impressum_disclaimer.doc*. Diesen können Sie in Ihre Beispielseite importieren. Auf der DVD ist dieser Text dann in der Webseite *impressum_disclaimer.htm* gespeichert (Abbildung 13.5).

Abbildung 13.5: *Impressum und Disclaimer*

Lösungsvorschlag:

- Siehe Aufgabe 1; Das Impressum sollte an oberster Stelle stehen. Ändern Sie die Reihenfolge des Hyperlinks mit der Suchen- und Ersetzen-Funktion.
- Wenn Sie die E-Mail-Adresse verlinken, setzen Sie vor die E-Mail-Adresse *mailto:*.
- Damit der Textverweis *Impressum | Disclaimer* hervorgehoben wird, definieren Sie eine CSS-Klasse oder fügen Sie folgenden Inline-Stile in das `a`-Tag ein: `style="color: #F90"`
- Können Impressum und Disclaimer ebenfalls über *Kontakt* geöffnet werden, heben Sie dieses Navigationselement mit der Klasse *.hightlight* hervor.

13.5 Aufgabe 5: Titelbilder austauschen

Immer das gleiche Bild, wirkt einfallslos und langweilige. Nutzen Sie die Gelegenheit und präsentieren Sie sich, Ihre Produkte und Dienstleistungen entsprechend. Das Restaurant hat auch einige Bilder vorbereitet. Binden Sie diese auf den entsprechenden Webseiten anstelle des Bildes *essen.jpg* ein. Dieses Foto sollte dann nur noch auf der Homepage zu sehen sein. Damit werden für die Webseiten folgende Bilder benötigt:

- *Wir über uns (wir.htm): wir.jpg*
- *Speisekarte (speisen.htm): speisen.jpg*
- *Reservierung (reservieren.htm): reservieren.jpg*
- *Kontakt (kontakt.htm): kontakt.jpg*
- *Impressum | Disclaimer (impressum_disclaimer.htm): impressum.jpg*

Abbildung 13.6: *Titelbilder auf unterschiedlichen Seiten*

Lösungsvorschlag:

1. Markieren Sie das Bild.

2. Geben Sie die neue QUELLE im Bedienfeld EIGENSCHAFTEN an.

Jetzt sind die Webseiten fertig für den Datentransfer auf den Remote-Server. Im nächsten Kapitel erfahren Sie, wie Sie die Site veröffentlichen.

13.6 Kleine Erfolgskontrolle

Konnten Sie die gestellten Aufgaben selbstständig lösen? Prima!

Haperte es an einigen Stellen, haben Sie zentrale Lösungsvorschläge bereits erhalten. Benötigen Sie weitere Detailinformationen, lesen Sie bitte in den entsprechenden Kapiteln nach. Im Anhang finden Sie die Auflösung der kleinen Erfolgskontrolle aus den einzelnen Workshops. Sie können dann gezielter Ihre Stärken bzw. Schwächen erkennen und einzelne Lücken schließen.

HINWEIS

Möchten Sie eine Webseite beispielsweise für eine Präsentation ausdrucken, müssen Sie Dreamweaver verlassen. Wenn Sie hier auf den Button in der Symbolleiste STANDARD klicken, wird der Quelltext auf Papier ausgegeben. Alternativ wählen Sie DATEI / CODE DRUCKEN.

Möchten Sie dagegen das Layout der Seite drucken, laden Sie diese im Browser und drucken von dort.

14 Website veröffentlichen

Das lernen Sie neu:

- Die Remote-Site einrichten
- Site-Einstellungen ändern
- Verbindung mit einer entfernten Site herstellen
- Dateien up- und downloaden
- Synchronisieren unterschiedlicher Site-Versionen

Um Ihre Webseiten der Welt zu zeigen, kopieren Sie die Dokumente auf einen Webserver. Dabei spielt es keine Rolle, ob die Website im geschützten Intranet oder im World Wide Web (WWW) publiziert wird.

In diesem Kapitel erfahren Sie, wie Sie die Verbindung zum Server in Dreamweaver einrichten und herstellen sowie anschließend die Dateien uploaden. Dabei ist in Dreamweaver auch ein Download der Dateien möglich. Wenn Sie sich nicht sicher sind, ob sich die aktuellen Dokumente auf dem Webserver oder auf Ihrer Festplatte befinden, hilft Ihnen die Synchronisierung weiter.

14.1 Die Remote-Site einrichten

Lokale Site

Alle erstellten Dateien, wie z. B. Webdokumente, PDF-Dateien und Bilder, sollten innerhalb eines Verzeichnisses gespeichert sein. In Kapitel 7 haben Sie dafür die lokale Site in Dreamweaver eingerichtet. Damit zeigen Bedienfeld DATEIEN und Sitefenster alle lokalen Dokumente der aktuell geöffneten Site an.

Das Sitefenster wird angezeigt, wenn Sie im Bedienfeld DATEIEN auf den Button  klicken (vgl. Abbildung 14.1).

Remote-Site

Wenn Sie in Dreamweaver Ihre Site uploaden oder Teile davon aktualisieren wollen, dupliziert Dreamweaver präzise die lokale Struktur auf den Webserver. Diese entfernte Site auf dem Server bezeichnet man als Remote-Site. Auf den Server können mehrere Personen gleichzeitig zugreifen und in ihrem Browser den Inhalt der Seiten betrachten.

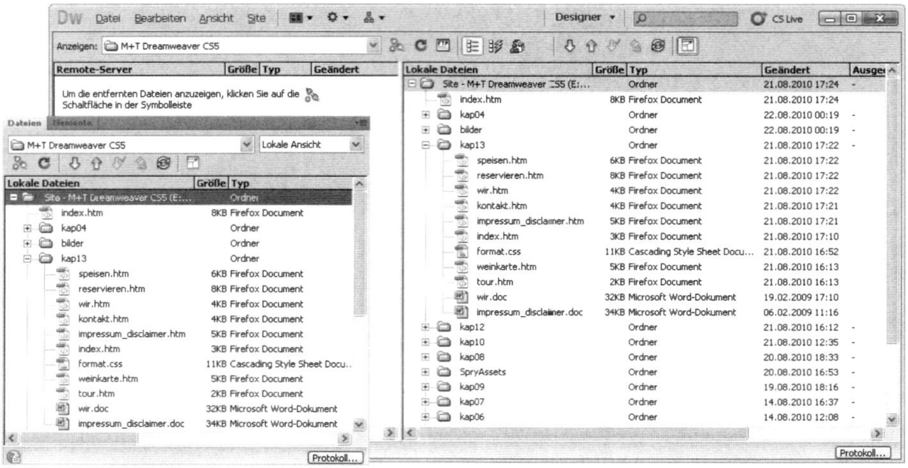

oildung 14.1: Bedienfeld DATEIEN *und Sitefenster (hinten) zeigen die lokale Site.*

HINWEIS

Im Anhang finden Sie eine kleine Auswahl von Providern, die teilweise kostenlos Webspace anbieten. Lesen Sie deren AGB gründlich durch und überprüfen Sie die Informationen nach versteckten Kosten und anderen Gegenleistungen.

Damit Dreamweaver die Daten übertragen kann, geben Sie die Server-Adresse in der Site-Definition an. Die hierzu benötigten Informationen sowie die erforderlichen Zugangsdaten erhalten Sie von Ihrem Systemadministrator oder Kunden.

Im Folgenden definieren wir eine FTP-Verbindung. FTP steht für *File Tranfer Protocol* und wird im Web am häufigsten verwendet. FTP ist ein standardisiertes Verfahren, um Dateien in Netzwerken zu übertragen. Per FTP werden Webdokumente auf den Server kopiert oder von dort heruntergeladen.

1. Wählen Sie SITE / SITES VERWALTEN in der Menüleiste des Dokumentfensters oder des maximierten Bedienfeldes DATEIEN. Diesen Befehl rufen Sie ebenfalls über den Button SITE am oberen Programmrand auf (siehe Randspalte).
2. Wählen Sie im Dialogfenster SITES VERWALTEN (Abbildung 14.2) eine bestehende bzw. die aktuelle Site aus, für die Sie die Server-Verbindung einrichten möchten, und klicken Sie auf die Schaltfläche BEARBEITEN.

Abbildung 14.2: *Sites verwalten*

3. Öffnen Sie nun im Dialogfenster SITE-DEFINITION die Kategorie SERVER (Abbildung 14.4).

4. Drücken Sie auf den Button NEUEN SERVER HINZUFÜGEN [+]. Diesen finden Sie unter dem noch leeren Feld im rechten Fensterbereich.

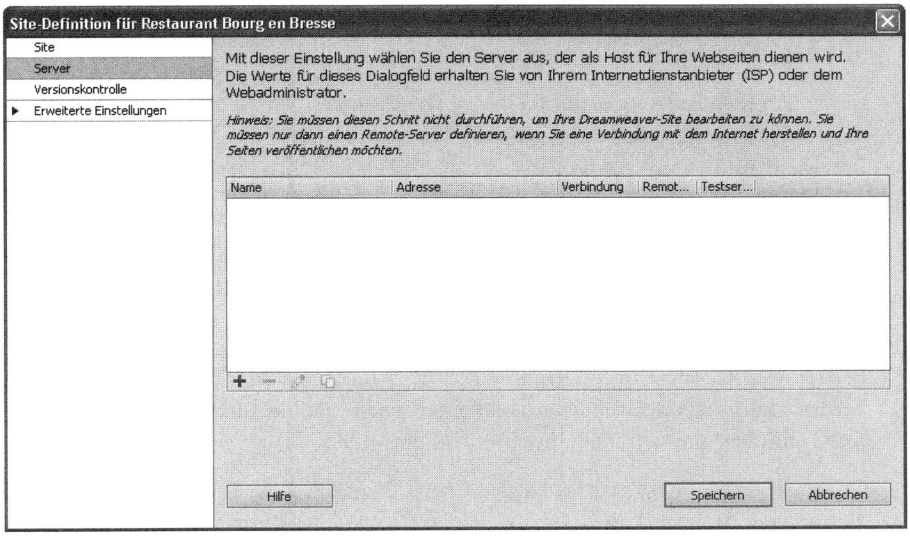

Abbildung 14.3: *Hier definieren Sie Server-Informationen für den Datentransfer.*

Grundeinstellungen

5. Sie befinden sich in den Grundeinstellungen EINFACH. Zunächst geben Sie hier einen SERVERNAMEN ein. Diesen können Sie frei wählen (Abbildung 14.4).

6. Um eine FTP-Verbindung zu definieren, wählen Sie im Menü VERBINDEN ÜBER die Option *FTP* aus. Diese ist standardmäßig bereits eingestellt. Gibt Ihr Provider eine sichere FTP-Verbindung vor, wählen Sie *SFTP*. Das *S* steht für *secure*, also für *sicher*.

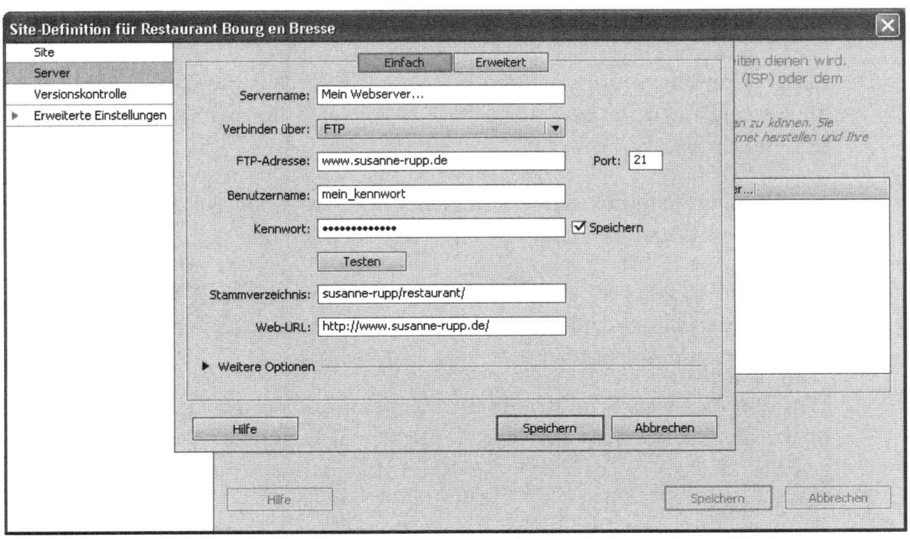

Abbildung 14.4: *Remote-Informationen angeben*

HINWEIS Daneben gibt es noch weitere Zugriffsarten, wie *Lokal/Netzwerk*, *WebDAV* oder *RDS*, das bei einem ColdFusion-Server benötigt wird. Auf diese Zugriffsmöglichkeiten wird hier nicht weiter eingegangen, da diese hauptsächlich bei Datenbanken, die nicht Gegenstand dieses Buches sind, zum Einsatz kommen. Weitere Informationen finden Sie in meinem aktuellen Dreamweaver-Handbuch für fortgeschrittene Anwender.

7. Geben Sie die FTP-ADRESSE an. Das ist der volle Internet-Name eines Computer-Systems, wie beispielsweise *www.susanne-rupp.de*.

   In der Regel müssen Sie dahinter den angegebenen PORT *21* nicht ändern. Bei anderen Verbindungsarten, passen Sie diesen entsprechend den Informationen Ihres Providers an.

8. Geben Sie Ihren BENUTZERNAMEN und Ihr KENNWORT in die weiteren Textfelder ein.

   Aktivieren Sie das Kontrollkästchen SPEICHERN, wenn Sie das Kennwort bei einer erneuten Verbindung nicht nochmals angeben wollen. Dies ist sinnvoll, wenn keine anderen Benutzer auf Ihrem Rechner arbeiten.

   Überprüfen Sie die eingegebenen Daten über die Schaltfläche TESTEN. Kommt die Verbindung zustande, ist alles korrekt eingegeben und Sie müssen an den standardmäßig hinterlegten WEITEREN OPTIONEN nichts ändern (s. u.).

9. Geben Sie das STAMMVERZEICHNIS an, in den Dreamweaver die Seiten ablegen soll. Auf dieses Verzeichnis und die darin abgelegten Dokumente kann jeder Benutzer zugreifen. Damit sind die Dateien dieses Verzeichnisses der Öffentlichkeit zugänglich. Falls Sie die Seiten im Hauptverzeichnis ablegen, lassen Sie dieses Feld einfach leer.

10. Überprüfen Sie den von Dreamweaver aufgrund Ihrer Information generierten WEB-URL und ändern Sie diesen bei Bedarf. Diesen URL geben Benutzer in die Adressleiste ihres Browsers ein und laden damit Ihre Homepage.

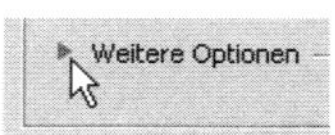

11. Für den FTP-Datentransfer können Sie WEITERE OPTIONEN definieren, indem Sie auf den Pfeil ▶ davor klicken. Die hierfür notwendigen Informationen erhalten Sie von Ihrem Provider bzw. Systemadministrator (Abbildung 14.5):

    - Einige Firewalls erfordern einen PASSIVEN FTP-Zugang, so dass Dreamweaver die Sitzung einrichtet und nicht der FTP-Server. Standardmäßig ist diese Option deaktiviert.

HINWEIS Eine Firewall ist eine Sicherheitseinrichtung (Soft- und / oder Hardware), um das interne Unternehmensnetz (Intranet) vom externen Internet zu trennen.

- Basiert der FTP-Server auf dem neuen Internetprotokoll IPv6, verwenden Sie den entsprechenden ÜBERTRAGUNGSMODUS. Dieses Protokoll verwendet spezifische Übertragungsbefehle.
- Wird ein PROXY als Schnittstelle für die Netzwerkkommunikation verwendet, überprüfen Sie die *Voreinstellungen*. Klicken Sie hierzu auf den Verweis, gelangen Sie in die Kategorie SITE. Weitere Informationen hierzu erhalten Sie in Kapitel 14.3.

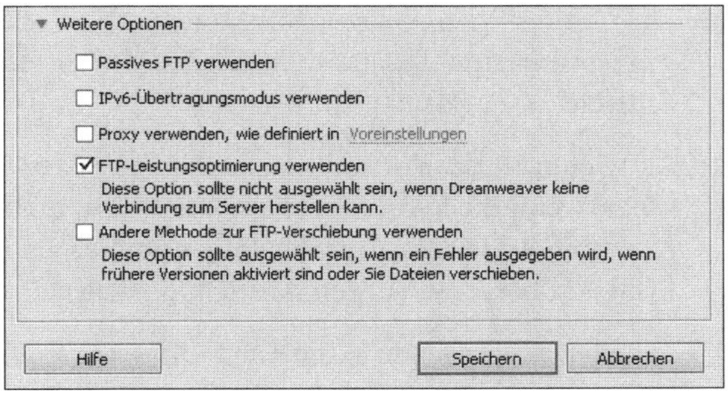

Abbildung 14.5: *Weitere Optionen angeben*

HINWEIS

In den Voreinstellungen sind weitere FTP-Optionen eingestellt. Beispielsweise ist hier festgelegt, dass die Verbindung automatisch nach 30 Minuten deaktiviert wird.

- Konnten Sie über die Schaltfläche TESTEN keine Verbindung herstellen, probieren Sie es jetzt erneut. Kommt diese immer noch nicht zustande, deaktivieren Sie die Option FTP-LEISTUNGSOPTIMIERUNG VERWENDEN und aktivieren Sie das Kontrollkästchen ANDERE METHODE ZUR FTP-VERSCHIEBUNG VERWENDEN.

  Erscheint das in Abbildung 14.6 gezeigte Dialogfenster, ist alles bestens!

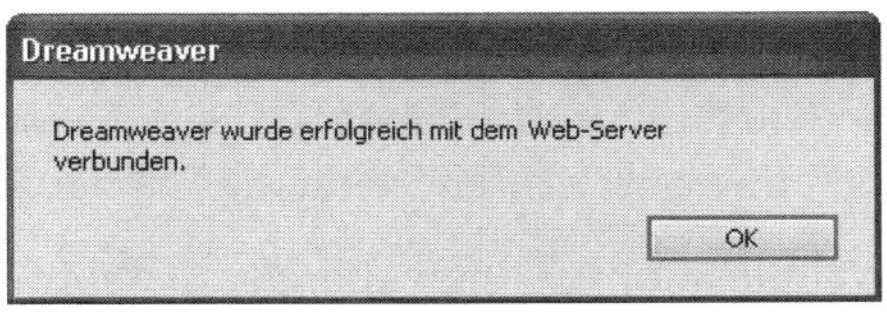

Abbildung 14.6: *Erfolgreich verbunden!*

Erweiterte Einstellungen

12. Wechseln Sie über die oberen Schaltflächen in die Darstellung ERWEITERT (Abbildung 14.7).

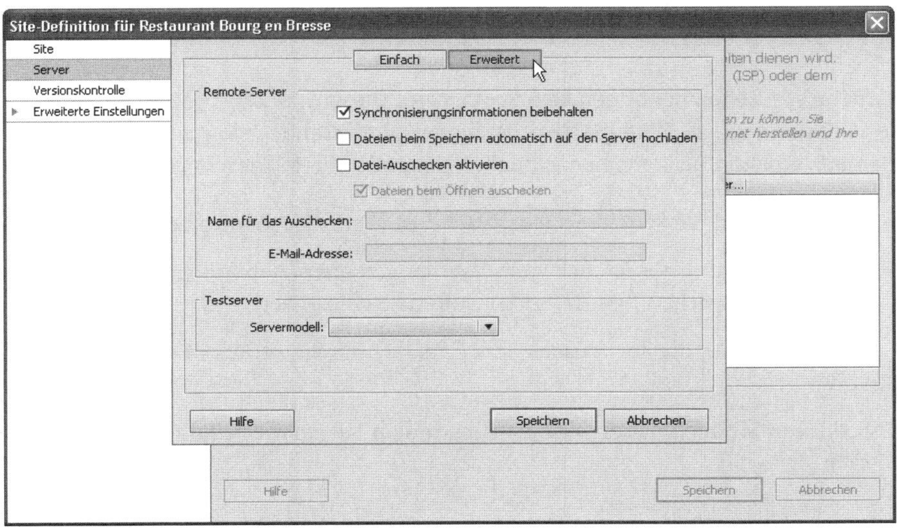

Abbildung 14.7: *Erweiterte Einstellungen festlegen*

13. Die Option SYNCHRONISIERUNGSINFORMATIONEN BEIBEHALTEN ist standardmäßig aktiviert und erlaubt das automatische Synchronisieren von lokalen und von Remote-Dateien.

14. Aktivieren Sie das Kontrollkästchen DATEIEN BEIM SPEICHERN AUTOMATISCH AUF SERVER LADEN, wenn die Remote-Site automatisch aktualisiert werden soll, sobald Sie eine Änderung in der lokalen Site vorgenommen haben. Da die Seiten noch nicht im Browser überprüft wurden, rate ich Einsteigern von dieser Option ab.

15. Arbeiten Sie im Team, aktivieren Sie das Kontrollkästchen DATEI-AUSCHECKEN AKTIVIEREN und geben Sie in das Textfeld den NAMEN ein, unter dem Sie auschecken möchten (Abbildung 14.8). Dadurch wissen Ihre Arbeitskollegen, dass Sie diese Datei bearbeiten. In dem Textfeld E-MAIL-ADRESSE geben Sie Ihre Kontaktdaten an, damit ein Arbeitskollege Sie bei Bedarf schnell per E-Mail erreichen kann.

    Ist hier zusätzlich die Option DATEIEN BEIM ÖFFNEN AUSCHECKEN aktiviert, checkt Dreamweaver Dokumente automatisch aus, wenn Sie das Bedienfeld DATEIEN öffnen (vgl. Kapitel 14.5).

HINWEIS

Wenn Sie im Team arbeiten, sollten Sie sich **ein- und auschecken**. Damit teilen Sie den anderen mit, dass Sie eine Datei zur Bearbeitung ausgecheckt haben. Wurde eine Datei ausgecheckt, die Sie benötigen, können Sie mit dem entsprechenden Teammitglied Kontakt aufnehmen. Weiterhin kann diese Option Sie darauf hinweisen, dass Sie eine neuere Version derselben Datei auf einem anderen Computer gespeichert haben. Dreamweaver richten Sie für die Teamarbeit in Kapitel 14.5 ein.

Weitere Informationen über den Datentransfer erhalten Sie in Kapitel 14.4 und 14.6.

Abbildung 14.8: *Diese Informationen erleichtern die Teamarbeit.*

HINWEIS

Statische Webseiten benötigen kein SERVERMODELL. Diesen TESTSERVER geben Sie an, wenn Sie Verbindungen zu Datenbanken definieren. Umfassende Informationen zu dieser Thematik erhalten Sie in meinem aktuellen Handbuch für fortgeschrittene Anwender.

16. Klicken Sie auf die SPEICHERN-Schaltfläche, um Ihre Angaben zu bestätigen.

17. In der SITE-DEFINITION ist der Webserver eingetragen (Abbildung 14.9). Dabei ist das Kontrollkästchen REMOTE-SERVER automatisch aktiviert.

    Drücken Sie auf die Schaltfläche SPEICHERN, kehren Sie zurück in das Fenster SITES VERWALTEN.

18. Schließen Sie auch dieses Dialogfenster, indem Sie auf die Schaltfläche FERTIG klicken.

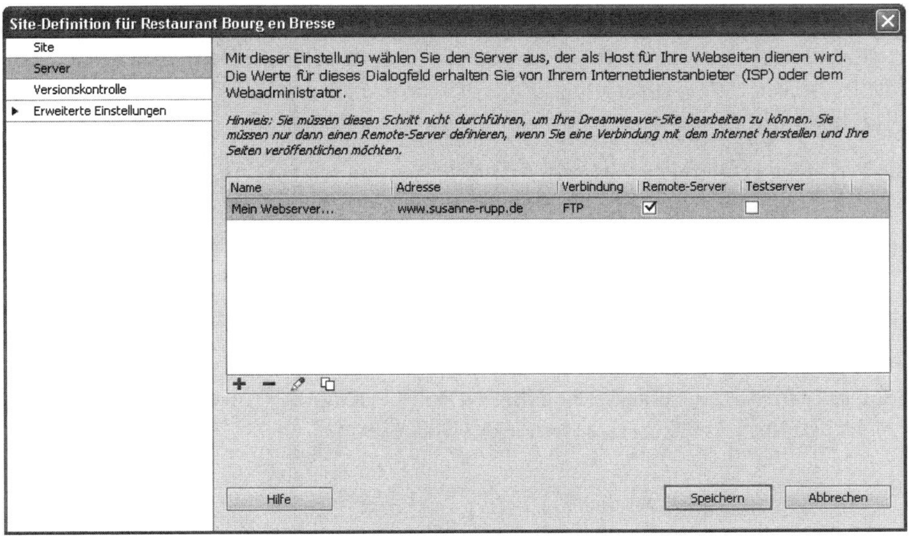

Abbildung 14.9: Die Site-Definition speichert die Server-Verbindung.

14.2 Mit dem Webserver verbinden

Um Dateien zu einer entlegenen Site auf dem Server hoch- oder davon herunterzuladen, müssen Sie eine Verbindung mit dieser herstellen.

1. Wählen Sie im Bedienfeld DATEIEN oder im Sitefenster die entsprechende Site aus (Abbildung 14.10).

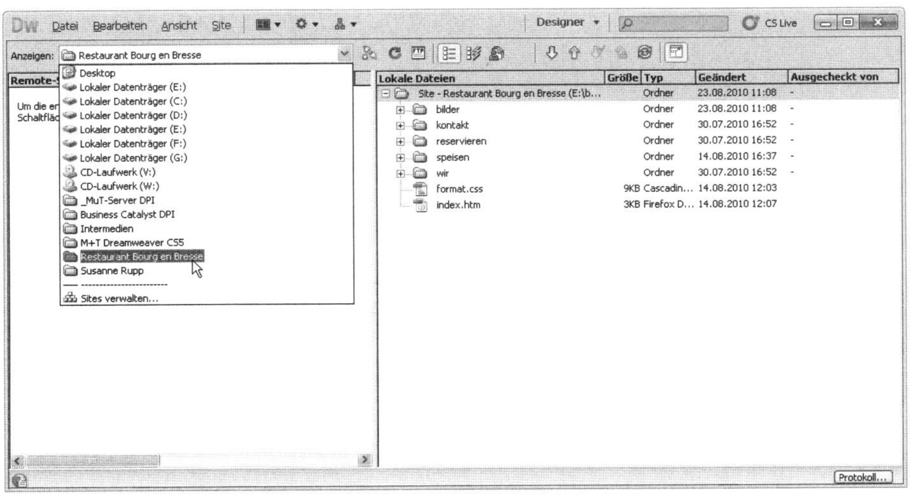

Abbildung 14.10: Definierte Site auswählen

2. Klicken Sie auf den Button Stellt Verbindung zum entfernten Host her.

   Für die Verbindung greift Dreamweaver auf die in der Site-Definition gespeicherten Server-Daten zurück und ruft die Informationen auf dem Server ab (vgl. Kapitel 14.1).

3. Wenn Sie erfolgreich mit dem Webserver verbunden sind, zeigt der linke Bereich des Sitefensters die Remote-Dateien an. In Abbildung 14.11 ist zurzeit nur eine Platzhalterseite vorhanden (*index.htm*). Lokal gespeicherte Dateien und Verzeichnisse sind standardmäßig rechts daneben aufgelistet.

   Im Bedienfeld Dateien wechseln Sie zum *Remote-Server* über das rechte Menü (Abbildung 14.12).

   Der Button Stellt Verbindung zum entfernten Host her wechselt in die Schaltfläche Verbindung zum entfernten Host trennen.

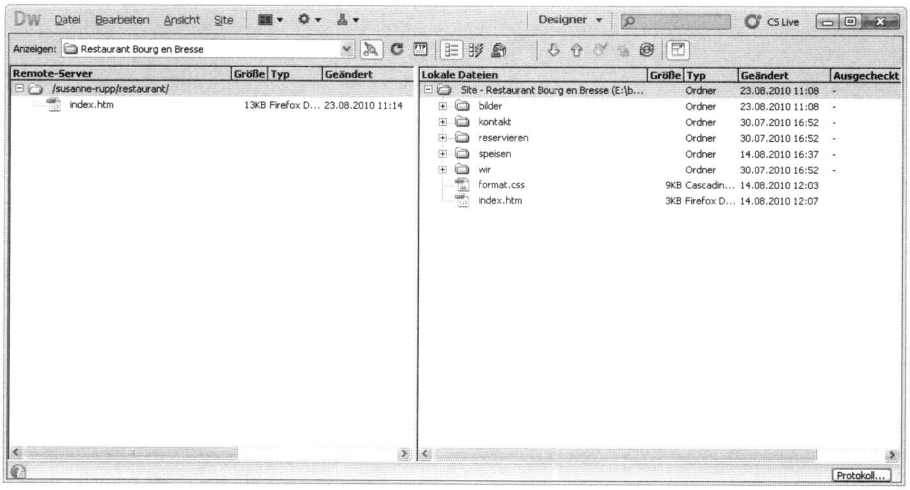

Abbildung 14.11: *Das Sitefenster zeigt Remote- (links) und lokale Site (rechts).*

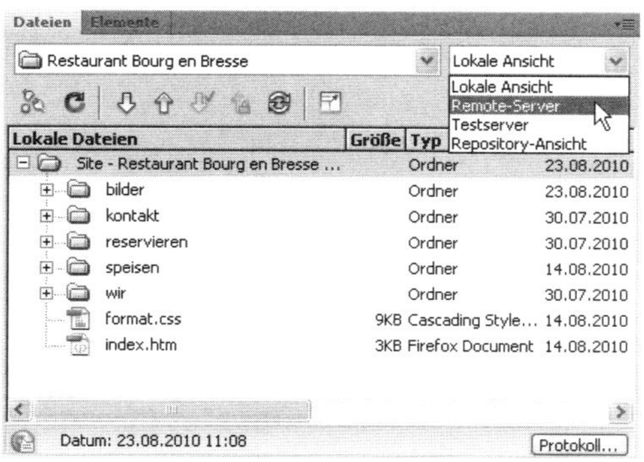

Abbildung 14.12: *Ansicht wechseln*

14.3 Voreinstellungen für die Site ändern

Passen Sie die Voreinstellungen im Sitefenster Ihren individuellen Bedürfnissen an:

1. Öffnen Sie das Fenster Voreinstellungen über Bearbeiten / Voreinstellungen in der Menüleiste. Ist das Sitefenster geöffnet, drücken Sie Strg + U.
2. Wählen Sie die Kategorie Site (Abbildung 14.13). Das Dialogfenster öffnet sich bereits mit den FTP-Einstellungen.
   - Standardmäßig zeigt das maximierte Bedienfeld Dateien (Sitefenster) lokale Dateien im rechten Bereich und entlegene Dateien (auf dem Remote-Server) im linken an. Bevorzugen Sie eine andere Darstellung, legen Sie diese mit den Menüs Immer zeigen und Bereich fest.
   - Aktivieren Sie die Kontrollkästchen Eingabeaufforderung beim Abrufen/Auschecken und Eingabeaufforderung beim Bereitstellen/Einchecken, damit das entsprechende Dialogfenster zu den abhängigen Dateien angezeigt wird.

     Weitere Informationen hierzu erhalten Sie in den Kapiteln 14.4 und 14.6.
   - Verändern Sie die standardmäßige Trennung der FTP-Verbindung nach *30* Minuten im Leerlauf. Haben Sie einen direkten Netzwerkzugang, sollten Sie die automatische Trennung deaktivieren.
3. Um die Änderungen zu speichern, klicken Sie auf OK.

Tipp

Über die Schaltfläche Sites verwalten gelangen Sie zur Site-Definition, in der Sie site-spezifische Einstellungen ändern und einen neuen Server festlegen.

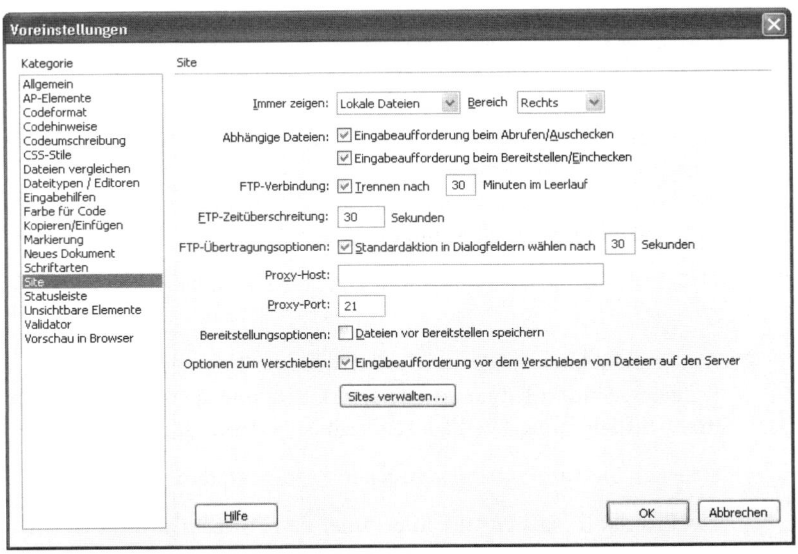

Abbildung 14.13: *Voreinstellungen für die Site festlegen*

14.4 Bereitstellen: Dateien uploaden

Bevor Sie eine Website veröffentlichen, sollten Sie die Homepage in mindestens einem gängigen Browser öffnen und die einzelnen Seiten prüfen. Funktionieren alle Verweise, wird jedes Bild angezeigt und enthält die Website keine Fehler, stellen Sie die Verbindung zum Webserver her. Anschließend laden Sie Dateien von Ihrer lokalen Site auf den Remote-Server hoch. Diesen Vorgang bezeichnet man als Upload. Damit werden die lokalen Dateien auf den Server kopiert.

1. Stellen Sie die Verbindung zum Remote-Server her, indem Sie auf im Bedienfeld Dateien oder im Sitefenster drücken.
2. Markieren Sie in einem dieser beiden Fenster die Dateien und Verzeichnisse, welche Sie auf den Remote-Server kopieren möchten.

   Drücken Sie die [Strg]- oder [⇧]-Taste, um mehrere Dateien und Ordner für den Transfer auszuwählen.

   Möchten Sie die gesamte Site kopieren, wählen Sie das *Site*-Verzeichnis (siehe Randspalte).
3. Klicken Sie auf den Button Datei(en) bereitstellen .
4. Übertragen Sie die **gesamte Site**, klicken Sie im automatisch geöffneten Dialogfenster auf OK (Abbildung 14.14). Klicken Sie auf Abbrechen, werden keine Daten übertragen.

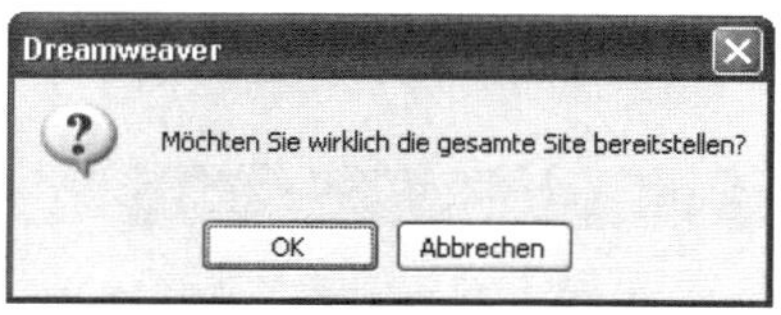

Abbildung 14.14: *Komplette Site bereitstellen*

Das Dialogfenster Abhängige Dateien erscheint, wenn Bilder oder andere Dateien mit **ausgewählten Dokumenten** (bzw. Verzeichnissen) verknüpft sind (Abbildung 14.15). Hierzu ist in den Voreinstellungen die entsprechende Option unter Abhängige Dateien aktiviert (vgl. Kapitel 14.3).

- Drücken Sie auf Ja, damit diese Dateien ebenfalls auf den Server übertragen werden.
- Andernfalls klicken Sie auf die Schaltfläche Nein, wenn Sie keine abhängigen Dateien geändert haben und beispielsweise nur Textänderungen im Webdokument aktualisieren. Die Ladezeit kann sich dadurch erheblich verringern.
- Drücken Sie auf Abbrechen, brechen Sie den Datentransfer ab.

  Ein Protokoll-Fenster informiert über den Fortschritt des Uploads.

HINWEIS

Abhängige Dateien sind Bilder, Animationen, Style Sheets und andere Dateien, die in HTML-Dokumente eingebunden sind. Lädt der Browser das HTML-Dokument, ruft er auch die abhängigen Dateien auf.

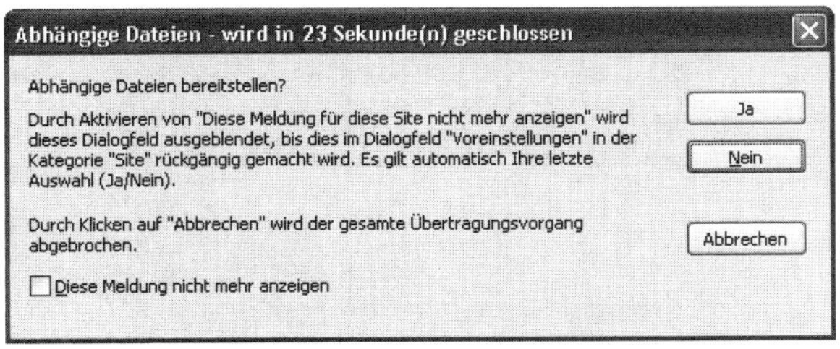

Abbildung 14.15: Abhängige Dateien auf den Server kopieren

Die lokalen Dateien werden auf den Remote-Server kopiert (Abbildung 14.16). Liegen die Dateien in einem Ordner, der auf der Remote-Site nicht existiert, legt Dreamweaver diesen automatisch an.

Drücken Sie im Dialogfenster DATEIVORGANG auf ▸ Details, werden weitere Informationen über den Datentransfer angezeigt (Abbildung 14.16, rechts). Dieses Protokoll-Fenster blenden Sie aus, indem Sie auf die Schaltfläche AUSBLENDEN klicken.

Am rechten unteren Rand des Sitefensters finden Sie den Button Protokoll.... Wenn Sie hierauf drücken, wird das Protokoll-Fenster wieder angezeigt, auch bei bereits abgeschlossenem Datentransfer.

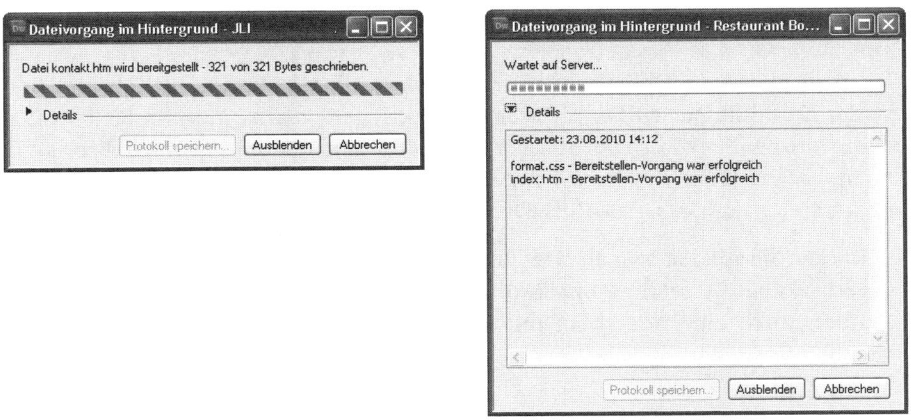

Abbildung 14.16: Dateien werden auf den Server übertragen.

ACHTUNG

Verwenden Sie auf dem Remote-Server die gleiche Verzeichnisstruktur wie auf Ihrem lokalen Rechner. Sie können dann sicher gehen, dass Hyperlinks und Bilder korrekt im Code hinterlegt sind und angezeigt werden.

Dennoch können Sie einzelne Dateien in der Remote-Site unabhängig von den lokalen Dokumenten verschieben (Abbildung 14.17). Bestätigen Sie im standardmäßig eingeblendeten Dialogfenster, dass Sie die Elemente tatsächlich verschieben möchten. Verweise werden dabei jedoch nicht angepasst.

Laden Sie Dateien, die auf dem Server verschoben worden sind, anschließend herunter, werden die ursprünglichen lokalen Dokumente nicht mehr ersetzt. Damit stimmen Verweise weiterhin in der lokalen Site, aber nicht mehr online. Überprüfen Sie in regelmäßigen Abständen auch diese Version!

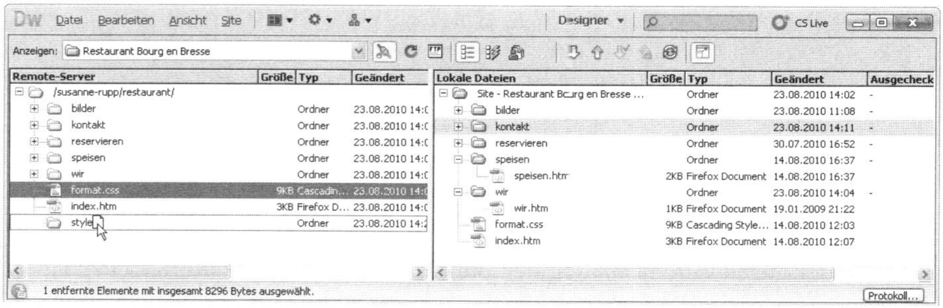

Abbildung 14.17: *Remote-Dateien verschieben*

TIPP Aktualisieren Sie regelmäßig Ihre Site. Nur wenn die Informationen zeitgemäß sind, werden Besucher wiederkommen. Vergessen Sie auch nicht, Ihre Website bei den wichtigsten Suchmaschinen anzumelden. Ausführliche Informationen über erfolgreiches Online-Marketing finden Sie in meinem aktuellen Handbuch für fortgeschrittene Anwender. Diese Mühe wird zudem von Google und anderen Suchdiensten mit einer entsprechenden Positionierung in den Ergebnislisten belohnt. Auch hierzu finden Sie im Anhang entsprechende Literaturverweise.

14.5 Arbeiten im Team

Haben Sie in der Site-Definition bei den erweiterten Einstellungen der Kategorie Server das Kontrollkästchen Datei-Auschecken aktivieren markiert, sehen Sie und Ihre Teammitglieder den Namen des Bearbeiters in der Spalte Ausgecheckt von im Bedienfeld Dateien bzw. im Sitefenster (vgl. Kapitel 14.1). Dieser Name ist mit der E-Mail-Adresse verknüpft, die ebenfalls in der Site-Definition hinterlegt ist (vgl. Abbildung 14.18).

1. Klicken Sie auf den Namen eines Teamkollegen, der die Seite zum Bearbeiten ausgecheckt hat (Abbildung 14.18), öffnet Dreamweaver Ihr Mailprogramm und legt automatisch eine neue Mail mit den entsprechenden Angaben im Betreff an (Abbildung 14.19).

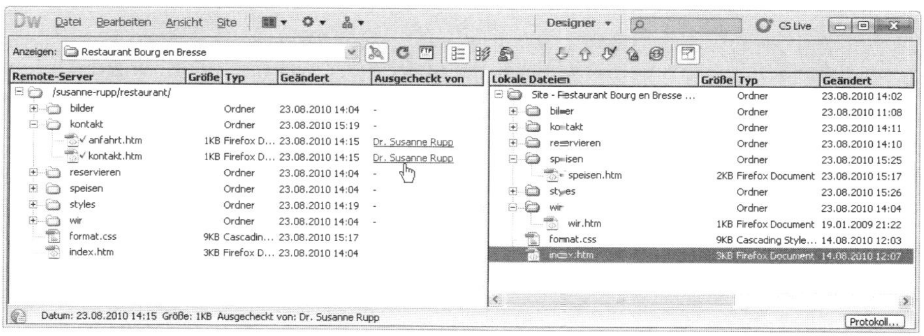

Abbildung 14.18: *Kontakt aufnehmen*

2. Sie müssen jetzt nur noch den Text der Nachricht eingeben und auf die Schaltfläche SENDEN drücken.

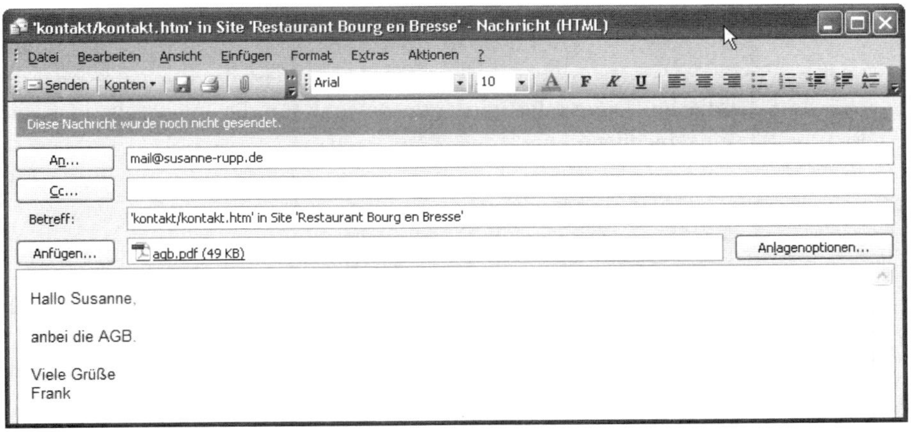

Abbildung 14.19: *E-Mail schreiben*

WIRD DIE SPALTE AUSGECHECKT VON NICHT EINGEBLENDET, ...

1. ... wählen Sie in der Menüleiste des Sitefensters ANSICHT / DATEIANSICHTSSPALTEN. Die Kategorie DATEIANSICHTSSPALTEN im Dialogfenster SITE-DEFINITION wird geöffnet (Abbildung 14.20).
2. Markieren Sie in der Auflistung im rechten Bereich den Eintrag *Ausgecheckt von*. Dieser steht noch auf *Ausblenden*.
3. Drücken Sie darunter auf den Button VORHANDENE SPALTE BEARBEITEN .

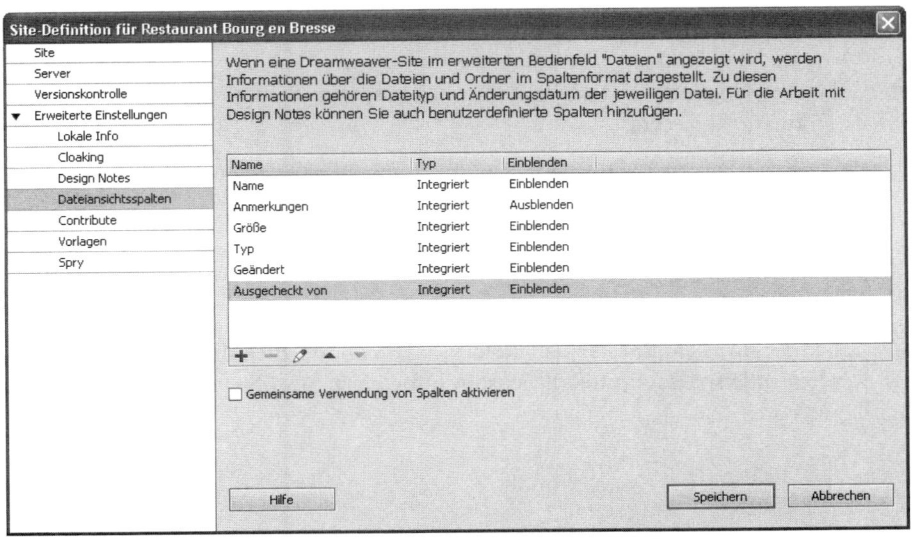

Abbildung 14.20: *Dateiansichtsspalten einblenden*

4. Aktivieren Sie das Kontrollkästchen Einblenden und bestimmen Sie im Menü Ausrichten die Position des angezeigten Textes im Bedienfeld Dateien bzw. im Sitefenster (Abbildung 14.21).

5. Bestätigen Sie mit Speichern. Das Dialogfenster wird geschlossen.

6. Speichern Sie die Änderungen der Site-Definition ebenfalls durch die entsprechende Schaltfläche. Die Spalte wird nun sowohl für die lokale als auch die Remote-Site eingeblendet.

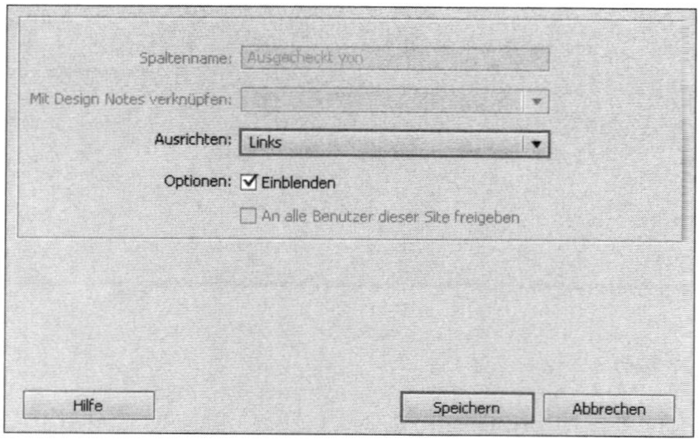

Abbildung 14.21: *Position und Anzeige der Spalte festlegen*

Das Bedienfeld Dateien bzw. das Sitefenster zeigen einen grünen Haken vor der Datei, die Sie ausgecheckt bzw. überprüft haben. Ist der Haken rot, hat die Datei eine andere Person ausgecheckt.

14.6 Dateien downloaden

In Dreamweaver können Verzeichnisse und Dokumente nicht nur von der lokalen Festplatte auf den Remote-Server übertragen werden. Auch der umgekehrte Weg ist möglich und Sie können Dateien und Verzeichnisse vom Remote-Server auch auf Ihre lokale Festplatte kopieren:

1. Vergewissern Sie sich, dass die Verbindung aufgebaut wurde ( ).

2. Markieren Sie im Bedienfeld Dateien oder im Sitefenster die Dokumente oder Verzeichnisse in der Remote-Site, die Sie herunterladen möchten.

3. Klicken Sie auf die Schaltfläche Datei(en) abrufen .

4. Geben Sie im Dialogfenster Abhängige Dateien an, ob auch diese heruntergeladen werden sollen. Das Protokoll-Fenster informiert Sie über den Fortschritt des Downloads.

14.7 Synchronisierung: Dateien aktualisieren

Dreamweaver kann automatisch einen Ordner oder eine ganze Site nach neueren Dateien durchsuchen und diese dann auf den Remote-Server bzw. den lokalen Rechner kopieren. Damit sind Sie immer auf dem neuesten Stand.

Vor der Synchronisierung sollten Sie überprüfen, welche Dokumente aktueller sind:

1. Öffnen Sie im Sitefenster die lokale Site, die Sie synchronisieren möchten.
2. Stellen Sie die Verbindung zum entsprechenden Remote-Server her ( ).
3. Je nachdem, welche Dateien Sie abgleichen wollen, wählen Sie in der Menüleiste des Sitefensters BEARBEITEN / NEUERE AUSWÄHLEN (LOKAL) oder BEARBEITEN / NEUERE VERSION AUF REMOTE-SERVER AUSWÄHLEN (Abbildung 14.22).

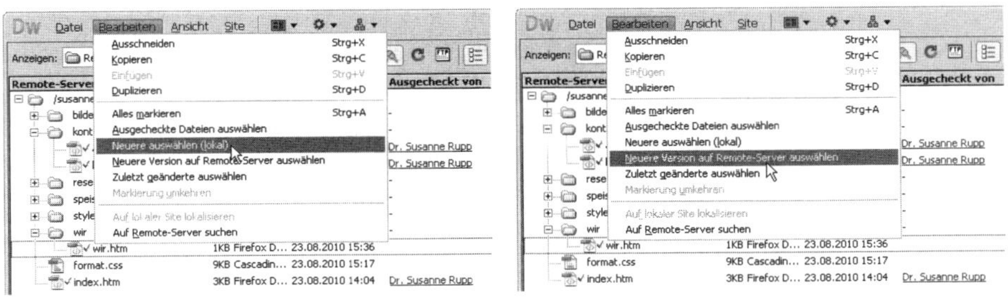

Abbildung 14.22: Dateien auswählen

Hat Dreamweaver den Abgleich abgeschlossen, werden die neueren Dateien hinterlegt. Diese Dateien können Sie abrufen (vgl. Kapitel 14.6), bereitstellen (vgl. Kapitel 14.4) oder synchronisieren:

1. Damit nur bestimmte Dateien synchronisiert werden, markieren Sie diese zunächst im Sitefenster.

   Falls Sie die gesamte Site auf den neuesten Stand bringen möchten, beginnen Sie gleich mit dem nächsten Arbeitsschritt.

2. Wählen Sie SITE / SYNCHRONISIEREN in der Menüleiste des Sitefensters oder drücken Sie auf den Button MIT »WEBSERVER« SYNCHRONISIEREN am oberen Fensterrand.

   Das Dialogfenster DATEIEN SYNCHRONISIEREN erscheint (Abbildung 14.23).

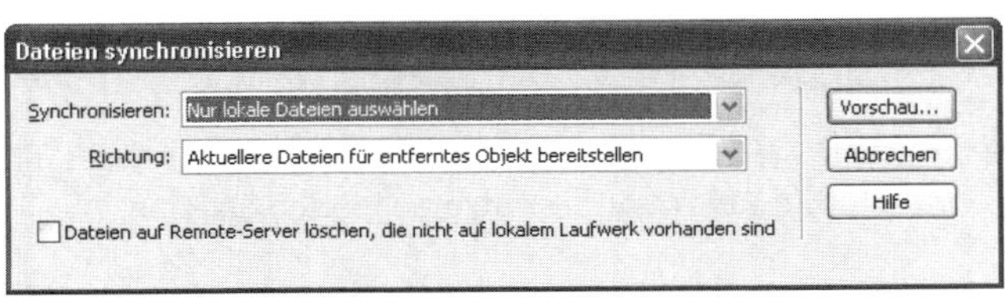

Abbildung 14.23: Dateien synchronisieren

3. Im Menü SYNCHRONISIEREN geben Sie an, ob Dreamweaver die gesamte Site oder nur ausgewählte Dateien synchronisieren soll.
4. Im Menü darunter bestimmen Sie die RICHTUNG: Sie können Dateien und Verzeichnisse abrufen, bereitstellen oder in beiden Richtungen synchronisieren.
5. Aktivieren Sie das Kontrollkästchen am unteren Dialogfensterrand, um offensichtlich nicht mehr benötigte Dateien von dem Webserver zu löschen.

   Diese Option steht Ihnen nicht zur Verfügung, wenn Sie die Richtung AKTUELLERE DATEIEN ABRUFEN UND BEREITSTELLEN aktiviert haben.
6. Klicken Sie auf die Schaltfläche VORSCHAU. Die Synchronisierung wird vorbereitet.
7. Sollte eine Synchronisierung notwendig sein, sehen Sie in der Vorschau, welche Dateien bereitgestellt bzw. abgerufen werden müssen. In Abbildung 14.24 ist die lokale CSS-Datei aktueller als die online veröffentlichte.

   Wurden keine neueren Dateien gefunden, ist keine Synchronisierung notwendig (Abbildung 14.25).

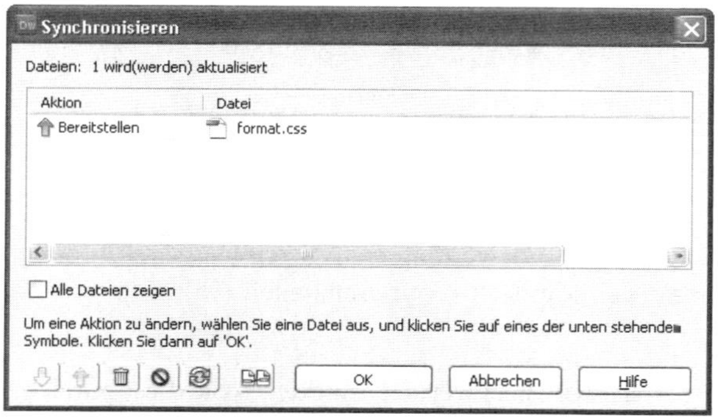

Abbildung 14.24: *Aktualisierung durch Synchronisierung*

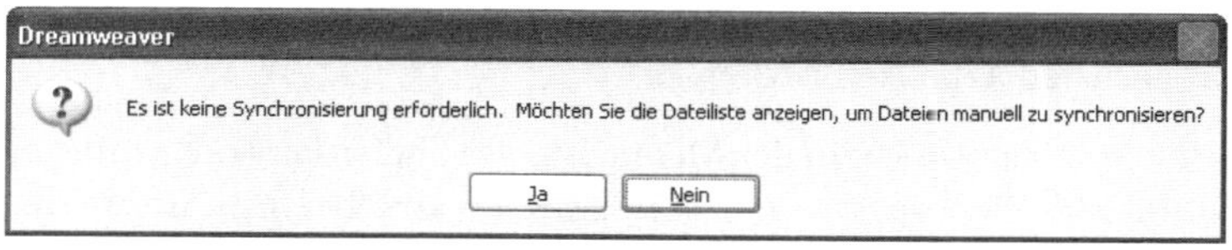

Abbildung 14.25: *Alle Dateien sind up to date.*

8. Soll eine aufgelistete Datei nicht verarbeitet werden, markieren Sie diese und klicken Sie auf den Button AUSGEWÄHLTE DATEIEN WÄHREND DIESER SYNCHRONISIERUNG IGNORIEREN.
9. Klicken Sie auf die Schaltfläche OK. Dreamweaver führt die Synchronisierung durch und überträgt die entsprechenden Dateien

Wenn Sie Dateien und Verzeichnisse vom lokalen Rechner auf den Remote-Server hin und her geschoben haben, kann es sein, dass die Ansicht im Bedienfeld DATEIEN bzw. im Sitefenster nicht mehr aktuell ist. Um sicherzugehen, dass diese den letzten Stand widerspiegelt, aktualisieren Sie die Ansicht, indem Sie auf den Button klicken oder F5 drücken.

HINWEIS

Im Handbuch finden fortgeschrittene Anwender weitere Informationen über die unterschiedlichen Funktionen und Möglichkeiten der Versionskontrolle (vgl. Anhang).

14.8 Remote-Verbindung trennen

Sind die Dateien übertragen, trennen Sie die Verbindung zum Remote-Server folgendermaßen:

1. Versichern Sie sich in der Statusleiste am unteren Fensterrand, dass keine Dateien mehr übertragen werden. Das hier gezeigte Icon darf sich nicht verändern.
2. Klicken Sie auf die Schaltfläche VERBINDUNG ZUM ENTFERNTEN HOST TRENNEN .

HINWEIS

Werden länger als 30 Minuten keine Daten übertragen, trennt Dreamweaver automatisch die Verbindung. In der Kategorie SITE der VOREINSTELLUNGEN erhöhen oder verringern Sie diesen Wert (vgl. Kapitel 14.3).

14.9 Kleine Erfolgskontrolle

41. Was versteht man unter einem Download?
    a. Das Kopieren der Dateien von dem Server in die lokale Site
    b. Das Kopieren der Dateien von der lokalen Site auf den Server
    c. Die Einrichtung des FTP-Zugangs
42. Was passiert beim Synchronisieren?
    a. Eine Webseite wird in eine andere Sprache übersetzt.
    b. Die Verbindung zur entlegenen Site wird getrennt.
    c. Aktuellere Dateien werden übertragen. Dabei können ältere Dokumente überschrieben werden.
43. Was versteht man unter abhängigen Dateien?
    a. Abhängige Dateien sind auf dem Webserver im gleichen Verzeichnis abgespeichert wie die lokalen.
    b. Dateien, die mit einer Webseite verknüpft sind.
    c. Eine abhängige Dateien ist eine Webseite importierte Worddatei.

Anhang

A Kleine Erfolgskontrolle – Auflösung

Schön, dass Sie bei der kleinen Erfolgskontrolle am Ende jeden Workshops mitmachen. Sie sind bestimmt schon gespannt, ob Sie richtig liegen.

Hier die Auflösungen:

Kapitel 1: Los geht's ...

1. Das Startfenster ist nicht mehr sichtbar. Was tun?
   b. In den Voreinstellungen die Startseite aktivieren.
2. Über welches Menü öffnen und schließen Sie Bedienfelder?
   a. FENSTER
3. Wozu wird die Aktivierung benötigt?
   c. Damit ich Dreamweaver auch nach der Testphase noch nutzen kann.

Kapitel 2: Die erste Webvisitenkarte erstellen

4. Worin liegt der Unterschied zwischen HTML und CSS? (Mehrere Antworten sind richtig!)
   a. HTML bestimmt die logische Auszeichnung einzelner Bereiche.
   c. Die Seitenstruktur wird von HTML bestimmt.
   d. CSS ist eine Formatierungssprache.
   f. HTML bestimmt das Grundgerüst einer Webseite.
5. Sie drücken Strg + ↵. Hiermit erstellen Sie ...
   b. ...einen Zeilenumbruch.

6. Welches HTML-Format verwenden Sie sinnvollerweise für ein Glossar?
   c. Definitionsliste
7. Was ist ein `<blockquote>`?
   a. Tag, das einen Absatz einrückt

Kapitel 3: Texte und Absätze mit CSS formatieren

8. Was ist ein Tag?
   b. Eine HTML-Anweisung
9. Was versteht man unter CSS-Stilen?
   a. HTML-Erweiterung für die exakte Gestaltung der Webseite
10. Was ist eine Klasse?
   b. CSS-Regel, die mit dem `class`-Attribut zugewiesen wird

Kapitel 4: Mit Bildern arbeiten

11. Was versteht man unter Skalieren?
   b. Verändern der Bildgröße
12. In welchem Format würden Sie einen einfarbigen Button abspeichern?
   b. GIF
13. Welcher Selektor ändert alle Bilder auf einer Seite, für die außer der Bildquelle keine weiteren Attribute angegeben sind?
   c. `img`
14. Welche Bildbearbeitungsfunktion gibt es in Dreamweaver nicht?
   a. Weichzeichnen

Kapitel 5: Dokumente, Datenimport und allgemeine Funktionen

15. Welches Format können Sie in Dreamweaver nicht direkt importieren?
   c. Microsoft Powerpoint
16. Was zeigt die Statusleiste an?
   c. Die geschätzte Ladezeit der aktuellen Seite
17. Wozu wird das Bedienfeld EINFÜGEN benötigt?
   a. Damit können schnell Elemente in die Webseite eingefügt werden.
18. Wodurch wird das Seitenlayout der vordefinierten Seiten festgelegt?
   b. CSS

Kapitel 6: CSS-Layout ändern

19. Wozu wird das Tracing-Bild benötigt?
    a. Damit kann die Webseite leichter nachgebaut werden.
20. Welches Tag definiert einen Container für andere Elemente?
    a. `<div>`
21. Womit wird der Seiteninhalt zentriert?
    c. `margin: 0 auto;`

Kapitel 7: Die lokale Site einrichten

22. Was können Sie im maximierten Bedienfeld DATEIEN nicht?
    c. Bilder erstellen
23. Wo öffnen Sie das Kontextmenü?
    b. Mit einem rechten Mausklick auf ein Seiten- oder Programmelement

Kapitel 8: Hyperlinks erstellen und bearbeiten

24. Was bedeutet `target="_self"`?
    c. Das verlinkte Zieldokument ersetzt den Inhalt des aktuellen Fensters.
25. Was ist zu beachten, wenn Sie einen Link innerhalb des gleichen Dokuments setzen wollen?
    a. Anker und Hyperlink müssen gesetzt sein.
26. Ich habe eine Webseite entwickelt und möchte nun auch meine E-Mail-Adresse hinterlegen. Bei welchem Eintrag im Bedienfeld EIGENSCHAFTEN warte ich nicht vergebens?
    a. mailto:mail@susanne-rupp.de
27. Welchen Selektor müssen Sie definieren, damit sich ein Element verändert, wenn der User den Mauszeiger darüber bewegt?
    a. `a:hover`

Kapitel 9: Tabellen für Daten verwenden

28. Was ist der Unterschied zwischen Zellraum und Zellauffüllung?
    b. Während der Zellraum den Abstand zwischen den Zellen beschreibt, bezieht sich die Zellauffüllung auf den Abstand des Zelleninhaltes zum Rahmen.
29. Was ist der Unterschied zwischen dem Standard- und dem erweiterten Tabellenmodus?
    b. Im Standardmodus erscheint die Seite wie im Webbrowser. Im erweiterten Tabellenmodus werden Umrisse und Abstände in der Tabelle betont, weshalb die Darstellung nur bedingt mit der Browserdarstellung vergleichbar ist.

30. Der Hintergrund einer Zelle ist im HTML-Modus des Inspektors grün eingefärbt. Außerdem ist ein Hintergrundbild für die Tabelle mit CSS bestimmt. Zusätzlich sind alle Zellen gelb eingefärbt. Auf welchem Hintergrund steht denn jetzt der Text in der Zelle?

    c. Auf Grün

Kapitel 10: Formulare für Feedback

31. Ein Formular enthält eine Kontrollkästchen- und eine Optionsschaltergruppe. In welcher Gruppe können Sie mehrere Elemente auswählen?

    a. In der Kontrollkästchengruppe

32. Was ist der Unterschied zwischen einer Liste und einem Menü?

    b. Bei einer Liste können mehrere Werte ausgewählt werden.

33. Was ist eine Feldgruppe?

    c. Element zur thematischen Gliederung eines Formulars

34. Welche Aussage ist richtig?

    c. Die Formularaktion beinhaltet die Methode, nach der das Formular verarbeitet wird.

Kapitel 11: AP-Elemente für dreidimensionale Effekte

35. Was ist eine Ebene?

    a. Container für unterschiedliche Seitenelemente

36. Was ist der Z-Index?

    c. Wert für die Stapelreihenfolge bzw. die Anordnung einzelner Elemente

37. Was definiert der Überlauf?

    a. Das Aussehen einer Ebene, deren Inhalt größer als die Ebene ist.

38. Welche Elemente können Sie absolut positionieren?

    a. Bilder

    b. Tabellen

    c. `div`-Container

    d. Absätze

    → Alle vier Antworten sind richtig.

Kapitel 12: Verhalten für interaktive Webseiten

39. Was ist ein Ereignis?

    a. Zustand eines Seitenelements

40. Ein AP-Element soll eingeblendet werden, wenn der User auf ein anderes Element klickt. Welches Ereignis müssen Sie festlegen?

    b. `onClick`

Kapitel 13: Abschluss-Workshop

Testen Sie Ihr praktisches Wissen und wiederholen Sie ggf. einschlägige Workshops.

Kapitel 14: Website veröffentlichen

41. Was versteht man unter einem Download?

    a. Das Kopieren der Dateien von dem Server in die lokale Site

42. Was passiert beim Synchronisieren?

    c. Aktuellere Dateien werden übertragen. Dabei können ältere Dokumente überschrieben werden.

43. Was versteht man unter abhängigen Dateien?

    b. Dateien, die mit einer Webseite verknüpft sind.

Wie viele Antworten haben Sie richtig?

0 bis 15: Arbeiten Sie das Buch lieber noch einmal durch.

16 bis 32: Die Grundkenntnisse haben Sie. Erstellen Sie Ihre Webseite und schauen Sie bei Bedarf noch einmal in die einzelnen Workshop-Kapitel rein.

33 bis 43: Sehr gut! Sie sind auf dem besten Wege zum Profi-Website-Entwickler. Probieren Sie weitere Funktionen von Dreamweaver aus. Wagen Sie sich an Datenbanken ran.

B Schnelle Pannenhilfe

Ich kann Dreamweaver CS5 nicht mehr verwenden.

Wahrscheinlich haben Sie das Programm noch nicht aktiviert und die 30 Tage zum Testen sind verstrichen. Wie Sie Dreamweaver aktivieren, erfahren Sie in Kapitel 1.2.

Was ist das Optionsmenü? Wo finde ich es?

Jedes Bedienfeld hat rechts oben den Button OPTIONSMENÜ. Wenn Sie hierauf klicken, öffnet sich das Optionsmenü, in dem sämtliche Befehle bzw. Einstellungen für das aktuelle Bedienfeld zusammengefasst sind.

Wie bekomme ich ein schwebendes Fenster wieder in den Verbund der Bedienfelder zurück?

Ziehen Sie das Register mit gedrückter linker Maustaste zurück in den Verbund der sichtbaren Bedienfeldgruppen. Erscheint ein blauer Balken, lassen Sie los und das Bedienfeld dockt an.

Alternativ setzen Sie das Arbeitsbereichlayout zurück, indem Sie im Menü am oberen Programmrand 'DESIGNER' ZURÜCKSETZEN wählen. Den entsprechenden Befehl finden Sie auch in der Menüleiste unter FENSTER / ARBEITSBEREICHLAYOUT.

Alle Bedienfelder sind weg! Wo ist der Eigenschafteninspektor?

Wählen Sie in der Menüleiste FENSTER / FENSTER EINBLENDEN oder drücken Sie F4. Sollten einzelne Bedienfelder nicht sichtbar sein, können Sie diese über das Menü FENSTER auswählen und wieder einblenden. Wählen Sie hier den Eintrag EIGENSCHAFTEN, wird der Inspektor geöffnet. Arbeiten Sie mit schwebenden Fenstern, kann sich der Eigenschafteninspektor auch hinter einem solchen Bedienfeld verstecken. Schieben Sie die einzelnen Fenster zur Seite oder docken Sie diese wieder an. Auch können Sie das ursprüngliche Arbeitsbereichslayout wiederherstellen.

Ich möchte eine Webseite erstellen, die CSS verwendet, kann aber die Entwurfsansicht nicht benutzen. Im Code will ich nicht arbeiten.

Dann haben Sie bestimmt ein neues CSS-Dokument angelegt. Sie können auf diese Dokumente verweisen, aber keine kompletten Webseiten in diesem Format abspeichern. Legen Sie eine neue HTML-Seite an. Jetzt können Sie die Inhalte in der Entwurfsansicht zusammenstellen und mit CSS formatieren.

Ich möchte den Inhalt einer Tabellenzelle rechts ausrichten. Jetzt werden jedoch die übrigen Inhalte nicht mehr links angeordnet. Was ist da los?

Sie haben eine CSS-Regel für das `td`-Tag definiert. Möchten Sie nur einen ausgewählten Inhalt formatieren, erstellen Sie eine neue CSS-Klasse und wenden diese dann darauf an.

Wieso sehe ich das Tracing-Bild im Browser nicht?

Das Tracing-Bild ist eine Layout-Hilfe, die nur in Dreamweaver sichtbar ist. Das Bild ist zwar im Quelltext hinterlegt, kann aber von einem Browser nicht interpretiert werden.

Ich habe eine Datei verschoben, doch nun stimmen alle Verweise nicht mehr.

Dann haben Sie Ihre Site nicht aktualisiert. Am besten verschieben Sie die Datei noch einmal an ihren ursprünglichen Speicherort zurück. Wählen Sie SITE / SITES VERWALTEN. Markieren Sie Ihre Site im Dialogfenster und klicken Sie auf die Schaltfläche BEARBEITEN. In den ERWEITERTEN EINSTELLUNGEN der Site-Definition aktivieren Sie das Kontrollkästchen CACHE AKTIVIEREN. Klicken Sie auf SPEICHERN und im Folgefenster auf FERTIG. Der Cache wird erstellt. Wenn Sie nun eine Datei verschieben, fragt Dreamweaver, ob Sie Dokumente, die auf diese verweisen, aktualisieren möchten. Bestätigen Sie die Aktualisierung.

Ich möchte ein Symbol einfügen, das ich nicht unter den Sonderzeichen in Dreamweaver finde.

Auf der DVD finden Sie im Verzeichnis *anhang* eine Liste mit weiteren Sonderzeichen (*sonderzeichen.htm*). Kopieren Sie den dort angegebenen Code einfach in das Feld EINFÜGEN links oben im Dialogfenster ANDERES ZEICHEN EINFÜGEN.

Ich habe ein Bild bearbeitet, doch mit dem Ergebnis bin ich nicht zufrieden? Wie bekomme ich wieder die ursprüngliche Originaldatei?

Wählen Sie wie gewohnt in der Menüleiste BEARBEITEN / RÜCKGÄNGIG. Da Dreamweaver die Bilddatei verändert, sollten Sie auf jeden Fall vor der Bildbearbeitung die Originaldatei in einem sicheren, schreibgeschützten Verzeichnis abspeichern. Haben Sie von einem Photoshop-Bild ein Webbild exportiert, sind diese so genannten Smart-Objekte weiterhin miteinander verbunden. Das Original ist im Inspektor eingetragen und kann hier geöffnet werden.

Ich habe einen Link innerhalb des gleichen Dokuments gesetzt, doch er funktioniert nicht. Was habe ich falsch gemacht?

Benannte Anker bestehen aus zwei Teilen. Überprüfen Sie, ob Sie Hyperlink und Sprungmarke gesetzt haben (vgl. Kapitel 8.4).

Obwohl ich Rahmen und alle Ränder der Tabelle auf 0 gesetzt habe, zeigt Dreamweaver diese an. Woran liegt das?

Sie befinden sich im erweiterten Modus. Wechseln Sie in der Kategorie LAYOUT des Bedienfelds EINFÜGEN in den Modus STANDARD. Alternativ wählen Sie ANSICHT / TABELLENMODUS / STANDARDMODUS.

Wenn ich auf meiner Webseite einen aktivierten Optionsschalter doch nicht auswählen möchte, kann ich das nicht mehr rückgängig machen.

Wollen Sie auf der Webseite eine aktivierte Option wieder deaktivieren, verwenden Sie Kontrollkästchen statt Optionsschalter. Optionsschalter sind erst nach einem erneuten Seitenaufruf wieder deaktiviert.

Ich habe ein Spry-Textfeld eingefügt, kann aber nur Attribute für ein einfaches Textfeld angeben.

Markieren Sie im Entwurfsfenster statt des Textfeldes das komplette Spry-Element. Hierzu klicken Sie auf das eingeblendete Register oder wählen Sie das übergeordnete `span`-Tag im Tag-Selektor aus. Nun zeigt das Bedienfeld EIGENSCHAFTEN die Attribute des Spry-Elements an.

Auf meiner Seite sind zwei Ebenen, die sich etwas überdecken sollen. Ich kann diese jedoch nicht übereinander legen.

Deaktivieren Sie im Bedienfeld AP-ELEMENTE das Kontrollkästchen ÜBERLAPPUNGEN VERHINDERN.

Ich kann keine Dateien auf den Server übertragen. Die FTP-Verbindung kommt nicht zustande.

Bitte überprüfen Sie, ob die Online-Verbindung steht. Falls da alles in Ordnung ist, überprüfen Sie die Site-Definition. Haben Sie dort die richtigen Zugangsdaten angegeben, müssen Sie eventuell noch Angaben zur Firewall hinterlegen. Die Informationen dazu erhalten Sie von Ihrem Systemadministrator.

C Interessante Websites und Literatur

Homepage der Autorin: *http://www.susanne-rupp.de*

Homepage des Verlags: *http://www.mut.de*

Online-Quellen für Bilder

Erkundigen Sie sich auf der jeweiligen Site nach den Lizenzbestimmungen. Nicht alle Bilder gibt es kostenlos!

http://www.adpic.de
http://www.bilderbox.de
http://www.bildmaschine.de
http://www.digitalstock.de
http://www.fotodatenbank.com
http://www.fotolia.de
http://www.fotosearch.de
http://www.imagepoint.biz
http://www.istockphoto.com
http://www.panthermedia.net
http://www.photofuchs.de
http://www.photostock.de
http://www.pitopia.de
http://www.shotshop.com
http://www.sxc.hu

Grafikprogramme

Adobe Fireworks CS5: *http://www.adobe.com/de/products/fireworks*

Rupp, Susanne: Workshop Fireworks CS3: Webseiten professionell gestalten. Heidelberg: dpunkt-Verlag 2007

Adobe Photoshop CS5: *http://www.adobe.com/de/products/photoshop*

Neumeyer, Heico: Adobe Photoshop CS5. München: Markt+Technik 2010

Inkscape: *http://www.inkscape.org*

Schöler, Uwe: Inkscape: Professionelle Vektorgrafiken gestalten. München: Addison-Wesley 2010

GIMP: *http://www.gimp.org*

Lechner, Bettina K.: GIMP. Fotos korrigieren, retuschieren und raffiniert präsentieren. München: Markt+Technik 2009

Fonts – Schriftarten

http://www.adobe.com/type

http://websitetips.com/fonts

http://www.kiwi-media.com/fonts.html

Cascading Style Sheets – *Fehlersuche*

Cascading und Vererbung: *http://www.w3.org/TR/CSS2/cascade.html*

CSS-Code überprüfen: *http://jigsaw.w3.org/css-validator*

Beschreibung typischer IE-Bugs: *http://www.positioniseverything.net*

CSS-Zengarden: *http://www.csszengarden.com*

Susanne-Rupp: CSS Webdesign: Praxislösungen für professionelle Webseiten. München: Markt und Technik 2010

Barrierefreie Webseiten

Web Content Accessibility Guidelines (WCAG) 2.0: *http://www.w3.org/TR/WCAG20*

eEurope, Tätigkeitsberichte der EU:
http://europa.eu/legislation_summaries/information_society/l24221_de.htm

i2010: *http://europa.eu/legislation_summaries/employment_and_social_policy/job_creation_measures/c11328_de.htm*

BIENE, Initiative der Deutschen Behindertenhilfe – Aktion Mensch e. V.:
http://www.einfach-fuer-alle.de

Verordnung zur Schaffung barrierefreier Informationstechnik nach dem Behindertengleichstellungsgesetz (BITV): *http://bundesrecht.juris.de/bitv*

Domains, Marken und Recht

Recherche nach de-Domains bei Denic: http://www.denic.de

Internationale Domain-Recherche: http://www.internic.net, http://www.networksolutions.com, http://www.who.is

Bevor Sie eine Domain reservieren, sollten Sie überprüfen, ob dieser Name als Marke geschützt ist:

Deutsche Marken und Patente: http://www.dpma.de und https://dpinfo.dpma.de

Internationale Marken- und Patentrecherche: http://www.wipo.int

Gesetzestexte: http://www.dejure.org

Kostenloser Webspace

Folgende Anbieter hosten Ihre Website weitgehend kostenlos. Prüfen Sie die jeweiligen Informationen und AGB gründlich. Bei einigen ist der Speicherplatz limitiert, bei anderen der Datentransfer. Auch Werbung wird gerne eingeblendet und wirkt auf Ihrer Seite dann nicht besonders professionell. Jeder Seitenaufruf verursacht so genannten Traffic. Verdient wird gerne auch an der Vermittlung von Domainregistrierungen und später am erweiterten, kostenpflichtigen Service.

http://www.lima-city.de
http://www.space4free.net
http://www.beepworld.de
http://www.12see.de
http://www.cabanova.de

Weiterführende Literatur

An fortgeschrittene Anwender richtet sich folgendes Handbuch mit zahlreichen Tipps und Tricks. Die Entwicklung interaktiver Webseiten mit JavaScript, Spry oder Datenbankanbindung wird hier ausführlich beschrieben:

- Susanne-Rupp: Adobe Dreamweaver CS5: Das Praxishandbuch. München: Addison-Wesley 2010

Erfolgreiche Webseiten werden bei Google und anderen Suchmaschinen gefunden. Was Sie dabei beachten sollten und wie Sie eine entsprechende Position in den Suchergebnissen erreichen, erfahren Sie in folgendem Buch:

- Susanne-Rupp: Google Marketing: Werben mit AdWords, Analytics, AdSense & Co. Markt und Technik 2010

D Die DVD zum Buch

Die im Buch gezeigten Beispiele finden Sie auf der DVD im Verzeichnis *Buchdaten*. Dabei erhalten Sie mit der Datei *index.htm* einen guten Überblick über alle Dokumente, zu denen Sie im Browsern navigieren können.

Selbstverständlich können Sie alle Dokumente auch direkt in Dreamweaver öffnen und den Quelltext überprüfen. Auch CSS-Einstellungen lassen sich dann in den einzelnen Bedienfeldern gut überprüfen.

Wählen Sie in Dreamweaver DATEI / ÖFFNEN, wenn Sie ein Dokument von der DVD laden möchten.

Das Verzeichnis *Software* enthält Dreamweaver CS5 und das Grafikprogramm Fireworks CS5 zum Testen. Die Windows-Programme haben die Dateiendung EXE, während die Macintosh-Anwendungen an der Endung DMG zu erkennen sind.

Damit können Sie gleich loslegen und Ihre eigene Website erstellen oder die einzelnen Workshop-Einheiten aus diesem Buch mitarbeiten.

- **Dreamweaver CS5:** Webseiten entwickeln, bearbeiten und veröffentlichen. Die Systemanforderungen verdeutlicht Tabelle D.1.

  Detaillierte Systemanforderungen sind unter *https://www.adobe.com/products/dreamweaver/systemreqs*. Installieren Sie eine komplette Suite, weichen Systemvoraussetzungen von den genannten ab.

- **Fireworks CS5:** Webgrafiken erstellen, bearbeiten und weboptimiert speichern.

  Weitere Informationen finden Sie unter
  http://www.adobe.com/products/fireworks/systemreqs.

Die beigefügten Adobe-Programme können Sie 30 Tage lang kostenlos testen. Möchten Sie eine Anwendung auch danach noch nutzen, müssen Sie eine entsprechende Seriennummer erwerben und die Aktivierung durchführen.

Tabelle D.1: *Wichtige Systemvoraussetzungen für Dreamweaver CS5*

Windows	Macintosh
Intel® Pentium® 4 oder AMD Athlon® 64	Intel Multi-Core-Prozessor
Microsoft Windows XP mit SP 3 oder Windows Vista Home Premium, Business, Ultimate, Enterprise mit SP 1 (SP 2 empfohlen) oder Windows 7	Mac OS X Version 10.5.7 oder 10.6
512 MB RAM	512 MB RAM
1 GB freier Festplattenspeicher	1,8 GB freier Festplattenspeicher
DSL-Anschluss für Online-Dienste	DSL-Anschluss für Online-Dienste

Ausschluss der Haftung:

Alle im Buch befindlichen Beispiele sind vom Autor intensiv getestet worden. Autor und Verlag übernehmen keinerlei Gewähr für die Aktualität, Korrektheit, Vollständigkeit oder Qualität der bereitgestellten Informationen resp. Programme (Software). Haftungsansprüche gegen Autor und/oder Verlag, welche sich auf Schäden materieller oder ideeller Art beziehen, die durch die Nutzung oder Nichtnutung der Software oder anderer Informationen aus dem Buch bzw. durch die Nutzung fehlerhafter und unvollständiger Daten oder Informationen verursacht wurden, sind grundsätzlich ausgeschlossen, sofern seitens des Autors und/oder Verlags kein nachweislich vorsätzliches oder grob fahrlässiges Verschulden vorliegt.

Für die Funktionsfähigkeit der bereitgestellten Software auf dem Rechner des Anwenders leisten Autor und Verlag weder Gewähr noch Support.

E

Lexikon

Abhängige Dateien – Bilder, Style Sheets und andere Dateien, die in HTML-Dokumente eingebunden sind. Lädt der Browser das HTML-Dokument, ruft er auch die abhängigen Dateien auf.

ActiveX – Programmiersprache von Microsoft, die komplexe Anwendungen ermöglicht, welche mit einem Browser abgerufen werden können. ActiveX ist eine Konkurrenz zu Java.

Anti-Aliasing – Übergang zwischen Objekt- (Bild) und Hintergrundfarbe. Damit erscheint ein Objektrand glatter.

AP-Elemente (Layer, Ebene, CSS-P-Element) – Behälter in der Webseite, die ebenfalls Inhalte enthalten können und sich beliebig positionieren lassen. Ebenen werden dreidimensional angelegt, wobei der Z-Index die Reihenfolge von überlappenden Ebenen festlegt.

ASCII – *American Standard Code for Information Interchange*; Kodierungsschema, das jedem Zeichen aus dem standardisierten Zeichensatz eine Zahl zuordnet. Dabei sind bis zu 256 Zeichen darstellbar. Der erweiterte ASCII-Zeichensatz, der nicht 7, sondern 8 Bit verwendet, kann 128 weitere Zeichen darstellen.

Attribut – Eigenschaft eines Elements (z. B. Farbe, Größe)

Bit – *Binary digit*; digitale Informationseinheit

Bitmap – vgl. Rasterbild

Boxmodell – Container mit unterschiedlichen Seiteninhalten werden mit CSS auf der Webseite platziert.

Browser – Programm für die Darstellung von Webseiten, z. B. Microsoft Internet Explorer, Mozilla Firefox

Button(s) – Schaltfläche(n)

Byte – 1 Byte = 8 Bit, siehe Bit

Cascading Style Sheets (CSS) – *Staffelbare Formatvorlagen*; HTML-Erweiterung, die eine präzise, standardkonforme Gestaltung der Webseite ermöglicht.

CGI – *Common Gateway Interface*; Softwareschnittstelle zur Übergabe von Parametern an Programme und Scripte auf dem Server. Damit werden Informationen (aus Formularen) verarbeitet; CGI-Scripte werden z. B. in Perl, C++, Java oder JavaScript geschrieben.

Client – *Dienstanforderndes Gerät*; Innerhalb eines Client-Server-Systems ist der Client der Rechner, mit dem der Benutzer Daten mit dem Server austauscht. Demnach ist ein Browser ein Client.

ColdFusion – Server mit Datenbanken, die mit der Skriptsprache ColdFusion Markup Language (CFML) in Webseiten eingebunden werden.

Copy & Paste – *Kopieren und Einfügen*; Seitenelemente auswählen, in die Zwischenablage kopieren (Strg + C) und an anderer Stelle einfügen (Strg + V).

CSS – siehe Cascading Style Sheets

CSS-P-Element – Ein mit CSS absolute positioniertes Element. Dieses wird auch als AP-Element, Ebene, Layer bezeichnet.

Cursor – Blinkender Balken, der Ihnen die Position für die Eingabe von Texten, Bildern und anderen Elementen anzeigt.

Cut & Paste – *Ausschneiden und Einfügen*; Das Ausschneiden erfolgt mit der Tastenkombination Strg + X; vgl. Copy & Paste

Datei – Ansammlung von Informationen, die auf einem Speichermedium unter einem bestimmten Namen gesichert sind und von Programmen erstellt und interpretiert werden.

Datenbank – Sammlung mehrerer Daten in einer Tabelle. Jede Zeile bildet einen Datensatz und jede Spalte ein Datensatz-Feld. Eine Datensatzgruppe umfasst einen Teil dieser Daten. Durch eine Datenbankabfrage werden bestimmte Datensatzgruppen aus einer Datenbank herausgefiltert.

Debuggen – Den Code von Fehlern befreien.

Download – Herunterladen von Webseiten, Dokumenten, Bildern, Animationen, Sound-Dateien u. ä., wobei auf einen entlegenen Server zugegriffen wird.

dpi – *Dots per Inch*; Punkte pro Zoll

dwt – Dateiformat für eine Dreamweaver-Vorlage

Ebene – siehe AP-Element

Extension – *Erweiterung*; Programmerweiterungen zu Dreamweaver finden Sie auf der Adobe-Website. Diese starten Sie in Ihrem Webbrowser über BEFEHLE / MEHR BEFEHLE in der Dreamweaver-Menüleiste.

Firewall – Sicherheitseinrichtung (Soft- und / oder Hardware), um einen Rechner oder das interne Netz eines Unternehmens (Intranet) vom externen Internet zu trennen.

Fließtext – Bezeichnung für Absätze und längere Textblöcke

Frame – *Rahmen*; Frames bestehen aus zwei Teilen: einem Frameset und den Inhaltsdokumenten, den eigentlichen Frames. Im Frameset ist definiert, welche Dokumente angezeigt werden und wo diese mit welchem Umfang platziert sind. Die Frameset-Datei legt die Struktur der sichtbaren Dokumente (Frames) fest. Ein Frame ist also ein einzelnes Dokument. Das Frameset als eine Art Kontrollinstanz agiert im Hintergrund und hält die Dokumente zusammen. Das Frameset wird auch als **übergeordneter Frame** bezeichnet und ein Frame als **untergeordneter Frame**. Frames gelten als veraltet und werden zunehmend durch CSS-Layouts ersetzt.

Frameset – siehe Frame

FTP – Das *File Transfer Protocol* ist ein standardisiertes Verfahren, um Dateien in Netzwerken zu übertragen. Per FTP können Webdokumente auf den Server kopiert oder von dort heruntergeladen werden.

GIF – Dateiformat von CompuServe, das bis zu 256 Farben und transparente Bild-Bereiche speichern kann.

Headline – Überschrift

Hexadezimalcode – Mit diesem Code können bis zu 16,7 Millionen Farben definiert werden. Jede Farbdefinition ist sechsstellig und nach dem Muster `#XXXXXX` aufgebaut. Dabei werden als 16 Ziffern 0-9 und die Buchstaben A-F verwendet. Für jeden Farbwert (Rot, Grün, Blau) stehen zwei Ziffern zur Verfügung. Sind zwei Ziffern identisch wird in der kurzen Schreibweise jeweils eine eingespart und damit durch einen dreistelligen Code festgelegt (`#XXX`).

Homepage – Einstiegsseite eines Internet- oder Intranetauftritts. Sie erscheint, wenn man die eingegebene Adresse (URL) aufruft.

Host, Hosting – *Gastgeber*; Bezeichnung für einen Server in einem Netzwerk

Hotspot – siehe Imagemap

HTML – *Hypertext Markup Language*; Diese führende Dokumentenbeschreibungs- bzw. Auszeichnungssprache im Web bestimmt die Struktur der Informationen und unterstützt Hyperlinks.

Hyperlink (Link) – Verweis von einer Webseite zu anderen Dokumenten, bestimmten Textstellen oder zu einer E-Mail-Adresse

Hypertext Markup Language – siehe HTML

Icon – Symbolbild

IE – *Internet Explorer*; Webbrowser von Microsoft

Imagemap – Bild, in dem einzelne Bildbereiche (so genannte Hotspots) definiert worden sind. Diese Hotspots sind jeweils mit unterschiedlichen Webdokumenten verknüpft.

Internetdienstanbieter – *Internet Service Provider (ISP)*; Provider, der die Website online, auf einem Webserver speichert und damit veröffentlicht.

Intranet – Ein abgeschlossenes Rechner-Netzwerk, das wie ein kleines, eigenständiges Internet funktioniert. Meist ist es mit dem Internet zwar verbunden, aber durch Firewalls gesichert und nur einem exklusiven Nutzerkreis zugänglich.

IPv6 – *Internet Protocol Version 6*; Standard für den Datentransfer im Web

ISP – *Internet Service Provider*; siehe Internetdienstanbieter

Java – Objektorientierte, plattformübergreifende Programmiersprache, die von Sun Microsystems entwickelt wurde und auf C++ basiert.

Java Applet – Kleines Java-Programm, das für den Einsatz im Web programmiert wird.

JavaScript – Skriptsprache, die vom Browser interpretiert und ausgeführt wird. Mit JavaScript lassen sich interaktive Elemente einer Webseite programmieren. Mit dem Bedienfeld VERHALTEN können Sie den entsprechenden Code sehr einfach erstellen.

JPG, JPEG – Von *Joint Photographic Experts Group* entwickeltes Bildformat, das bis zu 16 Millionen Farben und damit gute Detaildarstellung unterstützt. Allerdings gehen mit der Komprimierung auch Farb-Informationen verloren. Je stärker Sie ein JPG komprimieren, desto kleiner wird zwar die Dateigröße, aber gleichzeitig gehen immer mehr Farben und Bildinformationen verloren. Das Bild wird unscharf und pixelig.

KB – Kilobyte (= 1.024 Byte; 1 Byte = 8 Bits)

Kbps – *Kilobits per second*; Maßangabe für die Übertragungsrate.

Layer – siehe AP-Element

Link – siehe Hyperlink

Logo – Firmenzeichen, Wort- / Bildmarke eines Unternehmens

MouseOver – siehe Rollover

Plug-in – Zusatzmodul für eine Software, das direkt in die Oberfläche eingebaut ist. Beispielsweise können Flash-Animationen nur abgespielt werden, wenn das Flash-Plug-in im Browser installiert ist.

PNG – Bildformat, das Indexfarben-, Graustufen-, True-Color-Bilder und Alpha-Kanal unterstützt. Durch die Komprimierung entsteht kein Qualitätsverlust. Auch ist das Format nicht auf eine bestimmte Anzahl von Farben beschränkt. Allerdings wird das PNG-Format nicht einheitlich interpretiert. Darstellungsprobleme gibt es noch in älteren Browsern.

Provider – Anbieter von Speicherplatz auf einem Webserver

Rasterbild – *Bitmap*; Fotos und andere Grafikdateien, bei denen einzelne Bildpunkte und keine Vektoren gespeichert werden. Im Web eingesetzte Dateiformate sind JPG, GIF und PNG. Diese bieten verschiedene Optimierungseinstellungen beispielsweise hinsichtlich Komprimierung, Anzahl gespeicherter Farben oder Qualität.

Remote-Site – *Entfernte Dateien* (oder besser: *entlegene Dateien*), die auf dem Server, auch als Remote-Server (Webserver) bezeichnet, abgespeichert sind und auf die nur online zugegriffen werden kann.

Rollover – Bild, das sich ändert, wenn man im Browser den Mauszeiger darüber bewegt. Ein Rollover besteht aus mindestens zwei Bildern: dem primären Bild (dieses Bild wird angezeigt, wenn die Seite geladen wird) und dem Rollover-Bild, das nach einer Aktion des Users angezeigt wird.

Root-Verzeichnis – *Stammordner* oder Hauptverzeichnis, in dem alle Site-Dateien auf dem Server abgespeichert sind. Es handelt sich also um das Verzeichnis auf der obersten Ebene.

Screenreader – *Bildschirmlesegerät*; Technische Hilfe die von sehbehinderten Menschen eingesetzt wird und den Inhalt von Webseiten wiedergibt.

Screenshot – *Bildschirmschuss*; Abbildung des Bildschirmes bzw. eines Teils davon. In diesem Buch finden Sie zahlreiche Abbildungen, die so entstanden sind.

Scrollen – Ein Dokument über die Pfeiltasten oder den Scrollbalken (Laufleisten) am rechten oder unteren Rand vertikal oder horizontal bewegen.

Server – Rechner, der in einem Netzwerk Daten, Programme oder Dienste für Client-Rechner zur Verfügung stellt. Wird eine Website auf einem Server bereitgestellt, kann sie aus dem Netz abgerufen werden.

SGML – *Standard Generalized Markup Language*; normierte verallgemeinerte Auszeichnungssprache (z. B. HTML)

Shortcut(s) – Tastaturkurzbefehl(e), z. B. [Strg] + [C]

Site(s) – siehe Website

Site-Root – Stammordner, in dem alle Site-Dateien auf einem Server abgespeichert sind.

Skalieren, Skalierung – Die Abmessungen (Höhe, Breite) eines Bildes oder eines anderen Seitenelementes ändern (vergrößern oder verkleinern).

Skriptsprache – Der Code einer solchen einfachen Programmiersprache (z. B. JavaScript) wird nicht kompiliert, sondern vom Browser interpretiert.

Sound – Audiodateien / Tondokumente

Stammverzeichnis – siehe Root-Verzeichnis

Tag – HTML-Element zur strukturellen Beschreibung einer Webseite; Häufig umschließen ein öffnendes und ein schließendes Tag die zu formatierende Dokumentstelle, wie beispielsweise den folgenden Text:

<strong>Dieser Text wird hervorgehoben.</strong>

Template – *Layout-Vorlage* für mehrere Webseiten; enthält unveränderbare und bearbeitbare Elemente. Vorlagen werden in Dreamweaver im DWT-Format abgespeichert.

TMG – *Telemediengesetz*

Tracing-Bild – *Zeichnungskopie*; Grafik, die im Hintergrund der Webseite platziert wird, damit die tatsächliche Webseite leichter nachgebaut werden kann. Diese Seiteneigenschaft stellt der Webbrowser nicht dar.

Traffic – *Verkehr*; Datentransfer zwischen zwei Rechnern

Trial – *Versuch, Probe*; Testversion einer Software, die zeitlich befristet funktionsfähig ist.

Upload – *Heraufladen*; Dateien und Verzeichnisse auf einen entlegenen Rechner (Remote-Server) hochladen bzw. kopieren. Gegenteil von Download (Herunterladen).

URL – *Uniform Resource Locator*; Adressformat, nach dessen Standarddefinition alle Webadressen gleich aufgebaut sein müssen (`Dienst://Server/Domain.TopLevelDomain/Verzeichnis/Datei`);
z. B. `http://www.susanne-rupp.de/publikationen/publikationen.htm`

User – *Anwender*; Jemand, der durch das Web (Internet, Intranet) surft. Ein User ist der Besucher Ihrer Webseite.

Web – Abkürzung für *World Wide Web*; vgl. auch WWW

Webpage – siehe Webseite

Webseite – Eine einzelne HTML-Seite oder ein dynamisches Dokument

Webserver – Computer und / oder die darauf installierte Software, die vom Browser angeforderte Seiten zur Verfügung stellt und zuschickt (z. B. Internet Information Server, Apache-Webserver)

Website – Beinhaltet alle Webseiten und Dokumente eines Webauftritts, die miteinander verbundenen (verlinkt) sind. Der Begriff Website wird häufig mit Site abgekürzt.

Webspace – Speicherplatz auf dem Webserver eines Providers

World Wide Web – siehe WWW

WWW – *World Wide Web*; Multimedia-Dienst im Internet. Verteiltes Hypertext-Informationssystem auf Client-Server-Architektur über HTTP-Protokoll

WYSIWYG – *What You See Is What You Get*; Editor mit grafischer Benutzeroberfläche (Dreamweaver), mit dem Sie ohne Programmierkenntnisse eine Webseite erstellen. Dabei wird die Webseite wie später im Browser angezeigt. Allerdings kann es bei einzelnen Browsern Unterschiede geben.

XHTML – *Extensible Hypertext Markup Language*; XHTML folgt den Standards von HTML, berücksichtigt aber gleichzeitig die strikte XML-Syntax. XHTML ist abwärtskompatibel und kann auch von Geräten gelesen werden, die XML (*Extensible Markup Language*) interpretieren können.

XML – *Extensible Markup Language*; Markup-Sprache für strukturierte Dokumente, in der individuelle Tags definiert werden; basiert auf SGML.

Zwischenablage – Computerspeicher, über den Daten von einem Dokument in ein anderes oder von einer Anwendung in eine andere kopiert werden.

Stichwortverzeichnis

C

G

H

O

P

R

S